考古是探索文明的一盏灯

考古者是持灯的人

就让我们跟随他们去穿越历史的隧道吧

手铲释天书

与夏文化探索者的对话 II

张立东　王仲奇　编著

中原出版传媒集团
中原传媒股份公司

大象出版社
·郑州·

图书在版编目（CIP）数据

手铲释天书：与夏文化探索者的对话.Ⅱ / 张立东，
王仲奇编著.—郑州：大象出版社，2024.6
ISBN 978-7-5711-1823-5

Ⅰ.①手… Ⅱ.①张… ②王… Ⅲ.①夏文化（考古）
-考古学家-访问记-中国-现代 Ⅳ.①K825.81

中国国家版本馆CIP数据核字（2023）第110663号

手铲释天书

SHOUCHAN SHI TIANSHU

与夏文化探索者的对话 Ⅱ

张立东 王仲奇 编著

出 版 人：汪林中
选题策划：张前进　管　昕
责任编辑：张　琰
装帧设计：王莉娟
责任校对：毛　路　马　宁　李婧慧
责任印制：张　庆

出版发行：大象出版社（郑州市郑东新区祥盛街27号　邮政编码　450016）
　　　　　发行科　0371-63863551　总编室　0371-65597936
网　　址：www.daxiang.cn

经　　销：各地新华书店经销
印　　刷：北京汇林印务有限公司
开　　本：720mm×1020mm　1/16
印　　张：27
字　　数：371千字
版　　次：2024年6月第1版　2024年6月第1次印刷
定　　价：68.00元

若发现印、装质量问题，影响阅读，请与承印厂联系调换。
印厂地址　北京市大兴区黄村镇南六环磁各庄立交桥南200米（中轴路东侧）
邮政编码　102600　　　　　电话　010-61264834

夏文化研究彰显中国特色与中国风格（代序）

　　《手铲释天书——与夏文化探索者的对话》是考古学界的畅销书。至今仍然记得张立东学弟和周雁女士当年手持此书与我交谈时的满面春风。书中记录了邹衡、安金槐等老一辈学者的孜孜以求。许多学子正是在这本书的指引之下走上考古之路的。时光荏苒，热情爽朗的周雁女士遗憾地离开了我们，而中国考古学家对于夏文化的探索，又走过了将近四分之一个世纪。

　　早听说张立东在编一部《手铲释天书——与夏文化探索者的对话Ⅱ》。前些日子，他将新书的电子版全文发给我，并嘱我作序。初听有些诧异。心想这部书是关于夏王朝研究的，而我的研究领域主要是商王朝，如何能担此重任？然而我还是接受了邀请。一是自己向来坚信"夏文化研究要从商王朝做起"，二是自己刚刚发表了一篇《商王朝历史的考古编年框架与夏王朝探索》的论文（载《有凤来仪：夏含夷教授七十华诞祝寿论文集》，中西书局，2023 年），也算成了夏文化研究的参与者。

　　司马迁的《史记·夏本纪》被传诵千年。历史上曾经存在夏王朝，本来无人怀疑。20 世纪初，随着科学实证主义思潮风靡欧美并传入中国，夏王朝存在与否突然成了问题。疑古派出现后，情况日益严重。1999 年出版的《剑桥中国古代史》（The Cambridge History of Ancient China）不要说夏王朝，连商王朝也只写到殷墟，中国学者心目中的商朝早期郑州商城成了"二里冈帝国"。那时我还只是个学术"愤青"，便直接给该书作者之一、对"二里冈帝国"这一说法负有直接责任的美国普林斯顿大学贝格立（Robert W. Bagley）教授写信，指责他无视中国文献，记录有失偏颇（此信后来被翻译成中文，刊于《读书》2002 年第 1 期）。不过当时只谈了商王朝而并未直接谈夏王朝的问题。

夏王朝是中国人心中的结。

《尚书》中的《甘誓》《汤誓》《召诰》《多方》《多士》，篇篇谈及夏或汤革夏命；《诗经》中的《长发》《殷武》《文王有声》《荡》都提到大禹治水或"夏后之世"。《竹书纪年》更是直接列出了夏王朝自禹至桀的 14 世 17 王。《清华简》同样谈到夏、夏邦、夏邑，并通过"西邑夏"的表述，使人们从甲骨文中看到了夏王朝的线索（蔡哲茂：《夏王朝存在新证：说殷卜辞的"西邑"》，《中国文化》第四十四期）。

倘若有人质疑简牍的可信度，那甲骨文要不要信？王国维从作为商王朝"本朝文献"的甲骨文中辑录出商汤至商纣的谥号，证实了司马迁列举的 17 世 31 王（甲骨文祀谱中还多出了孝己）。但考古发掘证实，作为甲骨文出土地的安阳殷墟，仅仅是第 20 位国王盘庚以后的都邑。那么第 1—19 位商王总得有地方安都吧？

巧得很，按照文献记载，成汤立国后，商都曾 5 次迁徙，且每座商都为哪几位国王使用也都有记载。这便是利用都城法论述商王朝的硬核基础。通过"早晚有序、时长不一"的商都，我们获得一条"文献都邑链"，倘若考古学能够发现一条相对应的"考古都邑链"，即从已知的商朝晚期都邑安阳殷墟往上推，发现一系列规模够格、地望相契、次序相应、时长相合的都邑，我们便能找到商王朝的第一个都城。经过"次序与时长"的上述推演，殷墟、洹北商城、小双桥、郑州商城排列有序，集体入选。郑州商城便成为成汤都亳的唯一选项。

另外一套资料也很有趣：郑州商城建成不久，中原地区突然出现一批"围绕"郑州商城的城址，很像是新朝取代旧朝初期出现的一种现象。

站在商王朝的立场，所有考古资料似乎都在证明一个历史事件：郑州商城是一个新王朝的开始，而这一新王朝推翻了另一个旧王朝。按照《尚书》《诗经》《竹书纪年》《清华简》《史记》等文献，以及叔夷钟、秦公簋、遂公盨、芈加编钟等青铜器留下的线索，这个旧王朝恐怕只能是夏。即使是沉默的殷墟甲骨，也通过载有"西邑"的卜辞，以及商人对其先公先王的祭祀，直接或间接证实着夏王朝的存在。

以上是我的推演逻辑。相信认为中国史存在过夏王朝的学者或许各有各的逻辑。夏王朝存在是夏王朝研究的前提。"证明夏王朝"并不是民族主义"炫富"。

《手铲释天书——与夏文化探索者的对话》最根本的价值，是记录了中国学者（包括少数外国学者）相信中国存在过夏王朝的坚定态度。说句并不夸张的话，夏文化研究在立场、材料、方法等诸多方面，真正体现了"中国特色、中国风格、中国气派"。

《手铲释天书——与夏文化探索者的对话》通过访问夏王朝研究的亲历者，记录这批学者求证夏王朝的思想、路径与成绩，是珍贵的学术史。

20世纪初，学者们研究夏文化的做法简单，他们依靠"指认"来研究夏文化。仰韶文化、龙山文化都被"指认"过。1959年"夏墟"调查，算是给夏文化研究开了个好头。1977年召开的登封告成遗址发掘现场会，老一辈学者们针对夏文化和夏文化研究的理论与方法问题展开热烈讨论，对郑州商城遗址、二里头遗址和王城岗遗址的性质进行深入研究，提出了不同解说。"夏商周断代工程"启动后，夏文化研究进入集体攻关阶段。《手铲释天书——与夏文化探索者的对话》算是对这一阶段历史的总结。"二里头文化""下七垣文化""郑亳说""西亳说""二里头夏都说""夏商分界"，是这一阶段的热词。

进入 21 世纪以来，与夏文化相关的田野发掘成果日益丰富，活动越来越多。鹤壁刘庄遗址、新密新砦遗址、陶寺遗址、石峁古城遗址、登封王城岗遗址、禹州瓦店遗址、蚌埠禹会村遗址，以及其他一系列遗址的持续发掘工作，都推动着夏文化研究的深入。面对夏文化研究的新形势与新进展，编一部《手铲释天书——与夏文化探索者的对话Ⅱ》，恰逢其时。

编写这样一部书难点有二：一是采访对象的选择；二是采访时提什么样的问题。《手铲释天书——与夏文化探索者的对话Ⅱ》应该反映夏文化研究的新进展，反映各种观点的差异与交锋。采访对象是经过严格遴选的。编写者的后记对此有所解释。这样的采访只能是学者所为。提问者的学术功底比提问技巧重要。

《手铲释天书——与夏文化探索者的对话Ⅱ》不负众望。一问一答，记录了夏文化研究的新成果、新进展。众多学者的研究，历历在目，由亲历者谈出来，十分鲜活。

李伯谦先生是夏文化研究的领军人物。他早年提出"下七垣文化"概念，以及早夏文化要到王湾三期文化中寻找的重要学术观点。1999 年新砦遗址发掘后，李先生将其论述推进为三阶段论，即夏文化的构成分别以王城岗大城为代表的河南龙山文化晚期、新砦期遗存和二里头文化为代表。鹤壁刘庄遗址发掘过程中，李伯谦先生为推动与夏文化密切相关的下七垣文化研究，在刘绪老师陪同下，带领雷兴山、张渭莲、常怀颖来到鹤壁。我与中国社会科学院考古研究所安阳工作队全体成员也参加了会议。李先生对我说，你代表考古研究所主持豫北冀南田野考古工作，不仅要研究晚商文化，还要关注早商文化和下七垣文化。在李先生眼中，夏文化研究与同时期的其他考古学文化研究是联动的。

刘绪老师早年以《论卫怀地区的夏商文化》和《从墓葬陶器分析二里头文化的性质及其与二里冈期商文化的关系》等论文谨慎进入夏文化研究。但到后来，刘绪老师的论述每每表现出强大的冲击力与杀伤力。他多次提出偃师商城不是夏商分界的唯一界标，肯定他人的同时丝毫不掩饰自己的观点。他是考古学界鲜见的对文献资料了然于胸的学者。他说自己倾向于郑亳说，但心里仍然不踏实，就是因为顾及文献中有关"南亳""北亳"的记载。他说如果豫东鲁西南发现一个岳石文化晚期的大城，或许"南亳"就复活了。

豫东鲁西南考古是夏文化研究的敏感区。20世纪80年代，邹衡先生和李伯谦先生专门安排宋豫秦和张渭莲到这一带发掘，目的是探讨商文化与岳石文化在这一地区如何交汇。后来，中国社会科学院考古研究所与哈佛大学合作，又在这一地区展开了连续多年的田野考古活动，学术界习称"商丘计划"。我本人参与了这一计划，对于刘绪老师的"担心"有所了解，也知晓中美队成员的基本立场。《手铲释天书——与夏文化探索者的对话Ⅱ》没有采访诸如慕容杰（Robert Murowchick）和大卫·科恩（David Cohen）等外国夏文化探索者多少有一丝遗憾。关于商丘项目与夏商文化研究，我在《张长寿先生与中美"商丘计划"》（《张长寿、陈公柔先生纪念文集》，中西书局，2022年）以及《寻找商朝人祖先：中美商丘考古队的一些往事》（《公众史学》第五辑，浙江大学出版社，2023年）两篇文章中有所提及。此处不再赘述。

最后我想对编辑该书的动因作点补充。张立东是我们这一代重要的夏文化研究践行者，是夏文化研究的核心人物之一。如果《手铲释天书——与夏文化探索者的对话Ⅱ》换一位编写者，受访对象必然有他。关于他与夏文化研究，此处只聊两个细节。当年我曾到他发掘的宋窑遗址整理现场，他将自己排列出来的"从细到粗九个等级"绳纹陶片展示给我，当时我惊奇的并不是他的"九级绳纹"，而是他从有限的发掘单位中复原出了大量陶器。其中一个灰坑中的数百片陶片经他之手拼对，居然最后只剩下 3 块残片找不着家。这样的拼陶片功夫我真没见过第二位。撰写《中国考古学·夏商卷》时，我与他一道考察二里头遗址。他在灰坑 H23 的陶器前侃侃而谈（此坑包含有岳石文化因素），最后居然跟我说："考古讨论必须到灰坑一级。聊不到灰坑算没入门。"这几年，他在河南大学组织夏文化研讨班，搞得有声有色。我想他如此热衷编《手铲释天书——与夏文化探索者的对话》，是因为他认为没有其他事情比夏文化研究更有意义。

　　《手铲释天书——与夏文化探索者的对话》在普及考古知识，培养考古人才方面起过重大作用。《手铲释天书——与夏文化探索者的对话Ⅱ》同样值得期待。现在看来，未来张立东还想编《手铲释天书——与夏文化探索者的对话Ⅲ》。如果说我对《手铲释天书——与夏文化探索者的对话Ⅲ》有什么建议的话，那就是希望向受访者提出问题的同时，让他们尝试一下"自由谈"。

2023 年 4 月 11 日于深圳南山

目　录

李伯谦

李伯谦

李伯谦，1937 年出生，河南郑州人。1995 年出任首席科学家、考古领域的总负责人；2000 年出任国家『九五』国家重点科技攻关项目『夏商周断代工程』『十五』科技攻关项目且『中华文明探源工程预研究』主持人。

他所提出的文化因素分析方法、中国古代文明演进的两种模式、文明形成的十项判断标准和文明进程的三个阶段等学术观点具有重大理论价值。

一、上次关于夏文化探索的访谈已经过去二十多年了，您能否谈谈上一次访谈的有关情况？

《手铲释天书——与夏文化探索者的对话》（以下简称《手铲释天书》）是二十多年前，张立东老师和大象出版社的周雁编辑两人组织发起的，虽然二十多年过去了，但大体的场景在脑中还可以回忆起。《手铲释天书》这本书的名字起得就很好，"手铲释天书"的含义就是通过考古学的调查、发掘以及由此积累下来的资料来研究夏文化。当时，此书的采访工作主要是张立东和周雁寻找当时在夏文化研究领域有影响力的学者完成的，譬如说安金槐、邹衡、赵芝荃、张彦煌、殷玮璋等诸多先生。每位专家学者根据自身调查和发掘的情况来回答问题。单从这点看，此书的编写就是非常好的，每位学者讲述的都是亲身经历，基本上都是实事求是，没有掺杂水分的，没有很多后来加进去的材料，这是十分可贵的。

另外，当时接受访谈的每位学者都讨论了很多，并且每个人讨论的角度也不同。当我们现在去看这些材料时会发现，当时的讨论，对于同一批材料，每位学者的记忆可能有偏差。当时大家共同去回忆一个事件，而产生不同的认识和看法，这一点对于夏文化的研究是很可贵的。夏文化研究是一个很新的课题，这种记录不同专家学者的观点表达，然后共同地去探讨，对于学术问题的研究是具有重大意义的。

《手铲释天书》不仅对以往夏文化的研究做了回顾与总结，而且对今后怎样开展夏文化的研究也提出了很多建设性的意见。如今，大象出版社又重新和张立东先生组织《手铲释天书》的续编工作，对夏文化探索者做第二次的访谈，这也是非常好的事情，对未来夏文化的研究有很大的推动作用。

二、您是"夏商周断代工程"的首席科学家，请您简单总结一下"夏商周断代工程"在夏代年代学方面的主要成果，以及对夏文化探索又有哪些推进。

"夏商周断代工程"开始于 1996 年，到如今也过去二十多年了。当时的科委主任宋健出面，后来他又找到了国务委员李铁映，二人联合提名，向国务院建议开展"夏商周断代工程"。最初，宋健同志提出，这个工程能不能研究黄帝时代。但在之后的座谈会上，有同志说黄帝时代可能有点困难。后来就决定从比较简单的"夏商周"的年代入手。这个问题如果弄清楚，对搞清楚黄帝传说时代的问题也是有好处的，所以当时就决定要进行夏商周三个朝代的年代学研究。"夏代年代学"是 1996 年正式启动的一个课题，"夏商周断代工程"研究的课题很多，涉及的问题很多，面比较宽，其中夏代的年代问题就是很重要的一个课题。我自己认为要把夏代的年代弄清楚，就必须先在考古学上找到夏代遗留的东西，然后才能利用诸如碳十四测年等科学技术手段，去测定夏代遗留下来的遗物中的碳十四含量，最后去确定夏代的大致年代。可以说没有考古学发现的遗迹遗物要弄清楚夏代年代是万万不能的。

在"夏商周断代工程"中，夏文化研究是非常重要的。夏朝作为中国第一个王朝，它的地位在中国历史上是不言而喻的。那夏代年代怎么定呢？不能光靠文献，我们当时提出的口号是"多学科联合攻关"。最重要的研究就是通过考古学的工作，从考古发现出来的夏代的遗迹和遗物中挑选含有碳的标本，提取之后进行碳十四的测定，用上现在的科技进行研究。总之，夏代年代学这个课题是很重要的。

当时夏代年代学研究涉及很多方面：有人梳理文献记载有哪些关于夏王朝的描述，并分析这些记载可靠性怎么样。有人从考古学入手，特别是在考古发现中有没有夏代的遗迹和遗物，如果有，就能够对其中含碳的这些遗物进行提取，从而进行探索和分析。还有人从天文学入手，甲骨文中有关于夏代天象的记载，其他文献上也有很多记载，那么这些天象记载是不是确有其事呢？这也是当时夏文化研究中很重要的一个方面。可以看到"夏商周断代工程"涉及古代文献，涉及考古学，涉及天文学，当然也涉及现代的科技手段，所以是多方位的研究，能够沾上边的多种学科都动员起来一块儿做的工程。

2020 年 8 月我在《中国史研究动态》发表了一篇文章，题目是《参加"夏商周断代工程"夏代年代学研究课题有感》，这篇文章对"夏商周断代工程"做了哪些工作、有哪些成果都进行了一定的总结。我自己觉得"夏商周断代工程"当中关于夏代年代学研究最重大的成果是从文献学、考古学、天文学、碳十四测年等多个角度入手，每一个方面都做了很多应该做的工作。关于夏代这个年代，首先就是文献中有记载。先秦文献几乎都有提及，但记载的对不对，这本身就是个问题。按照疑古学派的观点，夏代是靠不住的，他们认为夏是传说甚至是神话。但是从考古发现中，有一些文物本身，比如青铜器上面就有关于那段历史的一些记载，那么这个记载可靠不可靠，也是需要弄清楚的。古代文献当中关于夏代天文现象的记载有日食、有五星汇聚，这样的一些记载可靠不可靠，都要通过不同的学科来研究。从最后研究结果来讲，应该基本是一致的，所以我自己坚信夏代年代学在"夏商周断代工程"当中应该是已经做了结论的。

三、1999 年新砦遗址再发掘之后，您提出"以王城岗大城为代表的河南龙山文化晚期遗存—新砦期遗存—二里头文化是夏文化经历的三个阶段"，请问这个影响很大的观点是如何形成的？

新砦遗存或者叫新砦期遗存，是一个重大的发现。它最早是由赵芝荃先生发现的。当时他就提出新砦期是早于二里头文化的，也是属于夏代的。但是因为当时的材料比较少，报告也没有完全发表，所以大致的情况就是，学术界存在这种观点，但赞同的人还不是很多。

"夏商周断代工程"开始之后，在该工程的引领之下，重新对新砦遗址做了发掘，发现了龙山时期和新砦时期的两座城址，是一个很大的遗址。此外也做了分期，我对当时的分期还是充分肯定的。根据当时的文化层按照叠压关系及包含物，新砦遗址可分为三期，第一期属于龙山文化（河南龙山文化），第二期是新砦期，第三期属于二里头文化，这三期是非常清楚的。

我为什么觉得这个重要呢？主要是因为已经认识到夏代的年代首先是要更早一些。夏王朝究竟是从什么时候开始呢？安金槐先生最早提出来二里头文化早期就是夏文化。他后来发掘了王城岗遗址以后，认为王城岗城址就是文献中所记载的禹都阳城，为禹居住的地方，就是夏王朝最早开始的地方。不过当时来讲，安金槐先生也将王城岗遗址分为好几期，认为王城岗的小城是河南龙山文化晚期的，也就是禹都阳城所在的时期。

从发现的证据来看，在王城岗的东北方向发现一个战国时期韩国的阳城，出土有"阳城仓器"陶文。这个阳城，离王城岗遗址只有 1 千米。

这是重要的一个证据，可以推断王城岗遗址是禹都阳城。但是后来总觉得当时发掘的王城岗小城的面积太小了，只有 100 米 × 100 米。这么小的面积怎么可能会是一个都城呢？所以说当时的学者不太认可安金槐先生禹都阳城的观点。

后来在"夏商周断代工程"开始的时候，我们为了研究夏代年代，重新在王城岗做了发掘，后来"中华文明探源工程"接着发掘，发现了一个大城，这个大城的面积有 34.8 万平方米，是非常大的一个龙山时期的城址。有意思的是，大城的北城墙打破了小城的城址，这一点在考古地层学上十分重要。之后根据碳十四的测年来看，大城的年代在距今 4000 年前后。所以我们现在认为，大城是一个比较可靠的夏代都城所在地。

在古代文献中有这样一段历史：大禹治水，建都阳城。到了太康时期，由于缺乏经验等多方面因素，夏朝就被东方的夷人推翻了政权，这也就是历史上的"太康失国，后羿代夏"事件。经过了好几代，到了少康时期，夏朝又把夷人推翻了，重新恢复了统治。那我们在考古学中是否也可以找到这段历史的痕迹呢？根据新砦期遗存所发掘出的材料，考古学上可以看到这些材料中确实有很多是来自东方的，即山东西南部、河南东部的文化因素。所以我认为，这一段就是后羿代夏所留下来的遗存。从后羿代夏一直到少康重新夺取政权，基本也就是七八十年的历史。最重要的根据就是我们在豫东发现的这些年代比王城岗要晚、比二里头要早的文化遗存。从这些文化遗存上看，这一段年代是符合文献记载的，在考古学上反映的文化面貌也有自己的特殊性。而关于东方因素，我的解读是，这是后羿代夏以后，从东方带过来的文化因素。如果后羿代夏这一阶段成立的话，那这一阶段的结束很可能就是因为夷人被少康所推翻，从而恢复了夏代的正统。

从少康中兴开始，一直到夏桀被成汤推翻，这一段历史是很重要的，其涉及时间比较长。我根据这个情况，从考古学上分了三期，先是王城岗时期，然后到新砦期，再到二里头文化时期。这三个阶段和文献中夏代开始之年到后羿代夏到少康中兴到夏桀灭国的记载互相吻合，基本可以对应起来。所以我提出，新砦期的发现是非常重要的，不仅在考古学上使王城岗遗址、二里头文化在时间上可以连续起来，而且和文献中的记载基本上也是可以对应的。所以我觉得夏代至少可以分成三个大的阶段：早期夏文化、后羿代夏时期的夏文化和少康中兴以后的夏文化。这从考古和文献上基本都是可以对应起来的。当然这里头缺环还有很多，还需要研究，但是至少说这三个阶段的划分绝对是靠得住的。

四、您多次在论文和演讲中提到禹会村遗址可能是"禹会诸侯于涂山"的所在地，请问此说在年代、地望和文化性质等方面都有哪些证据？

文献中记载的"禹会诸侯于涂山"，是在大禹治水的过程中很重要的一个事件。按照我的想法来讲，大禹治水成功是他被选拔为继承人的一个很重要的原因。因为根据研究，夏代前后，在山西、陕西、河南、河北、安徽、山东等地确实有洪水发生，有洪水泛滥这一事件。按照文献记载，尧、舜、禹这三代都有洪水发现。从尧舜时期，就选拔治理洪水的人才，先是找了大禹的父亲鲧来治水。鲧治水采取的是修堤坝阻挡洪水的办法，结果并没有成功。后来就又找到了大禹，大禹所采取的主要是挖沟渠排水的办法。后来，大家可能意识到这种方法比较可靠，就慢慢地接受了。也就有了后来大禹治水的故事。

文献记载中说大禹会诸侯于涂山，在涂山这个地方大会诸侯，那诸侯们是过来做什么的呢？我想其中很重要的就是跟治水有关，很可能是各路诸侯都在治水，在治水基本成功的时候，就在涂山这个地方召开了一个盟会。在涂山召开这样一个大会，使治水成功的大禹的威信大大提高了。大禹之所以能够被选为继承人，治水成功是很重要的因素；通过召集诸侯取得拥护也是一个重要的因素。所以我是比较认同禹会诸侯于涂山的。第一，这个地点很重要，"禹会村"这个名字就很重要。这个村不是现代的村落，很多中国著名的诗人，如唐代的时候就有诗人提到禹会村；第二，在这个地方发现了很大面积的龙山时期的遗址，这个遗址有大片夯土台子，在夯土台基上还有沟，出土了很多陶器。这些陶器也很有意思，包括不同地方的龙山文化因素，山东龙山的、河南龙山的，还有来自南方的，可能这些就是当时在此地举行祭祀活动遗留下来的。此外还有房址，比较简陋，推测是当时举行祭祀活动时住人的地方。

当时在看过他们写的报告后，我觉得推测得还是很合理的。禹会村遗址，我去过两次。从考古学上来看，寻找大禹会诸侯的地方，还是禹会村遗址最为合适。后来他们说考古学上发现的这个土台子，是不是还有别的功能，我认为关于此地这些点都是可以讨论的。但是需要明确的是，如果不是禹会诸侯这一系列活动，是不可能在这个地方形成这样的一些遗迹的。禹会村从另外一个方面证明了大禹治水、大禹会诸侯，并被选拔为继承人，之后建都于河南的禹都阳城的历史发展。所以说禹会村遗址非常重要，值得重视，需要我们继续研究。

五、登封王城岗的小城发现之初，发掘者即认为它很可能是禹都阳城。"中华文明探源工程"期间王城岗大城发现之后，您明确主张王城岗大城应为禹都阳城，请问您的这种看法是如何形成的？

关于历史中的禹都阳城的身份是什么，是不是就是现在所说的王城岗大城，这个问题还是需要从安金槐先生发掘的王城岗小城开始说起。在王城岗遗址发现有城址之后，首先是安金槐先生提出这就是禹都阳城，当时就有先生认为小城的面积太小，而表示不认同。为什么我认为王城岗大城就是禹都阳城呢？第一，大城发现以后，它是已知河南境内发现的龙山文化城址中最大的一座，有 34.8 万平方米；第二，王城岗大城的年代，王城岗可以分为好几期，主要为早中晚三期，大城始建年代在龙山文化中晚期；第三，根据后来的发现，王城岗遗址还有大型的夯土基址的发现，现在河南省考古研究院还在继续做工作。

总而言之，"登封王城岗大城就是禹都阳城"这是很重要的一个推断。它的遗址面积、年代、内涵，都可以和文献中记载的禹都阳城对应起来。而王城岗小城显然是不行的，小城的北城墙被大城所打破，年代是比较早的。我的基本看法就是：从考古学上看，"王城岗大城应为禹都阳城"这一论断是没有问题的，地层关系上也没有问题。

六、"夏商周断代工程"结项之后，公布了不少碳十四测年数据及相关研究成果，可是这些数据比"夏商周断代工程"提出的夏代年代学框架晚了很多，请问您对这些数据是怎么看的？

碳十四测定的年代，本身是科技考古的范畴。在"夏商周断代工程"推进的时候，我们使用的有一个常规的碳十四测年，还有一个是加速器的。那究竟是常规的可靠，还是加速器测算出来的年代更为可靠呢？加速器是在常规的测算方法上发展起来的，它测年所需的样品量很少，速度也比较快，这是它的优势，但不像常规的碳十四测年方法那么严格。所以后来也逐步改进，加上了树轮校正，通过测定几千年前遗留下来树木的含碳量进而对所测目标样品进行校正，这一方法还是比较可靠的，到最后就是用碳十四测年加上树轮来加以验证。

从现在来看,"夏商周断代工程"中提出的年代,我觉得变化不是太大。一定要分期看,比如说王城岗遗址至少分了 5 期,说它的哪一期和实际夏代的年代能够对应,这还是需要研究的问题。所以不能笼统地说"夏商周断代工程"后发表的哪些结论绝对正确,哪些绝对不正确。还是需要具体分析,看看哪一个测年的结果和树轮校正的更接近。这样可能算是比较客观的。

七、进入 21 世纪之后,您在中国文明起源方面的一些观点影响是很大的,例如三大阶段、两种模式、十项标准,请简单说一下夏代在中国文明化进程中的地位。

不论夏代是处于哪一个历史时期,较之于之前的时期,比如仰韶时期、龙山时期,它都是进步的,更接近国家形态的。目前有证据证明二里头文化或者是夏代的中晚期文化,已经从原始时代进入了国家阶段。我们用大家一致认可的国家产生的标准、国家的标准来将夏代作为中国最早的国家进行研究,那么夏代的研究就至关重要。

我们从考古学上来看,从龙山时代后期开始,中国就进入了国家阶段,这个是符合文献记载的,所以我认为只有把夏代当时的社会形态发展阶段弄清楚了以后,我们对中国国家起源、形态、发展才能有一个比较清晰、可靠的认识。至于我为什么开始对国家文明起源感兴趣,是因为在"夏商周断代工程"后期,我曾经打过报告,表明希望做"中华文明探源工程"。当时领导小组的组长邓楠为科技部的负责人,就问我们这个课题可靠不可靠。在 2000 年的时候,我们就先开始了"中华文明探源工程"的预研究,先试试看有没有可能研究得下去。到了 2003 年,这三年间,我们主要是以中原（黄河中游地区为中心），年代上从夏代开始往前再追溯 1500 年，试图看看夏代之前的那个阶段发展到了什么程度。

"中华文明探源工程"的预研究只有三年时间，是很短的，但是我认为这是个很好的开始。因为通过预研究摸了摸情况，看有没有可能把考古学和其他学科结合起来，走"夏商周断代工程"科研的路子，多学科结合，密切合作，最终的结果是可以的。

现在我们所开展的"中华文明探源工程"，都是在预研究基础上一步一步地发展起来的。应该说预研究阶段取得的成果也很重要。至少说通过预研究，我们认识到在龙山时期中国已经进入了文明时代，已经从野蛮阶段进入了文明阶段。我觉得这个是很重要的。你要探索中国文明起源新的发展历史，不能忘记"中华文明探源工程"预研究这么一个阶段。将来有机会的话，我还是想要对这个阶段的工作做一个客观的总结和回顾。

八、您对先商文化也做过不少研究，并组织了首次专门研讨先商文化的学术会议，能否简单地回忆一下当时策划、组织这次会议的有关情况？并请谈谈目前的先商文化探索。

关于先商文化的学术会议，具体是什么时候举办的，我现在记不起来了，确实是多年以前的事情。那为什么要讲先商文化？为什么要组织一场学术会议？这是因为在研究夏文化的过程中，"先商文化"是必然会涉及的一个问题。因为文献记载很清楚，夏王朝就是被兴起的商族推翻的，所以说先商文化是和夏文化密切相关的一个历史问题，研究夏文化是必然要研究先商文化的。

我们知道以前研究先商文化，占主导地位的就是豫东地区。后来邹衡先生提出，商的起源是在豫北和冀南的漳河流域。这两种观点有很大的不同。从现在来看，我认为邹衡先生提出商人的起源是在豫北冀南地区的可能性更大。在考古学上我们首先是确定了商朝最后的都城是殷墟，从殷墟往上追溯，就追溯到了郑州商城。我们知道，在很长一段时间内，郑州商城被安金槐先生认为是中商，认为是中丁迁隞的地方。郑州商城发现以后，又发现了偃师商城。关于偃师商城和郑州商城谁早谁晚的问题，在"夏商周断代工程"开展时期是有争论的。当然现在可能还有人认为偃师商城要早一些。但是从现在的考古材料来看，郑州商城显然是要比偃师商城早。商代考古追溯到郑州商城，郑州商城现在来看应该是最早的商人建都的所在地。那现在就具体牵涉郑州商城是不是"亳"都的问题。我认为郑州商城是"亳"没有问题，因为在郑州商城附近也发现了战国时期的陶文，称为"亳"。那为什么我们认为战国时期郑州被称为"亳都"是从商代一直流传下来的，是比偃师商城更早的？这就牵涉到先商文化了，就是比郑州商城更早的商文化是从什么地方来的。

关于这个问题，现在来看，是有几种意见：一是在豫北冀南，河北磁县这一带；另外一种还是认为在豫东。还是没有相对统一的看法。从关于先商文化最早的一个学术会议开始，这些意见就是在考古学的发展基础上形成的。那时候是在开展南水北调工程时期，在基础建设的推动下，在邢台往南、磁县附近发现了几处遗址。河南省考古研究院在河南省境内也发现有这个时期的遗存，并且还发现有城址，年代也是在二里头文化时期。文献中明确记载夏朝存在的时候，商族也是存在的，商族的根据地就在豫北冀南。所以说在南水北调工程的这一阶段发现的这些遗址都是非常重要的。此外就是河南省考古研究院在鹤壁刘庄发现的墓地也很重要，河北省的北边也发现有比较早期的遗存，并且这些发现都和郑州地区的商文化有着密切关系。

我们在河北省、河南省召开先商文化的研讨会是很有意义的。在会上，各位学者展示了豫北冀南地区的龙山文化晚期到二里头文化时期的遗存，并且积极交流，都取得了很大的成果，也推进了先商文化的研究。河北师范大学的张翠莲教授提出了商人南下西进的路线：商人从豫北冀南往南到郑州，再往西前进，最终推翻了夏王朝，在郑州建立了商的都城，我觉得这个过程还是说明得很清楚的。

这个会议之后，大家都意识到了先商文化研究的重要性；了解到在豫北冀南地区发现了很多与先商文化有关的遗迹与遗物，并且也进行了年代、文化性质的判定。但大体来看，对于先商文化的研究，还是要比夏文化的研究晚一步，研究成果也不如夏文化，但不管怎么说，是开了一个很好的头。要把夏文化搞清楚，就要从考古学上把先商文化弄清楚，现在正好处在先商文化研究很重要的时期，要做的就是抓紧时间开展田野工作，不管是配合基本建设也好，还是主动发掘也好，都应该要抓紧。

九、二里头遗址与郑州商城的年代对应关系是夏文化研究的关键之一，您在《对郑州商城的再认识》里，认为郑州商城 T166M6 的铜盉是"类二里头文化三期陶盉"，由此完全可以推导出二里头第四期与二里冈下层同时的结论。请结合现在比较流行的二里头文化第四期已进入商代的观点，再谈一下您的想法。

关于二里头文化研究，最早是分的三期，没有第四期，分四期是后来二里头遗址发掘中提出的新观点。考古发现二里头文化发展到第四期的时候，文化面貌发生了一些变化，产生这个变化的原因是什么，说法也不一致。现在比较多的人的看法，并且也是我的看法就是，二里头文化第四期的时候发生了"商灭夏"这样一个政治上大的变动。

　　现在二里头工作队的赵海涛先生把二里头文化第四期又分了四段，分得很细了。他认为在二里头文化第四期的一、二段和三、四段之间有个大的变化，二里头文化第四期中间应该再划分一下，分为前后两段，后一段基本上就进入了商的纪年。第四期这个阶段确实发生了很大的变化，至少可以体现出赵海涛先生所讲的实现了夏到商政权上的更迭。当然这牵涉到文献上的记载和考古学上的变化，现在看来是很清楚的。二里头文化第四期的时候，一方面我们确实可以看到典型的夏文化的遗存，另一方面还有商文化的东西，这个现象只有在王朝发生更替的时候才会出现。所以我是同意二里头文化第四期的时候实现了"商灭夏"这样一个政权的更迭，至于具体是发生在哪一段，因为没有做过完整研究，我也不敢说得太绝对。

　　在《对郑州商城的再认识》这篇文章中，我举过 M6 的一件铜盉为"类二里头文化三期陶盉"，此外还有几件陶器情况类似。虽然这个第三期说成第四期也可以，但是从郑州来看这是最早的商文化。我认为郑州商城也是需要进行分期的。在郑州商城还没有建成的时候，已经有商人南下来到了郑州地区，于是就在旁边建立了一个"亳邑"，实际上这个时期是与商灭夏密切相关的。商人南下之后，往南发展，到豫东之后与东方的夷人结合，再往西发展，攻入郑州。商人进入郑州先是建立"亳邑"作为一个据点，然后再往西走，灭掉了一些城邑。在这一地区考古学上也发现了大师姑古城、东赵古城、望京楼古城，这些都是二里头文化第二期到第四期的古城，到第四期就不行了，很可能就是被西进的商族所攻陷的。之后，商族又回到"亳邑"这个地方，建立了郑州商城。这就是我提出来的可以将郑州商城分为三个阶段的观点。首先是"亳邑"阶段；其次是以郑州商城下层的 H9 为代表，这是郑州商城的内城，宫殿基址就是建在这个区域；最后就是外郭城，现在已经发现有外城，这是郑州商城的晚期了。所以基本上郑州商城可以分为"亳邑"阶段、内城阶段和外城阶段三个阶段。

文献上记载中丁迁到了隞都，至于隞都在哪儿，郑州大学的陈旭教授提出小双桥遗址就是中丁迁隞的隞都。实际上中丁在隞没多久就搬家了，之后又连续迁都了好几回，最终才到殷墟，整个过程是十分漫长的。但是如果可以从考古学上一期一期地分清楚，然后再和文献对照来讲的话，那是可以梳理清楚的。因此我觉得从先商文化开始一直延续到殷墟晚期，研究这一时期的学者还有大量工作可做。我希望今后年轻的考古学家们来接班，大展身手。

十、因为国家领导人的重视和学术界的努力，近年夏文化探索进入高速发展期，您是怎么评价 20 多年来的夏文化探索的？对现在和将来的夏文化探索又有什么看法？

这个问题是目前大家都关注的问题，不过这个问题很难在短时间内得出一个结论来，并且让大家都认可，但是毕竟它是一个需要说明的问题。应该说这 20 多年来，对于夏文化的研究，积累了大量的资料，关于夏文化的研究也取得了极其丰富的成果：

第一，厘清了夏代的年代，通过考古学、文献的研究，加之天文学以及碳十四测年法等科学技术手段，夏代年代的框架基本上得到了确立，为公元前 21 世纪到公元前 16 世纪；

第二，找到了夏王朝时期几个重要的都城的所在地，王城岗遗址、新砦遗址和二里头遗址，这些城址与夏文化的关系，目前来看都是没有问题的；

第三，通过这 20 多年的研究，对夏王朝社会发展的程度也有一个基本的认识；

第四，对于文献中记载的夏王朝时期，夏人与商人、周人及其他部族关系的探索也取得了一些新的线索和进展。

我认为这四个方面的成果还是比较清楚的，但是真正要把夏文化的问题搞清楚，还有很多工作需要做的：

第一，从文献上的记载看，夏王朝的都城有好几个，好多我们还没有线索，是需要继续努力的；

第二，从文化因素分析来看，在不同的地区，虽然都是在夏王朝的统治区域，但各地的文化面貌还是不同的；

第三，我们需要研究夏文化与东夷的关系，这样才能完整看到不同地区的文化面貌是怎样的。

但是，对将来的研究我们也不能着急，着急也不行。总之，田野还是基础，没有田野工作的推进，关于夏文化的研究也不可能有重大的进步。

本次访谈的提问由李松翰初拟，张立东审订。2021 年 8 月 27 日江诺雅通过电话进行采访，随后江诺雅、王仲奇、李松翰对录音进行了整理。2021 年 9 月 30 日，李伯谦先生审定完毕。

主要著述

1.《关于早期夏文化——从夏商周王朝更迭与考古学文化变迁的关系谈起》，《中原文物》2000 年第 1 期。

2.《关于夏王朝始年推定的思考》，《黄河文化论坛》（第四辑），中国戏剧出版社，2000 年版。

3.《对郑州商城的再认识》，《古代文明研究通讯》2004 年总第 23 期。

4.《大师姑二里头文化城址发现的意义》，《郑州大师姑（2002—2003）》，科学出版社，2004 年版。

5.《"禹都阳城"的新证迹》，《登封王城岗考古发现与研究（2002—2005）》，大象出版社，2007 年版。

6.《夏文化探索与中华文明》，《部级领导干部历史文化讲座 2007》，北京图书馆出版社，2008 年版。

7.《先商文化考古的新征程——在"光商文化学术研讨会"开幕式上致辞》，《南方文物》2009 年第 4 期。

8.《新砦期遗存——"后羿代夏"确有其事的证据》，《黄河　黄土　黄种人》2017 年第 2 期。

9.《原始瓷起源于夏代的确证——读"瓷之源"课题组研究成果报告》，《黄河　黄土　黄种人》2017 年第 12 期。

10.《文献所见大禹事迹与考古发现如何对应问题的若干思考》，《黄河　黄土　黄种人》2017 年第 20 期。

11.《参加"夏商周断代工程"夏代年代学研究课题有感》，《中国史研究动态》2020 年第 4 期。

12.《"夏代有无"之争已成过去式》，《历史评论》2020 年第 4 期。

刘绪

　　刘绪，1949 年出生，山西广灵人。毕业于北京大学历史学系考古专业，同年进入山西省文物工作委员会工作，曾任山西省考古工作队副队长。1983 年北京大学考古系硕士研究生毕业，并留校任教。1999 年晋升为教授。曾先后主持或参与琉璃河、盘龙城、方山永固陵、天马－曲村周公庙、王城岗等遗址的发掘。

一、您攻读本科时，北京大学教学体系中是如何从考古学角度论述夏代或者夏文化的？您个人是什么时候开始关注夏文化问题的？

　　我是 1972 年上的大学。当时还是"文革"期间，上课不是太正常。我们这个班是北京大学自 1966 年停招之后，时隔 7 年招入的第一届学生。老师们对我们这一届同学都非常用心，有点恨不得把失去几年的时间都追回来的感觉。

　　但是我们当时因为不是应届生，来源也比较杂，大家的学业程度也不一样。所以，当时老师们为了我们这一批学生，就赶着编了一套讲义。我们报到开始上课之后，旧、新石器的讲义和配图都已经编好了，商周考古也已经编好了。而战国秦汉考古到三国之前那一部分教材，临到我们开课的时候才编好，俞伟超老师为了那个讲义费了不少的周折。

　　那套讲义是在北京大学 20 世纪 60 年代的两套讲义基础上补充修订的，吸收了一些新的材料，比如说"文化大革命"期间出现的一些文物和新发现，有一些已经补充进去了。但涉及夏文化的时候，在讲义里和讲课过程中，其实没有明确的讲解。在当时，我们能看到的比较系统的讲义有三套。一套是 1960 年的白皮铅印本讲义，叫《中国考古学（初稿）》，我们俗称"白皮本"讲义，是"大跃进"期间师生一起编纂的，因为编纂比较着急，有些错漏的地方。后来 1964 年由老师们修改完善，铅印了一版，按时段分成若干本，是红色的封面，所以俗称"红皮本"，比如讲商周考古的，就是《中国考古学（三）·商周考古》。我们 72 级入学新编的讲义，基本上是在 1964 年讲义的基础上编写的，白色封皮，正式的名字叫《商周考古（中国考古学之三）》，封面上还写着"试用讲义，请提意见"。其实，无论是 20 世纪 60 年代的两本，还是 1972 年新编的讲义，都是由邹衡先生为主编写的，学术思想前后比较一致。但在 1964 年的讲义中，对于当时已经发现的二里头和洛达庙类遗存，统一称为"先商文化"。我也问过邹先生为什么用这种称呼，他说他觉得当时主流意见是河南龙山文化是夏文化，二里头文化是早商文化，他自己并不同意这种主流观点，但不敢直接论证，所以用了"先商文化"的名称。但到了 1972 年的新编讲义中，已经改成了"二里头类型文化"。可以说，在 1973 年前后，邹先生其实已经把二里头文化和夏文化的研究相联系了。

但是，在上课的时候，邹先生并没有讲过二里头文化和夏文化有关。当时，北京大学的商周考古主要是邹衡先生来讲，李伯谦老师和陈跃钧老师也讲过部分章节，但二里头这部分是由邹先生亲自讲的。虽然现在记不太清了，但邹先生在上课的时候，应该没有直接说过他的新想法。要知道那是在"文化大革命"后期，老师们讲课比较谨慎。举一个例子来说，当时北京大学能看到新中国成立前"中央研究院"历史语言研究所出版的殷墟发掘报告，邹先生小心翼翼地拿给大家看过，但讲课的时候，里边的材料却不敢直接讲。二里头当时已经发掘了 1 号和 2 号宫殿，但上课的时候，1974 年的新分期，尤其是第四期遗存还没有公布，所以邹先生仍然是以当时的主流认识给大家讲解的。但他在上课的时候也曾经比较隐晦地提醒我们，夏代考古是需要探索的学术问题。

现在想起来，当时能看到的另一个最重要的综述性的著作是中国科学院考古研究所编著的《新中国的考古收获》。这本书原本是为庆祝新中国成立十周年编写的重要著作，但出版时间略晚，集中了当时考古研究所最顶尖的学者集体编写，结论也带有集体认识的意味，带有一定的官方表述性质。那本书是夏鼐先生个人当时的核心工作之一。书里专门提到"探索夏文化和追溯商文化的渊源，对于研究我国历史上原始社会的解体、阶级社会的产生、国家的出现等问题，具有十分重要的意义。……从社会性质来说，'河南龙山文化'已是父系氏族社会，出现了贫富分化的现象，与有关夏代社会的传说颇为接近。至于洛达庙类型的文化遗存，经调查证明：它在地层上是介于商代早期文化和'河南龙山文化'之间，在年代上可能与夏代晚期相当"。这个表述说明，在当时，考古研究所的学者已经有人考虑过二里头可能相当于夏代晚期。

但是这个表述，在我们上学的时候，邹先生并没有太过于强调，他更没有透露过他的真实想法。我们在学习的时候，也完全没有学术意识去考虑这些问题。开始考虑夏的问题，已经是毕业以后在山西工作的时候了。

1975 年 8 月，我作为工农兵大学生从北京大学历史学系考古专业毕业，被分配回山西，10 月初到山西省文物工作委员会（以下简称"山西省文工会"）报到。当时山西省文工会下设三个部门：考古队、古建队和博物部。我被分配在考古队，但因办公室人手吃紧，暂时先在办公室帮忙。办公室的工作主要是打杂，对我缺少吸引力。除了受命看过单位所有人员的档案材料，未有太多的业务工作机会。为尽早从事专业工作，我曾多次向办公室杨子荣主任表明去意。

1975 年 11 月，国家文物局召开七省文物工作座谈会，山西省文公会（当时未改名为文物局）徐文达副主任参加。11 月 5 日，王冶秋局长讲话，提到要搞边疆考古，中原的仰韶文化（陈滋德处长当时插话说在山西发现了中石器时代遗址）、夏文化是空白，要搞，还要搞地震考古、水文考古。陈处长所说山西发现中石器时代遗址，就是下川遗址，当时发现细石器较多，故疑为中石器时代。王局长在会议上提夏文化空白和陈处长补充山西中石器时代遗址，据说是某高层人物的建议。这两项要发掘的遗址属山西与河南二省的任务，其中夏文化的探讨，山西要发掘东下冯遗址，河南则选择发掘王城岗遗址。所以，山西省在1976年春天有两项重点发掘任务，一项是下川遗址的发掘，一项是东下冯遗址的发掘。下川遗址的发掘，旨在填补中国中石器时代考古的空白；东下冯遗址的发掘意在探讨夏文化。这两项至今仍然是国内学术界关注的重大课题，在20世纪70年代，它们的诱惑力可想而知。山西省和中国科学院、中国历史博物馆等有关单位在晋祠宾馆召开了"沁水下川、夏县东下冯考古发掘领导组"会议，时任山西省委副书记王大任出席，会上确定时任山西省委宣传部副部长卢梦为发掘领导小组组长，时任中国科学院考古研究所书记牛兆勋、山西省文工会书记庞汉杰为副组长，有关地、县领导为小组成员。领导组下设办公室，主任为张颔先生，具体领导两个工地的发掘。为此，山西省革命委员会专门发布一个红头文件。能够受到国家和省委如此重视，在山西省文物工作的历史上实属罕见，每位能够参加这项工作的成员都感到荣幸和骄傲。因此，省考古队由祁惠芬指导员（相当于书记）和邓林秀队长各率一支队伍，分别负责东下冯遗址和下川遗址的发掘。

但是我当时还在办公室工作，眼瞅着这样的重要发掘工作却不能参加，心中的焦急是可想而知的。

1976年春天，机会终于来了。大同市博物馆应驻地部队要求，着手发掘北魏文明皇后之墓永固陵，希望山西省文工会派业务人员给予支持和协助。相比当时是全省热点的东下冯与下川，作为协助人员支援地方发掘一座被盗墓葬的工作是被冷落一旁的事情。山西还从未发掘过皇后之墓（实际在全国也不多），即使该墓被盗，也不会一干二净。附近同时代的司马金龙墓就曾遭盗掘，但仍出土不少精美的石雕、陶俑和漆画屏风等。再退一步说，至少墓葬的结构与规模不会荡然无存，它仍然具有重要的学术价值。加之我是雁北人，当时也没有专攻某一时段考古的学术目标，对山西考古的各个方面都想了解，这些都成为我要求参加发掘的因素。在我的积极争取下，杨主任慨然应允，派遣我和考古队的白玉珍先生一起前往大同发掘。待我从方山永固陵发掘回到太原之后，东下冯遗址的发掘工作尚未结束，所以我就又申请去东下冯遗址参加了一段时间的发掘。这可能是我介入夏文化工作的起点。但我自己真正开始投入夏文化的研究，已经是回到学校读研究生的时候了。

二、您硕士学位论文写的是《论卫怀地区的夏商文化》，当时为什么会选择这样一个题目？

邹先生发表《试论夏文化》之后，漳河型的材料不多，主要是北京大学考古专业 1957 年在邯郸田野实习和在下七垣遗址发掘到的一部分，辉卫型的材料也不多，南关外型的材料就更少了。即使到了现在，辉卫型的资料有所补充，但南关外型的资料仍然还是很少的。尤其是豫北地区相当于二里头第四期以前的资料是比较匮乏的。我个人猜测，邹先生自己对这个问题是很明白的，他的文章发表以后，邹先生肯定想把这个问题弄得更清楚。我觉得，他心里也不是太踏实的，还是想找更多的新材料去补充论证。1979 年以后，研究生开始陆陆续续招入。有了研究生，就有了更多的人可以做课题做研究。所以最早的几位研究生中就有人开始按邹先生的布置，围绕先商文化开始做研究，我就是头一个开始研究这个问题的。

起初定论文题目的时候，因为我有山西工作的经历，所以邹先生想让我做以夏家店下层为中心的，河北和山西及燕山南北的北方地区考古学文化研究。因为这一方面当时研究比较少，先生自己发表的《关于夏商时期北方地区诸邻境文化的初步探讨》，其学术意义还没有得到学术界的重视。在邹先生看来，河北、山西的龙山和二里头时期的考古学文化，与先商、先周文化都有关系，而且在夏、商两族北部生活的人群在文献中有线索，但考古学文化如何与之对应，是十分重要的学术问题。在文献史学界，有商人起源于北方或者夏家店下层文化的说法。加上当时刚刚发布张家园遗址夏家店下层文化两个灰坑的地层关系，有助于夏家店下层文化的分期研究。所以邹先生原本打算让我做这方面的研究，然后由北向南，分析他们与豫北冀南地区先商文化的关系。

但刚刚准备定题的时候，听说中国社会科学院考古研究所佟柱臣先生的研究生靳枫毅先生也刚刚定题，也是准备做北方地区的考古学文化。靳枫毅先生是北京大学"文化大革命"前的本科生，63级的，岁数比我大，和葛英会老师是同班同学。当时因为信息不对称，不知道靳先生到底写什么。邹先生觉得题目撞车了不好，就让我转向以太行山东麓的豫北冀南地区的先商文化为中心，选择遗址试掘，进行研究。但其实靳枫毅先生写的主题不是夏家店下层文化，而是曲刃短剑。当然，这是后来他答辩以后，我们才知道的。

邹先生让我们做这个问题，说明先商文化在当时邹先生的认识中，作为主要的学术问题，仍然是带有问号存在的。如果是彻底解决的学术问题，证据是百分百的，他也就不用我们接着做先商文化的研究了。所以，20世纪80年代初期以后，邹先生陆续安排我在豫北的卫怀地区，张立东在鹤壁淇县一带，张立东之前还有一位叫王瑞阳的，做了一半没读完书就离开学校了，我们三个人都围绕豫北开展工作。还安排了宋豫秦在菏泽、商丘一带，也就是曹州地区进行调查与发掘。除了研究生，本科生的毕业实习也比较侧重安排在这一地区。

　　1981 年秋冬，考古专业 77 级、78 级部分学生的毕业实习，分散在晋、豫、鄂三省。这也是恢复高考以后，北京大学考古专业毕业实习规模最大的一次。邹衡先生很看重这次实习，学术目的也很明确，他一生发掘了很多地点，但写简报很少。可是这次三省调查的简报，却是他亲自执笔的。这次实习在豫北就有两个小组，一个在濮阳，发掘马庄遗址，一个在修武，发掘李固遗址，同时还试掘了武陟赵庄和温县北平皋两处遗址，并在修武、武陟和温县，以及沁阳、辉县、原阳等地进行了调查。当时，我作为研究生助教，和邹先生轮流在三省做指导。一般是邹先生去山西，我就去河南，邹先生来河南，我就去湖北，这样转着看六个小组的实习。在李固、北平皋和赵庄的发掘面积虽然不大，但发现了相对丰富的遗存，邹先生就让我以这三处遗址的资料为基础，进行硕士论文的写作。这三批资料，结合后续我自己调查的周边几个县的资料，大体确定了二里头文化和先商文化的分布区域的差别，对邹先生提出的"辉卫型"文化，也有一些新的补充，称为"李固-潞王坟类型"。但是当时的论文只是区分出了差异，对详细的编年分期做得还不是太够，因为资料缺乏，也没有办法从考古学各方面（如墓葬、遗迹、陶器以外的其他遗物）系统地论述它们的文化面貌。到答辩的时候，老师们还是给予了肯定的。后来陆陆续续修改，在 1990 年出版的《纪念北京大学考古专业三十五周年论文集》上才正式发表。

　　我觉得比较重要的是，通过这篇论文的训练，邹先生让我明白了，在研究夏文化的过程中，一定要从不同的角度去考虑问题，既要探讨夏文化和早商文化的关系，更要注意探讨早商文化和先商文化的关系，以及先商文化和夏文化的关系。通过多方面的比较，才能把夏商文化区分开来。先商时期既然在文献中存在，在考古学上也能辨识出来，那就不能把它和夏文化混为一体，更不能在探寻二里冈期商文化的渊源时置之不论。夏商文化的研究如果只从年代先后关系着眼，只是解决了问题的一个方面，两者在空间上的并存，则是解决问题必不可少的另一个方面。因为硕士论文的经历，所以我后来对夏文化的关注和研究，很自然地会想从空间、从横向以及从其他不同的角度去思考问题。

三、您最先利用墓葬材料讨论夏商差异，这个想法是怎么产生的呢？为什么会关注并且强调"异类葬"的问题呢？

1986 年，我在《文物》杂志发表了《从墓葬陶器分析二里头文化的性质及其与二里冈期商文化的关系》，那也是我在学术期刊上第一次公开发表与夏文化相关的论文。在我发表文章之前，对于夏文化、夏商分界以及郑亳、西亳说的讨论正处于激烈的交锋阶段，但却没有先生们使用墓葬资料讨论二里头文化和二里冈文化的差别。墓葬一般是反映古代人群族属认同、民族习惯最好的资料，尤其是随葬品中的陶器，更是进行文化分期和区分文化性质时必须重点研究的对象，但在夏商文化的分析中，没有人使用墓葬材料进行对比研究，这是比较奇怪的一件事。

在 1985 年前后，能收集到的二里头文化墓葬将近 160 座，其中随葬陶器的墓葬有 40 来座，还是有一定数量的；二里冈下层随葬陶器的墓葬比较少，只有 16 座。虽然墓葬总数不多，但是随葬陶器的种类、组合却很有规律，二里头文化晚期比二里冈期下层陶器种类多，且有多种器物彼此不见，显然，在器物群体上两者存在很大差异，各自数量最多的器物也大不相同。二里头文化晚期随葬陶器最多的器类是圆腹罐和盉，二里冈下层最常见的是鬲和盆。二里头晚期常见的爵、盉，在二里冈下层并不常见。二里头文化早、晚两期墓葬的陶器，显属同一文化系统，不可能划分成两种文化。而二里头文化晚期和二里冈期下层墓葬的陶器，无论在器物群体，还是在器物组合及特征上，都有着明显的差异。这种差异远比二里头文化早、晚两期之间的差异大得多，这绝不可能是同一文化本身不同阶段的自然演进所致，而应该是经过剧烈的文化变革的结果。我做了这个比较之后，就坚信，如果仍然坚持二里头文化西亳说，或者坚持二里头遗址第一、二期属于夏文化，第三、四期属于商文化，就无法解释二里头文化的墓葬随葬陶器一脉相承，并与二里冈下层文化差异巨大的现实。无论墓葬还是遗址所出陶器，都说明二里头文化晚期和二里冈期文化下层之间的变化是主要的，文化的界限应该就划在这里；二里头文化各期之间的变化是次要的，应该不是两种文化的分界所在。而且，当时新发表的偃师商城的材料也说明，该城始建年代的下限也不能晚于二里冈期下层，无论它是太甲之桐宫，还是成汤之西亳，都说明二里冈期文化属早商文化，那么早于二里冈期文化的二里头文化自然属于夏时期的文化了。

　　这篇文章发表之后，一开始关注的学者比较少，大家还没有太意识到墓葬材料的意义。所以，后来我在指导研究生的时候，也比较注意在这个方面深化研究。我指导杨冠华撰写的硕士论文《二里头文化及二里冈文化墓葬比较研究》，目的也在于此。当然，冠华的论文从墓向、葬式、随葬铜器等更多的角度进行了分析，和当年我的认识与结论没有太大的误差，二里冈下层文化与二里头文化晚期的墓葬在各方面的差异是很明显的。此后和张明东、郜向平商量，让他们的博士论文以《商周墓葬比较研究》《商系墓葬研究》为题，也有这方面的考虑，就是全面梳理商文化墓葬的各方面特征，通过了解夏商、商周时期葬俗和器用制度的差别，来观察夏商、商周的文化异同。

　　至于异类葬的问题，也是在收集墓葬资料的过程中，连带发现的学术问题。实际上，二里头一号宫殿发掘资料公布不久，邹先生就十分敏锐地注意到一号宫殿庭院内的几个填土纯净、埋有人骨和兽骨的灰坑"绝不会是普通的灰坑，而应该是祭祀坑。灰坑中的这些骨架显然都不是正常的埋葬，应该都是作为牺牲而埋葬的"。台基上一些所谓小墓，依其姿态，"应该与宫殿的建造有密切关系，也许是举行某种仪式的祭祀坑"，这种观察，是通过田野现象对文化特征的判断，对我的影响很大。

在整理二里头和二里冈文化时期墓葬的时候，我注意到除有正常的墓穴、正常被埋葬的死者之外，还有一些三代及其以前见于各类遗迹中的非正常死亡者的资料。这些死亡者没有专门的墓地，有的也没有正常死亡者那样专门的墓坑，所以在利用墓葬材料论证社会等级时，往往甚少考虑。当时，也有部分学者将这些见于各类遗迹中的非正常死亡者称为"灰坑葬"或"乱葬"，并进行过分析探讨，得出了很有见解的结论。但我总觉得，应该从长时段，在不同的时代去观察这个文化现象。因为这些死亡者是最低等的人，其中有不少人甚至如同动物那样被处置。这是说明社会分层、人群分等、人际或族际关系相当复杂的最佳材料，是人类社会发展到一定阶段的产物，也是探讨中国古代文明发生与发展的重要方面。而夏商时期，是以往被我们看作国家形成或者阶级等级区分明确的文明时代，所以，从夏商时期入手观察这个现象，我觉得是有比较大的学术意义的。所以，除我自己做了一些宏观研究之外，我也指导研究生雷英和刘能分别以《黄河中下游地区早期异类葬研究》和《商文化中非正常埋葬现象的考古学观察》为题进行比较细致的分析。

通过长时段的细致比较，我们也发现，二里头文化时期，是人祭、人牲发展的一个重要过渡阶段。二里头文化时期人殉发现不多，但人牲却发现不少。二里头遗址的大型建筑基址，若与殷墟晚商宫殿区建筑相比，在规模上，二里头遗址 1 号基址最大；在数量上，殷墟晚商宫殿建筑比二里头遗址要多。但两处宫殿区所见人牲,殷墟还是远多于二里头遗址的,这应该是历史实际,也就是说,虽然二里头文化时期人祭现象已发现不少,但尚未达到晚商时期的程度。时代介于二者之间的郑州商城宫殿区和偃师商城宫殿区少见人牲也可作为旁证。而且,根据王城岗龙山小城内发现的大量奠基坑推测,介于龙山文化与商文化之间的二里头文化时期,其大型建筑基址下应该有类似的奠基坑。"全尸"和肢体不全的两类"异类葬",在二里头文化中全都有发现,而且最常见的是在地层与灰坑中,在手工业作坊(如制陶作坊)和废弃的房屋内也有少量发现,这表明二里头文化时期的"异类葬"是比较普遍的。我们得出的结论是"异类葬"之发生、发展与鼎盛基本与早期文明发生、发展与成熟相同步,这应该不是巧合,而是历史演进之必然。"异类葬"发生、发展与衰落,是探讨早期文明的一个重要方面,也是观察二里头文化时期作为从新石器时代向王朝阶段过渡的一个角度或者方面,是不能忽视的。

四、您参加了在郑州举行的第四次考古学年会,当时正是二里头西亳说和郑亳说讨论最热烈的时期,在会议上大家是如何看待这个问题的?

　　是的,1983年5月份第四次考古学年会在郑州召开的时候,邹衡先生并没有参加。他当时恰好去美国访问了。当时,张光直先生邀请邹先生去哈佛讲学,为期8个月,没法参加这次会议。为了准确和全面掌握会议信息,他在出国前,专门找我和王迅老师谈话,要求我们参加会议并以硕士论文为基础提交论文。我是1983年毕业留校的,开会的时候我还没有正式留校,还是研究生的身份,没资格作为正式代表参会,只能去旁听。所以,那次年会是我和王迅老师两个人向大会提交了论文,一起去旁听。因为不是正式的代表，只能自己找住处，到开会时去会场旁听，俞伟超先生还安排我在由他主持的小组会上宣读了我的硕士论文。那天，夏鼐先生正好到俞先生组听会，坐在演讲席对面，我读论文的时候，夏先生就在我对面。这大概也是我第一次在正式的学术会议上宣读论文。

　　那时候考古学会的年会每次都有主题，都是在上一次年会确定好的。郑州年会的主题就是"商文化的研究与夏文化的探索"兼及其他地区的青铜文化。专门讨论夏商文化，这对论战一方的主角邹衡先生来说，无疑是非常重要的。当时的学术主流意见仍然是二里头遗址西亳说，因为邹先生不在，与会代表的发言几乎是一边倒，这个从会后编辑出版的第四次年会论文集也能看出来。会议的参观地点是王城岗遗址。当时，为了配合大会，河南省文物研究所的同志把20世纪70年代已发掘的王城岗遗址的部分探方又重新挖开了，让大家看看现场。安金槐先生主持发掘王城岗遗址的时候，好多灰坑只挖了一半，安先生说要留给子孙后代去挖，王城岗遗址好多陶器都修不起来，也是这个原因。登封离偃师不远，就隔一个嵩山。开会的同时，偃师商城正在发掘，但会议上没让大家去看，而且对与会代表都是保密的。偃师商城是考古研究所汉魏队钻探到的，什么时代一开始并不清楚，所以试掘就让汉魏队主持进行。据说夏先生在郑州的年会没开完就先离会了，带着考古研究所的田野高手，好像是钟少林先生，专门去现场确认城墙和夯土。夏先生其实也是相对比较保守的，所以对此事严格保密，因为这个城的年代和性质，对于当时正处在讨论焦点的夏文化和亳都之争问题至关重要。在偃师新发现一座二里冈时期的大型城址，其学术意义之重要可想而知。按理说这恰好与年会讨论的中心议题相合，应该向大会介绍，甚或组织参观，可惜，如此重大发现却向大会严加保密，没有透露有关偃师商城的任何消息。

　　当时，我同学刘忠伏先生在二里头工作队，也正在发掘。二里头和偃师商城相距只有 6 千米左右，两家同时在发掘，这两个队之间消息没法隐瞒。所以刘忠伏就悄悄和我说，当然他违反纪律了，但现在再说这个往事应该不会有啥。他跟我说，夏先生去看了，就是夯土城墙，没问题，看出土遗物就是二里冈时期的，也没问题。但夏先生当时就是让先保密，不让别人去看。

　　夏先生为什么这么重视，其实就是因为对这个城的解释，无论对二里头西亳说，还是郑亳说，都将会是比较大的冲击。二里头西亳说的支持者，需要对偃师商城有个解释，时代、位置都需要解释；郑亳说的提倡者邹先生也得有个说法，你说二里头是夏，二里冈是商，那偃师出现二里冈时期的城，不是西亳是啥。当时夏商分界研究争执正是热闹的时候，双方正有点僵持不下。而且，考古研究所的大部分学者都是二里头西亳说的支持者，偃师商城发现后，该如何调整观点，估计夏先生是比较慎重的，一时间估计也很难下决心有颠覆性的调整，所以先保保密是可以理解的。而且，二里头遗址是由考古研究所主持发掘的，偃师商城也是由考古研究所主持发掘的，无论如何，考古研究所都需要有个意见，这么重要的发现，总不给个说法，肯定是不行的。夏所长是在维护考古研究所的学术地位，避免把最初的解释权落入他家他人之手，作为一所之长，出此决策完全可以理解。所以，郑亳说和西亳说都遇到了新难题，也都要想办法做调整。

五、听到偃师商城发现以后，邹先生和您是如何考虑的？

　　邹先生一开始听到偃师商城发现的消息，也是比较紧张的。他去哈佛半年一回到北京后，就着急了解会议的情况。我去他家里给他汇报会议的情况，他当然关心偃师的新发现。他当时和我嘀嘀咕咕说："可能是桐，可能是太甲的桐。"因为邹先生系统梳理过和偃师有关的所有牵涉夏商历史、地理和人物的文献，他能知道可能会是什么。我没梳理过这些文献，傻乎乎地听他说，我只知道山西闻喜有个桐，但没想到太甲的桐。汇报后的第二天或者过了没两天，邹先生就找到我宿舍去了。邹先生很少到学生的宿舍来找学生的。我记得很清楚，在 21 楼 11 平方米的小房子里，他很肯定地说："桐，就是桐。"然后说："你先不要和别人讲，我很快要写个东西。我怕别人给我偷走了。"所以他先写了个短文章，放在北大学报上先发了，他怕在外边的期刊投稿，被人抄了，所以放在北大学报发。

偃师商城的发现，对于夏商分界以及亳都认定问题争论的双方都提出了挑战，双方的确都需要对新发现有个解释。邹衡先生提出了"太甲桐宫说"，他也说了桐宫也可以是商代的离宫，这个说法是可以的。赞同邹先生郑亳说观点的，对偃师商城的解释不一定和邹先生完全一样，但大体都是从军事重镇、别都、两都或者两京制等角度出发的。

但对于考古研究所的各位先生而言，困难就要比邹先生大一些。考古研究所首先需要选择得力合适的学者去主持偃师商城的发掘。当时，赵芝荃先生已经从二里头工作队队长的任上退下来了，主要任务是整理二里头遗址 1959 年到 20 世纪 80 年代以前的发掘资料。偃师商城发现以后，又让赵先生出山，去主持了发掘。赵先生主持二里头遗址发掘多年，也是同意二里头西亳说的，那如何解释偃师商城，难题就首先需要由赵先生给出个解答。赵先生是个很谨慎的学者，但要是让其他单位的学者先提出偃师商城是西亳的意见，显然又不太合适。所以赵先生在 1985 年的第一个意见是，在保留偃师商城年代相对较早的前提下，认为它是西亳。如果仔细看赵先生的意见，可以发现，赵先生对偃师商城的始建相对年代定得比较宽，是大约相当于二里头遗址的第三期或第四期，这个余地留得很足。这是因为，要把亳都的始建年代控制住。夏商分界，争执的核心其实就是亳都的始建问题。将偃师商城定得早且宽泛，这样保留了二里头遗址是亳都的可能，并未把话说死，而偃师商城可以另外解释为亳都旁的一个城，并不与二里头遗址西亳说绝对冲突。这样的处理在当时的环境下比较合适。本来二里头遗址西亳说就存在将二里头文化腰斩和年代超出成汤的尴尬，如果偃师商城是西亳，这种尴尬便会消除。可是，在其批驳郑亳说时，坚持二里头是西亳，二里头文化晚期（主要指第三、四期）才是早商文化，二里冈文化是中商文化。若认为偃师商城是成汤始建的亳都，那就等于要否定自己苦心经营 20 多年的学术研究，不仅亳都要搬家，还要承认二里冈文化是早商文化的看法是正确的，这当然是很难为情的事情，需要足够的勇气。

　　偃师商城的发现，让原来比较一致的二里头遗址西亳说产生了一些变化。一部分学者提出偃师商城和二里头都是西亳，只不过功能不一样，这样就保住了西亳在偃师的文献说法；一部分学者认为西亳先在二里头，然后稍晚点搬到了偃师商城；还有一种意见认为偃师商城是太戊在西亳旁新修的城，到中丁时候搬到了郑州，即中丁迁隞。郑光先生当时是二里头工作队的队长，他重新划分了二里头文化的分期，提出的第五期实际就是二里冈文化，认为偃师商城是盘庚所迁之殷。这些观点是偃师商城刚刚发掘的时候所提出的。随着考古工作的进行，论争的各方都意识到，对于偃师商城性质判断的关键，还要从考古角度卡定它的年代。

　　到了 20 世纪 90 年代，"夏商周断代工程"开展期间，偃师商城的始建年代更加清晰，最初判定的大城始建年代并非最早，最早的遗迹核心是宫城及宫城内的部分遗存，偃师商城的修建顺序是由宫城—小城—大城，而最早的遗迹单位宫城北部大灰沟最下层的堆积年代被认为要比郑州商城的始建年代早，并且以大灰沟的年代将始建年代确定在二里头文化第三、四期之交，比郑州商城南关外期还要早。从那时开始，大部分学者的认识逐渐都转向偃师商城西亳说，坚持二里头遗址西亳说的学者很少了。

在偃师商城把时间年代提早的同时，郑亳说的学者论证郑州商城的始建年代也逐渐变早，陈旭先生首先提出郑州商城始建于南关外期，也就是始建于先商最晚阶段。

可以说，偃师商城的发现使得亳都之争由郑亳说与二里头遗址西亳说，转变为郑亳说与偃师商城西亳说的争论了，这是最主要的变化。谁是亳都，各有各的说法，学术界常把我划归到郑亳说一派，但实际上我从来没有撰写过论证郑亳的论文，我更没写过论证西亳的文章。倾向性的看法，我是有的，但更多的是指出西亳说论证中的不合理之处，以及逻辑缺陷和漏洞。

对于我本人来说，20 世纪 80 年代后期到 90 年代后期，我的主要精力是放在曲村遗址、晋侯墓地和琉璃河遗址的发掘上的，加上二里头和偃师商城系统性的资料公布不多，郑州商城也没有太多新发现。大家的争论已经陷入僵持的阶段。所以，在那时我并没有再发表意见。再次比较集中地讨论夏商分界，是到了"夏商周断代工程"的阶段了。

六、1997 年"夏商周断代工程"之夏、商前期考古年代学研讨会上，您对偃师商城编年过早的问题提出过质疑，您当时是怎样思考的呢？

"夏商周断代工程"开始以后，邹先生和我多少都承担了一些研究工作，所以很多"夏商周断代工程"的会议我们都是参加了的。这个工程有个好处，就是让很多参与其间的学者，能够直接参观、接触材料，这比听别人讲、只看文章要直观很多，既能看到龙山晚期的实物，也能直观比较二里头和偃师商城的遗物。这样对很多学者来说，感觉就不一样，看法自然会有改变和调整。

1997 年冬，"夏商周断代工程"在偃师召开关于"夏代年代学的研究"和"商前期年代学的研究"两大课题研讨会，会议前半程是参观和听取各工地发掘成果介绍，后半程是研讨。大家先看二里头遗址，紧接着看偃师商城遗址，连续看实物对比，直观感受就完全不同了。

在这次会议上，偃师商城工作队向参会代表展示和介绍了大灰沟分期排队的实物，并由偃师商城工作队队长杜金鹏先生在大会上作了关于偃师商城 1996—1997 年的发掘和初步研究成果的报告。会议上，考古研究所偃师商城工作队的先生介绍说，他们把偃师商城的遗存暂分为三期6 段，强调说这不是最后的分期结果，接下来还要再增加时段。在会议后半程的讨论中，高炜先生就偃师商城的分期作了进一步说明，重点谈了两个问题：一是关于夏商分界界标问题，大意是说二里头遗址的出土物与偃师商城的出土物是两套东西，分属两个文化。在二里头遗址近旁出现一座商城，应该是汤灭夏的结果，因此，偃师商城的始建年代可以作为夏商分界的界标。二是如何确定偃师商城的始建年代，认为偃师商城的第 1 段遗存是宫殿使用时期的堆积，即在第 1 段遗存形成之前，有的宫殿就已建成，其始建年代为二里头文化第三、四期之交。同时，高先生还认为，二里头第四期是夏文化，与之同时的偃师商城第一期是商文化，两种文化在偃师同时并存。这次会议也是偃师商城工作队首次明确提出偃师商城始建于二里头文化第三、四期之交，二里头文化第四期属于早商时期，但同时承认二里头第四期是夏文化，是进入商代的夏遗民的文化，等于彻底放弃了二里头遗址西亳说。这个意见，也是偃师商城工作队代表考古研究所提出的带有官方意味的意见。但是最早提出把夏商分界定在二里头文化第三、四期之间的，并不是考古研究所的先生们，而是孙华老师。这些年大家不太提孙华老师最先提出过这个意见，但是做学术史不能忘记孙老师的贡献。

对于杜、高两位先生所言，我当时在两个问题上有点想法：一是分期。偃师商城工作队的新分期方案，在期、段数量上与此前赵芝荃先生的分期相同，都是三期 6 段。但如果偃师商城的三期 6 段都是亳都时期，亦即相当于成汤到中丁迁隞，即共历 5 代 10 王，其大致积年将近 180 年。如按 6 段均分，每段年数 30 年左右，这已贴近考古学文化分期的极限了。如果还要增加几段，就意味着每段 20 年左右或更短，恐怕目前的考古学家还达不到能够区分这么短时间段的能力。这是当时想到的第一个问题，在会议研讨发言时，我没有讲，而是会下与偃师商城工作队一位我最熟悉的先生讲了，建议他不要增加太多期段，6 段已经不少了。我跟他说，可不敢再加了，再加比碳十四都要准了。考古学文化分期也有个度的问题，未必越多越好。

二是商代早期，夏文化与商文化在偃师并列共存一期之长的问题。对此，我感到有点难以理解。在会议研讨发言时，我就这一问题谈了自己的想法，向大家请教。一般开会我很少给别人提问商榷的，都是别人不说了我再说，但那次我主动在大会上提问了。我发言的大意是，二里头遗址和偃师商城相距仅 6 千米，有两种考古学文化同时并存一期之长的时间（整个二里头第四期），大家可考虑过这一期有多长时间？在这一期之长的时间内，能否有这种现象存在？我当时简单算了一笔账，根据当时的碳十四测年，二里头文化第一至四期差不多一共 400 年，平均每期约 100 年。考虑到考古学文化各期年代长短不均，未必等同，我把第四期的年数打了折扣，算少一点，按 60—70 年估算。那么，在六七十年长的时间内，在中原腹心地区商人的都城旁边，还有顽固的夏人存在，还分别保持着各自独立的文化，老死不相往来。我以为并存的时间有点长，难以理解，遂请大家思考解答。由于会议是随便发言，各唱各的调，各吹各的号，我提的问题没人回应。会下，邹先生认为我提的问题有道理，但认为我不用在会上说，而是应该写文章论证。第二天的会议上，偃师商城工作队的负责人杜金鹏先生代表工作队做了个简单的回应，说没有考虑过刘绪先生提的问题，至于是否考虑调整，杜先生并没有说。

　　把夏商分界定在二里头文化第三、四期之交，我觉得实在过长，这在中原地区难以找到例证支持。说二里头文化第四期一定与二里冈下层早商文化同时，在二里头遗址和偃师商城也都没有发现这方面的地层证据。

七、邹先生去世前后，您连续写了多篇关于偃师商城不是夏商分界唯一界标的论文，您是怎样思考这个问题的？

　　1997 年以来，伴随着偃师商城始建年代的调整，为突出偃师商城的重要性，偃师商城西亳说者还一再强调偃师商城的始建是区分夏商文化的唯一和准确的界标。对此，我提出过质疑，认为它既不唯一，也不准确，更不典型。

　　偃师商城的始建年代被微调为二里头文化第四期早、晚段之间，往后调了一段。此说是以前未曾有过的，是"夏商周断代工程"以来出现的新说，且渐为更多的学者认同。最初发表这一倾向性看法的是高炜、杨锡璋、王巍、杜金鹏四位先生合写的那篇著名的文章，提出"四期（至迟其晚段）"分界的说法，表明是有微调的。在这方面杜金鹏先生无疑是最明白也最高明的，他明确提出第四期晚段分界，把括号也去掉了，是让夏商共存的时间缩短了，这是合理的调整。达到这样的局面，我觉得已经是可以了。因为，你要让郑亳说拿出二里头第四期晚段与二里冈下层不共存的证据，郑亳说同样是无法提供的。所以，争论的双方将分歧缩小到半期之内，已经可以说接近于达成共识了。

但是，我觉得还是要注意，西亳说学者新的夏商分界意见的论证逻辑仍然是有漏洞的。西亳说学者之所以把偃师商城第 1 段商文化定在二里头第四期，是从两个方面论证的。

一是所谓"一兴一废"说，即二里头夏都废于第三期之末（主要是 1 号宫殿之废），偃师商城兴于第四期之初，先废后兴，都是成汤干的事，所以偃师商城的兴建是夏商分界的标志，而且是唯一界标。这个说法在当时乃至现在都颇有影响，不少学者表示赞同，也为偃师商城西亳说挣分不少。其实这纯属猜测，你怎么会知道一定是"一兴一废"？二里头遗址后来的发现表明，即使到第四期晚段时该遗址也没有衰废，而且还在大兴土木，相当繁荣。如果二者同时并存，应该是和平共处，不是"一兴一废"，前后相继。倘若现在还要继续强调"一兴一废"，哪怕把兴废交替放在二里头第四期早晚段之交，也是因对二里头遗址新公布材料没有及时把握，属于时代的落伍者。

二是把偃师商城与郑州商城的材料进行比对，推定偃师商城第 1 段与二里头第四期同时。那么郑州商城的商文化又是如何排序，如何确定何者属二里头时期，何者晚于二里头时期呢？这方面郑亳说的创始者邹衡先生 20 世纪 80 年代有过论述。因此，偃师商城西亳说在与郑亳说争抢汤亳时，直接与郑州商城的材料进行比较，并接受邹先生对部分单位时代推断的结论。比如，邹先生把郑州商城 H9 定为先商文化最晚段。在邹先生夏商文化演进的体系中，先商文化最晚段与夏文化二里头第四期晚段同时，这样就使商文化与二里头文化的年代产生了对应关系。于是，偃师商城西亳说在把偃师商城新的分期与郑州商城分期进行比对时，同意邹先生把郑州商城 H9 定为与二里头第四期晚段同时的结论，把与郑州商城 H9 约同时或稍早的偃师商城第 1 段定在二里头第四期。而且第 1 段遗存是偃师商城使用时的堆积，此时宫殿已经建成，因此，宫殿的始建还要再早一点。1998 年，偃师商城工作队的先生们在介绍 1996 年和 1997 年偃师商城发掘成果时，明确提出偃师商城第 2 段与郑州商城 H9 同时，但郑亳说体系中，郑州商城的始建年代不可能早于 H9 阶段。如果此时的偃师商城已初具规模，属于偃师商城的第 2 段了，而其始建年代是第 1 段，则偃师商城的始建年代至少比郑州商城早了一段时间。须知郑州商城 H9 与二里头第四期同时是郑亳说创始人邹衡先生定的，我对西亳说完全同意。可经过与你确定的郑州典型单位比较，偃师商城的始建年代至少比郑州商城早了一段。如此这般，两座商城的早晚就论定了，二里头第四期商代夏文化与偃师商城最早的商代商文化也就同时并存了。郑州商城 H9 之先商说也错了，应该属早商。这一论证方略可称之为以邹之矛攻邹之盾，既利用邹说，又否定和反对邹说，是很高明的一招。

2003 年，杜金鹏先生发表"夏商周断代工程"有关偃师商城课题的结题报告，进一步强调"偃师商城的建造时间推定在了偃师商城商文化第一期。而偃师商城商文化第一期早段（第 1 段）约与二里头文化第四期的晚段相当""偃师商城商文化第一期第 1 段，是最早的商文化遗存。偃师商城的始建，是夏商文化的界标"。偃师商城始建年代新说的论证过程，除沿用与郑州商文化进行比较的方法外，还增加了直接与二里头文化进行比较的方法，这是此前不曾有的，是一项创新。

但是，由于二里头工作队持续的工作和新的《二里头（1999~2006）》报告的出版，让我们对二里头遗址第四期阶段的情况有了新的认识。对比二里头第四期和偃师商城第一期阶段的各方面情况，比如遗址规模、宫城面积、宫城外的道路、新修建的宫室建筑、绿松石与铸铜作坊及其围垣，尤其是第四期阶段的墓葬规模和随葬品丰沛情况等方面综合比较。总体而言，即便我们放宽成汤在位的时限，把偃师商城第一期，即包括第 2 段在内均视作成汤时期，那么将偃师商城此期遗存与同时的二里头遗址第四期遗存比较，除府库和池苑不见于夏旧都，为汤亳特殊设施外，其他诸多方面，汤亳均较夏旧都逊色。客观来讲，偃师商城现有的证据比较薄弱，虽有宫城，但能划归到成汤阶段的偃师商城第 1、2 段的遗存还是很薄弱。从宫城的布局看，第 1、2 段的房子也不多，能住人的房子不多，能作为宫殿的就更显得有些寒酸了。凡承认偃师商城第一期是汤亳，并与二里头遗址第四期同时者，就得承认这一客观现象。如果仅从考古现象判断，不涉及桀都与汤都，那么这两处同时的遗址，何者为主，何者为次？何者是都，何者是邑呢？

近年来，关于夏商分界的另一个新动向是二里头西亳说的回归。从"夏商周断代工程"结项开始，碳十四测年结果就埋下伏笔，使曾经一度流行，后遭普遍抛弃的二里头遗址西亳说呈现出复苏的苗头。碳十四测年结果发生系列变化，态势迅速明朗，二里头遗址西亳说的学者就不再沉默，开始陆续发声，这其中比较有代表性的学者是殷玮璋先生。

自"夏商周断代工程"之后，公布的相关核心遗址的部分碳十四测年结果与该工程夏积年的结论形成了矛盾。主要有两点：其一，关于商代初年的文化遗存，"夏商周断代工程"分别对郑州商城二里冈下层一期和偃师商城商文化第一期第 1 段的炭样进行了测年，两处数据比较一致，大部分落在公元前 1600—公元前 1525 年之间。同时，《夏商周断代工程 1996—2000 年阶段成果报告·简本》（下简称《简本》）又估定商始年为公元前 1600 年，此年数与二里冈下层早段测年的最大值相合。总体而言，考古学文化测年与文献记载的推断基本相符。然而对二里头遗址各期的测年结果表明，二里头文化第三期的年代也落在这一时段内，即公元前 1610—公元前 1555 年。如此，二里头文化第三期和二里冈下层同时了，二里头文化第三期也应属商代初年，属早商文化。这与《简本》认同的二里头文化是夏文化，二里冈文化是早商文化的结论相矛盾，即使主张二里头遗址为西亳，二里头文化第三期为早商文化的学者也未否认二里头文化第三期早于二里冈下层文化的事实，因为这是被多处遗址的地层关系反复证实了的，已属考古常识。"夏商周断代工程"的两组测年结果肯定有一组不可靠，为什么出现这样的常识性错误？只有测年专家清楚。其二，郑州地区二里头文化晚期——洛达庙类型晚期遗存的年代，被测定在公元前 1740—公元前 1540 年之间，上限与二里头文化第二期的年代相同，远早于二里冈下层，也早于二里头文化晚期。可考古学界普遍认为，洛达庙类型晚期也就是二里头文化晚期，亦即与二里头文化第三、四期同时。同属二里头文化第三、四期的遗存，郑州遗址的测年早于二里冈下层，而二里头遗址的测年却与二里冈下层同时。很明显，二者中肯定有一处也错了。

对这两处错误，我曾在《中原文物》编辑部组织的笔谈中指出过。当时我以为，可能是二里头晚期的测年有误，因为其他多处遗址的数据都与"夏商周断代工程"的夏商年代结论相合，应该比较可靠。如二里冈下层测了两处商城遗址，年代都相当于早商时期，而且郑州洛达庙类型的测年数据又早于这两个二里冈下层遗址的年代，与考古学编年相合。总不至于这三者全错，只有二里头遗址晚期的正确。结果出乎预料，我的看法公布后不久，测年专家很快公布了郑州地区洛达庙类型晚期的碳十四样品新数据，将其年代后压 100 多年（有的样品与"夏商周断代工程"的样品属同一单位，如 II T155G3 样品，也比该工程测定的年代之数晚了 100 年），使之与二里头遗址晚期的测年一致，即相当于公元前 1580—公元前 1485 年间，约与二里头遗址第四期相当。这样一改，郑州与偃师地区二里头文化晚期年代就相同了，都与早商时期吻合，即两地二里头文化晚期均属早商。这一测年结果正好与曾经流行的二里头遗址西亳说相合，显然，它是对郑亳说和偃师商城西亳说的否定，是对二里冈文化为早商文化的否定，正好为个别坚持二里头遗址西亳说的学者提供了新的依据。

受碳十四测年新数据的影响，继殷玮璋、仇士华等先生之后，二里头遗址的时任负责人亦发出回归二里头遗址西亳说的倾向性意见。由于在二里头遗址工作，面对新的碳十四测年结果，他们无法回避，必须给出一个说法，这是可以理解的。在相信新的碳十四测年结果，相信商代起始于大约公元前 1600 年的前提下，他们只能回归旧说——二里头遗址西亳说，认为"在夏商分界探索领域，到目前为止还不能排除任何假说所提示的可能性"，倾向于判定二里头文化偏晚阶段为商都。但这种声音与殷玮璋先生的意见并不完全合拍，一是认为二里头遗址西亳说仍是一种迫近历史真实的假说；二是虽然赞同二里头遗址偏晚可能为商都，但不同意给早于成汤商都的二里头文化偏早阶段（实际包括任何考古学文化）贴上夏文化的标签。

这些新动向有不同的学术背景和成因，对此，我正式发表过意见，从逻辑角度进行过回应。应该说，这些意见不新，在论证逻辑方面也有一些不足，所以仅就近十年的研究情况来说，夏商分界的研究虽有新动向，但缺乏突破性的进展。

当然，从文献来说郑州商城和偃师商城哪个是亳都，我真的还不好说。但从考古现象来说，我觉得郑州还是更可能的。无论是内外城的规制、面积，还是周围的卫星城，抑或是二里头文化第四期到二里冈下层文化阶段的遗存的丰沛程度、等级情况，郑州商城无疑都比偃师商城要更加宏伟，因此也应该更加重要。即便到了二里冈上层阶段，郑州的三个铜器窖藏，也是早商时期最气派、最宏伟的。郑州的问题在于，文献证据比较薄弱，这方面比不了偃师。但是从同时期的文字材料——陶文来说，郑州商城有更多的"亳"字陶文，是比较重要的证据。

我自己从来没有论证过郑州商城一定是亳，但还是比较倾向于郑州的。但我心里还是有不踏实的，就是关于"南亳"和"北亳"的说法。这两说在文献证据上比西亳还要充分，虽然目前在豫东鲁西没有发现二里冈下层的遗存。是没发现还是不存在，或是发现了但不敢这样来认定？要真的在豫东鲁西地区的岳石文化分布区域挖到一个大城，还属于岳石文化的较晚阶段，有学者要提出这就是亳都，还真不好反驳。"南亳"和"北亳"现在查无实证，田野工作也难开展，但的确留下了学术讨论的余地。

八、王城岗的重新发掘是在什么契机下开始的？您能介绍一下当时的情况吗？

我刚才已经说过，1976年按照统一部署，河南和山西要在夏文化研究的课题上有所突破，所以河南省在安金槐先生的领导下，与中国历史博物馆合作，发掘了王城岗遗址，并且发现了王城岗的小城。这是继梁思永先生在安阳后冈发现河南龙山文化城墙遗迹大约半个世纪之后再次发现同时期城址，具有很高的学术价值。而且由于王城岗特殊的文献传说原因，所以备受关注。由于王城岗遗址的城址规模较小，对于其是否为"禹都阳城"，学界未有定论。但是北京大学的各位老师和河南省的考古学家都特别关注这个遗址。

1996年，"夏商周断代工程"启动以后，考古学方面的首席科学家李伯谦老师，想继续在王城岗做点工作。所以就在夏代纪年的课题中，设计对王城岗进行新的碳十四测年。要测年，就得有点补充发掘，取点炭样，这才有了王城岗遗址多年后的重新工作。没想到这次发掘效果特别好，测年样品的结果显示，该城址年代偏早，超出夏代纪年。所以，在"夏商周断代工程"阶段成果报告中认为"登封王城岗古城……的发现为探讨早期夏文化提供了线索"。

"夏商周断代工程"结束以后，李老师和考古研究所的王巍所长又一起推动了"中华文明探源工程的预研究"项目。在立项之后，李老师就设立了一个子课题，专门对王城岗遗址进行调查、发掘和研究，主要是想通过连续的考古工作，细化"夏商周断代工程"建立的年代标尺，进一步探究王城岗古城的性质，对其是否为"禹都阳城"给出合理的判断。后来李老师因为年龄原因，不领导"中华文明探源工程"了，但"中华文明探源工程"一直资助王城岗和瓦店遗址的工作。

也就是基于这样的背景和学术目标，我和河南省文物考古研究所的方燕明先生一道组队工作。当时已经有新的测绘手段，学校的张海他们当时还在读研究生，但也参加到联合工作队里来，对颍河中上游的登封、禹州一带的约 30 处遗址进行了重点考古调查，对王城岗、瓦店等核心遗址进行了全站仪测绘。根据测绘和调查的线索，我们决定对王城岗和瓦店遗址进行发掘。所以，这才有 2002—2005 年对王城岗的连续四年的发掘。方燕明老师非常大度，让我挂名领队，但实际的田野工作，更多都是方老师在现场盯着的。北京大学这边则是我和赵辉老师，轮换着派出研究生持续参加了发掘，所以雷喜红、韩巍、杨冠华、张海、郜向平先后都在王城岗发掘了一段时间。我只是在 2002 年下半年在工地待得久一点，带学生跑了调查，盯了钻探。王城岗遗址破坏得很厉害，遗址东南部基本上没有太好的堆积，所以调查钻探的重点就放在了城北。在钻探的过程中，我和方老师商量，要在小城周围做点工作，尤其是寻找一下到底有没有北墙。而且当年的发掘中，有一些线索，尤其是 20 世纪 70

年代末发掘的时候，小城西城北侧有一段北墙，似乎有向西延伸的迹象。所以我们重点钻探了那个部分，后来的发掘发现那一段能确定大城北壕沟和小城的相对位置关系。

这四年的发掘，成果非常显著，发现了河南龙山文化晚期的王城岗大城，复原面积超过 30 万平方米，对回答"禹都阳城"的学术疑问提供了新材料和视角，也为早期夏文化的研究找到了一个基点。更重要的是，我觉得时代在前进，学术研究的角度也在丰富，王城岗遗址的发掘，运用的各种科技手段和测绘技术，是过去所没有的，夏文化未来的研究，也必然会是多学科相结合的道路。

九、2008 年召开的早期夏文化会议上，您做了学术总结，您是怎么看早期夏文化的呢？

夏文化的研究，在一头一尾是存在较大的学术分歧的，也是夏文化研究不断受人关注的焦点问题。一头，就是早期夏文化；一尾，则是夏商分界问题。关于早期夏文化，涉及龙山文化、新砦期与二里头文化第一期的关系。

20 世纪 80 年代赵芝荃先生发掘新砦遗址以后，他就提出新砦期是介于二里头文化和河南龙山文化的一期遗存，属于二里头文化。"夏商周断代工程"中，对新砦期更为重视，做了一些新工作。现在新砦期的资料积累比当时多，认识也更深入，但是分歧也更大。有往龙山归、往二里头归和独立三类意见。所以，讨论夏文化的上限，新砦期是一个主要的讨论对象。

无论哪种情况，都有问题需要进一步论述。比如，既然新砦期与二里头一带的龙山文化同时（与其他地区的龙山文化亦如此），那么二者的分布范围以何处为界？既然二里头一带龙山文化比新砦一带龙山文化结束晚，两地龙山文化又有何区别？发生了什么变化？在中原地区的东部（偃师以东），于龙山文化和二里头文化之间存在一个新砦文化，二里头一带则不然。这种现象在黄河中下游其他地区如何？有没有普遍性？也就是说，在龙山时代与二里头时代之间是否存在一个新砦时代？还是属于偶然现象，仅限于嵩山以南的新砦一带？

在我看来，新砦类的遗存，其实是时代大变革背景下的产物，在河南的嵩山以南地区表现为新砦类遗存，在其他的地区也都会有类似的体现。这些变化背后实际上反映的是从龙山时代进入一个新时代，也就是进入二里头时代的过程中，不同地区的考古学文化表现出的变化特征。因此，这种变化中的考古学文化必然带有过渡的特征。张海叫它"新砦现象"，是可以成立的。我指导张莉撰写博士学位论文《从龙山到二里头——以嵩山南北为中心》，指导小常（指采访者常怀颖）写《二里头文化一期研究初步》，其实也是想通过他们的梳理，看一看在郑洛地区以新砦、花地嘴和二里头文化第一期为代表的遗存之间，是否也存在这样的宏观变革。

一直以来，在夏商文化探讨中，不少学者认为政治事件的发生与考古学文化的变化不同步，王朝更替后，旧王朝的文化不会马上结束，还会延续到新王朝早期或初期，因新王朝之初不可能形成有自己特色的文化，此时的文化被称为"后某文化"。夏王朝建立，是否属王朝更替，很难定性。禹是禅让即位，启是世袭即位，尽管存在启和伯益"争"与"让"的纠葛，但与后来的王朝更替相比，似有很大区别，谈不上新旧王朝更替，而是禅让与世袭的交替。以"文化滞后"的理论解释此时的考古学文化，难度更大。不过，在夏代初年，发生了"穷寒代夏"的重大事件，夏王朝一度灭亡约40年，这是大家都认可的。基于此，在探讨早期夏文化时，应考虑这一事件发生之前与之后夏文化的变化。对此，以往研究已经考虑到了，但对文化的滞后性还欠深究。比如，穷寒期间的文化应该延续夏代初年——禹、启和太康时期的特征；少康复国以后一段时间内的文化应该沿用穷寒新文化特征。如果说新砦期具有东方文化因素，是"穷寒代夏"重大事件发生的结果，那么它的上限应晚于代夏事件的发生，因为要滞后；其下限也一定要滞后到少康复国以后一段时间，即进入夏代中期方才合理。如此来看，新砦期的碳十四测年应进入夏代中期。如果从这些角度考虑，似乎问题更加复杂。如果再结合对夏代积年的整体考量，则早期夏文化的年代上限估算和整体文化性质判定，都会发生变化。所以，我觉得对早期夏文化的研究下结论，现在还为时过早。

而对于焦点问题的新砦类遗存，我个人还是觉得应该放在更广大的时空框架下去看待为宜。龙山时代向二里头时代的转变，是个大的历史趋势，在不同的地区，都有这样的进程，有的地方早一点，有的地方晚一点，会有时间差异。也会因为文化和经济基础产生不同的样态，甚至发达程度的不同。因此，更应该在大背景下进行具体的研究，将不同小地点的转变划归同一个大系统，有时可能并不妥当。

回到早期夏文化的探索来说，核心的问题是不同地区在什么时间点发生了从龙山向二里头时代的过渡，最后又在什么时候被二里头文化整合。这个过程，可能就是夏文化的早期发展历程。

十、对于二里头测年，比之前预计的年代要晚，时代要短，您提出的解决方案和其他学者角度都不同，您是从世系的平均年龄反推，认为文献记载的夏世系年代过长。虽然您没有明说，但是不是说，您觉得二里头文化就是夏代的全部积年呢？

刚才我已经说过了，"夏商周断代工程"以来，关于二里头文化的碳十四测年数据比 2000 年以前发生了较大的改变，除整体年代压后以外，二里头文化的总年数缩短，也是一个比较显著的变化。根据最新的《二里头（1999～2006）》报告测年研究的数据看，二里头遗址第一到四期的整体年代范围大体上是从公元前 1750 到公元前 1520 年，前后延续 230 年左右。这比 2000 年以前，二里头遗址第一到四期的年数为 400 年短了将近 170 年。而新砦阶段的测年数据则为公元前 1870 到公元前 1720 年。该报告测年研究的执笔人，倾向于殷玮璋、仇士华先生的意见，认为"首先，二里头文化第一期不早于公元前 1870 年，这应不是夏的始年。第二，从分期年代来看，商的始年应处于第二期晚到第三期的范围内，而不是第四期的后面"。

如果拿这个测年数据去衡量夏代的积年，则会发现，即便我们将新砦阶段的测年数据与二里头遗址的测年数据叠加，大体上就是从公元前 1870 到公元前 1520 年，也就是 350 年左右。如果认同新砦为"穷寒代夏"的遗存，则再向上推至启甚至禹的时代，也不会超过 400 年的总数。

拿这个数值去衡量文献，问题显然比较大。如果相信古本《竹书纪年》夏代积年的记述，自禹至桀 14 世 17 王共 471 年的记载可靠，不仅要考虑每世多少年的问题，还要考虑当时人的寿命平均有多长。对于前者，涉及男性成婚的年龄，夏代不得而知，但先秦文献有关于周代的记载，多为 20 岁以前加冠成丁，娶妻生子，是可以做参考的。周代天子 20 岁以前可以成婚生子，即一代约 20 年，更早的夏商也当如此。可夏代 14 世历 471 年，平均每世 33 年，这意味着夏代男子约 30 岁成婚，即一代约 30 年，比周代晚婚太多，有违常理。

至于夏商时期人的寿命平均有多长（幼儿除外），也应该与成婚年龄有关。倘若当时平均年龄能达到花甲之岁，成婚晚一点也还勉强可以理解；若寿命平均 40 岁左右，成婚年龄晚到 30 岁，等于自取灭亡，肯定行不通。

　　对比与二里头同时、比二里头更晚以及比二里头更早的夏商时期主要遗址人骨鉴定结果可知，龙山到商时期人的寿命远不能与现在同日而语，绝大多数 55 岁以前死亡，过 60 岁的很少，平均寿命多不足 40 岁。因此，30 岁以后成婚是不可能的。二里头遗址有随葬品的墓葬，死者最大年龄才 45 岁。其他遗址过 60 岁者不足 1%，这与如果相信夏王都长寿，且过 60 岁者占 24% 的比例相差太过悬殊。这方面我也写文章论述过，相信大家也能逐渐意识到这个问题。

　　总之，如果相信夏王朝 14 世 17 王是可靠的，那么夏代 471 年之数可能有误，即年数多了。反之，如果相信夏代 471 年之数可靠，那么夏王朝 14 世 17 王之说便可能有误，即世数少了。与测年的数据相比，如果新砦期的碳十四测年进入夏代中前期，二里头第四期晚段以前全部为夏代，则全部夏代的年数也不会超过 400 年。那样 14 世 17 王在 400 年中，每世年代较长的问题也依然存在。所以，我个人倾向，夏王朝 471 年中有 14 世 17 王这个记录是有问题的，年数记载可能多了。若再综合考量不确定的所谓"先夏文化"以及文化滞后论的问题，我个人的倾向是，如果将二里头视为夏代，则现有碳十四测年数据的 230 年，对应 14 世 17 王，平均每世 16.4 年，则相对符合夏商周三代的平均数，也比较契合文献先秦国君 20 岁以前加冠成丁，娶妻生子的记载。同时，将二里头文化全部视为夏代的考古学文化，也能避免为了凑够文献记载的夏积年数，从河南龙山文化和二里头类型各取其一部分共同凑成夏文化，缺多少取多少的不确定或者有点随意的状况。

十一、我注意到您和别的学者明显不同的一点是，对二里头时期郑洛以外其他地区同时期的考古学文化关注较多，这是为什么？

您为什么要去对比二里头文化与二里冈下层文化的分布区呢？

刚才我也谈到了，在区分夏商文化的研讨中，绝大多数学者只注意在二里头文化和二里冈文化各期段之间选择夏与早商的分界，即只注意时间先后上的分析。因此，当各种夏商分界说把二里头文化和二里冈文化各期段之间一一占据并固守不弃时，这种单线条的分析便无法判定孰是孰非，形成各种说法长期对峙的僵持局面。

同时，由于夏商王朝的中心统治区黄河中下游一带已建立了全国最齐全的考古学文化编年，所以夏商文化必在其中是毫无疑问的，在学术界已有的各种说法中也必有一说接近于实际。但问题在于，用什么方法能够在没有同时期文字材料的证明下，辨识出夏、商王朝的考古学文化。如果循着以往绝大多数学者的老路，把范围限定在河南龙山文化、二里头文化与二里冈文化各期段这种单线条的比较分析上，各种说法长期对峙的局面肯定仍难突破，需要寻找新的解决问题的途径。我以为，从空间分布上对二里头文化和二里冈文化时期诸考古学文化作横向分析，是其途径之一。

20世纪80年代末，我尝试从空间分布上对二里头文化时期诸考古学文化和二里冈文化进行了概括说明，不难看出，这期间在分布上发生的最大变化是二里冈文化。该文化首先统一了中原，进而又统一了黄河中下游地区，并对周邻文化产生了强大影响。结合文献所见夏商时期有关夏人（族）、商人和夷人活动地域的记载，以及成汤灭夏的史实，只有把二里冈文化确定为早商文化最为合理。而二里头文化并不具备这样的分布态势，说明二里头文化不是商代早期的考古学文化。因而，二里头遗址也不可能是商代早期的亳都。

同样，坚持二里头文化晚期是早商文化的学者会遇到一个难题，即二里头文化晚期的来源问题。按理说，二里头文化晚期来源当然是二里头文化早期，可二里头文化早期又被该说的学者定为晚期夏文化。这样的论证逻辑不但会造成早商文化来源于夏文化的错误，而且由于二里头文化早期主要分布的豫西、晋南地区缺少汤以前商人活动的记载，无法得到文献支持。

对这一难题，主张二里头晚期西亳说的学者大多避而不谈。其实，中国自夏王朝建立以来，代代相传，此乃事实。但历代王朝形成的历史背景并不相同，兴起和早期活动的地域也有区别。据文献记载，当夏之时，黄河流域还存在许多部族，他们有着各自的活动地域，并相互接触和来往。因此，系统地整理和分析这类资料，可以从整体上了解夏代各部族间的相邻关系和分布状况，从中确定早期商族的所在位置。就是根据这个活动地域和空间存在差别的思路，我才想到有必要去整理文献中夏代各主要部族的活动地域，以此考虑不同考古学文化的空间地域格局问题。实际上，我后来梳理商王朝在四方的进退情况，以及周初分封的疆域范围，也大体是同一思路。虽然文献记载的部族不一定都能和考古发现一一对应，有的可能也没法说死，但从梳理的结论看，考古学文化的空间分布格局，在一定程度上能够反映文献记载的史影，也能帮助我们从另外的角度去思考问题。

就夏商关系来说，从文献记载的梳理和考古学文化空间分布的双重分析，可以看出，在桀以前，和夏有关系的部族分布在夏王朝东方古黄河以南的范围内，其中尤以鲁西南和豫东最为集中，但在这些部族中不见商族。在文献记载中，夏与本地区各部族频繁的接触过程中，桀以前根本不见商族，也不见商族以及和商有关系的部族与本地区各部族间的接触。这和商族起源于山东和豫东的传统说法形成了难以解释的矛盾。而仔细分析一下前人对商先公八迁之地的考证，就会发现早期商族的活动范围在古黄河以北的河北省中南部及其附近。同时，成汤伐夏的路线和夏王朝的东北界至也说明桀以前的商族是这一地区的占有者。而考古学文化的空间分布情况恰好是，先商文化的各类型主要见于豫北冀南地区，这与文献整理情况的印证，不能说仅仅是巧合。

这个研究结论，也带来一系列对其他的学术问题的思考，比如在夏商时期的其他地区，分布的考古学文化都是什么？这些考古学文化与二里头文化、二里冈文化又是什么关系？这些问题，不但是我关心的，也是邹衡先生关心的。所以，20世纪80年代中期，邹先生带着我去垣曲盆地调查，先后安排孙华、徐天进老师对扶风壹家堡、耀县（今铜川市耀州区）北村进行了发掘，安排我和徐天进老师对陕北地区进行调查与小规模试掘，安排王迅老师在安徽发掘，安排李维明老师在豫南做工作，目的大都是为了搞清二里头、二里冈时期中原腹地周边的情况，观察同一时代不同考古学文化的分布格局问题。

到了20世纪90年代后期，我自己能够带学生的时候，也安排了一些同学继续探索这个问题，在空间上填补空白。所以我带闫向东在忻州发掘尹村，帮王力之联系在东龙山发掘整理，填补二里头和二里冈阶段忻定盆地、汉水上游地区的空白。同时，也想看看太行山东西两侧、中原与江汉地区之间是否通过河流形成的道路存在联系，相互间有没有交流。可以说，这种安排既是邹先生学术思想的一种传承，也是在尝试通过不同的方法解决夏商考古学文化的核心问题。

十二、陶寺文化不是夏文化，但东下冯类型属于夏文化。对这个观点最鲜明表态的就是您和邹先生，过去了这么多年，您是怎样看待这个问题的？

陶寺文化是夏文化的观点，在20世纪90年代陶寺遗址第一个发掘阶段中，曾经比较流行。因为从文献角度说，夏王朝的主要活动地区在豫西和晋南，所以陶寺遗址比较符合晋南的空间位置。同时，认为陶寺文化是夏文化的另一个依据是当时公布的陶寺遗址碳十四测年是公元前26到公元前20世纪以前，这与《晋书·束皙传》"夏年多殷"说为600年以上的说法比较接近，而与通常使用《古本竹书纪年》判断的夏王朝的起始年代之间差别比较大。所以，后来对于陶寺文化是夏文化的说法，学术界基本上是放弃了的。

近年来，陶寺遗址系列样品的碳十四测定结果显示，其年代比20世纪80年代的测定向后压缩了。按照最新出版的《襄汾陶寺——1978—1985年考古发掘报告》附录所公布的年代，陶寺文化的年代集中在公元前2450至公元前1900年前后，与夏王朝的估算年代有一定的重合。因此，有些学者甚至是主持二里头遗址发掘工作的学者，出于不同的目的，重申了陶寺文化夏文化说，甚至还使用了清华简的资料，从地中变化的角度对这个问题进行了重新讨论。

但是，仍然如我在20世纪90年代所提出的质疑那样，陶寺文化的绝对年代即便后压，仍然比夏王朝的始年要早。而夏王朝即便从禹向前推，也只能多推一代先王或先公，即禹的父亲鲧。再往前，夏族就很难有能对上号的先公可以上溯了。那夏王朝的上限与陶寺文化中期测年相当，陶寺文化早期的200年左右若归之于夏，就很成问题。

同时，从考古学文化的面貌来看，陶寺文化与郑洛地区的王湾三期文化、二里头文化甚至作为过渡样态的新砦类遗存相比，差别都比较明显，也很难看出它们之间存在传承关系，若以此论证陶寺文化属于夏文化，困难太大，甚至可以说逻辑漏洞是无法弥合的。

对于东下冯类型是否属于夏文化或者二里头文化，目前至少还存在两种意见。一种意见认为，东下冯类型是一支相对独立的考古学文化，应该称为东下冯文化；另一种意见则认为，东下冯类型是二里头文化的一个地方类型。我个人是持后一种态度的。20世纪80年代，把东下冯当作一个文化的学者，多少都在强调东下冯遗址第一至六期是一个文化系统。但从东下冯第五、六期陶器的特征来看，除少数器物确系承袭当地或周邻诸文化外，多数器物则与二里冈商文化相同。我觉得不能仅看部分器物，而要看整个器物群，看每种器物形态特征的变化以及每种器物在上下左右诸文化中的存在状况，以此研究各文化主要陶器的构成和各文化间异同因素的多少，进而区分它们的文化属性。东下冯第五、六期虽然有相承前四期的器物，但数量有限，不足以说明它们属同一文化系统。在考古学文化中常常有这样的现象，即在同一地区，前后相衔而性质不同的两种文化往往会有部分因素传承。

如果把东下冯类型置于这一大的历史环境中考察，就会觉得它的出现和存在实属必然，它与龙山文化和二里冈文化有别也是情理中事，完全符合黄河中下游地区远古文化的发展规律。我说这是一个新的历史阶段，其理由并不只各地区此时都存在一种新的考古学文化，而且从这些特征互异的多种文化的个性中，还可找到其时代的共性，找到这一阶段有别于龙山时期和二里冈时期的共同因素。

强调东下冯与二里头文化的共性，是因为从年代方面考察，晋南地区从龙山文化至二里冈期文化的考古学编年基本建立，其中必有一种文化属夏代文化；在地域上，晋南正是"夏墟"所在，是大家公认的夏王朝领地。由于二里冈期文化是商文化，而东下冯类型与晋南各类型龙山文化又有本质区别，所以夏文化非晋南地区某类型龙山文化即东下冯类型文化，二者必居其一。晋南地区龙山文化陶寺类型和三里桥类型的年代与其他龙山文化接近，下限不晚于公元前20世纪。与夏代纪年相较，虽然其晚期可能相当于夏代初期，但它们不能囊括夏代全部，夏代晚期文化便超出了它的下限范围。夏文化不能只有早期而无晚期，显然视晋南龙山文化陶寺类型或三里桥类型为夏文化是不妥当的。既如此，晋南地区夏文化就非东下冯类型莫属了。

　　从具体的器物来说，东下冯类型与二里头类型有不少器物，如夹砂深腹罐、鼎、大口尊、弧顶器盖等主要器类的共性，是学术界都承认的。但东下冯类型的鬲较二里头为多，这也是主张东下冯类型独立出来的一个主要理由。但如果我们仔细观察这些陶鬲，就会发现，鬲自龙山文化时期在黄土高原开始出现以来，各时期有着明显区别。在黄土高原南半部，龙山文化时期各地区的鬲都有较固定的形态，其共同特征一般胎较薄，袋足肥胖，基本不见实足根。到二里头文化时期，鬲的形态发生了很大变化，各地之鬲种类繁多，形态颇不一致，陶胎都较厚，绝大部分有高锥状实足根。二里头类型和东下冯第一至四期的鬲始终如此，一直未规范。如果按类型学的划分，很难对二里头遗址、东下冯遗址中出现的陶鬲有比较统一的形式划分。但同时，这一时期太行山东麓地区的先商文化分布区中，陶鬲的形态却在逐步规范，至少在先商文化的某个类型中，会有一两种，甚至三种形态相对固定，可归入统一型别的陶鬲。比如，在漳河型中，卷沿斜腹高锥足，薄胎，饰细绳纹的陶鬲数量最多，颇为流行，直到二里冈文化时期仍然如此，这就是陶鬲规范化的一个例证。但在东下冯和二里头类型中，这种情况却不曾见到。即便东下冯遗址或东下冯类型陶鬲的绝对数量多于二里头，但陶鬲形态不规范的特点却是完全一样的。这说明陶鬲的使用，在两个类型的人群中并不占主流。所以，我觉得将东下冯划归二里头文化，作为晋南地区二里头文化的一个地方类型，比独立为一支考古学文化，从宏观考古学文化的变化、分布角度而言，可能更好。当然，这只是我个人的观点，未必一定正确。

十三、"先商文化与二里头文化同时"是您关注的焦点问题，在硕士论文以后，您没有再写过专文讨论过这个问题，但您参加过淇县宋窑、临城补要村等先商遗址的发掘或整理，您能讲讲您现在对先商文化的看法吗？

对先商文化的探索，不是这些年的学术热点问题，但在我看来，要研究夏文化，必须弄清先商文化。实际上，邹衡先生论证夏文化，是以殷墟为起点上推，先追溯商文化的传承关系，再比较早于二里冈下层，与先商文化同时，但又在文化性质、分布空间上不同于商文化的二里头文化，以此确定夏文化。可以说，是通过比较排除的方法来确定夏文化的。但是《试论夏文化》发表以后，邹先生自己对先商文化的一些论证也不踏实。因为当时的材料太少，所以邹先生就陆续安排研究生通过田野发掘实习带动前沿或热点问题的突破。在当时，为了进一步细化不同地区的先商考古学文化编年，甚至于解决某些考古学文化在关键时间节点的相互关系，邹先生对研究生的专题实习会特别选择在相关区域进行。这其中，邹先生最不放心的就是豫北与冀南相接的辉卫型分布区。所以，在邹先生安排学生进行的先商文化探索中，王瑞阳和张立东老师发掘的淇县宋窑，以及宋豫秦老师在菏泽的安丘堌堆的发掘，是最为重要的。

淇县宋窑遗址从地域上看，介于邹先生划分的漳河型和辉卫型之间，发掘的遗存也的确属于二里头文化时期的。1988年暑假发掘后整理的时候，邹先生亲自出马，带着我和张立东一起在淇县整理。李伯谦先生的硕士生张翠莲，当时在豫东夏邑调查发掘，也短期过来整理。所以主要就是我们4个人，整理了40天。整理的材料有的早于他定的辉卫型，就是早于二里头文化第四期，可以到二里头文化第三期，最晚的和先生所定的二里头文化第四期的辉卫型更接近。而偏早的遗存，和辉卫型差别稍微大一些。那如何认识辉卫型，就需要考虑。因为做论文时梳理过相关的文献，所以我知道，淇县和滑县是相邻的，而滑县是传统文献记载的"韦顾既伐"的"韦"所在的地方，所以韦的地点没有太大争议。整理期间，一起聊天，我向邹先生提出："哎呀，先生，这就是'韦顾既伐'的韦吧，是不是韦文化啊？"这其实和邹先生的观点是有点冲突的，因为文献里说韦是夏的同盟国，所以考古学文化上，它可能和二里头更接近，关系更密切，和先商可能没太大关系。从当时整理的情况看，将宋窑偏早的遗存归入二里头文化比归入先商文化理由更加充分一些。所以当时在那谈的时候，叫韦文化可能更好点。邹先生没有坚决反对这个意见，所以张立东老师在写博士论文的时候，就倾向于这种意见，叫"辉卫文化"，判断上和韦更接近。邹先生有个特点，要是他认准了的，别人反对，他会坚决不同意的，对谁都是如此；要是他含混的、拿不准的，他基本采取的是默认态度，不会反对也不会赞同，他会说，这个问题可以继续探讨，其实就是基本上默认，别人反对，他也就不会坚决不同意。

实际上，要是仔细看邹先生的论证，他的辉卫型其实只讨论了二里头文化第四期，对豫北地区年代相当于二里头文化第一至三期的文化遗存属不属于先商文化，属何种文化，邹衡先生没有明确意见。所以，对于豫北地区二里头文化第四期以前遗存的文化性质，我的硕士论文给出过其他意见，只是没有明确与二里头文化分期的对应关系。而宋窑遗址的发掘提供了一部分新的材料。豫北地区从二里头文化第一期开始不一定就是先商文化，它可能在偏早阶段属于二里头文化的分布范围，是二里头文化的一个地方类型，小常你的意见是这样；或者像张立东说的那样，是一个独立的文化或者类型，只是分布区稍微小一点而已。所以在豫北地区以东是岳石文化，在豫北地区以西是二里头文化，范围都很大，以北是漳河型，在这个夹缝里有个小圈圈，独立出来。我觉得归到二里头文化，属于一个地方类型，也是可以的。

在邹先生的先商文化框架下，探讨豫北冀南地区的先商文化，要格外关注早于二里头文化第四期以前遗存的性质，这是需要注意的一方面。当然，鹤壁刘庄发现的墓地，是属于二里头文化时期的，文化面貌比较鲜明，应该是属于先商文化的，归到二里头文化不行。以刘庄墓地的情况看，独立出来可行，但与宋窑的遗存相比，似乎还有些差别，宋窑更接近二里头文化。

对于漳河型，从邹先生发表文章至今，新材料不多，所以突破也比较少。槐树屯 H1 的发现，可能代表了这个地区相当于二里头文化一期或者从龙山文化向二里头文化时期过渡阶段的考古学文化。但目前材料还是太少，有些问题还不好下结论。磁县南城墓地的发现比较重要，但是公布的资料还是太少，似乎墓地也没有完全揭露，但显示出来一定的岳石文化的因素，是值得注意的。王迅老师和小常发掘的补要村，补充了漳河型北部地区的资料。补要村的发掘虽然在时代上没有太大的突破，但至少说明漳河型的北界能够到滹沱河一带，而且发掘显示其中有一部分地方因素与邯郸地区还是有一定的差别，有些陶器磨光、加楔形点纹，做得很精致的，说明那个遗址或者周围是有一定等级的。因此，文献中所说的"昭明居砥石"是有一定依据的。在滹沱河以南，应该就是漳河型分布的区域。但接下来的问题还是要注意，太行山以西的考古学文化与漳河型之间是不是有互动关系？类似尹村发现的遗存，通过滹沱河河谷能否传播到太行山以东地区？

至于保北型，张翠莲在沈勇的基础上又前进了一步，叫它"下岳各庄文化"。这类遗存是否属于先商文化，其实是涉及夏家店下层文化南界问题的。从现有材料看，夏家店下层文化应该也越过了拒马河，到了易水一带。因此，易水到拒马河一带应该是夏家店下层文化与保北型的交汇地带了。从现有材料看，将保北型放进先商文化区，也还可以成立。先商文化的北界应该就是保定北部的拒马河以南。

至于岳石文化是先商文化的观点，我个人并不同意。邹先生第一本论文集出版以后，虽然又新写了很多学术文章，主要是围绕夏商分界等问题的商榷和回应，主动性的新研究不多。但《论菏泽（曹州）地区的岳石文化》一文，根据宋豫秦等在安丘堌堆的发掘，证明菏泽地区是岳石文化的分布区。稍后张翠莲在夏邑清凉山的发掘，再次证明邹先生的推断，商丘地区也是岳石文化的分布区。同时，商文化的研究证明，岳石文化与二里冈文化的关系并不密切，甚至可以说关系不大。这使得传统文献所说的商人源于东方的说法就不成立了，这是一个天大的问题。对于史学界来说，商人起源于豫东鲁西南几乎是板上钉钉的事情，但考古发现却颠覆了这个认识。邹先生的这篇论文，学术界还没有充分认识到它的重要性。我相信，岳石文化是不是先商文化，随着时间的推移是能说清楚的，也是会被学术界认识到的。

现在先商文化研究过程中遇到的最大问题是，无论豫东鲁西南，还是豫北冀南，比较普遍地缺乏二里冈下层尤其是二里冈下层偏早的遗存。无论商人发源于东方，还是豫北，老家没有二里冈下层的遗存是很难解释的。相较而言，豫北冀南还有一些，但豫东鲁西南完全没有。商丘以西有零星的二里冈下层，但商丘以东完全没有二里冈下层的遗存。这意味着岳石文化不是商文化的源头。

如何看待太行山东麓地区相当于二里头时期的考古学文化与二里冈文化之间的关系，还缺乏非常系统、详细的研究。目前在河北东南部除邯郸地区有一些二里冈下层的遗存外，这些年也未补充新的材料。这是需要做进一步研究的。根据现在掌握的材料看，太行山东麓一线二里冈下层的遗存也比较少，所面临的问题和岳石文化接近。但比岳石文化略有优势的是，二里冈文化的文化因素和先商文化更为接近。我在想，是否还有另外一种可能，即商人在先商文化偏晚阶段南下，在偏早的时候居于太行山东麓。南下以后，到了新地点后会吸收一部分当地的文化因素，比如会吸收郑州的二里头文化。所以二里冈文化的形成一定不是全盘沿用先商文化，而是会吸收其他文化的因素，产生改变。包括郑州发现的岳石文化因素，也并不能排除和二里冈下层同时的可能性，因为郑州这方面的材料也不多。所以二里冈文化形成以后，在老家的先商文化可能受其他文化影响少，文化面貌延续的时间稍长一点，与南下改变为二里冈下层的情况有所不同。要解决这个问题，关键还是要在河北省中南部多做些工作，积累更多的材料。二里冈下层突然出现的新的文化因素，比如粗把豆、鬲形斝等，在先商文化都比较罕见，可能就是二里冈下层文化形成过程中的突变。所以总体来看，说漳河型或者下七垣文化和二里冈下层文化的关系最为密切，是成立的；岳石文化虽然和二里冈下层文化也有点关系，但关系远不如漳河型密切。还需要从长时段，系统地对太行山东麓地区的夏到商时期的考古学文化进行细密分析，以此分析商人在当地的活动，以及二里头文化是否在豫北冀南地区有分布进退的现象。这也是我指导小常你写博士学位论文《夏商时期古冀州之域的考古学研究》的初衷。

十四、您觉得未来夏文化的研究，在哪些方面会有重大突破的可能？突破当前的瓶颈还需要在哪些方面努力？

我个人觉得，夏文化研究现在面临的第一个问题，也是主要问题，仍然是要确定夏文化的上限和下限。这当然也是个老问题。对于上限，过去的观点不太一致，邹先生认为夏文化的上限就是二里头文化的上限。但更多的人认为，二里头文化包括不了整个夏代，需要把龙山文化偏晚的一段定为夏文化的早期，定多少只能是需要多少拿多少。这是过去主要的两种意见。未来对于夏文化上限的确定，新砦期是一个重要的讨论对象，必须要考虑它。我个人认为，新砦期遗存是属于二里头文化的。新砦类遗存可以分为两段，偏晚的一部分和二里头遗址的二里头文化一期同时，偏早的一部分早于二里头遗址的二里头文化一期。这样，加上新砦类遗存这一阶段，夏文化的年代上限可能就差不多了。但是碳十四测定的新砦期年代也晚了，还不如原来二里头文化一期的绝对年代早，如何看待，还需要从夏文化的年代以及测年技术两方面去思考。

由于新的苗头是碳十四测年数据不支持过去的认识，在未来也许这种苗头会引导夏文化年代上下限的研究。包括二里头西亳说的回归，实际上也是碳十四测年的影响所致。对于二里头文化始年的认识，邹先生的意见是夏代开始以来的；而李伯谦先生的意见小有不同，认为是太康以来的。按照李老师的意见，夏代世系中有两代半人不属于二里头文化，太康以前的属于河南龙山文化晚期。但接着要回答的是，为什么太康以前的一定是河南龙山文化，为何王朝建立文化没有发生改变。李先生用禅让制来解释，现在看，有一定的道理，将来可能会逐渐成为解释体系的主流。

夏文化的年代下限，实际上就是夏商分界的问题。夏的结束和商王朝的开始，实际上是一个问题的两个方面，是分不开的。这个问题这些年争论较多，意见也比较多，但并未形成共识。目前主要的分歧是二里头文化第四期或者第四期晚段属于夏代还是属于商代。分歧到了这种地步，实际上已经很微妙，可以说基本上是十分接近了。可能以后会有越来越多的人认为夏商分界在二里头文化第三四期之交，这些人会跟随杜金鹏先生认同二里头文化第四期晚段分界说。

但问题是，夏商分界和夏文化的下限并不同，有人就提出了二里头文化第四期晚段属于商代的夏文化，是商代夏遗民的夏文化。因此也有人提出"后夏文化"的称呼，我觉得这种说法不太严谨。"后"有上限——夏代灭亡，但下限到什么程度，什么时间，需要有个说法，不能没有限制。叫"后某文化"，不太合适。实际上，认为二里头文化第四期或者第四期晚段与二里冈下层文化同时，称其为"夏遗民文化"，牵涉到的是所谓的"文化滞后理论"。

从某种意义上说，二里头遗址的"后夏文化"正是产生文化滞后理论的源头和依据。因为把它断定在新王朝初年，与之相距仅 6 千米的新王朝都城——西亳却同时出现了新文化——商文化，而且还是区分夏商王朝分界的界标，是最早的早商文化的典型代表。这样一来，所谓王朝更替与考古学文化现象变化不完全同步的滞后理论就变得复杂起来，就会出现王朝更替后，有的地点文化滞后，不会很快发生变化，为"后某文化"（如二里头遗址）；也有的地点则会很快发生变化，而且还能成为新时代的标志（如偃师商城）。如此，这一理论就不具普遍性，仅适合于旧王朝族群，不适合于新王朝族群。那么，所谓新王朝之初不可能形成自己特色的文化，还要沿用旧王朝文化一段时间的滞后理论就显得太过笼统，有以偏概全之嫌，至少偃师商城西亳说的结论不支持这种理论。

夏文化研究存在的第二个问题，是以往研究中，对于文献和考古的全面了解不够。较为突出的问题是，各取所需，随意选几条文献进行论证。后续对于文献和考古的材料梳理一定要全面。即便否定文献，也需要对文献的错误和矛盾有考证、有分析，不能以"不是同时期的文献或文字材料就不能互证"这么一句话，就否定了文献的合理成分。在考古材料分析方面，也同样要全面。比如在夏商分界的研究中，对先商文化的关注就不够。探讨早期商文化和二里头文化，是离不开先商文化的。这些年对于先商文化的关注也很不够。再比如，在讨论夏商关系的时候，多数人都集中在二里头和郑州，对东下冯的关注就很不够。东下冯遗址本身是既有二里头文化又有二里冈文化的，为何不因此分析下晋南地区？

夏文化研究存在的第三个问题，是对考古现象的解释不够谨慎，应尽量避免简单定性。没经过田野发掘的历史学者，对田野发掘简报的结语和结论是胆战心惊的。轻易定的结论或者证据不足的拔高，会对历史学界的学者产生误导。重要遗址和重要现象，结论尤其要谨慎。类似"宗庙""宫殿"之类的解释一定要慎之又慎。

夏文化研究存在的第四个问题，是材料方面还有欠缺和不足。首先是需要注意寻找二里冈下层文化和二里头文化遗存的地层关系；其次是在河北与豫北地区补充先商文化的遗存，完善编年，尤其是相当于二里头文化第一、二期的遗存，有待补充；第三是亳都问题上，现有材料和以后的新材料如果没有大墓和大型铜器，很难解决。无论是郑州还是偃师，找到了早商时期的王墓、大铜器的铸造作坊、二里冈下层文化大型铜器的陶范和铜器本身，可能就能作为王都的旁证。

关于夏文化的研究，我能想到的就是这些了。如果还要多说一点，我还是想强调，西方学者对夏文化的否定或者拒绝探讨，是有比较复杂的学术和意识背景的，大家对于他们的观点，要有相对清醒的分析，不能盲从。说实在的，到现在为止，虽开放多年，西方学者通过遗物，尤其是以陶器为主论述中国考古学文化关系的研究依然很罕见。除客观原因外，也有主观原因，他们认为你研究的目的不是纯学术问题，是民族情绪在作怪，所以结论不可信。这是西方学者长期以来的固有看法。对于夏商周的认识，西方学者有自己的判断标准，就是要有当时的文字材料存在，而且这些文字材料记述了自己的属性。这就是为什么西方学者研究中国先秦史时从晚商开始，视之前为传说时代的主要原因。应该承认，这种认识有其合理之处，但得不出百分之百准确的结论，并不等于所有证据都不可靠，因而彻底否定夏与早商王朝的存在。这显然有点极端，也是不合适的。

按照殷墟甲骨文对商先公先王的周祭祀谱系统，商先公先王自上甲以来的世系基本与《史记·殷本纪》商世系吻合。那么，我们接着可以提出这样的问题：武丁他爹小乙及其大爷小辛和盘庚是否一定不可信？恐怕没人敢说是百分之百不可信。如果武丁的父辈可信，他爷爷祖丁又是否可信？依次上推，更早的先公与先王又如何？上溯到哪一代就不可信，属于传说时代了？这些问题肯定没法界定。即使越早可信度越小，那也不能断然说武丁以前的所有先公先王都不可信，早商文化与先商文化不能提、不用探讨。如果承认甲骨文关于商先公的记载可信，在探讨先商文化的同时，探讨与之同时的夏文化，也是当然可行之事，是必不可少的内容。没有发现就一定不存在，这属默证，在历史研究中应慎用。比如商代，在殷墟发掘以前，也面临着同样的问题，但随着考古资料的不断丰富，商代考古发现逐渐贴近历史真实。总之，文献记载如有道理，我们就不应该放弃相关线索，就应去积极探寻，夏文化探讨也当如此。

本访谈由常怀颖根据已有的录音、笔记等材料整理而成，成稿后部向平和杨冠华校核，最后由雷兴山审定。刘绪先生简历与主要著述由王仲奇编写。由于身体原因，本稿未经刘绪先生本人审阅。

主要著述

1.《从墓葬陶器分析二里头文化的性质及其与二里冈期商文化的关系》，《文物》1986 年第 6 期。

2.《从夏代各部族的分布和相互关系看商族的起源地》，《史学月刊》1989 年第 3 期。

3.《论卫怀地区的夏商文化》，《纪念北京大学考古专业三十周年论文集（1952—1982）》，文物出版社，1990 年版。

4.《简论陶寺类型不是夏文化——兼谈二里头文化的性质》，《史前研究》（辑刊），1990—1991 年。

5.《东下冯类型及其相关问题》，《中原文物》1992 年第 2 期。

6.《关于西亳说的几个问题》，《夏文化研究论集》，中华书局，1996 年版。

7.《早商文化的考古学横向观察》，《远望集——陕西省考古研究所华诞四十周年纪念文集》，陕西人民美术出版社，1998 年版。

8.《偃师商城——不准确的界标》，《中国文物报》2001 年 8 月 5 日第 7 版。

9.《有关夏代年代和夏文化测年的几点看法》，《中原文物》2001 年第 2 期。

10.《夏商文化分界探讨的思考》，《考古学研究（五）》，科学出版社，2003 年版。

11.《夏商文化分界与偃师西亳的若干问题》，《考古学研究（八）》，科学出版社，2011 年版。

12.《对探讨早期夏文化的几点看法》，《早期夏文化与先商文化研究论文集》，科学出版社，2012 年版。

13.《夏末商初都邑分析之一——二里头遗址与偃师商城遗存比较》，《中国国家博物馆馆刊》2013 年第 9 期。

14.《困惑八问——向偃师商城西亳说求解》,《夏商都邑与文化》(一),中国社会科学出版社,2014 年版。

15.《夏文化探讨的现状与任务》,《中原文化研究》2018 年第 5 期。

张松林

张松林，1951 年出生，河南荥阳人。1978 年 7 月毕业于中山大学历史学系考古专业，之后进入郑州市博物馆考古组工作，1998 年担任郑州市文物考古研究所所长（后为郑州市文物考古研究院院长），2011 年荣休。曾主持和参与花地嘴、新砦、望京楼等与夏文化探索相关遗址的发掘，并组织百余次考古调查活动。

一、请问哪些夏商考古先行者的研究或教学对您的夏文化研究有比较大的影响？

在诸多夏商考古的先行者中，对我影响最大的是徐旭生先生和邹衡先生。上大学时我读的第一本有关夏代文化研究的专著就是徐旭生先生的《中国古史的传说时代》，第二本是邹衡先生的《商周考古》。大学期间，尤其是 1978 年 3 月至 6 月在登封王城岗考古实习之时，我就读过邹衡先生的文章。1985 年春节假期过后，我到郑州西北部进行了为期两个多月的文物普查，随后在《中原文物》发表了调查简报。简报发表不久，具有深厚学术功底和敏锐学术意识的邹先生就写信向我询问这批调查资料。收到资料后，他马上来郑州对有关遗址进行了全面考察。我们一起进行了 4 天的实地复查，此间与先生的直接交流令我收获匪浅。此后邹先生先后十几次来郑州考察，几乎每次都要我陪同。邹先生的这些考察对郑州市夏商周考古起到了极大促进作用，在这期间我学习到了很多。

李伯谦先生也对我影响很大。记得 1979 年初次见面时，李先生得知我们不仅是同乡，而且同在荥阳高中读过书。李伯谦先生的爱人张玉范老师在"文化大革命"中曾在郑州市博物馆工作过几年，使我与李先生又增添一层关系。李伯谦先生为人谦和，所以交往起来就特别容易。先生是德高望重的夏商周考古权威，在夏代考古上的成就很大。他还是"夏商周断代工程"的首席科学家和"中华文明探源工程"的顾问，郑州市文物考古研究院能有机会参与这些重要的项目，与李先生密切相关，其中许多项课题和我们研究院主办的学术会议都得到了李先生的指导。郑州市文物考古研究院能够发展到今天，与李伯谦先生和郝本性先生是首席顾问分不开的。

另外还有严文明先生和刘绪先生等。他们在文明起源和夏文化研究方面的成就对我影响深远。在此要强调的是刘绪先生，他是夏商周考古方面中生代的领军人物，主持登封王城岗遗址考古发掘时发现了大城，功不可没。他对夏文化的研究，尤其是对所谓"新砦期"的研究思路，必会随着时间的推移得到越来越广泛的认可。正是这一思路使我认识到所谓"新砦期"其实根本就不是真正意义上的夏族文化。

二、您做过哪些与夏文化相关的考古工作？

1978 年春天我在登封王城岗进行考古实习。3 个多月的实习期间，我在小城内挖了一个探方，并进行室内整理，最后提交探方记录和整理探方资料，同时写出探讨登封王城岗性质的毕业论文。实习结束后，王城岗遗址的发掘领队、河南省文化局文物工作队队长安金槐先生在告成工作站对我说：毕业后可以到河南省文化局文物工作队工作。可惜阴差阳错，我的分配去向竟是到外事办公室。由于我和学校都坚持干考古本行，而如果改派，相关手续又非常困难，最后只好选择郑州市博物馆。随着后来对荥阳青台等遗址的发掘和郑州地区河南龙山文化考古发掘项目的增加，考古资料日益丰富，我对夏文化的研究水平也得到提升。

作为地市级文物考古部门的专业人员，很难像国家级研究机构那么专，只能是碰到啥就得干啥，相当于救火队员，但是我对夏文化的关注一直不曾减弱。1979 年我发掘了郑州市闫垌龙山文化遗址，1980 年又在荥阳点军台发掘出河南龙山文化晚期遗存，紧接着就是在荥阳青台遗址发掘出河南龙山文化早期遗存等。1996年国家"夏商周断代工程"开题，刚开始郑州市文物考古研究所没有参加，但是我作为业务副所长总觉得应该做点什么，于是在1996年7月，首先带领专业人员对登封市进行了考古调查，同年11月又组织队伍对新砦期遗址进行了调查，此行第一站是新密新砦，第二站是黄台，第三站是古城寨。我们在新砦遗址发现了一批遗物，其中印象最深的是在新砦村西侧断崖上的一个灰坑里发现了一个基本完整的单把罐，修复之后非常漂亮。这次调查不仅增进了我对新砦期的认识，也勾起我进一步研究的兴趣。1999年，李伯谦先生决定发掘新砦遗址，并要求郑州市文物考古研究所进行配合，我作为新上任的所长就参加到了新砦遗址的考古工作中。

在对河南龙山文化晚期和新砦期文化遗存进行调查的同时，我们还启动了其他很多项目，其中与夏文化探索相关的有夏商周文化遗址的调查、战国戳印陶文的调查等。

调查完成后，对这些材料进行梳理时，我们发现郑州地区考古学文化变迁过程中存在严重问题。例如郑州地区严重缺少仰韶文化早期、中期遗存，而到了仰韶文化晚期的时候，遗址的数量突然骤增至220多处，而这种势头一直延续到河南龙山文化晚期，遗址达到260多处。又如到了新砦期和二里头文化第一期的时候，郑州地区乃至整个嵩山地区的遗址数量呈断崖式暴跌至35处。对这种现象感到非常困惑的时候，我读到了李伯谦先生的几篇大作。李先生认为花地嘴和东赵遗址是后羿代夏的遗存，新砦遗址是寒浞代夏的遗存。他这么一说就使我豁然开朗，结合我的女儿张莉在北京大学做的博士论文《从龙山到二里头——以嵩山南北为中心》，发现郑州地区的二里头文化第一期及第一期之前的遗存根本就不是夏氏族的文化。那么它会不会是后羿和寒浞留下的遗存？有学者说后羿是东方人，寒浞是东夷人，关于这两位人物历史记载不多，但也是有迹可查的。至于他们与郑州地区的关系，我从 2006 年完成《嵩山北麓地区早期夏文化的考察与研究》之后理出了一些头绪。

郑州地区为祝融的属地，而祝融是颛顼的后代。虽然文献记载颛顼之墟在濮阳，但是清代黄河改道以前，濮阳和开封、郑州都在黄河的东南侧，是连成一片的。郑州、濮阳两地的仰韶文化实际上是一个文化类型，因此郑州地区仰韶文化、河南龙山文化都是祝融族的文化。郑州地区的河南龙山文化晚期遗存与二里头文化是没有直接联系的，这就成为很有意思的问题。很多学者认为二里头文化第一期到第四期全部是夏文化，这是没问题的，但是二里头文化第一期并非夏代早期的文化。根据郑州地区的几十个碳十四测年数据，新砦期的年代都在公元前 1900 到公元前 1700 年之间。依此则新砦期和二里头文化第一期都是夏代中期的遗存，夏代早期遗存应该到河南龙山文化晚期去寻找。

我对郑州地区的相关城址也做了一些研究。根据大量的发掘和调查材料，我认为所谓的新砦期其实就是嵩山南麓地区二里头文化第一期遗存，只有河南龙山文化晚期才能与夏代早期遗存相当，二里头遗址应该是夏代中晚期以后的都城。郑州地区已经发现多座二里头文化第二期兴建的城址，包括郑州大师姑、新郑望京楼、荥阳西史村、新密曲梁、郑州东赵等城址。除东赵之外，其他城址都始建于二里头文化第二期，废弃于二里头文化第四期。这种现象说明二里头文化第一期的时候，夏王朝没有真正意义上完全占据嵩山地区。至于嵩山地区二里头文化早期遗址突然减少 70% 的这一现象，我一度以为是考古工作不充分，并因此进行了大量针对性的田野工作，但还是无法扭转这一局面，这让我有相当一段时间百思不得其解。后来看到刘莉、李旻教授提出的河南龙山文化晚期社会出现大崩溃问题，以及张莉提出来的大洪水之后带来大疫造成的人口大规模减少的观点，于是意识到夏代早期有大洪水，夏禹通过治水不仅治理了水患，还顺势加强了自己的势力，掌管了军事大权，利用武力征服了郑州地区的祝融族。除战争死亡以外，夏禹之后还有后羿代夏和寒浞代夏引起的社会大动乱等，这都可能逼迫嵩山地区的土著族群大量外迁，并导致一连串的其他问题。同时也应看到夏启继位也是经过残酷战争才使政权得以稳定。夏启之后太康继位，不久又发生后羿与寒浞代夏事件，战争动乱持续上百年，社会遭到严重破坏，战争、自然灾害、流行性疾病以及随之而来的大规模迁徙等使人口锐减，聚落的数量也就随之锐减。

总的来说，我们对郑州地区的大量调查取得了很多成果，基本搞清楚了这个区域内考古学文化发展的谱系，为郑州地区的考古大发展奠定了基础，最真实的就是获得丰厚回报，一连五年都获得全国年度十大考古发现，其中有三项都与夏代有关。遗址调查还是有很多工作可做，据我估计已发现的遗址只有实际存量的三分之一左右，尤其是西周管国、东虢国、郐国等都还未见踪影。

虽然因为身体原因退休了，但我在退休以后一直坚持在客观条件允许的情况下进行考古研究。虽然不能再接触第一手的考古发掘资料，但是还可以对过去的研究进行更深的总结和探讨。目前已经写成的有《嵩山北麓地区早期夏文化的考察与研究》《嵩山北麓夏代早期文化遗存的新发现与新收获》等20多篇研究成果。

三、请问您在郑州商城和小双桥遗址做过哪些考古工作？您对这两座重要遗址是如何认识的？

作为长期在郑州地区工作的考古人，自然对郑州商城和小双桥遗址重点关注。郑州商城发现以来，许多学者进行过研究。袁广阔先生和宋国定先生根据最新的资料认定郑州商城始建于公元前 1650 年左右，李伯谦先生也专门写了一篇文章表示认可。这一新观点给我们提出了很多问题。郑州商城既然建于公元前 1650 年，那么它是不是已经进入了夏纪年？

我在 1979 年报考邹衡先生研究生的时候曾经写过一篇文章《郑州商城初考》，文中提出郑州商城建于洛达庙期。现在看来这种提法得到了证实。既然郑州商城建于洛达庙期，那么很有可能是在夏桀之时开始建造，并且已经初具规模。史载夏桀时"伊洛竭而夏亡"，这是说夏末洛阳盆地旱灾非常严重。根据《古本竹书纪年》和《史记》等古籍的记载，这场大旱大概持续了十几年到二十多年，因此灭夏以后还有商王祷雨之事。

大学期间读过安志敏先生的《关于郑州"商城"的几个问题》。该文对郑州商城的年代提出质疑时，特别指出东城墙的探沟里有二里冈的墓葬打破城墙的现象。当时我就想很有可能郑州商城建得比较早。2003 年新华街幼儿园拆迁改造，在地基内发现夯土城墙，后来在深国投商务大楼的地基内也发现了夯土，于是我推断这是郑州商城的又一道外廓城。2008 年、2009 年，郑州市文物考古研究院配合丹尼斯梦幻世界工程在人民公园东门口施工，对征地范围内进行了大面积考古发掘，又发现了一段与新华街幼儿园、深国投商务大楼相连接的夯土城墙，而且在夯土城墙上也发现了二里冈时期墓葬。拾荒人在夯土城墙上用金属探测器找到了一件铜鬲，该器和黄委会灰沟内出土的铜鬲形制相同。这些发现说明郑州商城外廓城在二里冈文化下层时曾经废弃过。随后我发现郑州大师姑、新郑望京楼、荥阳西史村、新密曲梁等二里头文化、二里冈文化城址的废弃都和郑州商城有直接联系。这些城址都是兴建于二里头文化第二期，废于二里头文化第四期，又复建于二里冈文化下层。现在看来，商人之所以选择在郑州建设都城，正是因为已有一个城。也就是说，夏桀因为洛阳盆地的大旱在郑州地区已修出一个大致轮廓的都城，但是没有竣工就废弃了。在夏人弃城之后而商人到来之前的空档期，有人在城边上进行埋葬就是合理的。商人灭夏以后，因为洛阳盆地大旱，以及其他原因不能在二里头遗址上建都，商人首先在偃师修建有新商城，但是干旱逼迫商人不得不在已基本建好后的情况下迁至郑州，以夏人废弃的城址为基础，加以改造而成新亳都。因为原外廓城不能适应新亳都需要，所以就另外修筑一条外廓城，于是出现双重外廓城。我的这些想法已经在《商汤都郑亳的环境因素与历史原因》一文有过表述。从东方红影剧院开始经民主路、人民公园东门口的外廓城，在商汤建都时没有再利用，而是新修了从东方红影剧院西一直向北继而向东的外廓城，从而把铭功路制陶作坊、体育馆祭祀遗址、卫生路青铜器窖藏坑、省委文印中心大型建筑夯土台基以至于小营点军台等都包括在内。

　　正因为西南东北向的外廓城是夏人所建，所以商汤亳都的规划绝对与天圆地方毫无关系。2007年在丹尼斯梦幻世界大楼工程地进行发掘时，我注意到外廓城只能追到人民公园东门口，与袁广阔先生发现的外廓城严重不相符。为解开这个谜，我让刚刚从郑州大学历史学院毕业的研究生吴倩和安徽大学毕业的研究生薛冰二人负责此项调查工作。工作展开后很快就取得了惊人发现，这个外廓城果然与袁广阔先生的调查结果是两回事。因为忙于筹备院庆50周年的庆典和申报全国年度十大考古新发现等工作，我对外廓城的过问少了一点。当我问及时，他们已结束工作并在未告知我的情况下在《郑州大学学报》的社科版发表了研究成果。现在看来，郑州商城外廓城的问题虽然没有完全解决，但绝对与天圆地方没有任何关系。

那么为什么夏代和商代都选择郑州作为都城呢？20世纪80年代水文地质界有专家提出"古黄河三角洲"的概念，这个说法在我组织的"郑州地区晚更新世以来古环境序列重建与人文聚落变化研究"中得到证实。古黄河三角洲上始孟津，下裹郑州，南到鄢陵以南，北到卫河。在距今30000年到4000年之间的古黄河三角洲上有两条大的泛道，也就是黄河泛滥时行水之道。这两个泛道一个在郑州大河村遗址南沿，另外一个是在郑州商城的南边，因此郑州商城所处的位置是一个比较稳定的大河夹角的阶地。自4200多年前起，牛口峪出水口因地质抬升和大禹治水等因素，荥阳槽状洼地不再有黄河水溢出，这两条泛道就失去黄河这个主要水源。郑州商城东侧有湖泊沼泽，既有水利之便，又无洪水之害。自大禹治水到夏桀筑城的400年间，郑州商城所处的阶地一直处于非常稳定的两河夹角上，一直没有水害。因此在夏桀遇到大旱之时，只有迁都郑州才能继续生存。夏桀的迁都与天下大旱等因素叠加在一起，形成了民众难以忍受的天灾人祸，最终成为夏王朝灭亡的导火索。所以，说夏桀因荒淫无道而亡国，不如说是天灾人祸和商族兴起重叠的结果。最近我正在重写《商汤都郑亳的历史原因和环境因素再研究》，又有不少新的认识。商汤灭夏以后在郑州建都，利用夏桀未成之都省了很多功夫，夏桀为郑州商城宏大的规模打下了坚实基础，在此基础上，商人根据需要从原郑州市东方红影剧院向北又修出一道外廓城。为全面了解郑州商城，我担任所长以后，凡是在郑州商城区域内的基建项目，只要地下有文物的全部都要进行考古发掘。如果以后能够全部整理出来，会让我们对郑州商城的认识有一个大转变。

郑州商城已经发现60多年，人们对商王和高级贵族墓葬的期望越来越高。我在20世纪就提出寻找商王陵的思路，并且被列为郑州市自主攻关课题，当时《东方今报》专门就此对我进行过采访。郑州市城市科学研究会编辑的《古都郑州》两卷本专门收录了这篇采访。经过许多同人的共同努力，最近几年终于有了一些新进展，尤其是河南省体育馆工地祭祀遗址的发现，为我们寻找商王墓提供了新方向。20世纪在河南省体育馆附近建造宾馆，打地基时用大锅锥挖柱础坑，在挖到地下十几米时遇到大型木构遗物，锅锥杆都被绞断，我一直怀疑这与商代大墓有关，或许就是与祭祀遗址有关的商代木椁大墓。经过几十年的研究，我认为商王和高等级贵族墓很有可能就在郑州商城西北部的外廓之内，或者位于郑州市东北部的祭伯城附近。

在人民公园东门口丹尼斯梦幻世界地基内发掘外廓城时，一直挖不到底。当时曾怀疑这是否与大墓有关，最后证实建城时那一段附近有个大水坑，这又牵扯出郑州商城和现存两条河流的关系问题。郑州商城南侧的熊儿河实际上就是一条小水沟，直到明代建有熊儿桥，才有了熊儿的名字。金水河原来叫泥河，宋代定都开封后有一条金水河，明清以后整治河道，把郑州泥河与开封金水河连在一起以后才通称金水河。金水河到老郑州蜜蜂张村以后一直向东偏北流，过京广铁路线以后沿原东方红影剧院至人民公园东门口顺着新发现的外廓城再向北流，经原郑州工学院东侧胜岗东北，再经祭伯城，沿途在齐礼阁、耿河西、巴巴墓、人民公园东门口、胜岗等地都有仰韶文化和河南龙山文化遗址。1983年，河南省人民政府在金水路老河南省博物馆北侧建造民主党派楼时，我在距地表6米处发现了宋代水利设施。金水河历史上是经过多次改道的，而今天的河道是清代以后改道的结果，这在地方史志中就有记载。总之郑州商城是在仰韶文化、河南龙山文化、夏代人类聚居的基础上继承和发展起来的。

郑州商城出土戳印陶文中的"亳"字是个地名，对研究郑州商城的兴废具有重要意义。郑州地区先后出土有3万多件战国时期的戳印陶文和刻画符号，仅在郑韩故城之内就出土有 2 万多件，在郑州市区、荥阳、登封、新郑等地发现的战国戳印陶文也有将近 1 万件。过去一般认为战国时期的陶文都是"物勒工名，以考其诚"，是工匠名。现在看来至少在郑州地区是有例外的。郑州地区出土的韩国陶文有很多地名。这些地名的出现是和当时的政治形势相关联的。当时列国争雄，很多城池都和军事有关，都是仓廪名。我在 1980 年曾对郑州商城出土陶文进行过整理，那时认为"十一年"的陶文可能与春秋时期郑州地区的奴隶暴动有关。现在看来，当时没有认真考虑陶文究竟是干什么的，也没有对印有陶文的陶器进行时代断定，仅仅偏重陶文本身。经过几十年的研究终于悟出，这些东西都是为韩国军事堡垒内的仓廪专门制作的陶器，因此陶文有很多某廪，廪字前面都是地名。郑州商城范围内出土的大部分"亳"字陶文都是亳廪的简称，是地名。退休以后我对郑州地区出土的陶文进行了全面整理，收集了年号加地名的陶文 700 多例，并已写成专文《战国时期韩国"十一年来＋亳"等戳印陶文新证》，对有关戳印陶文进行了系统的研究。

郑州商城自从洛达庙文化时期，也就是公元前 1650 年开始建设以后，一直到白家庄期时都在使用，而到白家庄期中丁又迁到郑州小双桥，直到河亶甲迁相之后，商王室再也没有使用过郑州商城。一直到了战国晚期，郑州商城才被利用变成一个军事重镇。韩国在这里建立了一个很大的军事堡垒，建有规模巨大的仓廪，所以在郑州商城东北部金水河附近才会出土那么多的戳印陶文，而大量的陶文又为证实郑州商城是亳都提供了坚实的证据。

下面聊一聊郑州小双桥。小双桥这个地方的发现是有个过程的，实际上它原来叫周勃墓，至少近代当地很多人都是这么叫的。郑州市在 20 世纪 60 年代树立的文物保护标志牌上写的也是周勃墓，旁边还建有周勃庙。

1978 年在大河村举办的郑州市首届亦工亦农考古培训班安排有调查实习。我带一部分学员在荥阳大索城调查时在城内发现首批战国戳印陶文，随后又在古荥阳城内东北部发现了大量的战国戳印陶文。战国陶文的发现引起了我对古荥阳城调查的高度重视，此后就多次到古荥阳城进行考古调查。调查陶文分布范围时，在古荥阳城南部的索须河北岸又新发现了一道城墙，而且这道城墙要比地面上的古荥阳城年代早。城内不仅有仰韶文化遗存，而且存在极为丰富的二里冈文化白家庄期遗存，在这个时候就要把城墙走向、范围、时代搞清楚。在石河村调查的时候，就望到周勃墓的夯土冢，当时就利用这个机会到周勃墓旁边去调查。在周勃墓周边调查的时候采集到了一些陶片，排除是文物部门考古发掘整理后遗弃物因素，感觉它们和郑州商城内白家庄期的遗物有些相像。最初也只是看看而已，虽有疑问，但说不出所以然，不明白为什么这里会有郑州商城的陶片。

随着对周勃墓调查次数的增多和对周勃墓认识的不断提高，我就有了自己的看法。周勃的祖籍不在郑州，周勃也不是死在郑州，周勃作为西汉王朝开国功臣，他应该埋到刘邦墓的旁边，继续守卫西汉的皇帝，不应该被埋到这里。对周勃墓的怀疑推动了我们在周围的调查，对小双桥遗址的认识就慢慢产生了。在此应补充一句的是，1982 年冬天，岳岗村砖厂取土挖出一批青铜器，挖土工人把他们上交给郑州市博物馆，其中有一件素面圆鼎，当时我在现场，印象很深，有人说是西周的遗物，我看是商代的造型，它也成为我发现小双桥的一个诱因。

1984 年国家文物局推动第二次全国文物普查，年底我被分配主要负责郑州西北部的考古调查工作和对荥阳、巩县（今巩义市）文物普查进行指导、鉴定工作，这次调查使我彻底改变了对周勃墓的看法。同时，我在《郑州日报》发了一篇介绍这次考古发现的文章，提出了小双桥遗址和岳岗遗址的问题。1986年，郝本性先生鉴定了小双桥遗址出土的两件青铜建筑构件后，河南省文物研究所的宋国定就开始对小双桥遗址进行发掘，郑州市文物工作队也派了人参加。随着小双桥遗址发掘的推进，遗址内发现了大面积的夯土和祭祀坑，还有一批重要的器物，于是参加发掘的郑州大学陈旭教授提出小双桥遗址是郑州商城以后的隞都。但是学术界有人提出反对意见，认为郑州小双桥遗址可能是商代的宗庙遗址或其他遗址。通过长期的考察，我同意小双桥遗址是隞都的说法。

2001年，郑州自来水公司引黄灌渠通过小双桥的地方要改造，改明渠为暗渠，郑州市文物考古研究所派顾万发对小双桥遗址渠道占用区域进行了发掘，而且对周勃墓周围进行了清理。当时就发现了大量建筑被烧毁的遗迹，而且建筑被烧毁之后，后人没有进行过扰动，从中还发现有石铲状的建筑构件和加工精良的石英岩大型柱础石。此后到了2009年，我派郑州大学研究生毕业的张家强带队对这个遗址进行全面勘探，勘探前的动员会上我提出用十字勘探法寻找遗址的范围。当这个遗址勘探到600万平方米的时候在四周还没有找到边，但当时南边已经到了连霍高速，西边已经过了后庄王村。鉴于当时建院50周年活动筹备工作特别紧张，勘探没有继续下去，但是我们已经认识到小双桥遗址绝对不是100万平方米的问题，也不是600万平方米的问题，而是小双桥遗址是不是与郑州亳都都城规模相当、是不是名副其实的大都市的问题。尤其是我在郑州市西部外环道东侧郭村取土坑内发现完整陶水管以后，对小双桥遗址的规模有了全新的认识。2006年我就写出一篇5万多字的文章，名字叫《隞地、隞都、隞山与隞仓——隞都的考古新发现与研究新收获》，作为郑州中华之源与嵩山文明研究会学术研讨会论文。此后我和北京大学孙华副院长、刘绪教授、雷兴山教授等商议开展中原地区早期国家的诞生和发展课题研究项目的时候，带着他们对郑州东赵城址和小双桥等遗址又一次进行了全面考察。我根据勘探资料提出：小双桥周围几十处遗址应该是和小双桥为一体的隞都遗存。如果这种推测成立的话，那小双桥就真的一定是隞都无疑。正好这个时候"郑州地区晚更新世以来古环境序列重建与人文聚落变化预研究"课题组的徐海亮先生找到了一份抗日战争时期郑州的地图。我们在郑州郊区的西部发现一个村就叫隞寨，看来一直到抗日战争时期，这个地方在当地人口中都还是叫隞，那么小双桥遗址就有可能真是隞都。至于史书上所记载的，包括《古本竹书纪年》《史记》与诸多古籍，都说"中丁即位，元年，自亳迁于嚣"。我早在20世纪80年代就认识到古代的黄河是在牛口峪的地方往东北流的，在清代以前敖山北侧根本就没有黄河，说小双桥处于黄河的上方，这个"上"是方向，并不一定是说位于敖山这种高地才能是上。如果硬要说"河上"就是在河边高地上，要知道那时候黄河根本不走敖山北侧。再者，如果建都于敖山之上，用水（尤其是都城的用水）就是大问题，所以小双桥就是隞都的可能性是很大的。而且从郑州市西北部周围调查的遗址来看，以小双桥遗址为中心的白家庄期遗址群确实是形成了都城规模，它们是互相联系的一个整体，是一个体系。这种状况和商汤都郑亳一样，只要是政治中心，周围一定会出现一个聚落群，这是聚落考古中应该注意的一个问题，遗址规模太大，刚开始人们还不认识，只能从一个点一个点开始，最后才明白他们不过是都城的一部分。再看小双桥西边有一条南北走向的河流，叫须水。我通过对须水的考察，认为须水很有可能就是作为隞都的护城河而存在的。须水是人工开凿的水利工程，这个须水原来在须水镇上边，它是要向东流入京水的。我根据考古调查和发掘资料提出小双桥遗址是隞都时，有同志当面质疑，中国历史博物馆的李维明先生则给出了肯定，说张松林先生的考古调查和发掘资料都是非常扎实的。后来我们和环境考古研究结合起来做，为小双桥遗址即隞都说又提供了许多新证据。所以说，进一步对郑州西北部的古环境进行研究，将会对确认小双桥遗址是不是隞都的问题给予很大帮助。

四、您曾主持发掘新郑望京楼城址，请介绍一下发现过程与发掘情况，并谈一下望京楼城址对于探索夏商文化的意义。

新郑望京楼是一个具有重要意义的遗址。上大学学习夏商周考古的课程时，老师让查阅资料，我就在资料室里查到了《河南新郑县望京楼出土的铜器和玉器》（《考古》1981 年第 6 期）一文，印象非常深刻。毕业后去河南省图书馆查阅资料时，还用馆里的第一台复印机，复印了金岳先生的《河南新郑望京楼铜器断代》（《考古》1983 年第 5 期）。1976 年 8 月，因为考古实习路过郑州，我们到新郑去参观郑韩故城遗址，参观之余我还专门跑到望京楼去看。

大学毕业以后凡有机会我都要去望京楼看一看，大概去了几十次，而且还数次专门向上级文物部门申请对望京楼遗址进行试掘，但都没有被批准。一直到了南水北调中线工程启动，我们单位承担了该工程郑州市范围内所有文物点的考古调查。在调查以后，我有一个幼稚的想法：既然调查都是我们无偿做的，又在郑州地区，郑州市文物考古研究院应该能够有资格挑选几处比较重要的考古发掘地点，于是提出发掘唐户遗址、望京楼遗址、荥阳娘娘寨遗址、官庄遗址、薛村遗址等，但是最后分配给郑州市文物考古研究院的项目只有唐户遗址，娘娘寨还是我几经讨价才争取到的。当时有人说可以拿薛村遗址来换，但是我知道娘娘寨遗址的分量，所以没有同意。考古发现既有必然性，也有机遇问题，那时郑州市文物考古研究院还不够强，能力和水平也未被有关部门认可。当时河南省文物考古研究所承担发掘望京楼遗址的任务，一个是工程急，再一个就是渠道的线路离城墙的夯土墙还有100多米，所以没有发现城址。这不怪他们，这是历史条件的限制，跟水平和学识没有关系。

到了2009年8月，上级文物主管部门同意由郑州市文物考古研究院对望京楼遗址进行发掘。在此之前虽然有关单位已进行过考古勘探，但是我对所谓勘探成果存有巨大疑问，因此对选择谁来负责望京楼遗址考古发掘极其慎重，仅就考古发掘负责人选就拿出十多个方案。经过在我们单位内反复的挑选，最后选定郑大毕业的张国硕先生的研究生——吴倩。与此同时制定出以全国年度十大考古新发现为目标的发掘方案，并且反复推敲。为提高对望京楼遗址的发掘把握，决定此次考古发掘队伍要强，人员的素质要过硬。

9月初进入现场，毕竟是年轻人，到现场后吴倩一下就在文化层最深处布了26个10米×10米的探方。过了两天我到工地一看，工地26个探方一字摆开，甚是壮观。我见后就说："你这样发掘，绝对找不到城，也不会挖成十大考古新发现，你必须是在施工范围内，而且又在真正的重点区域发掘，并留有余地，你才能有重大考古发现。"我告诉她重点就是城址、城门、墓葬、夯土台基、房基、祭祀坑等。与此同时，我要求钻探队把钻探范围扩大，按我给他们在平面图上画的大致范围用十字钻探法向四面延伸找内城和外廓城，结果没出4天就发现了一段400米长的夯土。我马上意识到奇迹出现了，当即放下手中其他工作，一刻未停就奔赴工地，现场指导他们继续扩大发掘，并派出测绘队和文物保护专业人员进入现场，协助他们工作。找到北城墙一下就引起了各方面的重视。从此以后，我几乎是每隔一天就到现场一次。我住院做手术后的第4天仍坚持到工地待了一整天，结果过了一个多月，又不得不重新再做一次手术。在我的指导下，钻探很快就发现了东城门，我就要求吴倩把东城门全部揭开。这样一揭一下就把望京楼遗址的气魄给展示出来了。实际上仅从城门就可以看出来这确实是一个很重要的城址，它有瓮城，有护城河，而且还有很多防御措施，尤其是在城墙外侧有马面等。然后我又把北京大学严文明教授、李伯谦教授、刘绪教授和雷兴山教授请到望京楼指导工作，还请了中国社会科学院考古研究所的王巍所长，以及许许多多的考古界同人。

　　望京楼遗址发现城以后，我们确定它始建于二里头文化第二期，废于二里头文化第四期，又重建于二里冈文化下层时期，随后又在商代中期废弃。这就非常有意义，意义在于它和大师姑遗址呼应了，和新密曲梁遗址、荥阳西史村城址呼应了，它呼应了夏王朝在二里头建都，呼应了商汤灭夏和夏商王朝更替的事实，成了夏商分界的标志。在嵩山地区，夏王朝的城址多是建于二里头文化第二期，废于二里头文化第四期。二里头文化第四期和二里冈文化下层之间就是夏商断代的一个非常明确的分界线，所以说望京楼城址的发现在学术研究方面具有里程碑的意义。另外，望京楼遗址是目前除二里头遗址之外最大的夏代城址，也是除郑州商城以外最大的商代城址，望京楼城址的瓮城是中国目前最早的先例，还有最早的马面，等等，这对于中国城市发展史研究具有重要的学术价值。而望京楼城址的发掘和一系列发现又给我们提出了关于大师姑城址的问题，大师姑城址作为同期的遗存，现在看起来是不是少了点什么呢？规模是否小了？布局是否有缺失呢？我一直认为大师姑城址应该有外廓城，索河在大师姑一带的路径也有问题，当时修城不会让河流把内城一分为二，尤其不会把宫殿区一分为二……这是一连串的新问题。这些问题在当年发掘大师姑遗址和其后整理研究中是没有考虑的，作为"中华文明探源工程""以中心性城邑为核心的聚落形态所反映的社会结构研究"课题和花地嘴遗址和大师姑遗址研究项目的负责人，我有责任提出这些问题，否则对国家专门拨付研究经费无法交代。

再一个就是，新郑望京楼附近到处都是沙土，但是它建城使用的却全部都是黏土，城建得比较牢固。望京楼遗址处在古黄河三角洲地带的黄河泛道的西侧的边沿上，过了河就是老第三纪红土，河流成为它们的分界线。如果把它和曲梁古城、大师姑古城和西史村古城联系起来的话，我们就会看到二里头文化第二期时，在二里头夏都的东边形成了一道牢固的防线，也可以说是一个防卫圈，拱卫着二里头都城。当时，它们是夏代东方的门户，又是二里头文化第二期时夏族、或曰夏王朝向东方扩张的基地和跳板，这又进一步证明前面推测的，夏人真正意义上统治嵩山地区是在二里头文化第二期才实现的。在此之前，夏人对郑州地区施行的统治最多只是象征意义的。这就又带来了很多问题，譬如说：为什么后羿、寒浞能够代夏？这就是说，夏王朝在统一中原地区和邻近地区的时候，它是用了很多种方法的，一个是战争，再一个就是联合。对郑州地区，也就是对祝融族，应该使用了"胡萝卜加大棒"的政策，其结果就是虽然在军事上摧毁了郑州地区祝融族的军事实力，但实际上用怀柔政策把祝融族的上层人士拉到朝里去做官，使后羿和寒浞有机会趁乱代夏。

望京楼遗址的发掘固然非常重要，但是整个郑州地区还有很多重要的遗址等待着我们去发现。尤其在望京楼遗址西南角有一个特大型的二里头文化时期的夯土台，它到底是干什么用的？在望京楼遗址西边的断崖上，还发现了8000年前裴李岗文化时期的大型柱础，就是在地上挖了一个圆坑，里面用红烧土夯实，直径80厘米到100厘米，而且柱础旁边有裴李岗时期的遗存。我认为这都是有极高价值的考古资料，说不定真的与黄帝时期有关啊！史书记载黄帝居有熊，又曰轩辕。新郑至今没有发现真正的黄帝遗址，望京楼裴李岗文化遗存有没有特殊含义？与黄帝是什么关系？这也是我梦中都特别希望解决的问题。

五、1985 年您在郑州西北郊调查过一批重要遗址，其中有 2014 年被评为全国十大考古新发现的东赵遗址，您在当时正式发表的调查简报里称之为"赵村遗址"。请您谈谈东赵遗址在夏商文化研究中的地位。

李伯谦先生在一篇文章中讲过，东赵村是他的老家，这个遗址是李伯谦老师首次发现的。

我现在谈一谈东赵遗址的重要意义。2009 年，郑州市文物考古研究院筹备建院 50 周年活动的时候，和北京大学考古文博学院、中国社会科学院考古研究所、郑州大学历史学院、首都师范大学历史系、中国科学院南京地理与湖泊研究所、河南科学院地理研究所等单位签订战略合作协议，其中就包括与北京大学一起合作的"中原地区早期国家的形成和发展"课题。当时我提出先给 100 万资金支持对东赵遗址等进行考古发掘和研究，另外还有望京楼、西史村、曲梁、人和寨、新砦、王城岗等遗址的研究，并把东赵遗址考古列入了十大考古新发现的备选项目。当时主要是考虑东赵遗址会像新砦一样有重大发现，通过它把郑州地区二里头文化序列搞清楚，看看能否把新砦期与二里头文化第一期之间的关系搞清楚。尤其是通过它和加州大学等建立学术合作关系，使郑州市文物考古研究院走出国门，冲向世界。但是随着协议的签订以及项目的开展，正好北京大学孙华先生的博士研究生侯卫东来郑州做博士论文，要选题。

他就来找我，说他想做夏商时代的考古调查，那时我就把我所有夏商周考古调查与发掘资料、我的思路还有我其他相关考古重要发现的家底倾囊而出全盘端给他。在这儿，我真是要说，北京大学的博士就是北京大学的博士，侯卫东确实是很有水平的，不仅思路敏捷，而且认识能力非常高。侯卫东用了几个月时间不辞劳苦地把郑州地区已有的夏商遗址都挨个复查了一遍。他不仅证实了我的许多考古发现，在我提醒他西史村遗址出土有海贝是个值得重视的夏商遗址后，他又在这个线索的基础上新发现了荥阳西史村有二里头文化城址，并在原来我们经钻探发现的东赵小城的基础上发现了东赵大城。他通过自己的工作为中原地区早期国家的形成和发展研究作出了很重要的贡献，不仅在我们原来调查报告的基础上做出了一篇郑州地区的考古调查报告，还做出了一篇非常出色的博士论文。

此后郑州市文物考古研究院在刘绪、雷兴山先生的指导下对东赵遗址进行了数年的考古发掘，发现了一座基本相当于二里头文化第一期的城址。当时认为这座城晚于新砦期，是二里头文化第一期的城址；通过后来几年的研究，又有很多专家认为它应该和新砦期基本同时。李伯谦先生写文章认为东赵遗址很有可能就是后羿代夏的遗址，这是具有非常重要意义的研究成果，进而也引出来了很多新问题。如果东赵遗址是后羿代夏的遗址，新砦遗址是寒浞代夏的遗址，那郑州地区的东赵遗址、花地嘴遗址、曲梁遗址和人和寨遗址等都不是早于二里头文化第一期的遗址，也都不是所谓新砦期的遗存，更不是夏代早期文化遗存。郑州地区的早期夏文化、河南地区的早期夏文化、中国的早期夏文化在哪里？所谓的新砦期和二里头文化第一期是同时的遗存，新砦期或许根本就不存在。如果硬要说新砦期是什么，新砦期其实就是河南龙山文化"新砦类型"，就是祝融族后期在中原地区华国的遗存。我基于东赵遗址的情况，把郑州地区早于东赵遗址的龙山文化遗存归纳了一下，认为很有可能进入河南龙山文化晚期以后，祝融族最早在登封王城岗活动，即史书所说"融降于崇山"；之后其中心聚落从王城岗迁到古城寨，再迁到新砦，经新砦再迁到花地嘴，东赵只是新砦期的一个重要聚落，花地嘴遗址是华国最后准备在洛河东岸兴建的重要中心，但他们根本没有预想到夏族会把都城迁到巩义、偃师一带，城建到一半时就被夏人灭掉，到二里头文化第二期时彻底被夏王朝统一。

郑州地区的祝融族，我现在认为它是华族。在这儿我多说两句，因为《尔雅》明确记载："河南曰豫州""河南曰华"。《汉书·地理志》也引用了这段，而且在《水经注》里面也能查到新密有个华山，还有华水和华城。同时在《国语·郑语》里边太史伯与郑桓公商议东迁的时候就提出来"若前华后河，右洛左济，主芣、騩而食溱、洧，修典刑以守之，是可以少固"。在西周时，周王朝对于古代一些已经灭绝的古国也给予封地，所谓"继绝"，就是给它建设宗庙，使之不绝烟火。说句不一定恰当的比喻，这是中国最早的"统一战线政策"。所以说郑州地区直到西周还有华邑。《春秋左传·昭公十二年》楚王曾发牢骚说："昔我皇祖伯父昆吾，旧许是宅。今郑人贪赖其田，而不我与。我若求之，其与我乎？"子革对曰："与君王哉！周不爱鼎，郑敢爱田？"楚国到春秋之时还在说他们的源头就在嵩山地区，这就很有意思。嵩山地区就是存在一个华国，所以这里有华山、华水、华地。那我认为早期嵩山，应该是叫华山，而现在陕西的华山叫太华山或者西华山。2009年修建郑新快速通道前，我派单位专业人员索全星同志对道路占用的华阳古城护城河进行考古发掘，在发掘前就交代他带着课题意识去考古发掘，提出华地、华族、华国、华人与华阳寨、华水、华山之间的关系问题要搞清楚。带着这些问题，索全星同志在华阳古城外侧进行考古发掘的同时，对整个华阳古城进行了深入的调查和全面的考古勘探，不仅搞清楚了华阳古城的规模、布局、历史沿革，而且进行了一定的研究。唐兰在《西周青铜器铭文分代史征》中对"华"有专门论述，可见这是具有很高学术价值的问题。我认为只有到了二里头文化第二期，中国才真正实现了华夏民族的融合，"华夏"一词就始于二里头文化第二期。你看东赵遗址的考古学意义是不是很重大？这是我的一些想法，自认为还是有理有据，可以继续研究的。

在此需要说一下的是，自郑州市文物考古研究院倡议与北京大学等单位合作开展"中原地区早期国家的形成和发展"课题以来，在郑州市区域内一连串地发现二里头文化第二期以来的大型城址。这些城址体现出国家机制和体制问题，凡是都城，都有一个系统，这就是国家的特征。现在都在探讨文明起源问题，我想说，文明的标志到底是什么？恐怕需有很多条件。既然是文明，就要有国家、有军队；有国家，就要有体现国家意志的标志。所以说，二里头文化第二期偃师二里头作为夏都，周围建立一系列大型城堡就是国家意志的体现，它是阶级、阶层出现以后，为保护一部分人利益的产物，也是探讨国家起源的珍贵资料。

六、您曾对郑州市直辖区进行过一系列全面系统的调查工作，并在聚落考古方面有很深入的思考，请您介绍一下这一系列工作的动因、收获及心得。您认为聚落考古的开展对夏文化研究有何促进作用？此外，您在郑州地区进行环境考古工作的缘起是什么，和聚落考古的收获是否有关系？您在环境考古方面的工作有何心得，对夏文化研究有什么启示呢？

到目前，我先后在郑州地区发现了30多处出土战国戳印陶文的地点，郑州市考古研究院也先后收集有将近 1 万件戳印陶文。对这些陶文的调查发现不仅启发我，也带动我对郑州地区古文化遗址进行调查，更使我认识到考古调查的重要意义和价值，尤其是我从中认识到作为地市考古研究机构要崛起，必须通过考古调查占有大量考古资源后才能实现突破。1998 年担任一把手以后，通过认真系统的思考，我发现当时的形势对地市级考古机构做强做大有许多非常不利的因素，所有已经发现的重要文物单位都被中国社会科学院考古研究所以及省文物考古研究所做过工作了，而且还有许多正在做，我们多次试图加入，但实际上是极其难的，其中有些难处一言难尽。这时候我就更坚定了我的理念，要想实现突破就要靠自己去打拼，而且地市级文物考古机构要想发展壮大就要自己有学术储备，要有古文化遗址调查的考古项目储备。所以在我任一把手之初就首先提出了以郑州西北部为突破口，以重大考古发现为引领，实现单位新的崛起。因为我大学毕业后对西北郊的调查情况是最熟悉的，虽然不敢说是最彻底，也是基本彻底。

在开展调查过程中，我们越调查，就越感到郑州地区要做的工作还很多。我曾为聚落考古研讨会写过一篇《嵩山地区聚落考古的新发现和新成果》，在会议上发言时，我讲道："我们目前发现的文化遗址也不过就是实际存量的 30%。"这时候，著名考古学家郭大顺站起来响应说："你说得不错，而且很有可能 30% 都不到。"他这样说是根据他在东北地区的经验，一条不大的河流两侧就发现了 2 万多处遗址。这就给我很大启发，我给我们单位定下长期任务，我们要通过考古调查去寻找突破，要通过考古调查找重点，要通过考古调查锻炼队伍，提高我们的研究能力。在调查的基础上，我进行了比较系统的整理、分类和研究，得出了很多有价值的研究成果，也制定出了切实可行的战略目标。

郑州西北部调查的完成，以及洼刘西周贵族墓地和大师姑夏商城址考古突破的实现，更进一步促使我主动开展聚落考古研究。郑州的考古工作也表明，以考古调查的方法，对一个地区做聚落动态变化统计分析是很有价值的研究。仅就一个遗址、一批遗迹单位进行探讨是有局限性的，试想一下，我们对某一遗址进行发掘，一次也就只能发掘几百平方米，哪怕是几千平方米，也不过只占整个聚落的几百分之一，局限性很大，研究结果的可信度也有限。我们应该对整个地区某一时代聚落群的动态变化进行观察，或许可以称之为"聚落动态性变化研究"，这对古代社会的发展研究具有重要意义。我认为聚落的动态性变化包括遗址的数量、规模、文化遗存丰富程度和文化遗物器型体现的特点等。这里有一个需要特别注意的就是器物的形制，比如郑州商城的器物群就具有一个王都的气派，小型遗址的器物看过之后，就会马上感觉这就是一个一般的聚居点，是基层人群使用的东西。通过聚落考古的研究，我认为郑州地区在河南龙山文化晚期到二里头文化第一期的时候，缺少能够与二里头比肩的遗址。王城岗遗址也只有30多万平方米，古城寨遗址只有16万平方米，新砦遗址名义上是100多万平方米，但是它的外环壕成立不成立是值得商榷的，只有它的内城和外廓城是肯定的。同时，在城内虽然发现有所谓大型建筑遗址，但是连一个柱洞都没有，更不见墙基，说它是建筑基址，不如说它是活动面。其他的，比如说东赵遗址、黄台遗址等规模更小。

聚落考古和中国考古学的发展是应该紧密结合的。习近平总书记提出来，要努力建设中国特色、中国风格、中国气派的考古学。那夏文化研究该怎样产出中国气派的考古学？最近这几年考古学界出现了一些新气象，如北京大学考古文博学院孙庆伟先生就倡导要结合历史进行考古学研究。我认为要建设中国特色、中国风格、中国气派的考古学，一定要考虑与中国历史结合。美国没有那么多历史文献，中国的历史文献太丰富了，虽然早期的文献有的支离破碎，但是这些文献中间还是有很多重要线索的。我认为研究夏文化（包括研究夏族的聚落）都离不开历史文献。还要研究夏的起源、夏族发源地，以及夏禹在尧舜时代的情况、禹的出生地、主要活动范围、治水区域等。这些内容在历史和传说中有很多说法，考古学发展到今天，大量的考古资料已经可以使我们采用科学的方法去伪存真，找出接近历史事实的论点。根据古黄河三角洲的提出和整个黄河发展历史的研究，我认为大禹治水很有可能是和古黄河三角洲治水有密切联系的。夏禹前期的时候，正好遇到大洪水，而大洪水集中泛滥的重灾区应该是古黄河三角洲，在古黄河三角洲的治水活动又影响到安徽、江苏甚至浙江，所以说才会有到会稽大会诸侯的情况，才会出现在安徽禹会等地发现的那些有关夏文化的遗址。因此聚落考古必须与环境考古、历史文献相结合。

郑州地区的研究已经有一个很好的基础，从王城岗到古城寨、新砦，再到东赵，最后到花地嘴，已经形成一个序列。这就说明河南龙山文化晚期已经进入了夏代，但是郑州地区在河南龙山文化晚期还不绝对是夏王朝的势力范围。到了二里头文化第二期，夏王朝真正地全面统治了嵩山地区，郑州地区的文化面貌才一下发生了变化，才会出现大师姑、望京楼、西史村和曲梁等城址，甚至还有很多其他的城址。我认为如果继续做工作的话，可能会有更多所谓的二里头文化第二期的城址。另外，我根据几十年考古实践，发现凡是规模在 20 万平方米以上的河南龙山文化晚期的遗址都会有环壕或夯土城址，这其中人和寨的夯土是最值得关注的，其他也是如此。

过去很多人主张王城岗是夏禹之所居，叫禹都阳城，我认为这个说法值得商榷。根据历史记载，禹也仅仅是曾到过崇山，但崇山是不是就是王城岗遗址是值得怀疑的；而夏启可能到过箕山地区。硬要把王城岗遗址和崇山结合到一块也不太合适，因为它与箕山更近。倒是现在的瓦店遗址有可能是与夏族有关的遗存，历史记载禹州是夏人一个重要活动地区，因此如果真的要找夏代聚落的话，禹州应该是一个重要的区域。夏启在禹州，到夏代中期太康居斟鄩，但是考古发掘证明斟鄩不会在花地嘴，也不在稍柴。郑州市文物考古研究院曾经专门对巩义稍柴遗址做过详细调查和勘探，发现其规模虽然可能达百万平方米，但主要是二里头文化第二期以后的遗存，与太康的时代相去甚远，不可能是太康所居斟鄩。这几年在巩义新发现的罗口遗址倒是一个值得关注的地方，它的文化遗存大部分比二里头文化第一期要早，也存在部分二里头文化第一期遗存。关于太康失国居于洛汭，历史记载他只带有20多人，就是让他再带1000余人，也不可能在距二里头只有20多千米的地方营造花地嘴这么大规模的聚落。太康失国所居在花地嘴东约1千米处的滹沱岭倒很合适。这个地点够隐秘，规模只有几万平方米，遗址内有环壕，又是河南龙山文化晚期遗存，地望也更符合。在我看来，在王城岗以后，随着夏人进入中原，祝融部落的人就被迫从王城岗迁到了古城寨，但是因为筑城急促，古城寨的规模不大，根本不适于作区域政治中心，祝融族部落就在距古城寨不远处又营建了新砦。我们调查新砦遗址时，发现遗址内大片区域是冲淤积阶地堆积，虽然现在看来遍地是沟壑，但是古代它和黄河三角洲冲淤积阶地有直接联系，所以这个地方的土地也非常肥沃，在这里生存居住是非常适宜的。在"郑州地区晚更新世以来古环境序列重建与人文聚落变化预研究"中证明这里也是古黄河三角洲的组成部分。

动态地看河南龙山和二里头时期的聚落。郑州地区原本有河南龙山文化遗址260多处；到了所谓新砦期的时候，也就是相当于二里头文化第一期前后，就突然减为30多处，这是经过几十年数十次专门调查和反复核对的结果。如果说这一阶段遗址少是因为调查不够深入，那为什么会发现如此多的河南龙山文化时期遗址？不是说这个地方你发现的一个时期的遗址多就是进行了深入调查，而另一阶段遗址少就是对这一阶段调查不深入。实际上，我们对郑州地区所有阶段文化遗址调查的重视程度和投入都是一样的，而且对夏文化这一段比任何一段都重视。我认为郑州地区的聚落之所以到了新砦期或者说二里头文化第一期突然减少，就是因为自然灾害、战争以及疫情等因素叠加造成人口急剧减少；还可能有迁徙或其他突然变故导致大量人口死亡的情况，最终就造成了这种结果。这个问题最早被刘绪先生、刘莉教授和李旻教授发现，他们认为这是社会大转折期的普遍现象，中国历史上朝代更换以后多会发生大量的人口迁徙，形成一个地区人烟稀少的情况，聚落也因此减少。连裴李岗文化和仰韶文化都存在这个现象，和历史文献结合，就会发现黄帝与炎帝大战、黄帝与蚩尤大战之后都是这样，夏王朝建立时也是这样。

我们坚持做了几十年的聚落考古研究，我个人的体会是作为考古工作者，一定要有思想，要会思考，要真正深入进去，才会有自己的研究方法、思路和途径。所以强调这、强调那，不去努力，都是空谈。在夏文化研究中我们进行过深入思考，发现了一种现象，就是无论河南龙山文化时期，或者是二里头文化第一期，嵩山地区的文化都处于分散状态，而进入二里头文化第二期以后则出现聚合趋势。

几十年来，我们实行开放政策，与很多单位、很多人合作，并提供了大量经费，取得很多成果，也换来许多经验教训，在此仅仅说一下个人感悟，给学界同人提供一个或许可供参考的意见：一个地方考古研究机构要想突破，必须在聚落考古方面下功夫，必须要自己真抓实干地去野外跑调查，不断寻找新的发现，增加学术储备，才能有重大的考古收获，并实现新突破。

七、您曾对郑州商城出土的东周陶文进行释读，对郑州商城亳都说表达了认同。其中，您对"十一年厶夌"进行了较多的解读，认为其应属于春秋郑国的遗存。您现在对这段陶文的认识有改变吗？您对郑州商城内东周陶文的认识又是如何产生的？

刚毕业不久就发现许多战国戳印陶文，那时候作为一种试探我写了文章，现在看来还是比较稚嫩的。当时刚到郑州，对郑州地区的历史和考古资料掌握得还很浅薄，仅仅靠大学古文字课程学到的一些知识，就把它定为春秋时期的遗物。这是受到多方因素的影响，包括邹衡先生当时提出来的春秋时期的一些历史事件。文中对器物的断代以及对文字的解释和隶定也把握得不准，一直在"十一年厶夌"做文章，没有能够隶定为"十一年以来"，因为在春秋时期郑简公十一年，郑州地区确实有奴隶暴动的情况，所以当时就考虑会不会和奴隶暴动有关。

时间已过去近 40 年，随着郑州商城考古资料的不断公布，研究工作的不断深入，现在来看这批戳印陶文就敢肯定不是春秋时期的遗物，而是战国中晚期的了。陶文内容也不是"十一年厶夌"，而是"十一年以来"。我这些年对郑州地区出土的上万件的战国戳印文进行整理和研究，又对春秋以来包括到秦的有关魏国、郑国和周王室的十一年年号进行统计，把他们全部列了表，一个一个分析，一个一个筛选剔除，最后就和战国时期韩宣惠王十一年联系起来。韩宣惠王是在他即位后第十一年的时候称王的，而郑州商城又是他的重要城垒。

对郑州地区的 11 个出土有"十一年以来"陶文的地点进行深入调查，不仅发现有"十一年以来"+"亳"，还有"十一年以来"+"卉"、"十一年以来"+"齿"、"十一年以来"+"印"等戳印组合。如果说只有"十一年以来"+"亳",那么与《春秋左传》所载襄公十一年的盟誓有关是有可能的。但是一下子出现这么多地名,总不能这一个会盟辗转十几个地方吧!因为发掘面积限制,实际上可能还有很多其他地名没有被发现,说不定会有几十个,甚至上百个"十一年以来"加不同地名的陶文出现,这就有问题了。这么多十一年年号加各种不同的地名的陶文出现,我们依然断定它和春秋时期的某个历史事件有关就不可取了,我们总不能再说它是"秋,七月己未,同盟于亳城北",又同盟于卉、齿、印等地吧。同时也说一句题外话,我们做考古的做研究,许多结论都是随着考古资料的不断增多而深化的,不管你是多么大的专家,都有不断深化个人研究结论的情况。

面对这种情况,只能从郑州地区与器物有关的年代的历史事件中重新寻找线索。而为了达成这个目标,就必须把这批遗物的年代搞清楚。为此我查阅了很多有关郑州地区春秋战国的考古资料和研究成果,最终在北京大学教授张辛先生博士论文中发现了确切答案。张辛先生在他的《中原地区东周陶器墓葬研究》中通过对大量考古资料的收集、整理、分析和研究,把出土有戳印陶文"十一年以来"的器物断定在战国中晚期。2003年对娘娘寨遗址出土器物的分型、分式和分期,进一步证实战国时期戳印陶文是韩国中晚期的遗存。由此我对战国时期韩国君主的年号进行了重点梳理,发现只能把它和韩宣惠王称王结合起来。这一下子就豁然开朗起来,认识到这是为韩宣惠王称王庆典所做的专用器物。

至于有些陶器上为什么要戳印印文?它有何作用?是干什么的?对所有的陶器进行分类整理归纳以后,发现它们全是仓储用器和量器,而且大都是量器,一般都标明仓廪的名称,都是韩国官府统一制作的仓廪用量器。在郑州地区登封战国阳城之内和古荥阳城内发现的戳印陶文几乎都是和仓廪有关的，比如说荥阳廪陶、新市廪陶、廪陶沱、廪陶池、廪陶仔、廪等，郑州商城内出土的战国戳印陶文中也有亳廪、廪等，这样看来这些器物都是仓廪用的。而且陶文的出土地点除常庙城址是官营制陶作坊之外，其他都是在这些战国古城的仓廪区，当然也包括常庙古城，常庙古城除去作坊区，也有一部分出土于仓廪区。荥阳娘娘寨的陶文是在对仓储区考古发掘时出土的，这又证明它和军事仓储有关。郑州西南郊常庙城址的考古发掘是最好的例证。当时为了配合高铁建设，曾对常庙遗址进行发掘，又出土了一大批带有戳印陶文和刻画文字的量器，上面全部是地名，而且其中有些年代加地名的组合在登封阳城城址、郑州商城战国城址、荥阳京城城址、古荥阳城城址内有相同的标本，这样就不仅为陶量器找到了生产和使用地点，而且为其用途找到最新证据。

从目前情况观察，郑州地区出土的"十一年以来"陶文只能与韩宣惠王称王这样一个历史重大事件的庆典相关。通过"十一年以来"＋"亳"的考释，郑州商城再次被证明是亳都。此外，大量的考古资料证明，郑州商城自从商汤时建都到白家庄期迁都于隞，一下使用了近200年，虽然白家庄期时并没有完全废弃，但是白家庄期以后就彻底废弃了。自此一直到战国时期都处于废弃的状态，西周时期没有使用，春秋时期也没有再使用。一直到了战国中晚期，韩国又在郑州商城基础上修建了一个军事堡垒，那时的当地居民还记得这里做过亳都，所以韩国就在这里设亳城。战国时期韩国在此设有多级别的基层组织：亳里、亳邱、亳聚、亳廪等。战国以后，汉代时这里也是一个繁华商镇，但没有在此设立县治。西汉以后这个城再次彻底废弃，直到隋代以后才逐渐成为州县治所。"郑州"一词始于东魏孝静帝在549年将颍州改名为郑州，现在的郑州市使用郑州地名，据《元和郡县图志》卷八是"开皇三年，改荥州为郑州"。州治是从成皋迁过来的，这是郑州第一次成为州治处所。以后屡有更名。所以明代王佐著的《新增格古要论》说"柴瓷出北地河南郑州"，这个北地郑州就不一定真的就是在现在郑州市区了，说不定还指许昌地区。需要特别强调的是，经过这些年的思考，可知这些有绝对年代的器物能够作为判断韩国器物年代的标准器物。

通过郑州地区东周陶器的类型划分和分期排队，还能从春秋战国文化传承中发现一个现象，那就是中原地区的文化具有非常强的生命力。郑州地区从裴李岗时期一直到战国时期，它的整个文化面貌一直是一脉相承的。实际上我之前在考古工作中就注意到这个现象，在2003年提出的"嵩山文化圈"就是这个道理。按道理说，周灭商后，郑州地区应该是周人的器型占主导，还有春秋时期的郑桓公东迁以及战国时期韩国从陕西那边过来，似乎都应该是外来的因素会很显著。但是我观察到的郑州地区考古所见实物却是相反的，无论朝代怎么改，尤其是西周到战国这个阶段，一直是郑州地区的传统器型在起主导作用，外来器物很难见到。这个本地传统的主导特质，在当年娘娘寨遗址的发掘和汇报中我就明确提出过。由此也自然会想到一个问题，那就是进入中原地区的夏王朝在考古学上的反映该如何辨识？这中间的异同怎么划分？用什么标准？怎么定量、定性？看来还是要继续研究。提出这个问题的原因，也是因为我认同大禹之时的政治中心不在河南，而是在古冀州，也就是在现代考古中发现的山西襄汾陶寺。夏禹进入河南主要是为了治理大洪水，而且时间也不是太长，目前学界把登封王城岗和大禹联系起来，现在看来是值得重新探讨的。在"中华文明探源工程"中，北京大学刘绪教授和方燕明研究员主持王城岗遗址的发掘时，并没有轻言禹居阳城，这是学者风度的体现。

八、新砦遗址的再发掘在夏文化探索史上具有划时代的意义，请问您在新砦遗址做过哪些工作？

1996 年，国家开展了"夏商周断代工程"。在刚开始的时候，郑州市文物考古研究所作为地市级考古机构并没有参与其中的资格，作为"夏商周断代工程"中心区域的考古机构，当时是何种心情，非当事人是难以想象的。当时我想作为中原腹地的考古机构，我们是不是能为"夏商周断代工程"干点什么，所以我就提出来要对新砦期遗存开展一些工作，随后便组织了七八个人进行调查。我们首先对登封河南龙山文化遗址进行深入调查，发现一批重要遗址，于当年 12 月对新密市进行调查，也取得重要收获。到了 1999 年年底，李伯谦先生提出来要与我们合作对新砦遗址进行发掘，我对此积极响应，拿出我申报的项目经费进行支持，两家就这样达成了联合对新砦遗址进行发掘的协议。随着对新砦遗址的深入调查、发掘和研究，不仅发现小城，而且发现了大城和大城护城河。当时学界对新砦遗址发现的是不是城的争议很大，但我坚持对这项考古发掘进行全资支持，并对外城开出一条特长的探沟进行验证。我们对外城和护城河通过挖探沟的方法进行解剖，在护城河壁上发现夯土残迹，证明这确实有外城，这样新砦遗址就成为中原地区又一座河南龙山文化晚期城址。大城、小城和环壕的发现都是十分重要的，特别是内城环壕内的遗存非常丰富，对认识新砦非常重要。

在新砦遗址长期的发掘过程中，我系统收集和查阅了有关郑州地区的历史资料，将《史记》《古本竹书纪年》《尚书》等许多历史文献中记载的情况和考古发现比照后发现，郑州地区从仰韶时期和濮阳地区就是一体的。那时候的黄河是在牛口峪和武陟这一带向东北流，然后经过河北地区进入渤海，并没有经过郑州北部。也就是说郑州以北的新乡和濮阳在清代以前和郑州是一体的，其间没有大河的阻隔，这也就解释了为什么在我们去新乡一带做调查时，发现原阳一带居民的口音和郑州郊区居民口音一模一样。也正是如此，在仰韶文化时期，郑州的仰韶文化和濮阳的西水坡遗址是一个体系的，如果划定文化圈的话，它们应该是属于同一个文化圈的。到了仰韶文化晚期，郑州地区就应该是历史文献中所记载的祝融部族的中心区域，也就是颛顼直系后代祝融族的居住区。前面也讲过，与其相关的仰韶文化是以古黄河三角洲为中心分布的，郑州是古黄河三角洲的中心地区，也是祝融族集中的居住区，一直到龙山时期，祝融族仍然占据着郑州地区。取得阶段性成果以后，工地考古发掘负责人和有关人员根据史料研究，认为这是夏启之居。李伯谦先生以敏锐的观察力看出新砦文化遗存的真谛，写文章把新砦遗址定为寒浞代夏的遗存，把花地嘴遗址和东赵遗址定为后羿代夏的遗存，这也表明新砦遗存在夏代不是夏族文化的实质。我在对所有调查资料和考古资料整理后，发现在大禹治水之前，无论是二里头，或者是新砦都是不适宜居住的冲淤积地貌，而中原地区仍然属当地的土著族群生存和繁衍的地域，而且他们的社会组织也没有被完全打破，所以这里在当时仍是祝融族的中心。

我们可以在史书中见到有"融降于崇山"的记载，如果你去郑州地区的周边（如新密）和乡下看一看，有许多地方至今仍然敬奉火神，而火神就是祝融。假如夏禹真的有"帝舜荐禹于天，为嗣。十七年而帝舜崩。三年丧毕，禹辞辟舜之子商均于阳城"，也仅仅是很短时间的避居，不可能筑完小城再筑大城。假如崇山就只是嵩山的话，那就是大禹统一中原的时候，大禹的部族也没有完全占领中原地区，所以中原地区的河南龙山文化一直保持着祝融族的传统文化面貌，对新砦遗址的发掘就完全证实了这一点。前边说到李伯谦老师说的：新砦遗址是寒浞代夏的遗存，花地嘴遗址和东赵遗址是后羿代夏的遗存。通过研究可知，大禹在统一中原的过程中，武力征服有，和平统一和宗教的手段也有。大禹统一这些部族之后，这些部族的一些代表人物或者首领就进入到夏朝为官，这才为后羿代夏和寒浞代夏埋下了祸根，根据历史和考古资料研究，后羿就是祝融族人，对此曾著有《中国新石器时代仰韶文化时期的彩陶反映的族群关系和文化类型》，专门谈这个问题。正因为后羿和寒浞能够进入夏王朝为官，才会发生"代夏"的这一历史事件。我在梳理了包括新砦在内的龙山文化和二里头文化遗址后，认为夏族的势力在二里头文化第二期的时候才兼并了位于郑州的原来以祝融族为代表的华国地盘，完全统治了嵩山地区。郑州地区发现的多处二里头文化第二期的城址，既是在东方拱卫二里头夏都的重要体系，也是夏王朝继续向东扩展的跳板和中继站。

九、花地嘴遗址对于夏文化研究意义非凡，请您大致介绍一下该遗址的发掘经过并谈一谈从该遗址中获得的对于夏文化的新认识。

20 世纪 90 年代，我派单位的汪旭同志对这个遗址进行了试掘，汪旭同志在那里挖到了 3 个窖穴，回来把这些资料和文物给我看了以后就全部入库了。此后还有多人多批次对有关遗址又进行过调查，并发表有调查资料。

一直到 1998 年年底，我想尽一切办法从郑州市文化局把已分配到郑州大河村遗址博物馆的北京大学毕业的顾万发同志招录到我们单位。顾万发同志参加新砦遗址考古一年以后，就提出想在郑州地区看一看其他新砦期遗存的情况，我就让他把汪旭同志在花地嘴发掘的资料进行了观察、分析与研究。我们发现花地嘴有所谓新砦期的遗存，提出来要对花地嘴遗址进行发掘。花地嘴遗址开始发掘以后，单位从各方面给予了全力的支持。在发掘过程中逐步摸清了遗址的布局和内涵。因为发掘人员对新砦期有一定认识，所以花地嘴遗址的考古发掘进展顺利，很快就取得了一批重要的发现，尤其是祭祀坑、环壕以及城门的发现，使花地嘴遗址的重要性越来越明确。在数年考古发掘期间，多次邀请国内外有关专家进行论证和指导，其中有权威专家提出花地嘴遗址比郑州市其他遗址的考古发现都重要，重要不是因为它可能与太康失国居于洛汭有关，而是因为它的器物组合、文化面貌与二里头文化差别太大。

在花地嘴遗址发掘以后，我思考了很多新的问题。为什么在新砦遗址还在使用的时候，当时人会在郑州地区西部修建花地嘴遗址这样的环壕聚落？而且这个遗址是在还未建成的状态下被废弃的，花地嘴遗址的墙基上连夯土都还没有夯筑，仅仅是做了水平整理。顾万发同志提出来它是后羿代夏时太康居洛汭的遗存。但是如果对这一段历史进行研究，会发现太康失国被后羿赶出都城以后，很仓促地只带了二十几个人从斟鄩逃出来，怎么可能有财力、人力和物力在短时间内修建30多万平方米的环壕聚落，并且半途而废？由此可见，花地嘴的性质还有很多值得思考和讨论的地方。对这个问题我有专门研究，谁有兴趣，可以去看我写的有关"太康失国与居于洛汭"的研究。

十、您主持了荥阳娘娘寨遗址的发掘，并在两周时期城址之下发现了一批二里头文化时期的遗存，请您介绍一下当时的发掘情况与相关认识。

在完成南水北调文物单位复查以后，河南省文物局要求我们挑选一些重点遗址进行试掘验证，当时我就派一位具有中级职称的专业人员对娘娘寨遗址进行试掘，具体地点就选在内城南城墙内侧，结果一试掘，就发现几个西周晚期窖穴打破城墙。这一发现使我大喜过望，明白这就是一座属于西周时期的城址，可以填补郑州地区西周城址考古的空白。

工程开始前，我对单位十几位考古发掘专业人员进行筛选，认为张家强同志为最佳人选。在开工之前我与张家强进行过深入地沟通。实际上张家强对娘娘寨遗址为西周遗址是有很大疑问的，因为一直到 2005 年，已经揭露 8000 多平方米范围内多为战国时期的建筑遗迹，而这些建筑遗迹又都需要保护并没有清理。张家强就怀疑这里没有西周的遗存。作为单位负责人，尤其是考古工地领队一定要有自己的主见，关键是如何培养刚走上工作岗位的年青一代，如何实现学术突破，如何提高专业人员认知能力。我坚持每隔一天就去一次考古现场，并坐下来与发掘人员商量怎么办。根据几十年的考古经验和娘娘寨遗址的实际情况，我提出要对这个遗址的所有断崖进行断面刮剖工作，就是用手铲把所有的断面都刮出来，通过自然的断面来观察和了解娘娘寨遗址的遗存状况和时代。结果不刮不知道，一刮吓一跳。娘娘寨遗址的叠压打破关系和堆积情况，建筑年代、使用过程和废弃年代在刮剖的剖面上一清二楚。尤其是对内城北城墙挖掘一个探沟以后，一下把春秋战国和西周城址叠压打破关系大白天下。

在发掘中还在西周文化层之下发现了二里头时期的文化遗存。在郑州地区的考古调查和发掘中，有时受有关条件的限制，当做完某一文化遗存以后，认为这一文化时期的地层已经到底，某些时候就会停止发掘，但实际上是不是真正到底了还不一定。我举三个例子：第一是新郑裴李岗遗址的发掘，过去的发掘把裴李岗遗存挖完就算到底了，但最近的发掘证明在裴李岗文化地层的下面还有旧石器晚期的遗址。第二是郑州地区在仰韶文化遗址发掘中，好多考古工地把仰韶文化遗存挖完了之后就认为这个遗址的发掘该结束了。实际上，在仰韶文化遗存下面的并不是生土，而是裴李岗时期的文化层。第三是对我们启发最大的新密李家沟遗址，李家沟遗址的上层是裴李岗时期的遗存，也就是七八千年前的遗存，而一万年前的遗存就在裴李岗时期遗存的下面。如果不是因为我们的考古调查中在断面上发现了新石器早期陶片，这个遗址或许也会有人在挖完裴李岗遗存以后就认为到底了，而把最重要的新石器早期遗存给忽略了。这样错失良机的实例很多，如果不予注意就会错失重大的考古发现。娘娘寨遗址下层有二里头文化遗存，但是破坏得相当严重。对于二里头文化遗存，我们一定要区分它是二里头文化第一期遗存，还是第二期以后的遗存。我还是坚持我的看法，郑州地区没有典型的二里头文化第一期遗存，只有所谓"新砦类型"的遗存，也可以说是新砦文化类型的遗存。这就是说郑州有夏代文化，但是没有夏族文化遗存。通过娘娘寨龙山文化晚期遗存的发掘，我们得到了一点启发，那就是娘娘寨有西周城址，但是西周城址之下的河南龙山文化遗存没有重大发现。但是有一个西周城址就足够了，这就引起考古突破了。总之，郑州地区有很多重要考古发现，黄帝就在郑州，郑州还有商汤亳都、中丁隞都等，足够了，千万不要因为夏朝没有在郑州地区建都而遗憾。是嵩山地区华族文化和夏族文化的融合形成了华夏文化，嵩山地区仍然是中华文明的重要发源地之一。

十一、请问您所知道郑州地区对夏文化比较关注的学者都有哪些？他们都做了哪些相关的工作？

全国的我就不说了，太多了，大家都知道，咱们只说郑州地区的。郑州地区对夏文化比较关注和比较有成就的学者很多，但做得最有成就的应该就是河南省文物考古研究院的方燕明先生。方燕明先生最初是和北京大学考古文博学院刘绪教授共同主持登封王城岗遗址发掘的，并在安金槐先生发现河南龙山文化晚期小城的基础上发现了河南龙山文化晚期的30多万平方米的大城。最近几年，方燕明先生又在禹州瓦店遗址连续取得了很多重大的考古发现，据说最近又发现了城址。我想方燕明先生在这方面应该是有突出成就的专家学者。其他还有就是蔡全法先生、马俊才先生、顾万发先生以及郑州大学的张国硕先生等。其余还有一批后起之秀——80后的考古学博士，他们使用最新理论和思路对夏文化的问题进行研究，成就斐然，已经崭露头角。

　　由于夏代考古是中国考古学中的重要内容，郑州市文物考古研究院几十年来做了大量工作，这是学术界有目共睹的，其中也对域内王城岗遗址、古城寨遗址、新砦遗址、花地嘴遗址、溽沱岭遗址、东赵遗址、曲梁遗址、西史村遗址等做过大量的工作，取得巨大收获。在这里我就不再一一述说，但对王城岗遗址不能不多说几句。几十年来，我对王城岗遗址给予高度的重视，也投入很多精力，进行过无数次考古调查，发现在王城岗大城西侧仍有大面积河南龙山文化晚期遗存。经我反复认真地调查，王城岗遗址大城以西的文化遗存和王城岗遗址是一个整体，进而发现王城岗大城北侧是低山，而西部为河旁阶地，面积要比王城岗大城面积大得多。根据调查资料，我认为王城岗大城外侧应该还有外廓城或者环壕。2009年，国家曾对王城岗遗址拨付过文物保护专项经费，我曾与时任登封市文物局局长靳银东同志商议用这笔经费进行全面考古勘探，但这件事因为种种因素而被搁置，真的非常遗憾。时间已经过去快20年，在国家决定重新开展夏代考古研究的今天，我把这个问题提出来，希望引起重视。

十二、您曾在常庙城址发现一批戳印陶文，其中最引人注目的是"亳聚"，您能谈谈发现经过和有关情况吗？

这些戳印陶文很早就发现了。1978 年 12 月，在大河村遗址举办的亦工亦农考古培训班结束前，需要对学员进行野外考古调查培训。我带一队到荥阳及相关地区调查，首先在荥阳大索城东南角、索河北岸的台地上发现战国时期戳印陶文"格氏""格氏左司工""格氏右司工"等，后来在荥阳故城等地也发现有战国戳印陶文。

到了 1985 年全国第二次文物普查全面展开，我负责郑州郊区西北部文物普查，这才迎来对资料的整理，发现有"亳"、"十一年以来"+"亳"、"公"、"巽"、"郗"、"戾亳"、"许亳"、"革"、"怀"、"邱"等戳印，其中一件陶豆的盘内有长方形印记"亳聚"，于是我就把平时的调查和这次普查资料合在一起进行发布。1986 年《中原文物》杂志发表了这批考古调查简报，1987 年 3 月邹衡先生见到"亳聚"等陶文以后，认为这是很重要的发现。这些资料的整理促使我不断查阅有关史料。这些陶文也引起学界的高度重视，于省吾、商承祚、罗福颐、饶宗颐等先生都曾专门看过这批资料，而且在我复印的材料上进行隶定。1995 年北京大学的高明先生和葛英会先生编写《古陶文汇编》，向我索要郑州地区出土戳印陶文资料，我就把当时的全部陶文资料毫无保留地送去。后来中山大学的商志 先生索要有关资料，我也毫无保留地寄去。

在这批陶文的发现中，我对常庙砖厂的发现更加重视，除经常性调查以外，单位出资对常庙砖厂取土区进行了清理和发掘，先后清理出战国时期戳印陶文 7000 多件，另外从郑州美术馆的一次展览中得知还有个人收藏大量郑州出土战国戳印陶文，新增加陶文有"阳城仓器""穆""相""许""齿""墨""丘""荥阳新市""廪""悍""阳市""新市廪陶""亳丘""寝阳左司工""华亳""京廪"等。陶文的地名涉及许昌、焦作、郑州、新乡等河南大部分地区，与战国时期韩国占有地域相符，应该是战国时期的韩国遗物。

新出现这么多戳印陶文后，为进一步弄清来源，主持发掘的郝红星同志扩大范围，对常庙城址中东部断崖暴露的陶窑进行清理，发现战国时期陶窑16座。这样一下证明常庙城址在战国时期是韩国官营仓廪所用量器制作作坊。经过几十年考察和研究，参考张立东先生对"十一年以来"+"亳"和"亳聚"的研究成果，现在看来郑州商城内出土的战国戳印陶文就是在常庙制造，然后运到韩国"亳城"内仓廪和其他军事城垒仓廪中使用的，这就为研究郑州地区战国时期戳印陶文的产地、韩国仓廪用具和量器、郑州地区战国戳印陶文归属和绝对年代提供了重要的材料。战国时期韩国那么大的区域，目前掌握的戳印陶文出土地点只限于郑州市，而且还有很多地方没有调查到，实际上应该还有很多地方存在战国戳印陶文，只是现在还没有发现，现在发现的不过是沧海一粟，希望有关同人关注这个问题，以期待有更重要的发现。

十三、您认为当下郑州地区夏文化研究工作亟须解决的问题是什么？

实际上，这里仅说郑州地区还不全面，我想应该说是嵩山地区，甚至是与夏代文化有关的地区。对于夏文化研究，我认为目前仍然是要弄清楚什么是夏文化，夏文化和夏代文化以及夏族文化不是一回事。40多年前，我国著名考古学家夏鼐先生就提出过这个问题，现在再提好像是老调重弹，实际不是，中国考古学已经诞生100年了，开展夏文化研究也已半个多世纪，但是什么是夏文化，什么是夏代文化，什么是夏族文化，至今仍然存在分歧，所以要在这方面下一些大功夫、真功夫，真正搞清楚哪些是夏族文化，哪些是夏代文化。在二里头遗址发现以后，邹衡先生首先提出来二里头遗址第一至四期都是夏文化的观点，很多人并不认同，后来考古学界普遍接受了邹先生的说法，同时认为二里头文化第一期就是早期夏文化。现在大量的考古发掘资料表明二里头文化第一期不是早期夏文化，它只能是夏代中晚期的文化遗存。尤其是郑州市文物考古研究院"郑州地区晚更新世以来古环境序列重建与人文聚落变化预研究"开题以来，我们通过对古黄河三角洲和4200年前大洪水的研究，发现4200年前无论是二里头或者是新密新砦都受大洪水影响，并不适宜作为大型中心聚落。这个问题我曾写有《人类干涉对于黄河改道的作用和意义》一文，在此就提一下。

过去有人认为新砦期是夏代早期文化，其中也包括我自己。但随着新砦期考古工作的深入展开，我认为新砦期应该不是夏代早期文化，所谓的"新砦期"实际上是夏代中期文化的遗存。夏代早期文化在哪里是困惑考古界几十年的难题。以前很多学者都在下大功夫寻找二里头文化第一期的源头，发现王湾三期文化有点味道，经过深入研究给否定了。又找到煤山，经过研究也不是。就又找到新砦，现在看来又不是。那么，夏代早期文化遗存去哪里找？现在考古学界大多数人已经认识到要从河南龙山文化晚期去找，我想郑州地区的夏代文化研究要想突破，恐怕也要在河南龙山文化晚期遗存中下足功夫，甚至要在山西和陕西龙山文化中去找。既要对早期夏文化的面貌、社会发展的阶段以及历史的进程有深入的了解。同时，又要突破过去的传统观念。夏文化研究，也要有创新意识，要有突破性意识，要通过突破性的认识来开展早期夏文化的考古发掘工作和研究工作，不受过去那些结论的束缚，去寻找真正的夏代早期文化，把夏文化的源头、发展的序列以及它的文化面貌搞清楚。

同时，哪些是夏代文化、哪些是夏族文化也是很重要的问题，考古学界目前的考古方法论也越来越多，原来有类型学，现在有李伯谦先生的文化因素分析法。或许还有其他的方法，但因为我的英语不好，所以我对国际上的情况了解不深，但是我认为肯定是有的。我们一定要突破摩尔根《古代社会》的约束，那时摩尔根对西方少数民族的调查研究，所选典型都是最原始和最落后制度社会的现象。而经我研究，世界上实行母系氏族社会制度的人群很难发展为文明社会，父系氏族社会才适于早期文明的发生。我们要通过创新找到新的研究途径和方法，包括对夏族文化和夏代文化的定量、定性的分析。怎么定量？怎么定性？定量上，有多少因素的区别才能够划定一个文化？这是需要我们考古人共同努力才能解决的问题。前边我在娘娘寨西周城址发现和研究中讲到，郑州地区西周至战国文化发展序列和传承状况很说明问题。郑州市为什么长期找不到西周遗存，就是因为只认识商代遗存，一直抱着西周灭商文化面貌一定要大变的观念，识别不出西周遗存，即使看到西周遗存也看成商代晚期遗存，所以一直被困在这个怪圈内而不能自拔。我在郑州西北部调查中突破这个关键点以后，一下子涌现出140多处西周遗址。以此为例，裴李岗文化与仰韶文化之间、仰韶文化与河南龙山文化之间、河南龙山文化晚期与夏文化之间、二里头文化与二里冈文化之间均是如此，我们突破这些关键点以后，马上会豁然开朗。

夏文化的分布范围很大，不仅仅是一个嵩山地区。但是过去的研究可以说多数人有一个误区，都自觉不自觉地有一个地方意识，都认为自己所在的地区是古文明的核心，连我自己也曾经历过这样的阶段。这就影响了整个夏文化研究的发展。实际上，我们真正做学问的人一定要摒弃地方意识，要站在全局的角度看问题，要有宽广的视野，要用丰富的考古资料和科学的方法对本地区的文化进行科学的、全面的、客观的分析和研究。不是跟着别人的研究成果再做一番加工，把别人的成果变为自己的话。只有脚踏实地地研究才能够真正地解决夏文化研究的瓶颈，才有可能引起夏文化研究新的突破。

对于夏文化研究，我还有一点体会，就是要学一点社会发展史，用社会发展的方法和理论观察、研究中华文明起源的问题。在人类发展历史中，历史发展是波浪式的，有学者说是螺旋式的，都是一个道理，绝对不是一根直线，所以在研究中不能想象哪一个地区会一直是中心。文明起源的方式也不会只有一种模式，文明起源也有一点像波浪。有一个成语叫"此起彼伏"，就很形象。无论哪个地区，都不可能一直是中心。随着朝代更替，政治中心也随之转移。嵩山地区也是这样，它在裴李岗时期大繁荣以后，进入仰韶文化，虽然聚落曾经大增，但是政治中心已不在嵩山地区，而是转移到濮阳，后又转移到北阳平和西坡。进入河南龙山文化以后，政治中心就转移到晋南，夏代中期以后转移到偃师二里头，商代就到了郑州，西周又回到陕西，东周回到河南洛阳，等等。事实是不是这样呢？一点儿都没有错。我认为郑州地区夏代文化研究才刚刚起步，要做的事情还很多。郑州现有 260 多处河南龙山文化遗址，发掘的不到 10 处，勘探查明规模的也只有十几处。我们对这一阶段的文化面貌、遗存真实状况、生产力水平、社会发展进程和社会结构等方面的认识严重不足。应该有一批人，坚持不懈地、不间断地下大功夫才会有所突破。

采访后感言：谁论英雄曾当年，廉颇饭否当奈何。世间梦生五百载？吾当长歌笑康熙。人生苦短，老牛负骥，不言万里，俱往矣！

　　2021 年 7 月 26 日，赵汉年通过张莉女士向张松林先生邀约访谈，采访大纲由赵汉年拟写，经张莉女士修改、审定。采访通过腾讯会议进行。第一次采访于 2021 年 8 月 4 日进行，第二次采访于 2021 年 8 月 13 日进行。采访完成后由赵汉年进行整理。2021 年 8 月 27 日，张松林先生审定完毕。2022 年 1 至 4 月，为适应出版需要，征得张松林先生同意之后，张立东、王仲奇、赵汉年对稿件进行了删减。

主要著述

1.《郑州商城区域内出土的东周陶文》，《文物》1985 年第 3 期。

2.《郑州商城内出土东周陶文简释》，《中原文物》1986 年第 1 期。

3.《郑州市西北郊区考古调查简报》，《中原文物》1986 年第 4 期。

4.《二里头遗址所出玉器"扉牙"内涵研究——并新论圭、璋之别问题》，《殷都学刊》2003 年第 3 期（合作）。

5.《商汤都郑亳的环境因素与历史原因》，《殷都学刊》2004 年第 2 期（合作）。

6.《花地嘴遗址所出"新砦期"朱砂绘陶瓷研究》，《中国历史文物》2006 年第 1 期（合作）。

7.《河南新密市新砦城址中心区发现大型浅穴式建筑》，《考古》2006 年第 1 期（参与执笔）。

8.《嵩山与嵩山文化圈》，《黄河科技大学学报》2006 年第 2 期（合作）。

9.《双洎河流域环境考古》，《第四纪研究》2007 年第 3 期（合作）。

10.《河南新密市新砦遗址东城墙发掘简报》，《考古》2009 年第 2 期（参与执笔）。

11.《河南新密市新砦遗址浅穴式大型建筑基址的发掘》，《考古》2009 年第 2 期（参与执笔）。

12.《新砦聚落考古的回顾与展望——纪念新砦遗址发掘 30 周年》,《中原文物》2010 年第 2 期（合作）。

13.《荥阳娘娘寨遗址二里头文化遗存发掘简报》,《中原文物》2014 年第 1 期（参与执笔）。

董琦

董琦，1952年出生，浙江定海人。1976年毕业于北京大学历史学系考古专业，1992年于北京大学考古系获历史学博士学位。1976年8月到中国历史博物馆工作，曾任垣曲商城考古队领队、中国国家博物馆展览部主任、副馆长。长期从事考古田野发掘和夏商周考古学研究，先后参加了山西夏县东下冯遗址、河南登封王城岗遗址、山西垣曲商城遗址的发掘。

一、您是如何与夏文化结缘的？《夏县东下冯》的绪言里提到您参加过该遗址的发掘，请回忆一下当时的有关情况。

1976 年 8 月我被分配到中国历史博物馆保管部考古征集组，第一项工作就是前往山西夏县东下冯遗址参加当年秋季的田野发掘与资料整理，并于当年冬季与考古队的同人们考察了"禹王城"等晋西南地区一系列与探索夏文化相关的遗址、遗迹、遗物。东下冯遗址为一处大型夏商遗址，位于古史传说中"禹都安邑"的夏县，于 1959 年春中国科学院考古研究所山西工作队和山西省文物工作委员会在调查运城盆地时发现。从 1974 年秋开始，中国科学院考古研究所、中国历史博物馆、山西省文物工作委员会、运城地区文化局、夏县文化局组成联合考古队进行发掘。东下冯考古队队长是张彦煌先生，副队长是徐殿魁先生，二位先生从 1959 年起就在晋西南地区开展探索夏文化的田野工作，是我探索夏文化的启蒙老师。二位先生关于"禹王城"为战国早中期魏国都城、两汉时期的河东郡治安邑故城的确认，关于"东下冯类型"的分期与特征，东下冯类型和二里头类型应是同一文化的两个不同类型的认知，开启了我的探索夏文化之路。

二、您曾参加王城岗遗址的田野发掘和报告编写，并发表过一系列讨论其性质的文章。请回忆一下田野发掘、资料整理和报告编写的难忘之事。您为什么反复讨论遗址的性质问题，在 21 世纪初

大城发现之后，您对该城址的看法有没有变化？

　　我从 1977 年 3 月起，长期参加河南登封王城岗遗址的田野发掘、资料整理和报告编写工作。王城岗遗址早在 1954 年春就已发现。由于该遗址西距八方村较近，内涵又以龙山文化遗存为多，所以当时曾将该遗址命名为"八方龙山文化遗址"。1977 年春，河南省文化局文物工作队与中国历史博物馆组成联合考古队对该遗址进行发掘，由安金槐先生主持。难忘的是当年 7 月上旬，我与河南省文化局文物工作队郑杰祥先生一起，分别开了两个探沟（T22、T23），我们发现并确认了一条南北走向的城墙基槽。后来通过全面发掘得知，这是一座龙山文化晚期的城址，我们所发现的城墙基槽属于这座城址西城墙的一段。王城岗城址是当时我国所发现的第一座被确认的龙山文化城址，极大地开拓了中国新石器时代考古的视野。从此以后，中国新石器时代的城址如雨后春笋般地不断被发现。随着王城岗城址东北部春秋战国时期阳城城址的确认，加之"禹居阳城"的记载又最早见于战国文献，安金槐先生决定将"八方龙山文化遗址"改名为"王城岗遗址"。我们在田野调查时听到村民中有另一种说法，将"王城岗"称为"望城岗"。王城岗遗址位于春秋战国时期阳城城址的西南隅，站在王城岗遗址上，至今还能望见东北部春秋战国时期阳城城址高耸的北城墙。我一直认为，将"王城岗遗址"称为"望城岗遗址"更为合理些。

　　《登封王城岗与阳城》的第一编第三章第四节由我执笔。在发掘资料整理阶段，我发现青铜鬶残片的时代尚有疑问。出土青铜鬶残片的灰坑 H617，被王湾三期文化晚期灰坑 H616 打破，同时此坑又打破了王湾三期文化早期灰坑 H353，坑内有丰富的王湾三期文化晚期遗存。因此，灰坑 H617 的年代定为王湾三期文化晚期是毫无疑问的。问题在于 H617 被叠压在商代二里冈上层文化层之下，并被二里冈上层文化灰坑 H575

打破，发掘者又未能及时确切地划分出两者的层位，致使 H617 遗物中混入了少量的二里冈文化时期和二里头文化时期的陶片。结合发掘者原始发掘记录，表明发掘者发掘 H617、H616 时，实际上并未清理完叠压和打破它们的二里冈文化层和灰坑。青铜鬶残片出在 H617 的偏上部，因此不能排除为二里冈文化层或灰坑中遗存的可能性。有鉴于此，我在执笔该发掘报告第一编第三章第四节时，并未将青铜鬶残片列入。但是，作为该发掘报告主持人的安金槐先生决定要列入。

我发表过一系列的文章，反复讨论王城岗城址的性质问题。王城岗小城发现后，以安金槐先生为代表，认为王城岗小城可能是"禹都阳城"或"禹居阳城"的夏代阳城遗址。且不说王城岗小城不足百米见方，从规模上说作为禹都阳城不大可能。仅就考古学文化而言，学术界大多数学者认同的二里头文化第一至四期为夏文化，与龙山文化晚期的王城岗小城，属于不同性质的两种文化，河南龙山文化晚期并未直接过渡为夏文化二里头类型早期。有的学者认为，两种不同的考古学文化并非是区别不同族群的界限。对此，我一直在思考，对考古学文化的界限、考古学文化与族群的关系等有关考古学文化的基本认识方面，缺乏一种解释理论。如果不建立这样一种解释理论，所有关于史前考古学文化古史属性的讨论都将陷入歧义纷争的局面。至于王城岗大城，《登封王城岗考古发现与研究（2002—2005）》发掘报告的描述是不一致的，有约 30 万、30 余万、达 30 余万、34.8 万平方米等说法。应当指出，该发掘报告对王城岗大城面积不一致的说法，已经引起学术界研究人员的一些误解。王城岗大城仅残存一段 350 米或 370 米的北城墙，以及残长 130 米的西城壕，城址面积约为 4.55 万或 4.81 万平方米。如果依据复原后长 620 米或 630 米的北城墙与残长 130 米的西城壕，城址面积复原约为 8.06 万或者 8.19 万平方米。根据该发掘报告所提供的材料，难以确认王城岗大城是已经建成的一座 600 米 × 580 米的长方形城址。随着王城岗大城的发现，发掘者认为：王城岗小城有可能为"鲧作城"，王城岗大城有可能是"禹都阳城"。我认为，需要待发掘者提供更翔实的材料之后，再作讨论。

三、您曾经参与 1977 年河南登封告成遗址发掘现场会的会务工作，能回忆一下当时的情景吗?

王城岗城址的发现轰动了当时海内外的学术界。1977 年 11 月国家文物局在河南省登封县（今登封市）召开了河南登封告成遗址（即王城岗遗址）发掘现场会。这是中华人民共和国成立以来第一次全国性的夏文化学术讨论会，也是"文革"之后中国考古学界第一次大规模的学术讨论会。我参加了现场会的筹备工作和学术讨论会。作为一名刚刚从事考古工作一年多的青年考古工作者，我被当时热烈的学术讨论气氛深深吸引住了。在这次会议上，大多数学者都认为偃师二里头遗址就是成汤所居的西亳，几乎没有人提出反证。根据这一点，许多学者论证了二里头文化第三、四期是成汤以来的早商文化。也有不少学者论证了河南龙山文化晚期为夏文化或夏代早期文化。邹衡先生在这次会议上的发言则与众不同，他明确地提出：二里头文化第一至四期都是夏文化，二里冈文化是最早的早商文化，以漳河类型为代表的考古学文化是先商文化。邹衡先生的发言让我感受到，为探索夏文化，邹衡先生创立了一个崭新的学术体系。正是这次学术讨论会，促使我确立了研究方向和目标：为探索夏文化、为探索中国国家文明诞生而努力奋斗！

四、大作《虞夏时期的中原》是根据您的博士论文修订而成的，请问当时为什么选择这样的题目? 请简单介绍一下该书的主要观

点，并说说现在有没有新的想法。

〜〜〜〜〜〜〜〜〜〜〜〜〜〜〜〜〜〜〜〜〜〜〜〜〜〜〜〜〜〜〜〜〜〜〜〜〜〜

我的博士论文题目是《论中原地区龙山文化时期与夏代的考古学文化》，考虑到无论是作为书名，还是行文的简略，科学出版社 2000 年 10 月出版时修订为《虞夏时期的中原》。书中凡是在将龙山文化时期与二里头文化时期联称时，均简称为虞夏时期，即将考古学术语置换成历史学术语。应当指出，《墨子·明鬼》《史记·夏本纪》所用的"虞夏"一词，并称一代，与我所说的"虞夏时期"一词的概念不同，两者的年代范畴是有区别的。这些在书中"绪论"部分都有专门解释。选择这样的题目作为我的博士论文，是与我的考古工作经历密切相关的。我从东下冯遗址到王城岗遗址，十几年来广泛收集龙山文化时期与二里头文化时期的考古资料，试图整理出一些头绪。1989 年秋，我有幸考上邹衡先生的博士研究生，我的想法提出后，得到了邹衡先生的鼓励和悉心指导，拟定了研究课题，明确了研究方向。

《虞夏时期的中原》一书的主要观点：龙山文化时期已进入部落联合体阶段，社会出现了分层现象，其社会形态，或曰部落联盟，或曰部落方国，或曰酋邦，或曰史前国家，它恰似一只仍包裹在氏族社会卵壳中的即将成形的雏鸡。相对而言，二里头文化时期的社会形态，恰似一只破壳而出的雄鸡，尽管带着氏族社会的浓厚气息，却迎来了文明社会的黎明！我的博士论文答辩会由严文明先生主持，与会的各位先生在提出许多重要而又具体的意见后，对论文作了充分的肯定，最后论文答辩获得全票通过。令人难忘的是，当我向俞伟超先生汇报博士论文的准备情况时，他一再嘱咐我：定下博士论文答辩的时间，一定要告诉他，他一定要参加。那时，俞伟超先生已是中国历史博物馆的一馆之长，但他还是在百忙之中抽出时间参加了我的论文答辩会。

　　《虞夏时期的中原》出版后颇受学术界的关注，有些素不相识的外国学者专程来我馆索取拙作。中国社会科学院考古研究所的缪雅娟女士专门写了书评《读〈虞夏时期的中原〉》，在《考古》2002 年第 8 期发表。台湾师范大学历史研究所博士生王瑞杰先生也在 2002 年撰写了《评介董琦著〈虞夏时期的中原〉》，发表在兰台出版社《中国上古史研究专刊》第三期。王瑞杰先生总结拙作的特色大致有如下几点：考古资料巨细靡遗、图表丰富具科学性、条理分明论证自成系统、适度地引用马克思、恩格斯的历史理论。

　　最后他总结拙作时指出："大体而言，这是一部值得阅读的好书，无论是初学者或进阶者不仅能从中得到丰富的考古与历史知识，更能从中得到相当多的启发与灵感。邹衡先生在'序'中即谓本书具有'开创精神'，而且'揭示出中原地区的龙山文化与二里头文化之间的某些重大变化，倒是难能可贵'。作者在书中有许多发前人之所未发的大胆主张，姑且不论能否为学界所完全接受，但相信其论述主张将可能引起学界的注意与讨论。"拙作从出版到至今又过去了 21 年，其间中国考古涌现了大量的新资料，年年有重大考古发现，但尚未突破我在拙作中的基本认识。

五、您曾针对《偃师商城与夏商文化分界》研究脉络写过一系列文章。请简单介绍这组文章的主要观点，以及撰写这些文章的前因后果。

　　我初次拜读《偃师商城与夏商文化分界》后，第一感觉是该文的研究脉络是模糊不清的，难以自圆其说，于是撰文《析〈偃师商城与夏商文化分界〉的研究脉络》，指出：偃师商城正是在邹衡先生关于二里头夏文化和二里冈早商文化的研究成果的基础上，成为夏朝灭亡和商朝建立的标志之一，但不是唯一的一个界标点。主要的界标点应是郑州商城，郑州商城才是成汤亳都所在，才是早商文化的中心所在。该文的第一作者高炜先生撰文与我商榷，我又撰文《再析〈偃师商城与夏商文化分界〉的研究脉络》，指出：未见高炜等先生放弃原来观点的文章发表，行文中又未加任何注释，足可见该文研究脉络模糊不清。该文的所谓"夏文化"和"商文化"研究已经不是考古学研究，该文多数作者是夏商文化同源论者，以上判断是有事实依据的。我认为，在学术研究中，应当提倡实事求是的科学态度。学术研究无止境，放弃自己原来的学术观点，认同别的学者已有的研究成果，并不是什么难言之隐。尔后我再次撰文《三析〈偃师商城与夏商文化分界〉的研究脉络》，指出该文在论述偃师商城与夏商文化分界的重要研究成果时，往往语焉不详，除引起新的歧义外，对偃师商城与夏商文化分界的讨论毫无益处。该文作者因没有正确掌握地层学和类型学的理论，故在实际运用中出现了年代学方面的混乱。

　　我的前两篇分析文章发表后，曾到宿白先生家中汇报撰写这些文章的前因后果。宿白先生幽默地对我说："董琦啊，你尽说大实话了。"在邹衡先生家中汇报时，邹衡先生万分感慨地说道："人生苦短，以长近10年的时间，苦苦思索一个早已为学术界公认的课题，怕是意义不大吧。"

六、您是邹衡先生的学生，您的夏文化研究有哪些是受了邹先生的影响？

　　前面已有提及，1977年11月的河南登封告成遗址发掘现场会上，邹衡先生的发言让我感受到，为探索夏文化，邹衡先生创立了一个崭新的学术体系。会后的几年间，邹衡先生在指导研究生和授课之余，对我这个门外弟子，及时指点迷津，使我一步一步走上了考古学研究之路。

在宿白先生、邹衡先生和俞伟超先生的关心鼓励下，1987 年秋季，我考上了北京大学考古系研究生班，1989 年秋季，我又有幸考上了邹衡先生的博士研究生。

在邹衡先生的悉心指导下，我以中原文化区龙山文化时期与二里头文化时期的考古学文化作为研究对象，着力从自然地理因素与历史因素两方面来考察考古学文化的形成机制，进而论定中原文化区龙山文化时期与二里头文化时期之间有了质的变化。几十年来，邹衡先生关于龙山文化与夏文化的一系列论述，始终指引着我的夏文化研究方向。例如谈到河南龙山文化晚期是不是夏文化，邹衡先生认为，河南龙山文化晚期尽管是二里头文化（即夏文化）最主要的来源，但两者仍然是两个文化，由前者到后者发生了质变。受此启发，我把中原地区的龙山文化析别为王湾三期文化、造律台文化、后冈二期文化、陶寺文化、三里桥文化和客省庄文化，而把二里头文化区分为二里头类型、东下冯类型、南沙村类型和下王冈类型；认为龙山文化时期无中心文化可言，而到二里头文化时期则已明显呈现为以二里头类型为中心的文化。从而论证诸龙山文化与二里头文化之间有了质的变化。可以这样说，我的夏文化研究是在邹衡先生创立的学术体系基础上开展的。

在我的夏文化研究过程中，邹衡先生不惟上、不惟书、不惟名人、不畏人多势众、不计个人得失、善于汲取前人成果、重视基础工作、勇于校正自己的学术观点、勇于开拓创新的治学精神，始终鞭策着我。

七、您是较早提出对郑州商城进行保护的学者，您还倡议出版《商都学刊》。那么您是如何看待郑州商城的性质和意义的？

自郑州商城与偃师商城发现以来，考古学界展开了汤亳地望的学术讨论，遂有郑亳说与西亳说之争。两说争论的焦点，不是两城何者为都邑之争，而是何者为国都、何者为别都之争。郑亳说的首倡者邹衡先生，在《综述夏商四都之年代和性质》一文中明确地指出："夏商四都指的是安阳殷墟、郑州商城、偃师尸乡沟商城和偃师二里头遗址；后者为夏都，余皆商城，全在河南省境内。"偃师商城与郑州商城同是早商都邑，两城不同的是，偃师商城是别都，郑州商城是国都，汤亳只能是国都，而不可能是别都。我是赞同郑州商城为汤亳的，为此写了几篇文章论述。我认为从成汤都亳到中丁迁隞，共历5世10王，若每世平均30年，则共150年左右。考虑到古代文献未见从亳都到隞之间迁于他地的记载，估计亳都的使用期也有150年左右。商代早期的城址已经发现多座，具有商王朝都邑规模的只有郑州商城与偃师商城。郑州商城汤亳说者认为郑州商城的始建年代比偃师商城稍早一个阶段，郑州商城的规模比偃师商城大许多，早商的国都或首都即汤亳只能是郑州商城。

作为我国商代早期最大的一座王都，郑州商城在中华文明史上具有相当重要的地位。2011年，重新改建的中国国家博物馆隆重推出"古代中国陈列"。该陈列的商代部分首先展示的就是郑州商城，以及郑州商城出土的珍贵文物。

八、您的《夏文化探索与夏代信史说》引起了学术界的关注，请简单介绍一下在这篇文章中有什么新的创见，并说说写作背景。

我的《夏文化探索与夏代信史说》发表后，转载在中国社会科学院考古研究所中国考古网上。不承想，两日内就有5000多人阅读，引起了学术界的关注。

在这篇文章中，我明确指出：在探索夏文化的历程中，夏代信史说始终未超出夏文化探索的范畴，与历史时代的信史标准存在着巨大的差异。在夏代信史的确证过程中，考古学方法再重要，也不要轻视甚至排除发现夏代文字材料的关键性作用。总而言之，目前对学术界而言，夏文化仍然处在探索阶段。

2018 年 4 月 22 日三联·新知大会上，孙庆伟教授与许宏研究员就"夏代信史之争"展开了讨论。从理论上讲，学术研究是事实判断领域的工作。但是，近些年来，有的学者将价值判断与事实判断混淆起来。在没有确证证明的现状下，武断地认为：王城岗大城与"禹都阳城"时期、新砦遗址与"后羿代夏"时期、二里头遗址与"少康中兴"时期相对应。只能说有的学者治学大胆假说有余，小心求证不足。我的文章要表述的是，探索夏文化过程中，即使认为"最有可能是××"，如果没有确证，也不能代替"确证是××"吧。

九、您曾长期在国家博物馆担任领导职务，您在任期间做过哪些与夏文化相关的工作？

2000 年 7 月 22 日、23 日，中国历史博物馆、《考古》编辑部、《历史研究》编辑部、《文物》编辑部联合举办"中国通史陈列"改陈系列学术研讨会之一中国古代文明起源和早期国家形态研讨会，标志着"古代中国"基本陈列的筹划工作正式启动。经过 10 年来的筹划，2011 年 5 月 16 日，"古代中国"基本陈列在中国国家博物馆公开预展。

我在任职中国国家博物馆副馆长期间，具体领导"古代中国"基本陈列的展陈工作。"古代中国"基本陈列继承了"中国通史陈列"40 年来形成的一条不成文的守则："不能在陈列中百家争鸣"。"古代中国"

基本陈列是中国国家博物馆的基本陈列，不是某个人某个学派的学术成果展览。不同个人不同学派的不同学术观点可以著书立说，但不可以在基本陈列中百家争鸣。陈列中的学术研究成果，尽可能是学术界的共识，或者是学术界大多数学者的共识。有的学者对"古代中国"基本陈列没有采纳"夏商周断代工程"的研究成果颇有微词。其实，这是误解。"古代中国"基本陈列"夏商周时期"部分，将以河南偃师二里头遗址为中心的"二里头文化"作为目前探索夏人历史面貌的主要遗存，就是采纳了"夏商周断代工程"的研究成果："现在多数学者认为二里头文化属于夏文化。"关于早期夏文化的研究，有学者认为二里头文化的延续时间和文献记载的夏代纪年之间尚有差距，二里头文化可能只是夏代中晚期的夏文化，而早期夏文化则要在河南龙山文化晚期中寻找。既然是学者一家之言，"古代中国"基本陈列就不便采纳。关于"夏商周年表"的研究成果，用"夏商周断代工程"首席科学家、专家组组长李学勤先生的话来说："'夏商周年表'，系由专家组公布，不是'政府行为'，也没有强求什么人接受的意思。""夏商周断代工程"首席科学家、专家组副组长李伯谦先生也指出："目前提出的夏商周年表，并不是最后结论，工程将其称为阶段性成果是很恰当的。"邹衡先生则概括地说："这些年代也是可以成为一家之言的。"总之，"夏商周年表"的研究成果，并没有解决夏商周年代这个麻烦问题，还有待进一步的论证，"古代中国"基本陈列没有采纳是较为稳妥的。

十、您如何看待现在热火朝天的夏文化探索，对将来的夏文化探索工作有何建议？

　　从进入北京大学历史学系考古专业学习考古起，先生们就不厌其烦地嘱咐我：做学问要习惯坐冷板凳。郭伟民先生指出："考古学和历史学之间还有一条鸿沟。"用考古学方法探索夏文化，从徐中舒先生的著名论文《再论小屯与仰韶》发表算起，至今已有 90 多年了。如果再过 90 年，夏文化还在探索之中，对学术研究而言，也不是一件令人吃惊的事情。学术研究本就是一代又一代学人的接力与传承。

本访谈的提问由王仲奇初拟，张立东修订。江诺雅与董琦当面交流。答问由董琦自撰，稿成后由江诺雅录入，最后经董琦校对。

主要著述

1.《王城岗城堡遗址分析》，《文物》1984 年第 11 期。

2.《偃师商城年代可定论》，《中原文物》1985 年第 1 期。

3.《登封王城岗与阳城》，文物出版社，1992 年版（参与执笔）。

4.《夏代的中原》，《夏文化研究论集》，中华书局，1996 年版。

5.《析〈偃师商城与夏商文化分界〉的研究脉络》，《中国历史博物馆馆刊》1999 年第 1 期。

6.《再析〈偃师商城与夏商文化分界〉的研究脉络》，《中国历史博物馆馆刊》1999 年第 2 期。

7.《虞夏时期的中原》，科学出版社，2000 年版。

8.《王城岗城堡遗址再分析》，《中国历史文物》2002 年第 3 期。

9.《二十年的论战》，《考古学研究（五）》上册，科学出版社，2003 年版。

10.《三析〈偃师商城与夏商文化分界〉的研究脉络》，《古史考（第九卷）》，海南出版社，2003 年版。

11.《生命的永恒——忆邹衡老师》，《中原文物》2006 年第 2 期。

12.《论早期都邑》，《文物》2006 年第 6 期。

13.《三析王城岗城堡遗址》，《中国历史文物》2010 年第 2 期。

14.《四析王城岗城堡遗址》，《中国历史文物》2010 年第 5 期。

15.《夏文化探索与夏代信史说》，《南方文物》2019 年第 2 期。

宋豫秦

宋豫秦，1953年出生，祖籍河南郑州，生于陕西西安。考古学博士，地理学博士后，环境科学博导、教授。1982年郑州大学考古专业毕业后分配至河南省博物馆。1983年考入北京大学考古系攻读硕士学位。1986年至1990年在郑州大学考古专业任讲师、教研室副主任。1990年入北京大学考古学系攻读博士学位。1993年年底入北京大学城市与环境学系（地理学科）做博士后研究。1995年年底留校在环境科学与工程学院任教，曾任副教授、环境生态室主任、学术委员会和学位委员会委员、教授和博士生导师、党委委员和工会主席；兼任北京大学中国持续发展研究中心常务副主任、北京大学世界环境史研究中心研究员等。曾任中国第四纪科学委员会环境考古专委会副主任兼秘书长、中国可持续发展研究会常务理事、中国发展战略学研究会常务理事、郑州嵩山文明研究院首任院长、河南省人民政府顾问、桂林市委市政府智库专家等。

一、您当初为何选择考古学？何时开始接触夏文化问题？

1977 年，中央做出恢复高考的决定。我当时是郑州大学后勤机关的"以工代干"（即领工人工资，吃干部定量），本职工作是伙食财务，同时负责后勤系统的青年工作，还兼任科室的"笔杆子"，并在校乐队拉二胡。因工作繁忙又干劲十足，故而起初未将参加高考当成必然选项。1978 年春节过后，"科学的春天"扑面而来，激起了我上大学的强烈愿望，遂开始拼命备考，有幸以第一志愿"考古"被郑州大学录取。当时考古专业之所以对我魅力独具，原因有三：其一，我生长于西安城墙脚下，自幼受古都文化熏陶；其二，少时读科幻小说《古峡迷雾》，那神秘跌宕、悲壮感人的故事情节令我对考古充满向往；第三，经历了"文革"，我与许多考生一样，希望远离尘嚣将宝贵年华投诸知识海洋。

77 和 78 两届大学生的求知欲都很强。然而，当学完旧石器时代考古、新石器时代考古和赴登封王城岗田野实习之后，我和不少同学都对以陶器、石器和地层、灰坑为主要研究对象的田野考古感到迷惘。于是，我便转而涉猎课堂之外与考古相关的学术文章，包括神农架"野人"和西藏"雪人"、大同火山群休止年代的考古证据、从贝壳堤进退考证天津海岸线变化、由古聚落分布论证上海成陆年代、魏晋至隋唐黄河安流的政治军事背景、从古城和墓葬分布考察西北沙漠和沙漠化变迁等。这些研究成果令我耳目一新：没想到借助考古手段竟可以解决如此众多的自然科学难题！记得当时我曾在班里所办壁报上张贴过一篇题为《论自然科学方法在中国考古学中的应用》的评论。现在想来，我在北京大学由考古学（人文学部）—地理学（理学部）—环境科学与工程（信息工程学部）之学习和工作阅历，冥冥之中或与大学时萌发的这种志趣息息相关。

我的处女作论文是大学时学术志趣的结晶。那是在大二时，我从《故宫博物院院刊》上看到唐兰先生在其新作中写道：青铜是文明起源的主要标志之一；西安半坡新近发现了青铜，所以中国文明的起源当提前到距今 6000 年前的仰韶文化时期。唐先生的这一观点打破了仰韶文化属于母系氏族社会的主流观点，因而引起我的思索，并随之产生一个疑问：半坡等地偶然发现的早期青铜，其金属成分与殷商时期有规律的青铜配比有无差异？前者会否是自然界中理应存在的"自然青铜"呢？若然，将其视为仰韶文化进入文明时代的依据显然失之武断。为了验证自己的质疑，我当时几番贸然登门到郑州地质学校一位老师家中求教，还请人介绍我到河南冶金考古专家李京华先生府上拜访。不出预料，我很快获悉自然界中的确普遍存在"共生矿"，包括铜铅共生矿、铜锡共生矿、铜铅锌锡共生矿等。这更坚定了我对西安半坡出土之早期青铜应属"自然青铜"的主观判断。经过十余遍的修改，终于完成了习作《试析早期青铜的发明在中国文明诞生过程中的作用》，并投寄至当时河南唯一的考古刊物《河南文博通讯》。文章寄出一年多后等到了该刊的回信：观点新颖，颇有道理，但"给人以想当然的印象"。尽管发表无望，但写作过程却引发了我对中国文明起源问题的兴趣［此文在时隔 10 年之后，蒙《郑州大学学报》（哲学社会科学版）总编李民教授不弃而得以面世］。

我对夏商考古的兴趣和对邹衡先生的崇敬来自专业老师陈旭先生的启迪。陈老师 20 世纪 60 年代初从北京大学考古专业毕业后离开家乡北京，投身于河南田野考古事业，后与张文彬、李友谋等北大同窗校友一起在郑州大学建立了考古专业。她给我们面授的夏商周考古，条理清晰，声情并茂，对邹先生的学说推崇备至，我和不少同学都受其感染。1981年秋，考古专业组织我们77和78两届考古班同学到京、晋、秦等地教学参观，在北京大学有机会聆听了宿白、邹衡两位名师的高论。在观摩考古标本室典型器物时，我主动向讲解的邹先生请教了一两个"漳河型"的粗浅问题，先生解答后十分热情和蔼地问："你是否对先商文化比较有兴趣？"这次参访使我对北京大学顿生浓烈的向往之情，遂于回校后不久便给邹先生写信表达了报考他研究生的心愿，并一起寄去前述习作《试析早期青铜的发明在中国文明诞生过程中的作用》手稿。不久我在忐忑中等到了邹先生的回信，他不仅对我的考研愿望给予了热情鼓励，还对我的习作进行了点评。先生的回信给当时的我带来莫大的动力，我迅速给自己制订了严苛的学习和健体计划，包括每天独自到郊外西流湖游泳1小时，疾风暴雨也不间断；冬天则改为每天跑步1小时，以增强自己的考研意志。十多年后，当我也成为北京大学的研究生导师之后，每当有学生来信咨询考研之事，无论多忙，我都及时认真回信。之所以养成这一习惯，正是因为邹衡先生当年对我的那封回信。

　　大学毕业后我被分配到河南省博物馆工作。那是一个被不少同学看好的岗位，但分配给我的具体工作却与夏商周考古相去甚远。当时，我所在研究部的陈东岭主任和马世之副主任以及刘立青、刘国梅等老师都对我十分关爱，两位主任与我言定：只许考研一次。我虽然很珍惜那里的工作环境和愉快感受，但考研的愿望却无丝毫动摇！

二、您曾于1984年在邹衡先生的带领下参与发掘山东菏泽安邱堌堆遗址，请您谈一谈这次发掘的缘由，以及该发掘与夏文化探索的关系。

　　1983年8月的一天，我终于等到邹衡先生的来信："以成绩排比，你是第一名（外语和总分），也是唯一超过录取线的一名。"两三年的艰苦努力终于没有白费，我从此更加相信"功夫不负有心人"确为千古格言。不过，虽然考研成绩不错，我却依然对考古学的真谛知之甚少，不知该从何处着力。鉴于此，入学后我没有接受北大艺术团的几番招聘，决心将全部精力用于专业学习。1984年阳春，邹衡先生带领商周组师生一行七八人前往河北和河南两省文物研究所及偃师商城参观学习，继之带王迅师兄和我到鲁西菏泽、聊城、济宁三地进行考古调查，最后选定发掘菏泽安邱堌堆遗址。是年9月，我与王迅师兄一起带队对安邱堌堆遗址进行小规模发掘，队员包括3名进行毕业实习的本科生赵古山、顾玉才和张国硕，以及菏泽地区所属各市县文物部门约10个年轻人。菏泽地处黄泛区，历史时期以来屡被黄河淹没，古文化遗址大多为高出地表数米的"堌堆"，故往往以"堌堆"或"山""岗""台""寺""丘"名之。这些堌堆遗址的年代多自龙山时代以迄汉代，一般延续三四千年。直到现在，太行山和京广铁路以东、黄河干流南北的淮河、海河流域，仍有许多村民居住在所谓的"庄台"之上，其与"保庄圩"的功能一样，都是为了躲避洪水侵袭。

离京前往菏泽之前，邹衡先生未向我说明本次发掘的目的、应结合哪些学术问题、心存怎样的预期等，我只得一半清醒一半含混地潜心发掘和调查。我后来想，也许先生是不希望我们先入为主，而是首先踏踏实实地做好田野工作。本次发掘的最大收获是，发现了相当于夏时期的岳石文化地层，从而填补了以往对鲁西南地区夏时期考古学文化认知的空白。这不啻为一项重大发现！如业内人士所知，以1977年河南登封告成遗址发掘现场会为开端，考古界兴起了一股探索夏文化的热潮，而欲论证夏文化，就必须确定成汤都亳之时的早商文化，这便无可回避地涉及先商文化问题。邹先生在20世纪60至70年代业已论定先商文化主要分布于冀南和豫北，夏朝末期进入郑州，形成南关外期、二里冈期商文化和郑州商城。然而，传统史家认为商族来自东方即山东、豫东者众，尤以河南商丘乃商族起源地之说为盛。菏泽地区岳石文化发现的意义在于：汉以后文献多有河南商丘"南亳"说和山东曹县"北亳"说。菏泽与曹县相邻，乃北亳之域，既然此地是与二里冈期商文化面貌截然不同的岳石文化分布区，那就动摇了北亳说之根基，从而为二里头文化第一至四期为夏文化、郑州商城乃汤都之亳的学说提供了一个佐证。

1985 年岁末，为撰写硕士论文，我怀揣系里提供的 300 元经费（我申请 200 元，吕遵谔先生破例多批了 100 元），冒着纷飞的大雪只身离京奔赴山东聊城、菏泽、济宁、滕县（今滕州市）等地和河南商丘地区进行了为期月余的野外考古调查。期间我曾数日白天徒步奔走，夜半时分搭火车去往下一目的地，为的是节省大约每晚 3 元的住宿费，以求延长调查时间，多跑几处遗址。也是功夫不负有心人，调查后期我意外地在商丘地区诸县发现多处遗址都包含岳石文化的典型陶片。在此之前，有关单位曾对商丘地区诸县五六个遗址进行过小规模发掘和试掘，其所公布的文化层关系为河南龙山文化之上叠压二里冈上层，仅商丘坞墙一处有个别类似二里头文化的陶片。换言之，在此之前，在整个豫东商丘地区，年代相当于夏时期的考古发现几近空白。还记得当时有学者曾撰文推测此乃远古时代黄河泛滥所致。

本次调查证明了两个问题：其一，豫东地区在夏时期并未因黄河泛滥而成为人类活动的空白区；其二，夏时期在此活动的主体人群很可能是东夷部族。这两个发现和认知都关乎上古时代重大史实，意义自然不可小觑。正因为如此，邹衡先生 1987 年在平生最后的长篇大作《论菏泽（曹州）地区的岳石文化》一文的注解中特别提及："1985 年 12 月，北京大学考古系研究生宋豫秦在豫东调查参观，曾见到在柘城县旧北门、心闷寺、山台寺、王马寺、大毛等地采集的素面甗、直腹盆、碗形豆、榫口罐、‘十’字形划纹罐等，皆为岳石文化的典型陶器。”能够为导师所关注的重要学术问题提供一个关键论据，成为我攻读硕士 3 年间的最佳收获和唯一亮点。

三、您说在郑州大学任教 4 年是您学术人生的重要阶段，当时您主要关注哪方面的问题？

我硕士毕业以后，很想直接攻读博士学位，但邹衡先生说须先工作几年，待有所积累后方可报考。另外当时邹衡先生尚未取得博士生招生资格，所指导的几名博士生都挂在宿白先生名下。邹先生希望我先到河南工作，重点在史称“南亳”旧地的豫东地区进行调查和发掘。当时郑州大学考古专业很欢迎我前往任教，我便谢绝了北京有关单位和河南省博物馆等单位之诚邀，前往郑州大学考古专业任教。时任郑大历史系主任的戴可来老师 20 世纪 50 年代末毕业于北京大学历史学系，曾在中央民族大学任教多年，后经邹先生介绍调到家乡郑州大学执教。他对邹先生十分敬重，对我也比较重视。

我在郑大考古专业任教 4 年，主要取得了两方面的收获：

其一，豫东地区的考古调查和发掘。由于这是我放弃留京工作到河南任教的主要目标，尤其是时时怀着重回北京大学攻读博士学位的热望，因而对投身豫东考古可谓念兹在兹。那几年只要一有时间，我就自费前往豫东诸县进行调查，重点是寻找岳石文化的遗物和遗址。时任商丘地区文物科科长的阎根齐及刘昭允同志给予了我不少支持帮助。经过两年间的多次奔走，我先后在商丘地区的柘城县山台寺、夏邑县清凉山、虞城县杜集等五六处遗址发现岳石文化的典型陶片。岳石文化陶器的质地、色泽、器类和器形特色鲜明，调查时哪怕相距七八米远，我也能准确识别出火柴盒大小的岳石文化陶片。

豫东地区夏时期岳石文化遗存的发现，填补了该地区这一重要历史阶段考古学文化的空白或薄弱地带。我尝思之，不同学科尤其是不同人文学科之间的发现和发明，因其性质、功能、影响等的差异，很难比较孰重孰轻。依我这些年来所参加的包括国家科技进步奖、高校环境学科博士点等评定工作之印象，在商丘地区发现岳石文化的学术分量，有可能也应该可以获得任何类别和级别的奖项。遗憾的是，当时考古学尚属"冷门"，关注夏商考古某个学术问题者更为数寥寥，尤其是当时存在着西亳说和郑亳说两大对立观点，存在"门户"之见，所以豫东地区岳石文化的发现及其价值也就未能引起考古界的普遍关注和重视。不过，我依据菏泽安邱堌堆、夏邑清凉山以及在豫鲁苏皖邻境地区调查所获而发表的两篇拙文《现今南亳说与北亳说的考古学观察》《夷夏商三种考古学文化交汇地域浅谈》，还是受到了包括严文明先生在内的一些专家学者的夸赞。

其二，进行民族考古学探索。取得硕士学位后，我自感初步掌握了田野考古的基本方法，于是引发了对夏商考古方法论的思索。当时西方的文化人类学开始传入国内，受其视当代落后民族为"活化石"，以及重视"类比"方法的应用等启发，我在潜心夏商考古的同时，也集中阅读了一批民族学和民族志文献，目的是将自己的研究视野从夏商考古拓展到考古学与民族学的结合，为研究夷夏商三族的关系提供理论依据。

1988 年夏秋之际，我怀揣 500 元经费奔赴云南西双版纳傣族自治州景洪县（今景洪市）的大勐龙和怒江傈僳族自治州贡山独龙族怒族自治县的独龙江峡谷进行民族学调查，主要调查对象是西双版纳的傣族、哈尼族支系僾尼人和怒江傈僳族自治州的独龙族，为期近两个月。这次调查虽属浅尝辄止，却大大开阔了我的学术视野。特别是"独闯"独龙江那短短十几天的艰难时光，让我难以言表，切身感知了独龙族在生产、生活、婚姻家庭和宗教文化等方面的原始特征，对于理解早期民族的社会状况增添了不少可资"类比"的素材。后经戴可来先生引荐，我与著名民族考古学家汪宁生先生建立了联系。汪先生人品刚正，学问精深，在他的建议下，我于20世纪90年代初数次奔赴云南丽江市永胜县彝族支系的他留人聚集地进行实地考察，重点考察了他留人明清以来修建的城堡和坟林。这两处遗存不仅在少数民族中罕见，其蕴含的史实也颇为悲壮。我在《中国文物报》发表简讯并被《人民日报》《云南日报》等转载后，又于1996年在《文物》第5期发表了《云南永胜县他鲁人城堡与坟林考察》调查报告。有了这些宣传报道，他留人这份弥足珍贵的民族文化遗产随之被列为县级、省级和国家级文物保护单位。令人欣忭的是，以此为契机，永胜他留人很快由默默无闻而一跃成为西南少数民族文化大观园中的"奇葩"，据说还曾受邀在中央电视台展现其原生态民族风情。我因发现之劳和宣传之功，也与他留人著名人士兰绍杰先生、时任永胜县副县长王金龙及其在乡政府供职的胞妹王金凤等成为挚友。他留人城堡和坟林的发现，连同20世纪90年代先后发表的《磨制石器制作术》《中柱盂功用的民族志类化》《骨鱼钩制作术》等5篇采用民族考古学类比法研究出土器物的短文，以及近年来在几篇短文和多场报告中讲述的我国传统生态文化内容，算是我涉猎民族考古学以来的仅有成果。还记得，我在博士论文中有几处引用民族志资料论证杞县一地同期存在夷夏商三种考古学文化的合理性问题，因非论文重点，本可有可无，不期邹衡先生帮我修改论文时，虽删去了多个段落，却说这几段内容应予保留。

我在民族考古学方面的点滴所得与汪宁生先生的示范作用密不可分，为表谢忱，1993年年初我在陪同钱穆先生的秘书秦照芬博士前往昆明探寻钱先生早年学术活动时，特别将其引荐给汪先生。蒙秦博士相助，汪先生新著《古俗新研》得以由台湾兰台出版社免费出版发行，我也在《中国文物报》发表了书评《务陈言之尽去，乃他人所未发——汪宁生〈古俗新研〉读后记》，文中表达了对汪先生的治学之路和学术成就的钦敬之情。2008年5月，我请汪先生伉俪来北京大学讲学并到北戴河小憩。2014年2月23日，惊悉汪先生驾鹤西去，遂在云南民族大学的纪念网页献上心语："察古往今来，先生之渊博学识几人可比肩；问庙堂江湖，先生之学者气节何者能企及。"

四、您曾在豫东地区组织参与了一系列探讨夷夏商三者关系的田野工作，请谈谈所取得的成就和认识。

　　1988年秋，北京大学考古学系李伯谦先生决定对河南夏邑清凉山遗址进行发掘。鉴于我先前在豫东地区的调查所获，李先生与我商议后，致函郑州大学历史系借调我参加此项工作。我与研究生张翠莲（张渭莲）同学及河北徐水县文管所所长杨永贺先生一行三人组成发掘组，共发掘150平方米左右。我虽为借调而来，却自感对本次发掘负有责任，心存几多忐忑。令人喜极而泣的是，开工仅仅数日，我们便在几个探方的二里冈文化上层之下、河南龙山文化层之上发现了岳石文化的地层和灰坑，出土了尊形器、素面甗等多种岳石文化的典型器。至此，我之前发出的商丘地区当为岳石文化分布区的信息，终于得到了地层印证，盘绕心头数年的压力也瞬间释然。夏邑清凉山遗址的发掘成果见于张翠莲执笔的发掘报告（北京大学考古学系编：《考古学研究》四，2000年）。张翠莲同学在发掘和整理期间所表现出的吃苦耐劳精神和奋力向上的求学态度给我留下了深刻印象；我与杨永贺先生也建立了诚挚的友谊，我后来主持的杞县、驻马店、豫东北等多个遗址的器物修复，都主要归功于他的鼎力相助。

　　1989 年和 1990 年是我考古生涯中收获最大的两年。基于商丘地区已可初步确定为岳石文化分布区，而郑州地区则为二里头文化分布区，我便将寻找二里头文化和岳石文化分界的目光投向介于此二地区之间的豫东开封地区。

　　1989 年秋，我独自带领郑州大学 86 级考古专业同学在开封地区杞县进行田野考古实习。由于此乃该校考古专业建立 10 余年来首次进行的独立发掘，故多年后仍有郑州大学的老师对我说：独立实习和以郑州大学文博学院名义出版的《豫东杞县发掘报告》，堪称郑州大学考古学科发展的两个节点。参加本次发掘的有雷兴山等 12 名 86 级同学和协作单位开封市文物工作队的李合群、刘春迎两位刚参加工作不久的郑州大学考古专业毕业生。全队首先集中对段岗遗址进行发掘，继而分成 3 个小组，分赴鹿台岗、牛角岗、朱岗三处遗址进行试掘和清理性发掘。也就是说，当年秋季我们共发掘和试掘、清理了 4 处遗址。虽然当时总经费仅 6000 元整，技术力量也很薄弱，但却取得了超出预计的成果：在该县西部的段岗遗址发现了典型河南龙山文化和二里头文化遗存；在朱岗遗址清理出一批暴露于地表的二里头文化遗迹和遗物；在牛角岗遗址发现了独具特色、后被命名为牛角岗类型的二里头文化遗存；在该县东部的鹿台岗遗址发现了典型漳河型一类先商文化遗迹和遗物。需要强调的是，鹿台岗漳河型一类先商文化的发现出乎所有专业人士的意料，因为此前这类遗存仅见于冀南和豫北北部安阳一带。这一发现为研究先商文化的南进路线、郑州二里冈下层商文化的来源、二里头文化和岳石文化与漳河型先商文化三者之间的关系等诸多问题提供了新的依据。至今我还清楚记得，当我将杞县出土的先商文化标本摆在邹衡先生书桌上时，他情不自禁地连连说道："没想到真的是漳河型！"

　　有了在商丘和开封两地区的调查与发掘成果，我便有了攻读博士学位的底气，遂于 1990 年秋再度考入北京大学攻读博士学位。郑州大学历史系提出聘任我为兼职教师，继续带领 87 级同学于当年秋对杞县段岗和鹿台岗两处遗址进行发掘。这次发掘分为两个分队，结果两个分队分别在段岗遗址发现了一批典型二里头文化遗存，在鹿台岗遗址除再度发现漳河型一类先商文化遗存之外，还出乎意料地新发现了典型的岳石文化地层。

在先前没有任何线索的情况下，经过短短两个发掘季，我们便在杞县一地发现了属于东夷族的岳石文化，属于商族的漳河型一类先商文化，属于夏族的二里头类型和牛角岗类型两类二里头文化。作为杞县发掘的设计者和主持人，我不便就其学术意义作更多评议，但在一县境内揭示出同一历史阶段存在三种族属不同、面貌迥异的考古学文化，也许迄今为止在全国尚属仅见。

杞县考古发现的主要意义还包括以下三点：

其一，继商丘夏邑清凉山之后，再度从地层上印证了我先前提出的豫东地区乃岳石文化分布区的推断。

其二，地处商丘和郑州之间的杞县一带，成为已知二里头文化分布的东缘、岳石文化分布的西缘。这一发现为研究"夷夏东西说"即东夷和华夏两大集团的关系提供了全新的考古证据。

其三，分布在冀南和豫北地区的漳河型先商文化与郑州二里冈下层早商文化具有源流关系，但当时有些持西亳说者如考古研究所的赵芝荃先生，曾提出其不过是二里头文化的"地方变体"。现在在杞县东部发现了漳河型一类先商文化，在与之相隔 15 千米左右的杞县西部发现了典型二里头文化，但两者年代却大体重合，这就再度证实漳河型先商文化与二里头文化断非同一种考古学文化。

杞县夷夏商三种考古学文化的发现令人耳目一新，所以当时有同行给我封了个像东考古专家的虚名，也引起远在美国的哈佛大学张光直教授的关注。据说张先生和邹先生曾经击掌"打赌"，前者坚信郑州商文化来自豫东商丘，后者则坚信郑州商文化来自冀南豫北。无论如何，豫东地区的上述发现能够引起两位考古泰斗的重视，大大增添了我的学术自信，也奠定了我的博士论文研究方向——夷夏商三种考古学文化交汇地域研究。

五、您在攻读博士学位期间带队发掘了驻马店杨庄遗址，请您谈谈这次发掘的经过与收获。

在看重考古学与民族学结合的同时，我也深感将考古学文化与其所处自然环境相结合尤为必要。20 世纪 90 年代初，以中国科学院地质与地球物理研究（简称中国科学院地质所）所周昆叔先生为代表的地学、植物学等学科专家正在进行环境考古探索，著名考古学家俞伟超先生则堪称这方面的旗手，由他组织的河南渑池班村遗址多学科发掘，一时成为国内考古界的一股清流，受到诸多青年考古学者的青睐，也恰好满足了我拓展学科知识的心愿。所以，我在继续思考豫东考古问题并准备博士论文的同时，决定选择地处淮河上游的驻马店杨庄遗址进行环境考古探索。

1992 年 9 月，杨庄遗址发掘正式开始。按照田野考古规则，我任领队和队长，驻马店市文物保管所的李亚东所长任副队长，队员包括北京大学考古学系 91 级硕士生韩建业（后增补为副队长）和 89 级 6 名本科生，还有我从河南各地借调的数名郑州大学考古专业毕业生。来自台湾地区的中国社会科学院考古研究所访问学者秦照芬和来自日本、德国的两名北京大学进修生也加入了发掘团队。发掘和整理经费悉由驻马店市文物保管所提供。

我制订的工作方案或曰目标任务共有大小 10 项创新，包括以最小的发掘面积获取最大的信息量、全方位收集分析古环境信息、引入地理学和生态学理论、将人地关系作为研究重点、标本绘图采用"撒点法"等。从 1992 年进行发掘到 1998 年出版报告，我们所预设的 10 个创新目标皆有所获。例如，我们总共发掘了不足 400 平方米，在没有墓葬的情况下，却修复了 400 多件完整器，其因在于我们采取的是除本层拼对外，还与其下层和上层的陶片互相拼对。如大家所知，以往类似小规模发掘的报告多发表于期刊，而我们选出的标本和完整器多，还有环境信息和人地关系研究，所以出版了《驻马店杨庄——中全新世淮河上游的文化遗存和环境信息》考古报告专集。又如，为了进行环境考古探索，我们邀请了北京大学地质学系、地球物理学系、生物学系的数位老师协助从文化层里和周边自然地层中力所能及地提取环境信息，注意结合了遗址所在地区的地理环境。我还将我在博士后期间学到的些许景观生态学理论和方法应用到报告之中。再如，我们将探索华夏集团和苗蛮集团的分界线作为研究重点之一。我先前在商丘和开封找到的是华夏与东夷两大集团的分界，驻马店地处南北气候过渡带，我们推测有可能为探索华夏和苗蛮集团的分界找到考古线索。报告出版后，周昆叔先生十分兴奋，专门邀请数位从事环境考古的专家学者在中国科学院地质所为我们举行了庆功座谈会。尤感欣忭的是，中国社会科学院考古研究所邵望平女士在为本报告撰写的书评中说：这样就在考古界树起了一面旗帜：提取环境信息是考古学义不容辞的责任。以驻马店杨庄发掘为标志，发掘工地的上空出现了两面旗帜，这面新的旗帜上写着"人地关系"。其他著名学者如考古研究所的安志敏教授、吉林大学的林沄教授、云南民族大学的汪宁生教授、北京大学的赵朝洪教授等也对此报告给予了高度肯定，南京大学年轻学者水涛博士、吉林大学年轻学者王立新博士、南京农业大学年轻学者曾京京博士等也为本报告撰写了书评。出乎意料的是，本报告在 1999 年荣获了夏鼐考古学优秀成果奖。此奖每五年评一次，一次评六项，还有若干鼓励奖。记得与我们同时获奖的有南京人、秦兵马俑、汉长安城、唐华清宫、北宋皇陵等项目成果。别人的获奖成果都是赫赫有名的重大发现，且以"皇"字号居多，文物价值极大，唯独我们发掘的驻马店杨庄不过是一个小村落。推测评委们看重的是我们在方法论方面的创新，并认为这种创新有利于考古学科的完善和提升。

杨庄发掘证明了当地乃中原龙山文化与湖北石家河文化的交汇地域，对研究华夏和苗蛮两大集团的分界和双方文化的交互影响有所帮助；该遗址的二里头文化面貌与典型二里头文化差异显著，我们名之为二里头文化"杨庄类型"。这一命名连同我们命名的杞县牛角岗类型一起被《中国考古学——夏商卷》采纳。此著编者将二里头文化分为五个类型，杨庄类型和牛角岗类型居其二，令人颇感庆幸。杨庄发掘对于探索夏文化分布的四至也有所裨益，当时已可确认二里头文化分布范围北抵黄河，东至豫东开封—商丘一带，西达关中与崤函之间，唯其南向分布不甚明了。结合以往豫南信阳地区所见二里头文化，或可推断典型二里头文化的南缘应在豫南的驻马店和信阳两地区之间。

六、您获得博士学位后未从事田野考古，而是进入地理学领域研究沙漠化问题，请谈谈这一抉择的动机和博士后期间的主要收获。

1993 年年底，我提前半年通过了博士论文答辩，也走到了人生最重要的关口之一。当时邹衡先生非常希望我到中国社会科学院考古研究所从事田野考古，这也是邹先生的一贯意向。之前他曾对我言及：如果我在考古研究所工作，所取得的学术成就一定比现在大许多！其实，邹先生的这一心愿并非个例，如在殷墟工作几十年的杨锡璋先生曾一度为解决两地分居调到苏州，却终因难舍殷墟情愫而重新归队；同样在殷墟工作二三十年的杨宝成先生也因家庭原因调至武汉，我曾在武汉大学当面问他："离开殷墟后您可曾后悔？"他说："当然后悔了！""现在如有机会您是否愿意重回那里？""当然愿意了！"我想，邹衡先生及他所指导过的高才生杨锡璋、杨宝成先生等对殷墟的向往，盖因那里的学术天地广阔，可多出成果，出大成果！我硕士论文的答辩主席是苏秉琦先生，博士论文的答辩主席是俞伟超先生，殷玮璋先生和郑振香先生则同为我硕士、博士论文的答辩委员。殷先生当时是考古研究所二室主任，他非常希望我到考古研究所工作且已征得中国社会科学院主要领导批准，然而我却最终到了北大城市与环境学系（原地理系）作博士后研究。之所以如此，一是因为考古研究所不能解决家属的工作问题，而北京大学概率统计系则乐于接纳我并安排家属工作；二是如前所述我大学时代就对侯仁之先生的西北沙漠考古印象深刻，可谓神往已久。当我将这一决定告诉邹先生时，没想到先生竟厉声相斥："宋豫秦啊宋豫秦，我真没想到你不去考古所竟是因为你爱人的工作！你怎能因这样的问题影响自己的事业呢？他们不安排难道你爱人就没工作可干了吗？难道扫马路的工作也找不到吗？"邹先生如此认为，充分说明了他对田野考古事业的一片赤诚和无比热爱。还有一件事也令我感触颇深，那是我进入地理学博士后流动站不久，在一次考古会议上偶遇武汉大学的方酉生先生，他一见面就说："你转到地理学是考古界的一个损失，因为你在豫东地区的新发现是近几年夏商考古的突破……"闻听此言我颇感惊讶，因为前几年我曾在《中原文物》上撰文反驳过方先生的偃师商城西亳说，作为长者的方先生能够不计前嫌，不仅为我树立了做人的榜样，也说明他和邹衡先生一样对田野考古事业怀有无比的赤诚之情！

在 20 世纪 50 年代末和 60 年代初，侯仁之先生作为北大地质地理系主任曾代表北大参加全国治沙会议。他根据自己的专长选择考察沙漠和沙漠化地区的环境变迁，"文化大革命"期间曾难得地发表多篇论证古代人类活动与沙漠化关系的报告和论文，堪称我国沙漠考古和环境考古的先导。当时全国的博士后流动站很少，文科似仅有北大社会学系一处，据说是因费孝通先生而设立，其他的全在理工科。那时全国的博士后流动站与考古和环境考古比较接近的只有北大的历史地理学。侯先生的学术视野开阔，不仅强调历史地理学的地理学性质，而且强调须突出两个重点：其一是将历史地理学研究上溯到全新世，其二是必须将人地关系作为研究的重点。正因为如此，侯先生特别重视历史地理学与考古学尤其是环境考古的结合。他对我在进站报告中拟将自然和考古两套剖面信息相印证的研究计划给予了热情鼓励，还在给我的亲笔题词中写道："豫秦同志：殷切期待着您前来参加历史地理研究中心的工作，必将大有创获。"

马克思在《德意志意识形态》一书中有一段论述人与自然关系的名言："我们仅仅知道一门唯一的科学，即历史科学。历史可以从两方面来考察，可以把它划分为自然史和人类史。但这两方面是密切相连的；只要有人存在，自然史和人类史就彼此相互制约。"进入博士后流动站之后，我将北京大学尚玉昌先生的《人类生态学》作为入门之作，细读了不下10遍。同时还集中学习了钱学森先生的"地球表层学"、吴良镛先生的"广义建筑学"和"人居环境学"、吴传钧先生和侯仁之先生的人地关系理论等。这些之前未曾接触过的博学宏论，每每给我以思路洞开之感。初入博士后流动站，适逢侯仁之先生牵头申报国家自然科学基金项目——冀辽蒙邻境地区全新世以来的环境变迁和人地关系，我也被列入课题组成员。该研究方向当时属于方兴未艾的"全球变化研究"的热点范畴——近一万年以来生态过渡带（或脆弱带）的人地关系演变。另外，当时沙漠化正在成为全球和我国所面临的重大生态威胁，所以我便决定沿着侯仁之先生30多年前开辟的沙漠考古之路，将科尔沁地区全新世以来沙漠化正逆过程的人地关系作为我的博士后出站报告的论题。

我博士后出站报告的研究目标既广博也清晰，那就是侯仁之先生特别强调的人地关系。这一命题为我开启了将环境考古与沙漠化过程相结合的崭新视角，促使我到环境科学任教的前几年，仍每年带领研究生奔赴北方草原地区探索沙漠化防治的人地关系。研究人地关系需要多学科知识和方法，仅凭自己原来的基础远远不够，所以在博士后的两年间，我如饥似渴地学习了大量的相关学科知识，最后提交的出站报告竟或多或少、或深或浅地运用了历史地理学、考古学、风沙地貌学、景观生态学、民族考古学等多个学科的理论和方法。

1995 年 12 月我的博士后出站报告得以顺利通过。当我在报告会上汇报结束时，王北辰、于希贤、夏正楷、赵朝洪、韩光辉、唐晓峰、武弘麟等多位老师和同人都对报告给予了热情洋溢的评价。尤其是刚结束在美攻读 9 年归来的唐晓峰博士，更给予了我热诚的鼓励。令我感动的是，侯仁之先生在最后总结时竟起身说道："豫秦同志虽然到了环境科学中心工作，但希望不要脱离历史地理中心的工作。"遗憾的是，由于种种原因我未能如愿践行侯先生的这一期待。不过，自出站至今近 30 年来，我与中心的于希贤、韩光辉、唐晓峰前后三位主任以及夏正楷、武弘麟等诸位老师始终保持着温馨的联系和交流。在筹备庆祝邹衡先生七十五岁华诞论文集时，我将博士后出站报告摘要写成《科尔沁沙地沙漠化正逆轮回的人地关系初探》一文。向先生交稿那天，我晚上 10 点离开先生寓所，不期次日清晨 6 点整先生便打来电话，说我离开后他便连夜审阅此稿，直至凌晨三时许方阅毕。先生在电话中不仅对此拙文给予了高度认可，而且异常谦逊地说他从中了解了不少新的知识、受到某种启发云云；还说当初不同意我转行，而现在看来当时转对了，因为研究沙漠化具有现实意义；等等。这是我学术生涯中所获最高评价，虽愧不敢当，却表明了邹衡先生对从事交叉学科研究的认可。时过境迁，现在将此往事坦露一二，是希望对有志从事交叉科学研究的青年学子有所启示。

七、您进入环境科学领域后，如何积淀环境考古相关知识并上升到研究古往今来的人地关系？

自进入环境科学领域以来，我在编制驻马店杨庄发掘报告、豫东杞县发掘报告时曾涉及环境考古；曾分别与美国华盛顿大学两个学术团队合作进行过中原地区早期文明的人地关系分析；还在主持编撰《中国文明起源的人地关系简论》期间曾对二里头等遗址进行过环境考古调查和数据分析。除此之外，因单位性质、研究重点和考核重点的要求、所招研究生大多是理工科背景等，我的主要精力自然也就转为当代环境保护和可持续发展，只是研究课题、论文论著、研究生选题等，都只能围绕"人地关系"这一主题，力求采用自然与社会、宏观与微观、历史与现实相结合的方法。虽然我在环境科学领域属于"另类"，但我所采用的这种方法，却恰恰是《中国大百科全书》环境科学分册倡导的环境科学研究的基本方法。我一直认为，从人地关系角度出发研究当代环境问题，非常有利于从根本上缓解当代人类面临的种种环境胁迫。遗憾的是，环境科学界能够真正认识到这一点的权威专家和领军人物为数甚少，能认识到且带头推进的更为寥寥。凡此盖因国内学术大环境使然，无人能够扭转。

自1978年考上大学迄今，我大约有三分之一的时光和精力付诸考古学，大约三分之二的时光和精力付诸地理学、环境科学、可持续发展和生态文明。虽然不同学科领域的研究对象、研究目标、基础理论、研究方法等存在很大差异，但在思维科学、论点论据、逻辑应用、数据把握、技术路线、写作能力等方面，或曰学术功底和学术造诣方面，却存在着很多的相似性和互通性。这也许正是跨学科交叉研究往往能迸发出学术火花和取得学术突破的内在因由。

我进入环境科学领域以来所从事的研究工作主要包括：淮河流域可持续发展战略；北方沙漠化综合防治的人地关系、可持续发展理论；西部大开发的生态响应机理；中国文明起源的人地关系；"中文化"与中原文明的特质；生态旅游规划与生态景观设计；生态示范区和生态文明建设规划；我国城镇化可持续发展的生态战略；外来物种入侵机理与综合防治；海洋生态文明与红树林保护；淮河流域生态安全和水资源高效利用；黄河中游地区人地关系与农牧业发展路径；北京山区特色城镇建设模式与路径；生态文明理论与行动导向；等等。时间跨度从历史到现实，从现实到未来；空间跨度从城市到乡村，从草原到海洋；研究内容从社会到自然，从理论到应用。上述工作虽然都如期完成了研究报告并通过了专家评审，也和研究生一起发表了相应的论文和专著，但都属浅尝辄止，很少转化为现实的经济价值、生态价值和社会价值。所可言者，唯各项研究都结合了人地关系这一主线，都力求朝着三维立体思维的方向努力。例如，我的博士后出站报告《西辽河流域全新世沙质荒漠化正逆过程的人地关系》，是最早采用多学科方法探索古往今来沙漠化演变机理的研究报告；承担的"淮河流域可持续发展战略初论"项目，为我国大河流域的可持续发展研究起到了抛砖引玉的作用；主持的国家社科基金项目最终成果《中国文明起源的人地关系简论》，是一本我国最早从人地关系视角探索了国内各早期文明起源中心的兴衰过程的著作；负责编写的《西部开发的生态响应》，包含了"历史的回音""时代的旋律""未来的乐章"三个有机组成部分，是一本我国较早对西部地区的人地系统和人地关系演进作出了较全面、系统的阐发的著作；我任课题组长在河南具茨山发现的岩画和巨石，受到多位学界泰斗的高度重视；我三年前出版的专著《生态文明论》，搭建了生态文明的理论与实践框架，在国内获得多个奖项，且被美、加、韩等数国引进版权。

我多年来从事的人地关系研究，近年迎来了新的曙光，这就是生态文明被确定为国家的重大战略。党的"十七大"首次提出开启生态文明战略，自党的十八大开始，党和政府将生态文明建设提至国家重大战略的高度，特别是强调要将生态文明融入经济、政治、文化、社会的各方面和全过程，即"五位一体"战略布局。在这一背景下，环境科学正在从污染防治"救火队"的角色转变为践行生态文明的生力军。有朋友逗趣说："你过去研究文明，后来研究生态，现在国家重视生态文明，你发挥独特优势的机会到来了。"近年来，我常常应邀给各地区、各单位作生态文明方面的报告，授课对象既有第三世界国家和中国香港、中国澳门行政区相关工作人员，及水利部等国家机关的领导干部，也有基层党政干部和大中小学的学生群体。我由衷认为：生态文明建设战略的提出和一系列制度安排，是中国共产党和政府对人类文明进步所做出的一大贡献，能够利用自己掌握的考古学、生态学等知识为传播生态文明做一些普及性工作，也算我多年研究人地关系的结晶之一。

八、您的学习和研究跨越了多个学科，请说说心得体会并谈谈您对考古学发展方向的看法。

我虽然于 1993 年年底就脱离了田野考古一线，但从未间断思索如何将考古学应用到当代环境保护和可持续发展中，考古界的老师和同仁也未全然将我遗忘。例如 1994 年，宿白先生就曾向徐苹芳先生介绍我参加长江三峡沿线的城镇调查，使我和北京大学地质学系的姜钦华老师及研究生杭侃一行三人有机会在库区淹没之前一睹三峡十多个古代城镇的沧桑风貌。他老人家还介绍我为美国一个长城拍摄团队提供业务咨询。在二里头遗址发现即将迎来 65 周年之际，有关单位在偃师召开了一次纪念研讨会，主办方安排 6 个专家作大会发言，特别说其中五个是"30 后"，仅我一个"50 后"。我以《论偃师夏商都邑乃中国文明演进的原动力》为题，着重从景观生态学角度阐释了河洛地区与江浙、北方草原等地区之间的比较优势，引起不少新老专家的共鸣，有几位资深学者说："你的报告说明考古学有必要也有可能为解决现实问题做出贡献！"近年来我曾多次参加由河南省社会科学院暨历史考古研究所、河南省文物考古研究院、郑州中华之源与嵩山文明研究会、中国先秦史学会、光明日报、安徽省委宣传部、黄河文化研究会等举办的历史与考古方面的学术研讨会，无论主题为何，我的发言和论文都是围绕着人地关系这一主线。毋庸讳言，我的演讲报告每每引起与会专家学者的赞同，甚至有会议主持人坦诚地说：人地关系研究为上古历史研究打开了"一扇门"或"一扇窗"。我对这些过誉之辞当然是愧不敢当，不过偶尔也会想到自己没有完全辜负投身夏商考古 15 年所经受的诸般甘苦，没有完全辜负恩师邹衡先生、侯仁之先生的培养之恩和殷殷期望。我想，如果有更多这样的交流沟通机会，我研究人地关系的初衷一定会与更多的考古学者产生共鸣。

回顾总结自己四十余年来的求学和治学生涯，可以概括出以下几点心得：

其一，多学科交叉容易迸发火花。从 1988 年赴云南进行民族考古学调查至今，我一直在努力探索多学科研究之路，甚至觉得研究任何领域的任何问题，都必须采取这样的方法。传统的线性思维方法的优势自不待言，但存在一定缺陷：其一，不利于拓展学科功能，甚至会降低学科固有的价值；其二，较难全面论证诸如夏文化这类复杂性强的学术问题；

其三，不仅不利于研究成果转化，而且容易滞留在"清议"和"述而不作"状态。我很欣赏同济大学汪品先先生的见解：某个学科的最大突破，都不是在本学科内部发生的……几个学科的脑袋研究一个问题，不如一人长几个学科脑袋。我想，历史学和考古学研究尤其不能例外，因为人类历史的发展演进是由多重内部和外部因子共同驱动的，表现为极端的复杂性、混沌的偶然性和随机的多变性，所以辩证唯物主义认为社会运动处于五种运动形式的最高阶段。然则，研究夏文化自然也不能就夏文化谈夏文化，不能就中原论中原，而必须构建全方位、多层次、立体化的研究体系。

其二，外部条件并非学术创新的决定性因素。直到 40 岁左右，我所做研究工作几乎都是在缺乏起码工作经费和没有领导帮扶的情况下完成的，如在豫东地区寻找岳石文化，赴独龙江峡谷进行民族考古学调查，在豫鲁苏皖邻境地区探寻夷夏商三种考古学文化的交汇地域，在驻马店进行环境考古探索，在科尔沁研究人类活动与沙漠化的关系等。个别忝为创新性的成果大多是在克服重重困难的过程中完成的。有句名言曰"有条件要上，没条件创造条件也要上"，我多年来一直是按照这一信条奋力前行的。

其三，朝着"学以致用"的方向努力。古代学者历来视历史学为"经世之学"，将"治学"与"治世"相联系。只是到了清前期，因"文字狱"，史学家才不得不遁入金石之门。虽然清代学者在国故整理、校勘辨伪等方面贡献卓著，但治学与治世却严重脱节。2018 年 5 月，习近平总书记在全国生态环境保护大会上提出"生态兴则文明兴，生态衰则文明衰"的论述。可见，研究包括夏文明在内的古代文明不能不对环境变迁有所关注；而对生态环境的关注也有助于深化古代文明研究。2006 年我在浙江举行的第四届环境考古大会致闭幕词时提到："'科教兴国'与'可持续发展'是我国的两大基本国策。可持续发展的宗旨是认识和调整人口、社会与环境、资源的关系，而贯彻科学发展观、构建和谐社会、倡导生态文明也都必须统筹人与自然的关系。环境考古学在探索人地关系机理方面具有特殊的优势，因此环境考古工作者应进一步解放思想，努力将自己的研究工作与国家的大政方针和重点战略相联系，力争成为当代科学大军中的一支新生力量。"相信我的这一认知一定会逐步引起考古工作者的兴趣。

其四，认准目标，矢志不移。任何学科的创新拓展，都会受到传统学术观念和理论的束缚、质疑甚至阻挠。钱学森先生在20世纪90年代以八旬高龄力推"地球表层学"，认为这是堪与自然科学、社会科学相并列的一个崭新的学科门类。我个人感到，"地球表层学"的提出不啻为地学乃至科学领域的一场伟大革命，其意义无与伦比。但数年过去，钱先生不无失望地长叹：没想到地理学界除了黄秉维先生等少数专家，竟然有那么多人对此说持排斥态度！以钱学森先生之成就和名望，力推一项自以为极端重要的学术新见尚如此不易，更何况我等无名之辈，要想在科研创新方面有所作为，谈何容易！从另一方面看，任何学术进步都必然存在由萌芽到成长的不同阶段，有一个逐渐被人们认可的过程。所以，应该树立"功成不必在我，功成必然有我"的学术情怀，只要对学科发展有利，对科学事业有益，哪怕一时不为人们理解和重视，也要保持砥砺前行的意志。我尝思之，既然知道中华民族的历史、现实和未来是一个连续不断的发展链条，既然相信人类社会的演进与其所处的地球生态系统息息相关，那就应当义无反顾地探索考古学与地理学、环境科学及可持续发展相结合的人地关系研究之路。

本访谈的提问由赵汉年初拟，张立东修订。2020年7月30日在郑州中原万达由赵汉年对宋豫秦先生进行现场采访，在场的还有张立东和王仲奇。赵汉年据录音对访谈进行了整理之后，宋豫秦先生亲自进行了大量的修订。

主要著述

1.《夏文化探索评议》，《中原文物》1987年第2期。

2.《菏泽安邱堌堆遗址发掘简报》，《文物》1987年第11期（参与执笔）。

3.《〈论偃师商城为汤都西亳〉一文质疑》，《中原文物》1988年第1期。

4.《文化因素分析与先商文化探索》，《中国文物报》1989年12月29日（合作）。

5.《现今南亳说与北亳说的考古学观察》，《中原文物》1991年第1期。

6.《夷夏商三种考古学文化交汇地域浅谈》，《中原文物》1992年第1期。

7.《河南杞县牛角岗遗址试掘报告》，《华夏考古》1994年第2期（参与执笔）。

8.《豫东北考古调查与试掘》，《考古》1995年第12期（参与执笔）。

9.《论杞县与郑州新发现的先商文化》，《中国商文化国际学术讨论会论文集》，中国大百科全书出版社，1998年版。

10.《驻马店杨庄——中全新世淮河上游的文化遗存与环境信息》，科学出版社，1998年版（主编、执笔）。

11.《豫东杞县发掘报告》，科学出版社，2000年版（主编、执笔）。

12.《河南偃师市二里头遗址的环境信息》，《考古》2002年第12期（合作）。

13.《"夷夏东西说"的考古学观察》，《夏文化论集》，文物出版社，2002年版（合作）。

14.《颍河文明——颍河上游考古调查试掘与研究》，大象出版社，2008年版（参与执笔）。

15.《论偃师夏商都邑乃中国文明演进的原动力》，《夏商都邑与文化》（一），中国社会科学出版社，2014年版（合作）。

郭引强

郭引强，1954 年出生，河南三门峡人。1977 年北京大学历史学系考古专业毕业后分配到洛阳地区文化局工作。曾担任洛阳地区文物工作队队长，洛阳市第二文物工作队队长，洛阳市文物局副局长、局长。曾先后参加和主持过偃师二里头、伊川白元、汝州中山寨、宜阳张午、灵宝阳平、卢氏祁村湾等遗址的发掘。

一、您在洛阳从事文物考古工作期间，参加过哪些与夏文化相关的田野工作？

我到洛阳工作的时间是在 20 世纪 70 年代后期，尽管时间已经过去了四十多年，但今天回忆起来仍然记忆犹新。作为一名考古工作者，能够从一开始就置身于洛阳这片历史文化内涵极为深厚的热土中，我自觉是幸运的。说是幸运显然是不够的，或许应该说是一种命运的安排，因为我在毕业分配的短短几天中遭遇了"过山车"般的经历。

我们毕业的 1977 年由于中国科学院考古研究所选择毕业生的条件与北京大学没有谈拢，当时考古研究所没有接收我们这一届毕业生。武汉大学则在湖北省文物局负责人的陪同下到学校选学生。我们于 1975 年曾在湖北荆州实习发掘过半年时间，在严文明、俞伟超两位先生的带领下，经过了田野考古的初试阶段，应该说，那个时候我们全班同学才对"田野考古发掘"有了实际的认识。我们两人一组，最后还将实习发掘的遗址写成"发掘简报"，学习收获还是很大的。但是湖北多雨，炎热的气候曾使我们这些北方学生十分恐惧害怕，特别是从未见过的大蚊子和蛇，让我们班的很多同学都"谈鄂色变"，再加上很多同学既不愿做老师，又希望能回原籍工作（我们班没有一个湖北籍学生）。因此，当时我们班没有一个同学自愿报名到武汉去。而我因受小学阶段班主任的影响，从小就想当一名老师，所以就主动找到湖北方面来学校选学生的领导和老师，填报上自己的志愿，湖北方面也很快地给予了口头的回复。就在我刚报完名的第二天，接到了北京大学历史学系考古专业领导的通知，找我谈话，让我做好留校的准备。这当然是最好的啦！我高兴得几乎整夜未眠。然而，到了第二天中午，学校方面就发生了变故，因十分特殊的原因，我的留校通知被取消，而武汉方面也去不了，只能回洛阳！如此大的变化让我的情绪一下子降到了冰点。但是学校的老师并没有对我不管不问，这一点使我非常感动。李伯谦、严文明等几位先生分别找我谈话（我们班大概就我一人享受了这个待遇），告诉我分到洛阳其实是非常不错的，单就考古研究来说，洛阳要好过国内很多地方。同时也特别叮嘱我，如果到了洛阳还有变化，就让人事部门把档案退回学校，他们再想别的办法。真的是亲老师呀！就这样我坐上了回洛阳的火车。

我在洛阳等待分配的时候还真是遇到了点麻烦！

我的原籍是三门峡市，属于当时的洛阳地区行署管辖，按照当时哪来哪去的分配原则，我被分配到了三门峡。当时的洛阳与今天的洛阳是完全不同的。当时的洛阳市就是今天的洛阳市区，还要小很多。而洛阳地区则很大，管辖着包括今天的三门峡市（当时是县级市）、卢氏、灵宝、偃师、临汝（今汝州市）等18个县市，是名副其实的豫西地区。当我被告知要分到三门峡工作时，顿时想到了老师的话，很干脆地拒绝了，并告诉他们，如果不能留在洛阳，就请把我的档案退回学校。这样，一个月以后，我被分配到了"洛阳地区文化局"文物组。

上班的第二天，我们文物组就开会，研究如何开展全区的文物普查工作。文物普查是一项基础性非常强的工作，为了配合这项工作，必须尽快培训一支专业队伍。因此这次会议决定，按照普查的基本要求，利用偃师二里头遗址的考古发掘机会，在全区举办"文物普查培训班"，要求全区各县选派2～3人参加为期1个月的培训，让学员了解什么是遗址，文物普查都有哪些方面的内容，有哪些必备的条件和特殊要求，等等。虽然我们不要求培训班的学员能熟练地掌握田野考古技能，但是，在发掘中不允许有任何闪失。当时在二里头工作队队长赵芝荃先生的指导下，我们白天发掘，晚上上课。发掘的对象是一处大型建筑遗址，在对整个建筑布局和范围基本摸清后，却遇到了一个很大的麻烦。根据对此前曾发掘过的建筑遗址情况可知，这样的建筑应该是有柱础的，可是通过几天的发掘却没有发现一处柱础痕迹。不得已，赵队长专门从安阳工作站请来了一位老技工，姓曲，曾在二里头工作过多年，据说田野考古水平相当了得。记得曲先生来工地的时间是上午10点左右，他在认真查看了已发掘过的遗址后，没有马上用手铲清理，而是先看先观察，然后才用手铲慢慢清理。1个小时后，他用探铲画了一个圆圈，很自信地探了下去。几分钟过去了，在距地表1米左右的地下，探出了柱础石。他甚至都没有用尺子，只是用手中的探铲就找出了建筑遗址北部的一排柱洞。学员们看得目瞪口呆。而我则想起了严文明先生，想起先生在周原遗址教我们如何辨认地层的场景。

在校期间，我们跟随严文明先生曾发掘过湖北荆州毛家山遗址和周原西周建筑遗址，先生在课堂上亦曾反复给我们讲，作为一名合格的考古工作者，文献资料和田野考古发掘是必须熟练掌握的基础知识和技能。严先生在周原发掘建筑遗址时，不同的土质、土色，不同结构地层的软硬程度，不同时期包含物的内容，甚至不同结构土质在用手铲刮动时所发出的声音，都能够成为他辨别不同土层或土质结构物的标准。特别是严先生蹲下身子，把耳朵紧贴地面，通过用手铲刮过土层所发出的不同声音，来辨别不同土质结构的画面，永远地定格在我们的脑海中。对于田野考古发掘的神奇，我们班很多同学从开始怀疑到后来心悦诚服，更坚定了学好田野考古技术的决心。

培训班结束后，我们立即投入到全区的文物普查中。当时由于对二里头遗址的文化性质、文化分期等问题特别感兴趣，我专门挑选了伊洛沿线县区的调查任务，主要是卢氏、洛宁、栾川、嵩县、宜阳、偃师等县，并且特别注意一些与二里头文化有联系的遗址，作为下一步重点发掘的对象。从 20 世纪 80 年代初到 1986 年区划调整，我除参加 1984 年国家文物局在山东兖州举办的田野考古领队班以外，还先后参与了伊川白元遗址和马迴营遗址、宜阳张午遗址、汝州中山寨遗址、洛宁黄狗湾遗址、灵宝阳平遗址的发掘。可惜的是，因为人员的变动，除伊川白元遗址和马迴营遗址外，其余遗址的发掘都没有整理出发掘报告，这不得不说是一件很痛心的事。

总之，这次培训是一次非常成功的培训，对我来说，则是一次极为重要的锻炼。仅我对夏文化的认识而言，第一次由课堂进入了"殿堂"。虽然我们在学校上课时，讲义中将二里头文化列入早商文化，但是邹衡先生多次给我谈过他对二里头文化性质的看法，并在 1977 年的登封会议上第一次提出了二里头文化为夏文化。受先生的影响，尽管在那个时候我对二里头文化的性质只有一些极其粗浅的认识，但对先生的提法内心是认可的，这也是后来在洛阳市第二文物工作队工作期间发起召开"全国夏文化学术研讨会"的主要原因。这次培训的又一个收获是为下阶段全区文物普查打下了坚实的基础。今天我们对豫西地区历史文化遗存分布情况的了解和认识，大多来自于那一次的文物普查。

二、我们注意到您曾用"洛夫"的笔名发表过文章，请问您哪些文章是用这个笔名发表的，其中有哪些与夏文化相关？

用"洛夫"笔名发表的文章就《商都西亳略论》一篇，是和蔡运章先生共同撰写的。

偃师商城一经发现就在学术界引起了很大的震动，特别是洛阳的学者，从一开始就坚定不移地认为这里是商都西亳。除朴素的感情外，其实当时很多人对商城的基本情况了解得并不多，而商城自身所提供的材料亦非常有限。虽然我曾认真学习过邹衡先生和其他学者关于二里头和商城文化性质讨论的文章，但是，当时我自己对于这座城址研究的思路并不十分清晰。比如，偃师商城怎么就能在二里头（夏都）（我坚信邹衡老师二里头第一至四期夏文化说）的旁边建造起另外一座都城呢？但如果不是汤都西亳它又是什么呢？在当时，偃师商城成为学术界讨论的焦点，其火热程度今天是难以想象的。而作为一个洛阳本地的考古工作者，如果不能及时地说点什么，或者说如果表达出不同的观点，很可能就会遭到自家人的指责。记得当时偃师商城发现之初，洛阳行署的一位领导就找到洛阳地区文化局文物组负责人黄士斌先生，十分严厉地批评他："偃师商城在偃师县（今洛阳市偃师区），归洛阳管辖，为什么这么重要的遗址不是你们发现的？！你们是怎么工作的？"责令黄先生写出检查。当然，除当时的大环境和自己学业不精外，最主要的原因是出于对邹衡先生的崇拜与敬仰，从内心深处不愿与先生唱不成熟的反调。在此背景下，以"洛夫"之名与蔡先生发表了《商都西亳略论》，说实话，内心是忐忑的，因此以后再也没有用过。

三、您曾经提出"王湾文化"的命名。虽然现在仍然流行"王湾三期文化"的命名，但实际上您的命名更简洁、明了，更合适。请问您当时是怎么考虑这个问题的？

对于王湾遗址和王湾文化的认识，完全是因为邹衡和严文明两位先生。在校期间，因我来自洛阳，邹先生和严先生曾多次和我谈起他们当年在王湾的发掘情况，参加工作后，还曾陪同两位先生对王湾遗址进行过考察。先生们对王湾遗址的熟悉和了解，真的是超出了我的想象。他们曾数次嘱咐我：遗址十分重要，北京大学当年在这里几次发掘，真正地建立起了文化年代的标尺。后来，我在翻阅二里头发掘报告，特别是在搜集二里头时期遗址所发掘的墓葬材料时，了解了豫西地区（也就是学者所划定的豫西地区夏文化范围内）属于二里头文化第一至四期内的墓葬，其头向有着两种截然不同的状态。其中有一部分朝北，有一部分朝南，朝北多于朝南。而在二里头遗址以外其他遗址中发现的墓葬如南寨遗址、白元遗址、煤山遗址、东马沟遗址等，则只有一种头向，要么朝北，要么朝南，绝不混淆。但是，在王湾遗址中发现的墓葬却是另外一种情况。我们先来看看《洛阳王湾——田野考古发掘报告》对王湾发现墓葬的总结："王湾新石器时代墓葬共118座，其中除4座为第三期的外，余皆第一、二期文化的。……概括当时的埋葬制度，有以下几个特点：其一，所有这些墓葬均无成排的公共墓地，而是与居住遗址交错地分布在一起。其二，所有这些土坑墓均为单身仰卧直肢葬。其三，这些墓葬80%以上都没有随葬品……其四，除第三期墓葬（数量太少）外，第一、二期人骨架中有涂朱的习惯，头向一般都是北偏西70°左右。"由于这个遗址出土新石器时代的遗物和埋葬习俗先后都有承继关系，大体可确定王湾第一、二、三期文化属于同一个文化来源，只是其先后发展的阶段不同。"对于王湾三期文化分别所处的时代和文化特点，《洛阳王湾——田野考古发掘报告》是这样阐述的："王湾新石器时代第一期文化（Ⅰ段），即豫西仰韶文化；王湾新石器时代第三期文化（Ⅴ、Ⅵ段），即河南龙山文化'三里桥类型'；王湾新石器时代第二期文化（Ⅱ、Ⅲ、Ⅳ段）即本地区仰韶文化向龙山文化过渡阶段。"

我们在分析了王湾三期文化的墓葬特点后，就如《洛阳王湾——田野考古发掘报告》所说的王湾三期文化为同一文化来源，但又分属于三个不同的文化类型，尤其是将王湾三期文化归类为"三里桥类型"，是引起我格外关注这个阶段文化发展、文化内涵、文化性质以及聚落分布状态的主要原因。我个人认为王湾三期文化不属于"三里桥类型"，这不仅涉及文化类型的划分问题，亦关系到考古学文化类型划分的方法问题。比如，王湾三期文化因发现有相同或相似于三里桥的某件陶器，汝州煤山一、二期文化"器形与洛阳西干沟、王湾、河南龙山文化晚期的同类器相似"，伊川白元一期发现的陶器"与王湾三期同类器相似，白元一期在时间上属于煤山一期"，等等。豫西地区为数不多的几处龙山时代晚期的考古发掘简报，几乎无一例外都是这样划分文化类型的。这样就带来一个问题：距今4000年左右普遍存在于豫西地区的这类文化应该如何命名呢？煤山类型一期、伊川白元一期、河南龙山文化晚期、三里桥类型、王湾三期文化等，这些提法五花八门、莫衷一是。应该说是研究的方法上出现了问题。我们在分析文化内涵时，忽略了另一种文化内涵的表现，比如，聚落的表现形式、存在时间、埋葬方面表现出的宗教信仰；埋葬方式所反映的死亡原因；居住形式和条件所反映的生产生活条件和水平；等等。而豫西地区属于龙山时代晚期的这一类遗址，从物质和精神两方面总结，大致有以下特点：第一，属于龙山时代晚期这一阶段的遗址，在所有遗址中存在的时间都很短，文化层都很薄；第二，物质文化特别是陶器和生产工具都很单一，无法形成特点明确的器物组合；第三，没有大规模或有规划的公共墓地，埋葬方式简单、随意，经常在灰坑中发现有骨架；第四，物质文化方面表现最突出的陶器，远没有其他更早时期的陶器那么精致与丰富多彩；第五，居住水平和条件更无法与早期（仰韶文化晚期，如灵宝阳平遗址）相比，室内很少能发现生活的基本设施，如灶台等，但这一时期出现了大规模的用夯土筑成的城堡。特别应该指出的是以上这些特点和现象，只存在于豫西地区，今天的山东大汶口遗址、山西的陶寺遗址就完全不同。

豫西地区这一时期文化内涵方面所反映的这些特征，使得用统一的文化命名显得十分困难，我之所以提出"王湾文化"的命名，也还考虑到了王湾三期文化同二里头文化之间的关系。

我们知道王湾三期文化是一个完整的文化体系，它在埋葬习俗方面的表现形式在二里头遗址中都有所体现。应该说，如果只讨论埋葬习俗的话，那么王湾文化的埋葬习俗，是二里头文化埋葬习俗的源头。所以，可以认为王湾第一至三期文化同二里头文化有着很深的历史渊源关系。《中国考古学·夏商卷》对于王湾三期文化同二里头文化之间的关系曾指出："王湾三期文化与二里头文化之间有非常清楚的传承关系……就目前的研究成果而言，新砦期遗存和王湾三期文化晚期是夏代前期夏文化，而王湾三期文化的早、中期则为前王朝时期夏人的文化遗存，亦即所谓的先夏文化"。

王湾三期文化同二里头文化有着这样的渊源关系，王湾遗址又是目前所知这一时期文化内涵丰富、文化分期翔实、特点突出、具有代表性的重要大型聚落遗存，用"王湾文化"来代表和命名豫西地区这一时期的同类型文化，或许会对研究更加有帮助。

四、1991 年 9 月 17 日在洛阳举办了中国夏商文化国际学术研讨会，我们注意到会议的论文集《夏商文明研究》是洛阳文物二队编的，请问您有没有参与筹划和组织这次会议？

当时因非常特殊的原因，我被派往洛阳市文物园林局文物科上班，对于中国夏商文化国际学术研讨会的情况不是十分了解，从后来出版的

《夏商文明研究》中，对其才略知一二。这次会议应该是"中国殷商文化学会"发起组织的，承办单位为洛阳的"洛阳市海外联谊会"，蔡运章先生是这次会议的积极倡导者。会议召开得较为成功，但是在出版此会议论文集的时候却出现了一些问题，后来蔡先生受"中国殷商文化学会"王宇信、杨升南等先生的委托，找我商量，决定由洛阳市第二文物工作队负责出版论文集，这就是大家所看到的《夏商文明研究》。《夏商文明研究》一书的出版发行，可以说，为全国夏文化学术讨论会的召开起到了推动作用。这个会议是洛阳市第二文物工作队自成立以来，举办得最为成功的一次大会，会议期间的点点滴滴至今历历在目。

五、1994 年 10 月在洛阳召开的全国夏文化学术研讨会是您一手操办的，请回忆一下当时策划、组织会议和编辑论文集的一些故事。

我所工作的洛阳市第二文物工作队是在原洛阳地区文物工作队的基础上成立的。1986 年洛阳区划调整，洛阳地区撤销，我们原洛阳地区文物工作队的十几位专业人员中，除少数几个人去了三门峡以外，其余大多数同志都选择留在了洛阳，而这些留在洛阳的人员的工作安置问题就成了一个棘手的问题。当时，我是洛阳地区文物局文物科副科长兼文物工作队队长，自然而然地就成了这些留在洛阳的同志们的"带头大哥"，为同志们寻找工作单位成了亟须解决的头等大事。我曾去拜求过一位当时还算熟悉的师兄，人家很干脆地拒绝了，并说除我以外其他人一个都不接收。最可悲的是，虽然我在洛阳工作了近十年，但因长年下乡做田野考古，与市里的同行们一点儿都不熟悉，尤其是很多人都不知道有洛阳地区文物工作队这么一个单位。所以，几乎半年的时间，我们都在为寻找工作单位到处奔波，四处碰壁，连生存都成了问题。这样的日子一直熬到了 8 月 14 日，这是洛阳市第二文物工作队成立的日子。当我们在苦苦寻找工作单位时，洛阳市文物园林局的王德俊局长和主管文物工作的副局长白宪章师兄（北京大学中文系毕业），对我们的情况了如指掌，特别是对我们被拒绝接收的情况非常清楚，这就促使他们下决心在洛阳成立第二文物工作队。白局长在和我谈话时提到，成立"二队"他们遇到了很大的压力，也遭到了很多人的反对，所以希望我们不要辜负他们的期望，一定要把工作做好。因此，自洛阳市第二文物工作队成立之日起，队里的所有同志都十分珍惜这来之不易的工作机会，珍惜"二队"之声誉，以"业务建队，业务强队"为理念，一切以业务能力、业务水平和业务成绩作为衡量取舍的标准。与此同时，我们坚持业务培训制度，由业务能力强的老同志给全体业务人员讲课，并指导业务研究。1994 年 10 月，我们召开了全国夏文化学术讨论会，可以说，也算是为当时如火如荼的夏文化研究做点贡献。这个会议对"二队"而言，不仅是一次业务活动的拓展和深入，也是对"二队"的业务研究进行检验和总结。而对我个人来说，则是一次业务研究的提高。因受严先生和邹先生的影响，我在上学期间就十分偏爱新石器与先秦考古。当时文物园林局在划分洛阳两个文物工作队的管辖区域时，我提出"二队"管偃师、伊川、洛宁、宜阳等伊洛河沿岸的几个县，也是基于能更多、更深入地去研究这一地区先秦时期的考古而考虑的。

对于这次全国夏文化学术讨论会，我们坚持这是一次关于夏文化考古和历史研究的专业会议，邀请的与会者全部都是长年以来在夏文化研究领域成绩斐然的专业学者，有对夏史和夏文化研究富有学术建树的历史学家，也有一批已经对夏代考古和夏史研究崭露头角的后起之秀。多年以后，邹衡先生再次来洛阳考察，谈起这次会议，先生语重心长地说："你们开了一个很好的会议，不仅仅是对夏文化研究阶段性的总结，更重要的是对夏文化研究方面的深入与拓展，应该感谢你们的。"其实，真正应该感谢的是邹先生，他不仅亲自到会并在会议上做了演讲，而且还带来了好几位对夏文化考古研究颇有成果和建树的年轻学者，使得夏文化的考古研究能够继续和发展。

因邹先生的到来，洛阳市委主要领导也到会上看望了与会代表。1994年10月10日下午6点左右，我们突然接到了洛阳市委办公室的通知，说市委主要领导要去看望大家。同时，时任河南省委秘书长的张文彬同志也一同前往。大约晚上7点，张秘书长在洛阳市委书记的陪同下走进了餐厅，大家起立表示感谢和欢迎。出乎意料的是张秘书长径直朝邹先生走了过来，在距邹先生大约3米左右停了下来，非常庄重地向邹先生深深地鞠了一躬，然后才快步走向邹先生，与邹先生亲切握手。我们很多人都看呆了，大家知道张秘书长是邹先生的学生，但他采取这种方式与老师见面，确实挺让人意外的。尤其是参加会议的"二队"的几位年轻人，当时还不清楚邹衡先生的身份，看到这一幕后，纷纷议论：那个个子不高的小老头一定是个大专家！在随后的会议上，人们知道了邹先生的身份，深深为邹先生与学生之间的情谊而感动。直至后来，张秘书长调到国家文物局主持全国文物工作，我们相聚一起时还会谈起那天的难忘一刻。

六、二里头夏都遗址博物馆的建成是百年夏文化探索工作的大事件，请问您参与过哪些与该馆有关的事情？

偃师二里头夏都遗址博物馆和二里头考古遗址公园建设与展示，是二里头考古发掘和研究的总结和肯定。特别是我这个在洛阳文物工作岗位上耕耘了四十余年的老同志，从开始参加文物普查培训班和实习考古发掘，到以后参与到对二里头整个遗址的规划保护，并多次到二里头探访重大考古发掘现场，多次陪同北京大学老师和同学到二里头遗址进行考察学习，可以说对二里头遗址还真的是情有独钟。

记得 1995 年国家文物局在辽宁绥中召开北方五省大遗址保护会议，河北、辽宁、陕西、河南等省的文物部门参加了会议。我当时还在"二队"工作，受洛阳市文物局办公室的委托，由我负责对偃师二里头、偃师商城、汉魏洛阳故城和隋唐洛阳城编撰制定保护规划文本，且代表洛阳市文物部门参加了此次会议。在会上，我详细汇报了 4 座城址的初步保护规划内容，与会专家在讨论时对其中的二里头遗址的保护规划提出了严厉的批评，主要是认为其过于简单。主持会议的宿白先生严肃地问我：这是怎么回事？我无奈地回答他，因为二里头方面提供的材料太少，只有一个二百多字的基础资料，我们实在是没有能力有太多的想法。宿先生非常不满地对现场的中国社会科学院考古研究所的负责同志讲："你们应当重视二里头的规划保护工作，保护甚至比发掘和研究更重要。"那位负责同志当然是把宿白先生的话放在了心上，会议一结束，他连北京都没有回，直接从绥中赶到偃师，安排并指导了二里头保护规划的重新编制工作。这件事情过后，我曾做过认真的反思，对二里头的了解，不能只停留在遗址本身和遗址发掘材料上，还应该去了解那些发掘者和参加发掘的人。

二里头遗址的第二次编制保护规划始于 1997 年我到洛阳市文物局工作之后。这是由于时任河南省省长李克强同志于 1999 年到偃师专门考察二里头遗址时，要求洛阳市政府部门尽快编制二里头遗址保护规划，河南省政府将全力支持规划的实施。我再次受命负责二里头遗址规划的编写。这次我们不是张嘴向二里头工作的同志要材料，而是组织洛阳文物局的部分专家，全面收集和整理二里头遗址自 1959 年发掘以来的所有报告、简报及相关论文和文件，形成规划文本初稿，再反复征求二里头遗址工作的各位同志的意见，最后由偃师政府部门组织洛阳及河南部分省级专家进行评审。应该说，这次规划文本的编写还是比较顺利和成功的。今天偃师二里头遗址保护展示的许多内容，在当年的第二次规划中都曾提出来过，比如，今天对洛河古道的保护和利用、二里头夏都遗址博物馆的建设、严禁当地居民继续扩展宅基地并逐渐向外迁移等，只是因为各种原因，这些计划才一拖再拖，晚实现了好多年。

二里头遗址的第三次保护规划，是由专业做规划的部门编制的，尽管我有所参与，但是只限于组织讨论，提供材料等，倒是二里头夏都遗址博物馆的建设，尤其是最为简单的馆名颇费了一番周折。

二里头遗址博物馆开始建设时，我已退休，但经常会听到同志们私下议论有关博物馆的名字，虽不满意但又无可奈何，原因是有专家不同意把二里头遗址定为夏都，因此该博物馆不能以"二里头夏都遗址博物馆"为名。说实话，当时我听到这个议论是很不以为然的。众所周知，二里头的问题争论了几十年，任何一位从事这一阶段考古和研究的同志都能随口说出多种观点来。我们之所以认可某种观点，主要还是考虑这些观点更接近或者更符合考古发掘的实际情况和历史的本来面目。我曾为此事与市文物局领导商谈过，但该领导无奈地表示目前我们还没有机会去改变这一现状。不久，机会来了！为了加快二里头遗址博物馆建设的速度，洛阳市政府组织了对二里头遗址博物馆陈展大纲的最后一次评审，这也是二里头遗址博物馆陈展大纲数次评审中规模最大、规格最高的一次评审，邀请了国家文物局、河南省文物局的领导、专家以及国内从事夏商考古发掘、研究、博物馆陈列等方面的专家学者参加。在听完陈展大纲的汇报后，我第一个站起来，向主持会议的时任国家文物局领导提出发言申请。我首先对陈展大纲的提法提出了质疑："陈展大纲的名字为'偃师二里头遗址博物馆陈展大纲'，而大纲内容里处处写的是'赫赫夏都'如何如何，我请问编写的同志，你们处于这样的矛盾中怎么能写好大纲？又如何能办好展览？二里头考古发掘进行了几十年，研究者成千上万，不同的学术观点有几种之多，认为二里头第一至四期为夏文化、二里头遗址为目前发现的夏代最早的都城，这是当下大多数研究二里头遗址考古发掘和文化性质学者的共识。洛阳对外宣称的十三朝古都，已表明了偃师二里头就是中国第一个王朝——夏朝都城的所在地，为什么在全面总结二里头考古发掘与研究成果的关键问题上，不能采纳大多数人的意见，不能认真考虑洛阳十三朝古都的科学定论？显然这个陈展大纲是不成功的，希望你们能客观公正地对待有关二里头遗址考古发掘和研究的学术争论，采纳大多数学者的观点和研究成果，大大方方地用'二里头夏都遗址博物馆'命名，这样，大纲上的'赫赫夏都'的提法才能落到实处，才能名副其实！"

随后许多专家发言，基本上赞成了我的观点，"二里头夏都遗址博物馆"就这样定了下来。

二里头夏都遗址博物馆的建设是二里头考古遗址公园建设中最重要的项目，整个建设工程中充满了艰难曲折，最终收获了还算圆满的成功。我再一次深深体会到，在文化内涵十分成熟的文化设施建设过程中，我们不仅要去深入研究那些成熟的文化，还要研究、关注那些建设者以及建筑管理者。二里头夏都遗址博物馆建成后，对于主体墙体用夯土的做法，用二里头夏都遗址博物馆一位负责人的话说："从开馆的那天起，如何对夯土墙进行保护这一世界性的难题就摆在了我们的面前。"而这样的"难题"应该是可以避免的。

七、二里头遗址和偃师商城这两个对夏文化探索极为重要的遗址都在洛阳境内，您对这两个遗址是怎么认识的？

　　偃师二里头遗址和偃师商城，因其在夏商考古和夏商文化研究中举足轻重的历史地位，成为人们在中国考古学百年历史中相当长的一个时期内，争论不休的热门话题。原本在如此热烈的讨论中，夏商文化研究应该能得出一个被多数人认可的结论，但其结果却完全出乎人们的意料。就像孙庆伟先生在《鼏宅禹迹》中所谈到的："学术界对于夏文化的认识不但没有形成共识，反而有渐行渐远的趋势，甚至有学者开始怀疑历史上是否真的存在夏代。"刘绪先生在他的《夏商文化分界探讨的思考》一文中指出："同样是二里头文化，是否可以将其区分为夏商两种文化，分又分在哪两期之间却有不同说法；同样是郑州商城和偃师商城的材料，孰早孰晚结论却完全相反。凡此种种，让圈外人莫名其妙，甚至对考古学的科学性产生怀疑。"不仅如此，甚至连碳十四测定的年代数据都发生了不小的变化，这些情况的出现，让我这个大致能算得上"圈内"的人，都感到十分困惑。尤其是在参加讨论二里头夏都遗址博物馆陈展大纲的过程中，满眼"赫赫夏都"的陈展大纲，却用的是"二里头遗址博物馆"的称谓，连给博物馆一个大多数学者认可的名字都做不到，这未免让人感到不舒服。很明显，夏商文化讨论的结果，已使得许多具体工作无所适从。在这种情况下，我翻阅了大量有关二里头、偃师商城的论文、论著和发掘报告，从二里头、偃师商城所发现的墓葬，包括周围与其相关的墓葬及其埋葬方式入手分析，有了一些收获，在此做以简单的阐述，希望能得到指教。

　　关于二里头遗址中是否有公共墓地的问题。通过对二里头遗址中发现墓葬的集中排比，我们认为二里头遗址已具有了公共墓地的显著特点，可以说它是有公共墓地的，只是它的公共墓地是否如山西陶寺、山东大汶口等那样规模宏大，排列有序，还是一个需要深入研究的问题。或许二里头遗址内的埋葬方式反映的正是它所具有的文化属性！

《1982年秋偃师二里头遗址九区发掘简报》中描述："此次清理的21座墓葬，分布比较集中，排列也较有序，时代为二、三期。"重点介绍的M8、M9、M10、M15四座墓中，M8、M9、M10三座墓方向完全一致，为358°。在简报列表中还发现其他墓葬的方向：M12、M15、M16、M17、M19、M21六座墓方向完全一致，为355°；M13、M14两座墓方向一致，为360°；M18方向为260°；M20方向为357°；M11方向为350°。2005年《考古》第七期《河南偃师市二里头遗址中心区的考古新发现》，公布了2002年二里头工作队在二里头遗址宫殿区的3号基址院内，发现并清理的二里头文化第二期五座贵族墓："这些墓葬东西成排分布，墓葬间距相近，方向基本相同，均为南北向。"我查阅二里头文化发掘的五百余墓葬的相关材料，发现从二里头文化第一期开始这种排列有序、头向一致的埋葬方式，一直到二里头文化第四期都存在，并且这种埋葬方式没有任何变化。有学者研究认为，二里头文化第一至四期大约300年，在这300年的时间里，如此前后一致地遵循着同一埋葬方式，充分体现了一个氏族集团内部，在埋葬方面存在一些严格的规定或长期形成的习俗。资料显示，在二里头发掘的所有墓葬中，其墓葬头向只有朝北和朝南两种，朝北者在350°~360°之间，朝南者在160°~180°之间，如此严格的埋葬习俗应该不是偶然的。尤其是许多排列相近的墓葬，其方向完全一致。我们完全有理由相信，在二里头生活着两个不同的氏族。王仲孚在《试论夏史研究的考古学基础》一文中谈道："夏王朝的形成'岂止一个夏族'。除有史可考的姒姓以外，还有不少异姓的氏族和部落。"这种情况，在豫西地区发掘的其他遗址中得到了进一步的证实。这些经过科学发掘并有墓葬发现的遗址，如汝州煤山、伊川南寨、洛阳东马沟、洛阳吉利东杨，发现的墓葬头向除极个别的朝东外，绝大多数的墓葬头向朝南，大多在 160°~180° 之间。而登封王城岗、伊川白元、洛阳王湾所发现的墓葬头向朝北，约在350°~360° 之间。它们与二里头不同的是，在二里头遗址以外发现的这些墓葬方向是单一的，或朝南或朝北，而二里头发现的墓葬朝南、朝北都有，甚至共存于同一小型墓地中。

二里头遗址发掘的墓葬的另一特点，是许多墓葬都有铺撒朱砂的习俗，有的甚至达到十几厘米厚，而且这些用朱砂铺底的墓葬规格一般都比较高。比如所谓的"贵族墓"、铜器墓，特别是发现有龙形器、铜牌的墓葬都有大量的朱砂铺底。这些墓葬的方向大多数都是朝北的，这一习俗最早发现是在王湾文化一、二、三期的墓葬中。因此，我们可以认为：二里头遗址第一至四期发现的墓葬，其埋葬习俗证明它们是一个完整的文化整体，其间并没有发生根本性的变化。

关于偃师商城，因有大量的论文、论著讨论，在此不再重复，仍以墓葬材料做一简单阐述。

偃师商城发现墓葬 122 座，可辨认方向者 104 座，其中 53 座头向朝北，24 座头向朝东，18 座头向朝南，9 座头向朝西。仅从墓葬材料分析来看，可能在偃师商城时期有新的文化注入（其中有 24 座墓葬头向朝东，这个现象在二里头文化的第一至四期中没有出现过）。但是，它的文化主体仍以二里头文化为主。偃师商城一位同行介绍，在偃师商城时期，二里头遗址中发现的大型铸铜作坊仍在使用。显然，偃师二里头与偃师商城之间的关系绝不是"改朝换代"那样的简单。加之偃师商城以往发掘的遗址如小城、府库，以及近年发掘的大规模粮仓等重要遗存，使得很多学者开始怀疑，偃师商城是否为"汤都西亳"。相信很快就会有结论，只是希望在讨论中，我们不要过于固执己见，要遵循实事求是的原则，或许这才是一个学者应该具有的基本操守。

八、作为一名资深的洛阳文物考古工作者，请问洛阳的考古文物工作者应该在哪些方面推动夏文化的探索？

洛阳当地的文物工作者，在今后如何通过自己的努力为夏文化的研究做一些工作，我个人认为这并不难：

第一，应该从最基础的工作做起，要摸清自己的家底，像陈星灿等先生在伊洛河东部地区的调查，我们也应该尽快去做好这类的工作。第二，如果二里头遗址内曾有两个氏族集团共同相处，而且这两个集团就分布在豫西地区，那么我们应该以此为线索，选择一些重要遗址进行调查发掘，或许会有更多的收获。第三，已有资料表明，豫西地区在相当于王湾文化这一时期，遗址的数量增加了许多，仅偃师境内属于王湾文化时期的遗址就多达一百余处。遗址多就表明人口增多，这是否与这一时期的治水有关？第四，结合夏王朝在河洛地区建立国家的历史背景探索夏文化始终应该是洛阳文物考古工作者的重要责任，我们有义务当然也有条件去做好这些工作。

本访谈的提问由王仲奇初拟，张立东修订，答问由郭引强先生自撰。

主要著述

1.《豫西地区龙山文化典型遗址分析》，《中原文物》1986 年第 1 期。

2.《商都西亳略论》，《洛阳市古都学会暨中国古都学会第五届年会论文》，洛阳市第二文物工作队编印，1987 年版（合著）。

3.《略论王湾文化——兼对"河南龙山文化"名称的讨论》，《夏文化研究论集》，中华书局，1996 年版（合著）。

4.《〈方孝廉考古文集〉序》，《方孝廉考古文集》，中州古籍出版社，2014 年版。

王巍

王巍，1954年出生，山东荣成人。1978年3月，考入吉林大学历史系考古专业。1995年1月获得日本九州大学文学（人文博士学位。1996年7月，获中国社会科学院研究生院历史学博士学位。1998年7月，任中国社会科学院考古研究所副所长，《考古》杂志主编。1999年，被评为中国社会科学院有突出贡献专家，博士生导师。享受政府特殊津贴。2006年至2016年，任中国社会科学院考古研究所所长。2001年被授予德国考古研究院通讯院士，2006年被授予美洲考古学会终身外籍院士。2010年，当选中国社会科学院学部委员。2013年，当选第十二届全国人大代表。2013年10月，当选中国考古学会理事长。2017年12月，任河南大学校学术委员会主任、古代文明中心主任。2018年3月19日，中华人民共和国第十三届全国人民代表大会第一次会议通过王巍为第十三届全国人民代表大会教育科学文化卫生委员会委员。2018年6月，任中国社会科学院历史学部主任。2020年5月，任中国历史研究院咨询委员会副主任。

一、您是什么时候开始关注夏文化问题的？在其后的学术生涯中又做过哪些与夏文化关系密切的工作？

我在吉林大学读书期间，林沄老师教夏商周考古。他给我们讲授了二里头文化与夏文化相关的问题。那时候我还看《考古》杂志，读到了关于二里头文化的分期、哪些考古学文化属于夏文化等问题的争论。这些问题引起了我的兴趣。我 1982 年毕业就被分配到中国社会科学院考古研究所夏商周考古研究室。二里头工作队、陶寺工作队都在同一个研究室，每年在听田野发掘的业务汇报时，也会知道二里头遗址最新的发掘成果，可以更直接地了解二里头考古的新发现，应该说我是一直比较关注夏文化问题的。

二、您曾主持偃师商城的发掘，发表过偃师商城的专论，并参与写作了《偃师商城与夏商文化分界》一文，请问您现在对偃师商城、郑州商城、二里头遗址等大遗址的性质及相互关系是如何认识的？

1983 年我们考古研究所发现了偃师商城，然后就开始进行考古发掘。我 1996 年到 1998 年带队在偃师商城做考古发掘。我带队发掘的是偃师商城的宫城，是一个大型宫殿建筑群。通过对偃师商城的发掘，我认识到它的始建年代应该是在二里头文化第四期偏晚的阶段。我原来和我们考古研究所里的许多先生一样，认为二里头文化第一、二期是夏文化，第三、四期是商文化。偃师商城的发现最大的意义就在于，它是距二里头遗址仅 6 千米的一座商代早期城址。如果二里头文化是夏文化，那么在夏王朝没有灭亡的时候，根本不可能允许商人在它附近修建这个城。所以我们就认为，偃师商城的修建是夏商王朝分界的界标。那么偃师商城的始建年代就应该是商王朝的初始年代。我们经过统一认识，发表了《偃师商城与夏商文化分界》这篇重要的文章。我们的观点是有所改变，但是这个改变是基于最新的考古发掘所得出的认识。这是很正常的事情，我们的认识总要不断地被新的考古发现所验证、所纠正。这是我们几个人当时写这篇文章的初衷。

我现在的认识有一点是没有改变的。那就是我认为偃师商城的始建年代仍然是夏商王朝或者是夏文化、商文化的分界界标。郑州商城与偃师商城的关系，现在来看两者基本同时。当然我认为商人是在郑州建立一个据点，再出发去攻打夏桀。因为文献中有"韦顾既伐，昆吾夏桀"，商人肯定是从东到西逐步攻打隶属夏王朝的附属国，最后进入二里头推翻夏朝。

简单来说，我认为二里头第四期偏晚阶段和郑州商城、偃师商城最早的修建年代应该是有重合的。也就是说，即使商王朝推翻了夏王朝，那么有一部分夏遗民仍然在这座城市居住、生活。只不过夏王朝被推翻以后，二里头遗址不再作为都城了。我认为偃师商城的修建是为了便于监视夏遗民的动向。

三、您曾探讨过公元前 2000 年前后大范围文化变化的原因，请问您对夏文化探索中的热点遗址登封王城岗、禹州瓦店和新密新砦遗址是如何认识的？

关于登封王城岗、禹州瓦店和新密新砦这几个遗址，从年代上看，新砦遗址的早期早于二里头遗址一期。新砦遗址三期与二里头遗址一期基本同时。新砦初期应该比较接近夏代初年。从王城岗遗址的规模和年代上看，它与文献中所记载的禹都阳城基本吻合。我现在还是认为登封王城岗应该是禹都阳城的观点是值得重视的。目前这种说法应该是最有影响力的。当然我也注意到有其他学者通过文化遗存的分析提出了不同的观点。我认为夏文化的来源肯定是多元的，不会是一元的。因为一个族群中包含着多种多样的人群，比如起码作为该集团的姻亲的集团，它的影响肯定存在。这个问题有待进一步研究。王城岗和瓦店的考古发掘关键就是要寻找大型夯土建筑遗迹。因为要论证它是一座都城，它就必须存在大型夯土建筑遗址，即所谓的宫殿。如果说没有宫殿的话，你论证它是都城，我认为是欠缺的。既然是都城，王的居所一定是不同于一般人的，它的等级要更高。当然高等级的墓葬的寻找也很重要。这两点目前都欠缺，所以我觉得这个问题还不能敲死。

四、在河南大学举办的首届夏文化暑期研讨班上，您的主旨演讲的题目是"中原地区文明化进程中的夏文化研究"，请谈谈夏文化在中原地区文明化进程中的地位。

在中原地区的文明化进程中，夏王朝的建立是一个转折点。在距今5000多年前中原地区进入古国文明阶段，以巩义双槐树遗址为代表的遗址群表明中原地区已经进入了这一阶段。公元前4300到公元前4000年，以山西襄汾陶寺遗址、陕西神木石峁遗址为代表的遗址群表明中原地区已经进入了邦国文明的阶段，王权愈加强化，社会分层、阶级分化愈加明显。再往后，由于夏代前期的遗址发掘尚不充分，我们对夏王朝前期的社会面貌不是很了解。但是以二里头遗址为代表的夏王朝后期出现了一系列的新的变化，呈现出一种新气象，可以称之为王朝气象。如宫室制度、多进院落、中轴线理念、青铜器和玉礼器群、对周围文化的强烈辐射等，表明其已经进入王朝文明的阶段。所以，我们认为夏代前期应该是一个从邦国文明向王国文明转折的时期。到夏王朝后期，以二里头文化第二期为代表进入了王国文明的时期。此后的商、西周是持续发展的王国文明阶段。春秋战国又是一个王国文明向帝国文明转变的时期。以秦始皇统一中国，建立秦帝国为标志，中国进入帝国文明阶段。

夏王朝的建立是一个重要的转折点，我们的国家后来一系列的礼制都是在夏王朝时期初步形成的。当然这些礼制的起源可以追溯到史前时期龙山时代。但是它的体系化、制度化在夏王朝时期初步形成，商王朝、西周王朝不断发展，到西周中期基本完善。

五、如何定义考古学上的"夏文化"，是夏文化探索最基本的问题，当年夏鼐先生的定义产生了持久的影响，现在您对"夏文化"是如何定义的？

我觉得夏鼐先生的定义是比较准确的。我认为夏文化是指夏代以夏族为核心的以及臣属于它的一些小的邦国构成的物质文化和精神文化遗存。文献中的韦、顾、昆吾都是夏王朝的重要参与者。当时的王朝与秦汉以后是不一样的。夏作为一个宗主国存在许多小的邦国、势力臣属于它。它实际上是一个以夏王为核心的势力共同体。可以看到二里头文化在它的分布范围内存在着地方性的变体，比如东下冯、洛达庙等。这些都应该属于夏王朝时期臣属于夏王的势力或者叫方国，它们共同构成了夏文化的分布范围。

六、您在第三届世界古都论坛暨夏文化国际学术研讨会上，曾经指出"不能因为没有文字材料就认为夏代不存在"，请问在缺少文字自证的情况下，如何判定二里头遗址的历史属性？如何通过考古材料来辨识夏文化？

有人说，只要没有发现文字，就不能证明夏代的存在。我觉得考古学家不应该这么说。如果是历史学家或者是古文字学家说这样的话倒也可以理解。因为考古学家的看家本领就是地层学、类型学。首先辨别一个考古学文化。然后再判断它的年代、分布范围、文化内涵、文化因素构成以及其来源与去向。把这一系列的工作做完之后，再与文献相结合，探讨该文化的族属，看哪一个族群与考古学文化在时间、空间、规模、性质等方面可能最吻合。考古学的材料分析是我们研究的基础，而不是从文献出发。起码就现在的学者来讲，他们不可能从文献出发进行研究，但对文献资料也不可能完全忽视它的存在。

以二里头文化为例。首先是夏墟调查，发现遗存之后开展考古发掘。进而进行考古勘探，了解遗址的整个范围。在逐步开展的考古工作中了解遗址分区，划分出宫殿区、作坊区等进行深入具体的研究，考察其面貌。与此同时，对陶器进行研究分析并分期断代，考察二里头文化的来龙去脉。二里头文化的研究大致就是这样进行的。经过 60 多年的发掘、研究，我们对二里头文化的总体情况有了较为全面的认识。它的年代是公元前 1750 到公元前 1550 年间，跨度大约 200 年。二里头文化可分为四期，主要分布于河南全境和山西南部。最重要的是它本身已经进入早期国家的阶段。它有大型的宫殿、官营手工业作坊以及青铜器、玉礼器群等高等级遗存，并对周边施加了强烈的影响。这是王权形成的一系列证据。更重要的是，它和文献记载中的夏王朝后期的存续年代、分布范围高度吻合。还有一点十分重要：它是年代与商王朝前后紧密相接的唯一的具有超大范围影响力的政治实体。它许多政治上、制度上以及工艺技术方面的发明创造被商王朝所继承，对商王朝产生了重要影响，比如玉礼器、青铜礼器。商王朝的青铜礼器是在二里头文化的基础上发展起来的。

　　一个存在于河南中西部、山西南部的，在商王朝之前的，并对周边产生重要影响的强大政治实体，如果不是夏，那是什么呢？如果说文献中记载了同时期具有如此强大影响力的多个政治实体，我们还需要从中选择，可以说二里头文化不一定是夏。可是我们看《史记·夏本纪》等文献，在当时没有其他拥有这么大影响力的政治集团。难道能忽视这些因素，单纯地说只要没有发现文字，就不能说夏的存在吗？二里头当时生活着什么人群？它怎么会有这么大的政治势力和政治影响力？如果刚刚发现的时候还不能确定，那是因为还没有了解它的文化面貌、文化内涵、文化影响、政治结构、国家形态。可是经过 60 年的考古发掘和研究，还是好像这一切没有发现一样。我觉得这是对考古学家 60 年的发掘和研究，对几代人发掘成果的不尊重。如果只有通过发现文字才能断定是不是夏，那就直接找民工挖就行了，挖到带字的东西给古文字学家一看就完了，要考古学家干什么？这不就完全否认了考古学家的本职特点和工作性质了吗？

七、您曾长期领导中国社会科学院考古研究所乃至全国夏文化探索工作，并多次总结夏商周考古学的进展，请您简单总结一下近百年来夏文化探索的主要成就。

　　我觉得考古百年来对夏文化的研究是以二里头遗址发现为契机的。

主要成就可以总结为以下几点：第一，以"夏商周断代工程"为例，对二里头文化的年代进行精确测定。第二，了解了二里头遗址的分布范围有300万平方米，是同时期中原地区规模最大的遗址。第三，比较细致地研究了二里头遗址二里头文化的分期以及各期年代。第四，对二里头遗址的布局、功能分区有了比较全面的了解。第五，二里头文化与商文化关系和夏商分界的研究：偃师商城即夏商分界的界标；对于商文化对二里头文化的继承吸收有了较为清晰的认识。第六，认识到二里头文化对周边其他文化因素的吸收情况。第七，对二里头文化的分布范围和以玉礼器为代表所反映的二里头文化影响范围有了清晰的认识。第八，把二里头文化与历史上夏代的时间、空间范围相对应，我们认为它极有可能是夏代后期的夏文化。

从另一个角度看，百年考古之前我们对夏几乎一无所知。疑古派认为《史记·夏本纪》的记载是根本不可信的。我们通过百年考古，通过60多年对二里头文化、夏文化的探索，起码把夏代的历史从虚无缥缈变为可供研究的、看得见摸得着的考古资料。在"夏商周断代工程"和"中华文明探源工程"中，把二里头遗址作为重点遗址通过多学科结合的手段开展工作，对夏王朝尤其是夏代后期的文化面貌、政治、经济、生业、手工业技术、社会组织、王权、国家形态以及它对周边的影响有了全面的了解，我觉得这是中国考古学界的巨大贡献。

八、作为中国考古学会的理事长，请问中国考古学会及其下设的夏商考古专业指导委员会应该从哪些方面促进夏文化的探索？

2013年第六届中国考古学会常务理事会成立之后由我任理事长，童明康、赵辉、李季任副理事长。我们实行了一系列改革措施，其中最重要的就是成立各种专业指导委员会，至今已经成立了 20 多个专业指导委员会。夏商考古专业指导委员会就是在这一背景下成立的。我们当时的目的是要最大限度发挥各个领域考古学者的积极性和创造性。由他们来组织各个领域的学术活动，而不是任何学术活动都由中国考古学会来组织。当然，夏文化研究就是夏商考古专业指导委员会重要的研究内容之一。夏商考古专业指导委员会成立后，也开展了一系列专业研讨会。这些专业指导委员会不是行政机关，而是学术机构。它们的任务就是团结全国某一领域的考古工作者通过各种方式进行学术交流、研讨，比如通过典型遗址的现场论证会等推动相关问题的研究。夏商考古专业指导委员会成立已经 7 年了，在夏商考古领域发挥了重要作用。

九、您认为夏文化的探索最应该在哪些方面努力？

我认为今后夏文化探索主要应从以下几个方面继续努力：

1. 夏代前期重要遗址的发掘。对登封王城岗、禹州瓦店和新密新砦等重点遗址做针对性的工作，尤其要重视大型夯土建筑和高等级墓葬的寻找。

2. 进一步扩大二里头遗址的发掘面积，更加全面地了解二里头遗址的布局情况。着重观察"井"字形格局所划分的各个网格中的具体内涵：除中心网格是宫城外，其他网格区域的性质是什么；各个网格中是否都有墓葬和夯土建筑以及各个网格中墓葬规格情况如何；各个网格的情况是否反映当时人们聚族而居、聚族而葬的传统。二里头遗址发现了新的网格式布局，这同时也带来了新的问题。当然这也为我们研究二里头遗址的功能分区、布局乃至社会组织、社会结构提供了新的材料和思路。

3. 二里头文化分布区的其他中心性遗址需要进一步开展工作。夏王朝有许多附属小国。文献中有记载，商灭夏时是"韦顾既伐，昆吾夏桀"。它们都是夏王朝的附属国，也是一个个政治实体。它们具体在哪里？面貌如何？与夏文化有什么样的关系？这都需要进一步研究。特别是豫东地区，是夏文化探索的重要区域。

本访谈的提问由王仲奇初拟，张立东审订。2021年7月26日，王仲奇通过微信语音进行采访，随后进行整理。2021年8月11日，王巍先生审定完毕。

主要著述

1.《商文化玉器渊源探索》，《考古》1989年第9期。

2.《夏商周时期辽东半岛与朝鲜半岛西北部的考古学文化序列及其相互关系》，《中国考古学论丛》，科学出版社，1993年版。

3.《从考古发现看中国的龙山时代》，《博古研究》1995年第10期。

4.《商代马车渊源蠡测》，《中国商文化国际学术讨论会论文集》，中国大百科全书出版社，1998年版。

5.《偃师商城考古新发现及其相关问题》，《青果集——吉林大学考古系建系十周年纪念文集》，知识出版社，1998年版。

6.《偃师商城与夏商文化分界》，《考古》1998年第10期（合作）。

7.《先周文化的考古学探索》，《考古学报》2000年第3期（合作）。

8.《中国古代国家形成论纲》，《中原地区文明化进程学术研讨会文集》，科学出版社，2006年版。

9.《公元前2000年前后我国大范围文化变化原因探讨》，《考古》2004年第1期。

10.《中华文明起源研究的新动向与新进展》，《黄河文明与可持续发展》2008 年第 1 期。

11.《新中国考古六十年》，《考古》2009 年第 9 期。

12.《中国考古学百年历程回眸》，《光明日报》2021 年 11 月 17 日。

方燕明

方燕明，1955 年出生，浙江宁波人。1977 年参加文物工作，1986 年毕业于吉林大学历史系考古专业。研究方向为新石器时代和夏商考古。曾任《华夏考古》编辑部主任，河南省文物考古研究院研究员，中国社会科学院古代文明研究中心客座研究员，河南省文物考古学会副秘书长，河南省文物鉴定委员会委员，郑州中华之源与嵩山文明研究会理事，郑州古都学会副会长，中国古都学会理事，河南大学黄河文明与可持续发展研究中心特聘研究员。先后承担『夏商周断代工程』、全国文物博物馆事业人文社会科学重点课题、中华文明探源工程、国家社科基金重点项目、中华之源与嵩山文明研究会重大委托课题等 9 项，均已结项。曾主持和参与河南灵宝涧口遗址、郑州站马屯遗址、登封王城岗遗址、禹州瓦店遗址发掘，香港沙下遗址发掘，禹州颍河两岸考古调查，以 WEB 和 3S 技术为支持的禹州考古区域系统调查等多项田野考古工作。

一、您是如何走上考古之路的？又是什么原因让您走上了夏文化研究的道路？

20世纪70年代初期，我由哈尔滨来河南安阳插队下乡当知青。年轻人可能不太了解那个时代的历史，像我们这些20世纪50年代出生的人，很多都有上山下乡的经历。虽然我的祖籍不在河南，可是在河南下乡生活了几年，所以对河南这片土地是有感情的。1977年7月，河南省文化局文物工作队（河南省文物考古研究院前身），在郑州、洛阳和安阳等地方下乡的知青当中招收一些年轻人来参加文物考古工作，我就是在这样的机缘巧合下走上了文物考古这条路。

早在1959年，中国科学院考古研究所的徐旭生先生在豫西晋南地区开展了著名的"夏墟"调查。徐旭生先生把当时能看到的与"夏"有关的文献收集到一起，大概有几十条，进行分析筛选，最终选出二三十条。通过对这些文献的分析，徐旭生先生认为有两个区域最值得关注。一个是河南的中西部，即嵩山西北的"伊洛河流域"和嵩山东南的"颍汝河流域"，也就是今天所说以嵩山为中心的区域。另外一个是山西晋南的汾河、浍河等流域。那一年，徐旭生先生发现了偃师二里头遗址，也调查了登封、禹县（今禹州市）的一些遗址，包括八方遗址（王城岗遗址）。实际上，在1951年淮河治理期间，进行考古调查时就发现了王城岗遗址，只是没有进行考古发掘。徐旭生先生的豫西晋南"夏墟"调查，拉开了由考古学探索夏文化的序幕，全国范围内掀起了夏文化研究的第一次热潮。此后，在豫西和晋南地区先后开展了一些有关探索夏文化的考古工作。

我到河南省文化局文物工作队时，队长是安金槐先生，安先生是后来成立的河南省文物研究所的第一任所长，被誉为"河南考古第一人"，在河南考古界影响很大。20世纪五六十年代，安金槐先生主要在郑州商城进行考古工作，郑州商城隞都说就是安先生提出的。20世纪70年代，郑州商城基本上已被认定为是早于安阳殷墟的商代早期都城。

安金槐先生主要是研究商代的，当20世纪70年代中期郑州商城的工作告一段落后，他就将研究重心转向夏文化的探索。当时的学界有一种普遍的认识，即二里冈文化之前是二里头文化，二里头文化之前是王湾三期文化。关于二里头文化和王湾三期文化，当时学界已在讨论它们是不是夏文化。有文献记载登封是夏人活动的区域之一，而这里既有二里头文化遗存，也有王湾三期文化遗存。安金槐先生就是带着这些线索和认识来登封八方遗址做工作的，想要找比二里冈文化和二里头文化都要早的遗存。1975年，安先生率领考古队来到登封八方遗址，可是，初始阶段的工作并不理想，发掘到的只有二里冈文化或二里头文化的遗存。随着工作的继续，1977年，在八方村东面位于五渡河和颍河交汇的台地王城岗上发现了龙山晚期小城。城址被分为东、西两个城。东边的小城因紧靠五渡河，所以大部分已经被河水冲毁了。西边的小城保存尚好，面积不到1万平方米。许多年来，关于龙山城址，仅有一些线索，如1930年代梁思永先生在安阳后冈发现过一段龙山时期的夯土墙，李济和梁思永先生在山东城子崖也发现过龙山时期的夯土城垣，当时，仅凭这些材料还不足以判定是城址。1977年发现的登封王城岗龙山晚期小城，在全国范围内是第一座被确认的龙山时期的城址。

因为王城岗龙山小城的发现十分重要，1977年11月就在登封召开河南登封告成遗址发掘现场会。原计划这个会议的规模是几十个人，只请一些做相关研究的学者。可是，这是"文革"结束以后第一个由国家文物局主导的与探索夏文化有关的学术会议，所以中国社会科学院考古研究所以及国内的各大考古院校与诸省文物考古工作者来了不少，会议规模达到了上百人。这次现场会标志着夏文化研究第二次热潮的到来。

对于 1977 年初入考古之道的我来说，入行伊始就赶上了王城岗龙山晚期小城的发现，又经历了著名的河南登封告成遗址发掘现场会，从此走上了探索夏文化之路，应该说是十分幸运的。

二、了解您的著作以及工作经历的人都知道，您已经从事夏文化研究 40 多年了，对于夏文化研究中应该注意的地方，您能否做一个简单的总结？

1977 年我参加工作，从吉林大学毕业后又回到原单位。从那时算起，我从事文物考古工作已有 40 多年了，研究的主要方向是新石器时代晚期和夏商考古，其中用力最多的是探索夏文化，新石器和商代考古做得不多。

夏代作为历史上的第一个王朝是非常重要的，但是存在的问题也很多。关于夏文化的研究史，你们可能会有一些了解。国内外学者对于"有夏或无夏"这个问题是存在很大分歧的。基本上是国内学者以及日本等东方学者大都认为"夏"是存在的，而西方学者一般持"无夏"说。张立东先生写文章认为，1925 年李济先生在山西西阴村的发掘就带有寻找夏墟的目的。如果夏文化的探索从李济晋南考古工作开始，到现在已经有 90 多年了。以文献为指引，用考古学的方法探索夏文化，学界一般认为是从 1959 年徐旭生先生的豫西晋南"夏墟"调查开始的，至今也有 60 多年了。客观地说，学界在这么长的时间里对夏文化的不断探索和研究已经取得了重要进展，但是，也有不少问题尚未解决。

这几年，关于夏文化的讨论很有代表性的就是二里头夏都遗址博物馆的定名。听说当时国家有关部门倾向于称为"二里头遗址博物馆"，可是省里有关部门希望加上"夏都"两个字，最终定名为"二里头夏都遗址博物馆"。即便如此，我们也要认识到关于"二里头遗址与夏、商的关系"这个学术问题，是存在不同意见的。有的专家就认为二里头遗址作为都邑，有可能是夏的，也有可能是商的。也有学者认为，二里头遗址可能是先夏后商。

我觉得夏文化的探索与研究应该有这样几个前提。

首先，历史上的夏是根据传世和出土文献等与夏有关的材料，对夏代王世、积年、都邑和族属进行梳理，确立的必要的历史框架。东周以来的先秦文献记载了夏代世系和许多大事，包括大禹治水、禹会诸侯于涂山、禹征三苗、启有钧台之享、太康失国等，但这些文献形成的时间，距离夏代已经有 1000 多年了。近年来，保利艺术博物馆收藏的遂公盨非常引人注目，这是一件西周中晚期的青铜器，铭文开篇即言："天命禹尃（敷）土，隓（堕）山浚川。"铭文赞扬了大禹治水的功绩，这也是迄今为止我国发现最早记录大禹治水的器物。那么，从文献的角度看，夏的存在应该是可信的。

其次，商代的历史也是有文献记载的，但是商的最终确认是因为在安阳殷墟发现了甲骨文，由此证明商代中晚期的历史是确定无疑的。我们知道，郑州商城、偃师商城是商代早期的都城。但是，在这些地方甲骨文发现得却很少，不像商代中晚期的殷墟甲骨文对殷人的记录那么丰富。商代的历史由于甲骨文的发现得到了证实，那么，再往前推呢？目前还没有发现可以确认是夏代的文字。虽然这些年有学者发表文章：例如中国社会科学院考古研究所的冯时先生就认为，山西襄汾陶寺出土的龙山时期陶壶上的字符是与夏有关的"文邑"二字；国家博物馆的李维明先生通过研究河南新密黄寨出土的二里头时期的骨刻字符，指出其中有一个字符是"夏"字的早期写法。但限于此类材料太少，此认识尚未成为学界的共识。所以说，夏代还不能完全由传说成为信史。

最后，夏鼐先生、邹衡先生、张光直先生等都认为夏是个问题。但是，诸位先生都认为可以通过考古来解决夏的问题。考古不仅能够证史、补史，还可以写史，就像前些年，由白寿彝先生主编，苏秉琦、严文明和张忠培先生合编的《中国通史》第二卷。这本《中国通史》完全是用考古材料写成的，是目前我所看到的考古学家编著的中国通史中，非常有分量、有影响力的版本。从考古的角度看，夏代是可以通过考古学去探索、复原或重建的。

三、登封王城岗遗址已被公认为是禹都阳城，您参加了该遗址几乎所有的发掘，请谈谈您在这些发掘中都有哪些难忘之事。

有关这个问题，你们的功课做得很足。从 1977 年发现王城岗龙山晚期小城以后，我参加了王城岗的大部分考古工作。不过，"登封王城岗遗址已被公认为是禹都阳城"，我以为就现有的考古材料还不能这样说。可以说，王城岗城址可能为禹都阳城是学界的主流认识。

我们知道嵩山东南地区，包括登封、禹州等地，都是夏人早期活动的区域。所以，20 世纪七八十年代的考古工作并不局限于王城岗遗址，也不局限于登封境内。记得早年在王城岗发掘的时候，就常常利用夏季或冬季，不做田野发掘时做考古调查。1979 年，我和同事承担了禹州（原禹县）境内颍河两岸的龙山文化遗址和二里头文化遗址的调查与试掘工作。后来进行多次发掘的瓦店遗址，就是当年调查时发现的一处重要遗址。这些考古调查和试掘工作是安金槐先生布局的，在对重点遗址王城岗做发掘的同时，对登封的程窑、北沟，禹州的吴湾、董庄、崔庄、瓦店、阎寨、冀寨等遗址做试掘，并在更大范围内做调查。如此由点到面，点面结合，全面了解嵩山东南地区龙山文化晚期和二里头文化时期遗存的分布和堆积情况。可见考古学家安金槐先生的学术格局很大，给我留下了深刻印象。

河南省文物考古研究院在登封告成观星台有个工作站，在那里有王城岗遗址考古展室，不知道你们去过没有？这个工作站，是当年我们在王城岗发掘的时候建设的，到现在已有40多年了。这个工作站可以说是我的一个"福地"，在这里我先后整理编写了好几本考古报告，包括禹州瓦店、登封王城岗的发掘报告。几十年来，我们在嵩山东南地区做了很多工作，好些遗址出土的考古标本就在这个工作站里保存着。可以说，这里是河南省文物考古研究院在嵩山东南探索夏文化的一个重要基地。在王城岗遗址考古展室内，可以看到一块龙山时期的夯土标本，那是1977年我亲手提取的王城岗龙山文化晚期小城的夯土。有学者开玩笑说：王城岗的夯土是我吹出来的。当时，我们对于龙山文化夯土的认识很有限，要确认是夯土，一定要找到夯层和夯窝，摸清夯土的土质土色和包含物的特点。我们刚开始发掘夯土时，能够划出夯层，却找不到夯窝，很着急。我们在夯土中发现一些卵石，故推测卵石可能是打夯的工具，经仔细观察又发现夯土层中有薄薄的沙层。经过认真摸索，在清理夯土的过程中，顺着沙层用小竹签一边剔一边吹，吹掉沙子后，卵石印痕的夯窝就显露出来了。原来这里的土质黏性较大，打夯的时候，黏土会粘到卵石夯具上，使之操作困难。于是在夯筑过程中，每铺一层土先撒一层沙再夯实，这样就不会粘夯具。因此，就有了"王城岗的夯土是我吹出来的"之说。有机会欢迎你们到王城岗遗址考古展室去参观那块被我"吹出来"的夯土。

早年王城岗考古工作中我印象比较深的事，除了前面说过的在王城岗提取夯土和禹州考古调查，还有就是 1977 年经历的河南登封告成遗址发掘现场会。那一年，我们在登封王城岗发现了龙山晚期的两座小城，西城保存比较好，面积不足 1 万平方米，东城大部分被五渡河冲毁了，面积不详。就现存情况看，东城和西城的面积可能差不多大小，如此推断王城岗龙山晚期小城的面积有 2 万平方米左右。同时，在五渡河东岸的告成镇东北，发现了一座战国城址。在这座城址中出土了"阳城"陶文。结合文献对阳城的记载，至少可以说在东周时期，这个地方就叫阳城，因此，这座城址应该就是东周阳城遗址。这座东周阳城与王城岗龙山晚期城的直线距离仅有一两千米。从王城岗遗址向北望可以看到巍峨的嵩山，向南看便是箕山。有文献记载阳城的位置大体在"嵩山之阳，箕山之阴"，就是嵩山的南面，箕山的北面，可见阳城的地理位置还是比较清楚的。

　　1977 年 11 月，在登封告成发现王城岗龙山文化晚期小城的背景下，河南登封告成遗址发掘现场会召开了。会议围绕登封告成王城岗遗址的发掘，探讨夏代文化问题。会议着重讨论的议题有：1. 夏文化在考古分期上的相对年代；2. 告成王城岗城墙基槽遗址是不是夏代城；3. 夏文化的面貌；4. 从理论的高度去探索夏文化。安金槐先生在会上介绍了八方王城岗遗址考古收获，提出王城岗夯土城墙基槽遗迹的建筑年代，可能相当于夏王朝初期。由于东周阳城的发现，为证明其西不远的王城岗夯土城墙基槽是夏代城提供了重要的旁证和线索。安金槐先生根据考古发现并结合文献，提出了王城岗龙山文化晚期城址可能是禹都阳城。

　　在会议上，中国社会科学院考古研究所主持二里头遗址发掘的赵芝荃先生介绍了二里头遗址的发现，同时提出这样一个观点，认为二里头遗址早期是夏，是少康之后的斟鄩，晚期是商汤的西亳。不过，徐旭生先生早在 20 世纪 50 年代末发现二里头遗址以后，就提出二里头遗址可能是商人的都城"西亳"。邹衡先生在会议上发言认为，如何在考古学上确定夏文化是一个比较复杂的问题。邹衡先生认为，从年代、地理、文化特征、文化来源以及社会发展阶段五个方面进行全面考察，可以肯定地说，二里头文化就是夏王朝所属的考古学文化，即夏文化。至于说河南龙山文化晚期是不是夏文化，倒是可以讨论的。夏鼐先生在登封告成遗址发掘现场会闭幕式上的讲话中谈了四点：一、夯土城墙问题，王城岗遗址有夯层，有夯窝，这是工作中已经解决了的。二、地层文化问题，基槽即城墙的年代，可以定为龙山文化晚期。这在发掘工作中可以说是解决了。三、夏文化问题，"夏文化"应该是指夏王朝时期夏民族的文化。四、夏都问题，一般的探索过程，是先确定一个遗址属于某一王朝，然后再确定它是否为该王朝的都邑。这个王城岗遗址有城，但是不是都邑呢？城有两种：一是城堡，一是城市。后者是王国的政治、经济、文化中心。城也不一定只有一个城圈。这次发现的东周阳城则没有问题。它的发现为寻找禹都提供旁证和线索。

20 世纪七八十年代王城岗发掘时，安金槐先生要求所有的龙山文化遗迹都只做一半，另一半留在原地保存，可以说还是很有远见的。安先生知道在王城岗发现龙山文化晚期城址后，关于是夏代城址还是禹都阳城，学界肯定会有争议。把与城址相关的遗存留在那里，有人不相信，还可以来看，还可以来重新发掘，这就为我们后来的工作奠定了良好的基础。这种超前的文化遗产保护观念，实际上和现在实施的大遗址保护研究与展示理念是不谋而合的。要是当年将王城岗龙山文化晚期遗存都挖完了，现在还研究什么？保护什么？让大家看什么？但在那个时候，几乎在所有的发掘中，遗迹都是要清理到底，做到生土为止的。

1977 年到 1978 年，我一直在王城岗做发掘。1979 年整整一年的时间，我和同事在禹县（今禹州市）颍河两岸做调查和试掘。1980 年，我又回到了王城岗做工作，负责在发掘中发放探方号、灰坑号、墓葬号等，并一一记录在王城岗遗址发掘布方总图上。我还负责管理王城岗遗址发掘出土物仓库和标本室，所以我对王城岗的材料比较熟悉。到1981年，王城岗发掘告一段落后，我就参加了整理王城岗发掘资料和编写发掘报告的工作。1992年出版的《登封王城岗与阳城》考古报告的执笔者中，我是最年轻的。

1996年开始到2000年结束的"夏商周断代工程"，是由时任国家科委主任的宋健提出来的，我和张立东先生就是在"夏商周断代工程"里相识的。学界认为在世界四大文明古国中，历经5000年沧桑巨变而从未中断的，唯有中华文明。遗憾的是，夏商周三代是中华文明由兴起走向昌盛的时期，而我国古史的确切年代，只能上溯到西周晚期的共和元年，即公元前841年。这成为我国古史研究中的重大缺憾。夏商周三代在我国古代文明历史上具有特殊地位，但其年代学始终是一个学术难题。为了改变年代学研究的滞后局面，国家组织了"夏商周断代工程"，该工程从碳十四测年、考古学、文献学、天文学四个大的方面进行年代学的研究，共设9个课题，下分36个专题，全国参与的学者大概有二百多人。"夏商周断代工程"的四位首席科学家是历史学家李学勤先生、考古学家李伯谦先生、天文学家席泽宗先生、测年技术专家仇士华先生。九大课题之一的"夏代年代学研究"课题组组长是邹衡先生，邹先生是夏商周考古研究的大家。在这个课题里有四个专题，两个考古的、两个天文的。考古的，我做"早期夏文化研究"，张立东做"二里头文化分期与夏商文化分界"。天文的分别由陕西天文台、中国科学院自然科学史研究所的学者承担，一个是"《尚书》仲康日食再研究"，一个是"《夏小正》星象和年代"。1999年，夏代年代学研究课题中又增加了"新砦遗址的分期与研究"和"商州东龙山文化分期与年代测定"两个专题，由原来的 4 个专题变为 6 个专题。

我参加"夏商周断代工程·夏代年代学研究",是安金槐先生举荐的。1996 年，在"夏商周断代工程"准备开始的时候，邹衡先生对安金槐先生说王城岗在河南，请河南省文物考古研究所推荐一位年轻人参与工作。记得是 1996 年夏日的一天，安金槐先生到编辑部办公室与我们谈起"夏商周断代工程"的事，并问我能不能在做杂志的同时承担早期夏文化研究专题，因为是主动发掘项目，时间可以自己安排。可能安金槐先生觉得，以前在王城岗发掘和报告整理中的主要工作我都参加过，对材料比较熟悉，又是搞夏商考古的，让我参加夏代年代学研究比较合适，所以来征求我的意见。说实话，我对王城岗考古是有感情的，也是《登封王城岗与阳城》考古报告的编著者之一，在报告整理中虽然发现了一些问题并做过思考，但限于当时的材料并没有得出合理的解释，如果有机会在王城岗再做些工作，有可能会找到问题的答案。不过，1986 年我从吉林大学毕业回到单位后就很少做田野工作了，1987 年到《华夏考古》杂志做编辑，至今还在为杂志服务。当时脱离田野好多年了，是否能重拾田野考古，我心中还是有些犹豫的。只是，"夏商周断代工程"的吸引力太大了，经过认真考虑，我答应接下"早期夏文化研究"专题的工作。这个专题的研究目标是：通过对嵩山南北地区河南龙山文化的分期，建立起比较详细的考古编年序列，并利用碳十四测年确定其年代。通过文化因素分析，探讨河南龙山文化与二里头文化的关系，就何为早期夏文化遗存以及夏文化的上限提出倾向性的结论。

1996 年秋，王城岗遗址测年采样工作开展前，我将单位资料室保存的王城岗资料借了出来，做了一些案头工作。现在"考古中国·夏文化研究"里的王城岗、瓦店遗址发掘中，都使用了测绘系统，可以精确到毫米级。但那个时候是使用平板仪测量，好在记录工作是我做的，所以比较顺利地找到了需采测年标本的发掘点。当年我们在王城岗发掘中，在搞清楚龙山文化晚期小城的形态、年代的同时，还在城内发现了很多奠基坑。这些奠基坑里的夯土层中埋有很多人骨。像这样的奠基坑，当年发掘的时候只清理到人骨便原地保护起来。在"夏商周断代工程"中我们把相关的奠基坑重新挖开，对其中的人骨进行采样测年。同时，我们在工作站的仓库里，翻检早年王城岗遗址所有的出土单位，将其中的可测年样品，按系列样品要求进行收集。现在我们看到的《夏商周断代工程 1996—2000 年阶段成果报告（简本）》里关于夏的始年为公元前 2070 年的推定，主要是依据对王城岗、瓦店、煤山、新砦、二里头等遗址的分期研究，以及王城岗、二里头等遗址的测年数据得出的。1999 年，我完成了"夏商周断代工程·夏代年代学的研究·早期夏文化研究"专题结题报告。

有关王城岗测年样品的提供，我印象深刻。为满足"夏商周断代工程"的测年需要，碳十四测年课题组要求必须采用系列样品，并充分利用样品的文化分期和样品之间的先后顺序等考古信息，以便在进行日历年代校正时匹配拟合以减小误差。当时，我们所提供的王城岗系列样品是按文化分期（王城岗遗址龙山文化晚期遗存被分为五期）提供样品，虽然系列样品间有先后顺序，但却不是直接的层位关系。到"'中华文明探源工程'预研究"时，我们根据新发现的材料，将王城岗遗址龙山文化晚期遗存分为前后两期三段，前期（一段）以王城岗小城为代表，后期（二段、三段）以王城岗大城为代表。依此提供系列样品时，坚持从有层位关系的单位中取样，同时，这组层位关系中包含的遗存间必须具备有效的时间差（可以分期分段）。因此，这些测年系列样品对王城岗龙山文化晚期大城、城壕和小城的绝对年代的测定起到了关键作用和良好效果。正是因为我们在实际工作中对测年系列样品的理解和完善，所以王城岗龙山文化晚期城址的系列样品测年结果被"中华文明探源工程"测年专家称为碳十四测年的典型范例之一。

　　我们知道王城岗遗址主要位于告成镇和八方村之间，这里是农田，对遗址的破坏相对较轻。同时，王城岗遗址的保护工作一直做得比较好。故1996年，只是在王城岗进行了测年采样，没有开展大规模的考古工作。瓦店遗址在早期夏文化研究中有着十分重要的地位。可是，瓦店遗址在1979年发现之后，1980年河南省文物所做过试掘，1981—1982年，河南省文物研究所和郑州大学一起对瓦店遗址进行了发掘，之后十多年没有做工作。而且，瓦店遗址大部分被压在村庄下面，随着人口的增长，村庄的扩展建设对遗址的破坏很厉害，遗址的保护工作迫在眉睫。考虑到夏代年代学研究的考古经费不多，我就抓住"夏商周断代工程"这个机会，于1997年重新发掘瓦店遗址。虽然考古工作的重心转到瓦店这边来了，通过发掘瓦店遗址也有重要发现，但是王城岗的问题还是没有解决，这让我一直挂在心上。

　　我们知道王城岗遗址龙山文化中晚期遗存分为五期，小城的使用是第二期，到第三期小城就废弃了。王城岗遗址除了第一期的东西很少，第五期的东西也不多，第五期大体相当于新砦期遗存。王城岗第三期和第四期遗存十分丰富，甚至比第二期都要丰富。当时，我就觉得这种现象值得注意。既然王城岗第三期时小城已经废弃了，为何第三期和第四期遗存仍然繁多？一般来说，从遗址的历时性看，王城岗遗址中的主体遗存如第三期小城已经废弃，那么第三期和第四期遗存应该是逐渐衰落的。可是我们看到的情况却不是这样。所以，我认为这是一个大问题。20世纪70年代发现登封王城岗之后，我们单位又陆续发掘了淮阳平粮台、郾城郝家台等城址，山东那边城子崖又进行重新发掘，还有其他城址陆续发现。城址发现多了，说明什么问题？我们一时还给不出合理的解释。而且，在当时河南发现的几座城址中，平粮台城址和郝家台城址的面积均为 3 万平方米左右，都比王城岗城址面积要大。王城岗城址被称为"禹都阳城"好像太小了点。于是就有人开玩笑说，王城岗龙山文化晚期小城不像是禹都阳城，倒像是羊圈。我多年从事编辑工作，经手的材料比较多，对材料比较敏感，所以也觉得王城岗城址的禹都阳城说还是有问题的。当时我就想，如果以后有机会，还是需要对王城岗遗址做工作的。

2000 年"夏商周断代工程"结束以后，从 2001 年开始，"'中华文明探源工程'预研究"实施，我们就计划着重启王城岗的发掘。从 2001 年的"中华文明探源工程预研究"到 2016 年的"中华文明探源工程"第四期结束，加上我参加的"夏商周断代工程"，前后历时 20 多年，在这些国家社会科学项目里，我先后承担了 6 个子课题。

2002—2005 年，我和北京大学刘绪教授共同主持登封王城岗城址及周围地区遗址聚落形态研究。该项目的主要目标和研究内容是：以聚落考古为主导，探查王城岗遗址的聚落形态。对王城岗龙山文化晚期城址周围的遗迹开展考古工作，探讨这些遗存与王城岗龙山文化晚期城址的关系，开展多学科研究，探究王城岗龙山文化晚期城址的性质及其在中华文明起源和形成过程中的作用等问题。当时，北京大学赵辉教授的一位硕博连读的学生张海全程参与了我们的工作，张海现在是北京大学考古文博学院的副教授、副院长。出于对该项目研究内容的全盘考虑，由我负责王城岗这个重点遗址的发掘研究，张海承担登封、禹州颍河两岸的考古区域调查。这种点面结合的工作所获得的丰硕成果，在 2007 年出版的《登封王城岗考古发现与研究（2002~2005）》考古报告中得到很好的体现。

2002 年秋天，王城岗新的考古工作开始。这次发掘，与以前的发掘方法理念不同，我们以聚落考古和多学科研究的方法开展王城岗的考古工作，着眼于遗址长远的发掘研究与保护，用全站仪对遗址进行了大面积的测绘分区。当时使用全站仪做遗址测绘的还不多，我们在河南省文物考古单位中都是走在前面的。现在王城岗用的测绘数据还是当年的测绘成果，只是又增加了新的航测数据。

2002 年发掘伊始，为选择发掘位置，我们不仅做了资料准备工作，还多次到王城岗实地勘察。由王城岗小城正西去八方村，有一条东西向的土路，听老乡说，这条路边的庄稼一直长得不好，浇地时这里的土也不太吃水。我们闻听暗喜，莫非下面有大建筑？就在这条路的南边开了一批探方，非常幸运，正好开在后来发现的王城岗大城的北城墙上。可是，当时并不认识，因为都没见过大城夯土。好在我对王城岗小城的夯土很熟，一看像龙山文化时期的夯土，就在夯土上做了两条解剖沟，遗憾的是夯土中仅出土一片素面陶片，看着像是龙山文化的。因为发现了夯土，我们就开始钻探。原来以为是一个大的建筑遗迹，可是探着探着，老不到边。追到后来，长长的城墙和城壕探出来了，这才确定是个大城，但是，其年代一时还定不下来。与夯土相关的地层堆积也不理想，有一个东周陶窑挖破夯土，是直接修筑在夯土墙上的，故认为夯土城墙可能不晚于东周。后来，发现一个二里冈文化时期的灰坑打破夯土，又认为夯土城墙应该不晚于二里冈文化时期。但夯土城墙是否能早到二里头文化时期或者龙山文化时期，尚不能确定。我跟刘绪先生商量后决定，为稳妥起见当年就没有对外公布王城岗新发现了大城，计划来年再继续做些工作，把大城年代搞清楚以后再说，所以只是在工程内部的年终汇报会上做了介绍。

2004 年，我们在王城岗遗址又开了几条探沟，发掘结果十分理想，将大城城墙和城壕的结构与年代、王城岗大城与小城的关系等都搞清楚了。2006 年，我在《考古》上发表了一篇简报和一篇论文，把新发现的王城岗龙山文化晚期大城、年代、性质等初步研究成果公布出来。

王城岗遗址从 2005 年发掘结束，经过不到 2 年时间的整理工作，由我主编的《登封王城岗考古发现与研究（2002~2005）》于 2007 年出版，这是"中华文明探源工程"中出版的第一本考古报告。该报告荣获"2007 年度河南省社会科学优秀成果一等奖"和"2007 年度河南省优秀图书一等奖"。

四、您曾多次主持禹州瓦店遗址的发掘，并整理出版了发掘报告，请问瓦店遗址有哪些重要发现？其对夏文化探索有哪些突出的贡献？

　　禹州瓦店遗址，是早年在夏文化探索中，于 1979 年禹州颍河两岸考古调查时发现的。当年，我们发现瓦店遗址时，采集到不少精美陶器，看到文化层堆积深厚，就感觉这个遗址不一般。到现在为止，河南龙山时期的遗址所见遗物的精致程度还没有超过瓦店遗址的。经过多年的考古工作，我们知道瓦店遗址面积有 100 多万平方米，比面积 50 多万平方米的王城岗遗址大得多。虽然 20 世纪 80 年代初的几次发掘我没有参加，但从其遗存可以感知到这个遗址的重要性。"夏商周断代工程"开始之后，1997 年，我在瓦店遗址做了一个发掘季的工作。前面已经说过，之所以选择做瓦店遗址，主要因为瓦店遗址大部分被村庄占压，保存情况堪忧，想尽量做点工作，将瓦店遗址在夏文化研究中无可替代的价值和重要性揭示出来，通过我们的工作引起当地各级领导的重视，使瓦店遗址能够得到更好的保护。

　　1997 年，我们考古队在瓦店遗址做了钻探，对遗址的了解又多了一些。像王城岗遗址，我们虽已先后发掘了近 1 万平方米，但对面积四五十万平方米的遗址而言，我们的了解还是很有限的。当时，我们估计瓦店遗址的面积有几十万平方米，几次发掘不过上千平方米，对瓦店遗址来说，我们了解的情况就更为有限了。当年，受"夏商周断代工程"考古经费限制，发掘面积并不大。但是，我的运气比较好。发掘中，在东高岗的瓮棺葬里发现了随葬的玉器。玉器的原料并不是产自本地，可能来自远方，而且玉器的造型也是石家河或者后石家河文化的样式。在中原地区，龙山时期的玉器一直出土很少，瓦店遗址出土的玉器为此增添了新材料。我们在西北台地发现了夯土建筑的一角，同时在此还发现有人牲头骨祭祀坑和大卜骨，这些发现为十年后"中华文明探源工程"瓦店祭祀遗迹的发现提供了重要的线索。在考古学文化因素上，瓦店遗址要比王城岗遗址丰富得多。王城岗龙山遗存主要是以王湾三期文化为主，其他的文化因素很少。可是瓦店遗址的文化因素就很复杂，除了有主体的王湾三期文化，也有山东龙山文化，还有江汉平原石家河文化，甚至有晋南陕东龙山文化。瓦店、王城岗这两个遗址之间的直线距离只有三四十公里，在龙山时期的文化因素上却有着不同的表现。简单地说，王城岗的文化面貌显得单纯保守些，而瓦店的文化面貌就显得复杂且丰富。瓦店遗址龙山文化晚期陶器中以成组的酒器为代表，包括盉、鬶、斝、甗、杯等。我们认为瓦店龙山文化晚期的酒器如此发达，可能与"启有钧台之享"有关，或许反映的是其时盛行的宴飨活动。瓦店遗址发现有成组的陶甗形器，可能与当时的量器有关，加之多种文化因素的汇聚，也许反映的是当时的瓦店为政治经济中心。

　　2000 年，我在《考古》上发表了《河南禹州市瓦店龙山文化遗址1997 年的发掘》，其中提出的认识是，瓦店遗址有可能与"阳翟"或"钧台"有关。有文献说禹"初在阳城，后居阳翟""启有钧台之享"。也有文献说"少康中兴"的时候是在"夏邑"，有学者研究夏邑就在"阳翟"或"钧台"。还有文献说，"夏台"就是夏桀囚禁商汤的地方，而"夏台"即为"夏邑"。若瓦店遗址真的与"阳翟""钧台""夏邑""夏台"有关，其使用的时间应该很长，大概从夏的早期一直延续到夏的晚期。我们在瓦店遗址发现的王湾三期文化和二里头文化遗存与此大体相符，我想它们之间应该不是巧合。根据文献记载，"阳翟""钧台""夏邑""夏台"的地望都与禹州有关联。这一点不像文献所载"禹都阳城"或"禹居阳城"，豫东有，晋南也有叫阳城的地方，大概有三四个地方都称有阳城。从文献记载夏人的活动范围看，瓦店遗址在夏人的活动区以内，应该是没有问题的。当然，具体的结论还有待进一步的考古发掘与研究。

瓦店遗址1997年发掘结束不久，我随即着手整理发掘报告，后由我主编的《禹州瓦店》（"夏商周断代工程"丛书）于2004年出版，该报告荣获"2004年度河南省社会科学优秀成果一等奖"。

2007—2010年，在"中华文明探源工程"中，我们对禹州瓦店遗址开展了新一轮的考古发掘与多学科研究，由我和北京大学刘绪教授共同主持。瓦店遗址考古项目的主要目标任务是：开展聚落考古研究，探查瓦店聚落形态，寻找龙山文化时期高等级建筑。开展多学科研究，探讨龙山文化时期瓦店遗址人口与环境、资源控制与利用、生业形态、经济技术、精神文化等状况。在此基础上，探讨其发展演变规律，并对其社会复杂化过程、经济、技术发展水平等作出动态分析，就其在中华文明形成与发展进程中所处的地位作出推断。

通过几年的考古工作，我们对瓦店遗址有了新的认识：第一，瓦店遗址是由西北台地和东南台地两部分组成，面积有100多万平方米。这是目前所知河南境内一个大型的龙山文化中心聚落。第二，在瓦店遗址西北台地发现龙山文化晚期环壕，环壕由西壕、南壕和东壕构成。西北台地环壕合围的面积有40多万平方米，东南台地环壕围起来的面积有50多万平方米。环壕附近是否有城墙，还在探寻中。同时，我们对颍河的古河道进行了探查，获知古颍河距瓦店遗址的北边和东边很近。由此，我们认为所发现的环壕向北可能与颍河相连接。而且在壕沟的底部发现了淤沙以及卵石，表明壕内是有水流动的，依此提出瓦店龙山文化时期可能存在水利系统。第三，在瓦店西北台地环壕内发现大型夯土建筑，建筑平面呈"回"字形，它的方向与环壕的走向同为西北东南向，建筑面积 800 多平方米。在这座"回"字形建筑的夯土基础里发现多具用于奠基的人骨，在建筑表面也发现多具用于祭祀的人骨和动物骨骼，这些人牲和动物牺牲或为完整骨骼，或已被肢解身首异处，其中人牲的个体达数十具之多，还发现可能与燎祭、宴飨、瘗埋有关的遗存。通过对出土宴飨螺壳的研究，表明可能存在着春祀和秋祀这样不同季节的祭祀活动，而且这种祭祀活动的规模有逐步扩大的迹象。在距离这个建筑的西面几百米处还发现另外一组可能与祭祀有关的建筑，其中面积大者达1000 平方米，在建筑的夯土基础中也发现有人牲头骨。我们根据现有的资料并结合文献推断，这些与祭祀有关的建筑可能是文献中所说的"坛"或"墠"。像这种形式和规格的祭祀遗迹的发现，表明瓦店遗址的等级是很高的。第四，在瓦店遗址开展的多学科研究收获颇丰，对当时的人与社会、环境生态、资源利用、生业经济、技术水平、精神文化等多有了解。

瓦店遗址考古荣获"2009—2010 年国家文物局田野考古三等奖"。我还用这一轮瓦店考古发掘与多学科研究的材料，申请了 2011 年国家社科基金重点项目——禹州瓦店遗址 2007—2010 年考古报告，并于 2018年顺利结项。

五、您曾参加"夏商周断代工程"和"中华文明探源工程"，请根据您自己的经历与感受，谈谈这两大工程在学术研究方面的重大意义。

通过参加"夏商周断代工程"和"中华文明探源工程"，我深切地体会到以考古学研究为基础开展多学科研究的魅力。大家可以从我这些年出版的考古报告中看到，王城岗和瓦店遗址发掘过程中，在注重考古发掘与研究的同时，大力开展了多学科研究。将 1992 年出版的《登封王城岗与阳城》与 2007 年出版的《登封王城岗遗址考古发现与研究（2002~2005）》考古报告作一个比较，可以发现后一本报告中多学科研究的篇幅几乎占了全书的三分之一。以前在考古研究中，我们主要关注遗存的年代、文化谱系和性质等。现在，我们除了在考古中作规定动作的研究，还对当时的人口与环境、资源利用与控制、生业形态、经济技术、精神文化等作全方位的考察和讨论，以期对当时的社会结构、社会复杂化进程、国家起源动力等有更多的了解和把握。我以为无论是"夏商周断代工程"，还是"中华文明探源工程"，其目的性都非常明确，采取的技术路线也都很合理，即以考古学研究为基础，以聚落考古为主导，大力开展多学科研究，深化和丰富我们对考古材料的理解和解释。两大工程获得的丰硕成果，体现了我们国家考古学科的发展水平。

　　我也做过一些思考，主要是关于考古学科的局限性。前面曾讲过有关夏文化探索的几个前提，夏文化在历史上是存在过的。因为鲜有文字的发现，所以要把夏的传说变成信史，是可以通过考古学对其进行重建或复原的。不过，我们也应该注意到考古学科的局限性。我们知道，所有学科都有它的长处和不足。考古学的优势在于对长时段的考古文化谱系、相对年代、文化因素和发展过程等作分析和讨论。可是，考古学并不擅长将某考古学文化直接与王朝、族属等相对应。为什么说"探索"夏文化，而慎用夏文化"研究"？实在是这里边的问题太多了。一个比较大的问题是，我们还没有找到从考古学文化转换为夏文化、夏王朝、夏族的路径，没有找到合适的从考古学研究转换为历史学研究的方法，也没有现行的理论可以有效地支持这样的研究。关于考古学的局限性，中国考古学界的大家——张忠培先生、俞伟超先生、严文明先生等都有很精辟的论述。就像张忠培先生所说，"我们在努力地接近历史的真实，但是不可能达到历史的真实。"我们现在要被材料牵着鼻子走。我以为，手里有什么样的材料，才可能做什么样的研究；有什么样的研究，才可能得出什么样的结论。如果手里没有材料，研究无从谈起，什么认识也罢、观点也罢、结论也罢，都是很难站得住脚的。

六、您曾长期负责《华夏考古》的编辑出版工作，对于夏文化的探索历程您应该是了然于心，请谈谈其中与夏文化探索相关的逸闻趣事。

　　我是1987年下半年开始做《华夏考古》杂志的。从那时算起来到如今已有30多年了，虽然已经退休好几年了，由于编辑部的工作还需要我的支持，到目前为止我还在坚持做编辑，做包括稿件初审、编辑和校对稿件等工作。1989年，我主持编辑部工作以后，主要有三方面工作几乎同时进行。

　　其一是编辑出版杂志。《华夏考古》杂志在国内外发行，行业内影响比较大，多年来以发表考古材料和研究成果文章为特色。编辑部原来人手少，最少的时候只有2位编辑，所以多年来以季刊形式出版，出刊周期较长。前几年编辑部新进了几位年轻编辑，杂志也改为双月刊，出版周期缩短了，出刊密度也增加了。我在编辑部工作的时候，因为是季刊，不需要天天守着摊，杂志的出版日期是固定的，编辑校对工作必须按时完成以保证杂志出版。所以，只要不耽误杂志出版，其他的时间是可以自己安排的，我便抽出时间下田野做点考古发掘与研究。为了夏文化探索，我下田野做项目时，经常将稿件或校样带到工地。白天在工地发掘，晚上编稿子或看校样，虽然有点儿忙也有点儿辛苦，但都是自己喜欢做的事，也乐在其中，享受着发掘与编辑工作并进的过程。我的夏文化探索相关的发掘收获和研究成果，不少是在《华夏考古》上发表的。因为是自己办的刊物，理应支持。当然，这个杂志也代表河南考古。《华夏考古》

不仅是河南省文物考古研究院的院刊，也是河南省文物考古学会的会刊。我在学会里担任副秘书长好多年，也有责任和义务把这个刊物办好，为河南文物考古事业增光添彩。

《华夏考古》的特点是以刊发第一手考古材料和原创的研究成果为主。刊物引用率最高的是材料，一般文章受材料和时间的限制，可能早年提出的观点和认识到如今已过时，但是，材料的价值一直存在。所以，我们非常重视在《华夏考古》上发表材料。多年来，凡是与文明探源和国家起源研究有关、与夏文化探索相关的稿件，只要来了就优先安排。我们知道，文明起源和国家起源一直是考古学研究的重要课题，当然还包括人类起源、农业起源等。我们的刊物一直紧跟考古学科发展的脚步。同时，聚焦考古学研究的热点问题。编辑部曾收到一篇署名肖冰的文章《夏文化内涵特征疑问》，是与邹衡教授商榷夏文化问题的。本着"百家争鸣，百花齐放"的办刊理念，我们约请邹衡先生撰文《与肖冰先生商谈夏文化内涵问题》作为回应，并同时发表在《华夏考古》1994年第4期上。通过我们杂志的影响和努力，支持夏文化的探索。

杂志开辟有《考古学理论与方法》《考古技术与文物保护》等专栏，倡导多学科研究。用不同的理论方法、技术来处理分析材料，就会取得意想不到的收获。我们在禹州瓦店做的土壤微结构的研究，在国内开展得比较早，借助这种技术手段，可以复原壕沟的生命史，包括它从何时开始修建、何时淤塞、清淤后何时继续使用、何时废弃等。这个研究在考古学中是比较前沿的，这是北京大学张海先生、伦敦大学考古学院庄奕杰先生、中国社会科学院考古研究所王辉先生和我共同完成的，发表在《华夏考古》2016年第4期上。瓦店土壤微结构的研究成果发表后，在学界产生了较大影响。

早年，陈星灿、曹兵武先生和我们一起翻译过一本介绍西方考古学理论与方法的书，即《考古学的历史·理论·实践》（中州古籍出版社，1996 年）。这本书也是我们编辑的。不知道大家看过没有，可以找来读一下。更早些，我为张忠培先生编辑过《中国考古学：实践·理论·方法》的著作（中州古籍出版社，1994 年），具体的编辑工作引发了我对考古学理论、方法的兴趣和关注。为此，我在杂志上组织刊发过一些考古学理论、方法、新技术的文章。杂志上还有一个《译文园地》栏目，也刊发过一些中国考古学可借鉴和对其有推动作用的译文。

其二是河南省文物考古研究院安排的编辑考古报告、文集和图录的工作。从 20 世纪 90 年代初开始做到现在，我大约为单位编辑出版过三四十本考古报告和图书，其中多部为夏商周考古著作。编辑工作主要是利用业余时间进行的，这使我对加班习以为常，为此也舍弃了一些自己的兴趣爱好。这项编辑工作到现在还在做，手中最后一本《淮阳平粮台》考古报告快要出版了。

其三是课题研究。我做的主要是与夏文化探索相关的研究，先后承担"夏商周断代工程""中华文明探源工程"，国家社科基金项目等。其实，好多学考古出身的，做了好多年的田野工作，大都是配合基建工程的考古项目，这种被动的考古发掘的工作量很大，需要很多人参与其中。我的考古生涯中配合基建工程的考古做得不多，好像只有灵宝涧口遗址和香港西贡沙下遗址两处，其他都是学术目的很明确的主动考古项目。

七、作为夏文化研究的资深专家，从您的视角出发，夏文化探索处于什么阶段？其现状如何？未来又将如何发展？

"资深专家"，说实话，可是不敢当。我只是在夏文化探索中做了一些工作。

2019 年夏天，新华社河南分社记者以夏文化研究为题，采访了国内几位搞夏文化研究的人。听说，有北京的李伯谦教授、王巍教授等，河南的有张立东先生和我等。采访结束后，新华社记者写了一份内参送到中央。中央领导在内参上做了重要批示。批示精神为：夏文化研究关乎国家认同、民族认同和提高民族自信心。对此我的理解是：这是将夏文化研究提到了一个前所未有的认识高度，凸显了夏文化研究的重要性。2019 年年底，我几次陪同省里的领导就夏文化研究做调研，先后考察了登封王城岗、禹州瓦店、偃师二里头、巩义稍柴、新密古城寨等遗址，为的是大力推动夏文化研究。

2020 年 4 月，河南省文旅厅发布推动落实 9 项黄河文化相关重大考古项目，其中包括与夏文化研究相关的偃师二里头、登封王城岗、禹州瓦店三处遗址。2020 年 5 月，国家文物局启动了"考古中国·夏文化研究"，首批开展考古工作的有偃师二里头、新密新砦、禹州瓦店、登封王城岗遗址等。为此，河南日报社约文章做宣传，我写的一篇《夏文化的探索与发现》发表在 2020 年 6 月 12 日《河南日报》上。

现在我谈谈关于夏文化研究的现状和展望。关于夏文化探索的问题，前些年，我在上海参加学术会议的时候，参考学界已有的研究，把夏文化探索的问题梳理了一遍，大体分两个方面。

第一个方面是关于田野考古的，大概可以列出六个小问题。

其一，对夏文化和先商文化的探索还有待加强。实际上，研究夏文化不能只研究夏，还要研究先商和先周。因为当时夏商周三族是并存的，无非是夏族最先建立了王朝。我们知道，夏在中原腹地或者说是以嵩山为中心，商在东北方，周在西方，夏商周三族是有往来的。其中夏商的关系更为密切些。所以说，夏文化和先商文化的探索还有待深入。

其二，已知的夏文化遗址中，除了在几座城址和中心聚落的工作较多，对其他遗址的发掘工作很少，特别是对居住址和墓葬的发掘更少，严重失衡。墓葬的发掘对研究社会关系、社会分层、社会复杂化进程等都是非常重要的材料。可是，河南龙山文化时期的墓葬只有零零星星的发现。其中原因较复杂，河南龙山文化时期不像山西龙山文化时期的陶寺遗址，发现几百上千座墓葬，山东也发现大量龙山文化时期墓葬。前几年，河南省文物考古研究院与北京大学在郑州召开过一次龙山文化时代墓葬研究的讨论会，把河南龙山文化时期的墓葬材料捋了捋。我们不知道是当时丧葬习俗的原因，还是保存条件的原因，或是考古工作的原因。总而言之，就是墓葬材料发现太少，影响了我们对当时族群、婚姻关系、社会结构等问题的研究。由此，直接影响到对社会文明化进程和国家起源的研究。

其三，我们知道城市是国家权力的中心，又汇聚了当时的物质文明和精神文明，也是文化中心。但是，关于城市布局的研究非常薄弱。我们现在对二里头遗址的"井"字形道路网、宫殿区、居住区、祭祀区、手工业作坊、墓葬区等的分布有较多了解。可是，对王城岗、瓦店、新砦等遗址的布局了解却很少。这也是考古工作中的薄弱环节。

其四，中国古代文明中有一个重要特征，就是血缘关系依然牢固，并未被地缘关系所取代。那么，通过对城址周围聚落群的勘察，掌握聚落群的范围和等级以及聚落之间的相互关系，就显得很有意义。实际上，这就是要求我们研究夏代国家的结构特征。可以举一个聚落的研究实例。在"中华文明探源工程"瓦店遗址发掘中，发现一处呈"回"字形的祭祀建筑，面积达800多平方米，在祭祀建筑上发现不少人和动物骨架。我们对一些人和动物骨骼做了锶稳定同位素分析后发现，除了有当地人，还有外来人。同时，我们注意到有几个跟祭祀有关的人都是外来的。由此推知当时的血缘关系还是非常牢固的，祭祀活动中使用的人牲是外来人而非本族人。当然，这些人是从哪里来的，人牲的身份是俘虏还是其他族人，暂时还不清楚。动物中，有产自本地的，也有外面输入的，其原因也不明了。我们对一些人骨做了碳氮稳定同位素分析后发现，当时的瓦店有一部分人吃水稻，另一部分人吃粟黍。这是不同人们的种植习惯所为，还是不同的饮食习惯所致，或是不同阶层的人在饮食上的差别，现在还不能给出合理的解释。一个聚落的材料都难以解释，若干聚落之间，聚落群之间的情形就更为复杂。这些问题都是以前的研究中比较薄弱的地方，需要加强。

其五，在以往的研究中，从埋藏学的角度对文化堆积成因的解释不多。这些年，在考古工作中引入一些国外的新技术新手段，如用土壤微结构研究来复原一个遗迹的生命史。好在现在国内外从埋藏学的角度对遗迹进行研究有很多方法和技术可以采用。当然，这也是田野考古中的不足之处，也需要好好开展此项工作。

其六，回到几十年前的老问题上，学界对什么是夏文化的讨论还很多。梳理一下关于什么是夏文化，至少有10种以上的认识。现在主要的认识有两种。一种是以邹衡先生为代表的二里头文化第一至四期是夏文化。比它早的不是，比它晚的也不是。另一种以李伯谦先生和安金槐先生为代表，认为二里头文化是夏文化的主体，二里头文化是中晚期夏文化，早期夏文化应该到王湾三期文化晚期和新砦期遗存中去寻找。关于什么是夏文化的讨论还在进行中，还没有看到出现共识的可能。好像有学者说过，二里头文化是夏文化已是学界的共识，可是最近几年也有不同声音出现，认为二里头文化的晚期有可能已是商文化了。关于夏文化的起始与结束，所谓夏代一头一尾的问题也并未解决。如果二里头文化是中晚期的夏文化，早期夏文化包括新砦期遗存吗？是否还包括王湾三期文化晚期遗存？二里头文化第四期遗存可以细分为早、晚两段，二里头文化第四期早段是夏吗？二里头文化第四期晚段为商吗？这些问题都还没有达成共识。

第二个方面是考古学理论、方法的问题。前面讲考古学局限性的时候说过，考古学文化与古代族属、王朝、文化的对应是一个很复杂的问题，就考古学而言，可以依凭的材料是不够的。张忠培先生说，考古学的研究始终要被材料牵着鼻子走。显然，现有的材料尚不足以让我们将某考古学文化和某族属、某王朝完全对应起来。关于考古学文化与族属的问题，林沄先生曾发表过重要的文章，可以找来学习。有学者指出：我们一直没有建立起有效的说明考古学文化与族属、考古学文化变迁与社会政治变革的理论基础，这就导致我们目前难以达成共识。夏文化到底包括哪些考古学文化？这些遗存又是如何对应夏王朝、夏民族的？目前，还没有很好的理论、方法解决这些问题。

最后，对夏文化探索做些展望。大体可以从两个方面谈起。

首先，寄希望于田野考古工作的大规模开展。对遗址的发掘，特别是对重点遗址，普遍缺乏长期且有计划的、目的明确的考古工作，在人力、物力、财力上缺乏相关单位的有力支持，使发掘面积过小，深入研究不够，对遗址内涵认识有限。为此，我们应该加强对重点遗址的主动发掘、加强多学科合作，持之以恒坚持下去必有收获。浙江良渚、山西陶寺、陕西石峁等遗址的考古工作为我们提供了很好的启示和借鉴，这些项目往往持续工作十几年甚至几十年，在得到国家课题经费支持的同时，地方上也在人、财、物上给予力度很大的支持。为此，我在一些与夏文化研究相关的会议上多次提出过这个意见和建议。

其次，应该加强考古学理论、方法的研究。在夏文化探索的过程中，并不应局限于对文明要素的追寻，比如文字、青铜器、城市等。在王城岗遗址发现有城墙，出土有青铜器片，也发现了被释为"共"的字。我们不仅要把这些文明要素视为文明社会物化的表现形式，更要重点看这些文明要素在夏文化形成发展过程中到底起了什么作用。要在理论、方法上更新观念。在夏文化探索中，不应比较简单地急切地将某考古学文化与夏民族、夏王朝、夏文化相联系相对应。这些年在实际工作中，我一直在调整研究思路，就是把夏文化探索放在文明形成与发展、早期国家起源、初期城市形成这样的理论框架下推进。先探究文明要素在文明发生发展过程中到底起了什么作用，再将考古材料、多学科研究、文献材料等进行整合后探索夏文化。扬考古学研究之长，补考古学研究之短。理论、方法的更新，研究思路的调整，工作目标的确定，是我们应该做出的选择。我们正走在复原或重建夏代历史的路上，将夏文化探索放在文明起源、国家形成的框架中去进行，任重而道远，还需要付出更多的努力和坚持。

八、现在河南省文物考古研究院正在大力开展有关夏文化的考古工作，请简单介绍一下有关的情况。

夏王朝是中国历史上的第一个朝代，夏代所创造的文明是中国青铜时代的开端。夏文化探索是中国历史和考古研究中被国内外广泛关注的重要课题，也是整个中华文明形成和发展研究中至关重要的学术研究课题。中央领导就黄河文化和夏文化研究作出了重要批示，黄河文化是中华文化的重要组成部分，是中华文化的根和魂。夏文化研究关乎国家认同、民族认同，有利于提高文化自信。为落实中央领导的批示精神，加深对夏文化、夏王朝历史的全面认识，需要考古学界加大工作力度，进一步挖掘夏文化的内涵，国家文物局重大研究项目"考古中国"中设立"夏文化研究"专项，为全面复原和构建夏王朝的诞生背景、社会历史、文明成就、政治结构、国家体系等提供科学支撑，为解决夏文化在中原地区文明化进程乃至中国古代文化总进程中的历史地位和作用等重大学术问题提供准确清晰的答案。

河南省文物考古研究院乘势而上，大力开展"考古中国·夏文化研究"

的考古工作。2020 年 9 月，"河南省夏文化研究中心"在河南省文物考古研究院挂牌成立，该中心有 30 人的编制。根据夏文化研究项目的计划和安排，在登封王城岗、禹州瓦店、新密古城寨、巩义稍柴、孟州禹寺、叶县余庄等遗址开展与夏文化研究探索相关的考古发掘与研究工作。

现在，河南省文物考古研究院在王城岗和瓦店遗址的考古工作由年轻学者担任领队，考虑到以前王城岗、瓦店的考古发掘与研究工作是由我主持的，相关材料比较熟悉，所以现任领队聘请我作为学术顾问参与工作。为此，我十分愉快地接受了。从 2020 年 6 月开始，我一直在这两个遗址间奔波，与年轻考古人一起体验和分享在瓦店和王城岗新一轮考古工作的进展和收获。相对而言，我在禹州瓦店的时间多些，在登封王城岗的时间很少。原因是王城岗遗址的发掘位置虽然是当年我们钻探出来的夯土建筑，可当时并未发掘，所以我与该遗址以前的考古工作几乎没有交集。加之发掘中发现其文化堆积相对简单，问题相对少些，碰到问题或需要商量的事情，我随时过去就可以了。瓦店遗址现在的发掘与"中华文明探源工程"时发掘位置相同，主要为全面揭露夯土建筑祭祀遗迹，而且瓦店遗址的文化堆积复杂，工作中发现的问题需要随时商量解决。

河南省文物考古研究院的夏文化研究工作，正在积极推进之中，已有十分重要的新发现。让我们共同期待这些重要的新发现早日公布于世，为夏文化探索增添新的材料。

本访谈的提问由李松翰初拟，张立东审订定。2020 年 7 月 30 日李松翰前往禹州瓦店对方燕明先生进行访谈，并对采访录音进行整理。2021 年 8 月 14 日，方燕明先生审定完毕。

主要著述

1.《河南禹州市瓦店龙山文化遗址 1997 年的发掘》，《考古》2000 年第 2 期（执笔）。

2.《禹州瓦店》，世界图书出版公司，2004 年版（主编、执笔）。

3.《颍河上游早夏文化遗存的聚落形态考察》，《庆祝张忠培先生七十岁论文集》，科学出版社，2004 年版。

4.《河南龙山文化和二里头文化碳十四测年的若干问题》，《中原文物》2005 年第 2 期。

5.《登封王城岗遗址的年代及相关问题探讨》，《考古》2006 年第 9 期。

6.《河南登封市王城岗遗址 2002、2004 年发掘简报》，《考古》2006 年第 9 期。

7.《二里头文化早期遗存分析》，《二里头遗址与二里头文化研究——中国·二里头遗址与二里头文化国际学术研讨会论文集》，科学出版社，2006 年版。

8.《登封王城岗遗址聚落形态再考察》，《中原文物》2007 年第 5 期。

9.《登封王城岗考古发现与研究（2002—2005）》，大象出版社，2007 年版（主编、参与执笔）。

10.《夏代前期城址的考古学观察》，《新果集——庆祝林沄先生七十华诞论文集》，科学出版社，2009 年版。

11.《简论嵩山地区的夏文化考古研究》，《中华文明与嵩山文明研究》（第一辑），科学出版社，2009 年版。

12.《"禹都阳城"——登封王城岗龙山文化城址研究》，《中华之源与嵩山文明研究》（第一辑），科学出版社，2013 年版。

13.《对夏文化探索的一些思考》，《"城市与文明"学术研讨会论文集》，上海古籍出版社，2016 年版。

14.《登封王城岗遗址与禹都阳城的考古学观察》，《龙山文化与早期文明——第 22 届国际历史科学大会章丘卫星会论文集》，文物出版社，2017 年版。

15.《禹州瓦店环壕聚落考古收获》，《华夏考古》2018 年第 1 期（执笔）。

16.《信古与疑古　考古与证史——以王城岗、瓦店考古与早期夏文化探索为例》，《中华之源与嵩山文明研究》（第四辑），科学出版社，2020 年版。

17.《禹州瓦店龙山时期 WD2F1 祭祀遗存初探》，《华夏考古》2021 年第 6 期。

18.《中华文明探源工程中的中原考古》，《郑州大学学报》（哲学社会科学版）2022 年第 55 期。

李维明

李维明

李维明，1956年出生，河南洛阳人，中国国家博物馆研究馆员。1984年毕业于郑州大学历史系，后任职于洛阳市文化局。1986年考入北京大学考古系，师从邹衡先生学习夏商周考古。1989年毕业后任职于河南省社会科学院。1992年再次考入北京大学考古学系，仍跟随邹衡先生学习。1995年，被分配到首都师范大学历史系工作。2001年进入中国历史博物馆（2003年后与中国革命博物馆合并组建成为中国国家博物馆）工作。

一、您是在郑州大学学习的考古，毕业后又在洛阳工作两年，请问在这段时间里，您接触了哪些与夏文化探索相关的人和事？

我是 1980 年考入郑州大学历史系的，当时分配在历史班。历史系设有考古专业，我觉得学习人类早期历史需要具备一定的考古知识，于是就去旁听考古班的课。

陈旭老师讲授的商周考古，使我第一次听说二里头文化、二里冈文化，知道二里头文化、二里冈文化是探索夏文化与早商文化的主要线索，知道中国历史上的夏朝还有许多学术问题有待探讨。陈旭老师推荐课外阅读参考书中有邹衡先生的《夏商周考古学论文集》，当时觉得里面的学问特别广博和深奥。

商周考古课安排有教学参观，在陈旭老师带领下，我和考古班的同学们参观了郑州商城城墙，在河南省文物研究所郑州工作站，观摩出自洛达庙、南关外、二里冈、人民公园的文物。参观河南偃师二里头和偃师商城遗址，中国社会科学院考古研究所郑光先生和赵芝荃先生在考古现场分别给我们作了讲座。郑光先生介绍二里头遗址铸铜遗存、大壕沟等新发现，谈他对二里头遗址城墙、大墓、布局、分期的认识，他认为二里头遗址分五期，二里头第四期与二里冈下层是平行的。赵芝荃先生介绍了偃师商城大城与小城、宫殿基址、墓葬等考古新发现，谈及偃师商城与文献记载的汤都亳的联系，认为偃师商城可以作为夏商分界的界标。涉及夏文化探索的内容，赵先生讲了 1959 年徐旭生先生到豫西调查夏墟，到偃师调查二里头遗址。还讲了二里头遗址新的考古发现，二里头文化年代估计、文化渊源、分期特征、分布区域，文化交流，二里头文化与河南龙山文化的关系，从河南龙山文化向二里头文化过渡的新砦期，二里头文化与二里冈文化的关系，二里头文化第三、四期之间夏商分界，二里头第四期有可能也是西亳，或是属于西亳的宗庙等。尤其是谈到辨认河南龙山文化与二里头文化的陶片，仿佛先生闭着眼睛，仅凭手感就能区分出陶片属于河南龙山文化还是二里头文化。我心里明白这些知识都是在考古实践中下功夫总结出来的。

学习期间，到河南省博物馆参观，还见到过许顺湛先生。后来，陈旭老师推荐我转入考古班学习，使我有了机会参加河南禹县（今禹州市）阎寨遗址考古发掘教学实习，认识河南龙山文化晚期遗存。发掘期间，郑州大学李民教授、河南省文物研究所安金槐先生先后到发掘工地参观。毕业前，由陈旭老师指导我的毕业论文《试论商代青铜工具》，在论文写作过程中，我学习了收集材料、制作资料卡片、类型学分析、文化分期等研究方法，受益匪浅。

毕业后，我被分配到洛阳市文化局文物科工作，与方孝廉先生有过不长时间的共事。由于工作关系和赵芝荃先生、郑光先生有过联系，曾陪同日本学者饭岛武次到二里头遗址参观。

在大学学习和洛阳工作这一段时间，我遇见的几位先生如安金槐、许顺湛、陈旭、赵芝荃、郑光、李民、方孝廉、饭岛武次，虽然学术观点有所不同，但他们都相信中国历史上夏朝是存在的，因探索夏文化取得丰硕的学术成果而被收入《手铲释天书——与夏文化探索者的对话》予以介绍。比较而言，这一时期陈旭老师对我的影响最大，在陈旭老师探讨夏文化的执着精神感染下，我对夏文化也逐渐产生了兴趣。

二、在北京大学攻读硕士学位期间，您发掘了密县（今新密市）曲梁遗址和郑州岔河遗址，并以此为基础撰写了学位论文，请问这两处遗址的发掘对您的夏文化研究有何影响？

1986 年，我考入北京大学考古系读硕士研究生。1987 年暑假，邹衡先生安排我和同届两位研究生到郑州考古实习，熟悉郑州地区二里头文化、二里冈文化、殷墟文化的特征。在郑州市文物工作队张松林先生的陪同下，邹先生还亲自带我到郑州西北郊调查，检验我对夏商文化陶片特征的把握程度。这些考古实践为我参加曲梁遗址和岔河遗址考古发掘奠定了基础。

曲梁遗址位于河南省密县（今新密市）曲梁村北，发现于 20 世纪50 年代末。遗址曾陆续出土商代陶鬲、青铜觚、刀、柄形玉器。1976 年11 月，邹衡先生曾随安金槐先生、贾峨先生到遗址进行复查，确认这是一处夏文化晚期与早商文化遗址，并将曲梁遗址作为探索文献记载夏朝诸侯昆吾之居的重要对象之一。

1988 年春，北京大学考古学系与郑州市文物工作队联合对密县（今新密市）曲梁遗址进行首次发掘。邹衡先生安排我参加考古发掘，计划以此次发掘所获材料为基础撰写硕士论文。

通过曲梁遗址发掘，发现了一批二里头文化第二、三期和二里冈文化上层遗存，为深入认识郑州地区二里头文化与二里冈文化内涵补充了新资料。二里头文化以陶质较疏松，胎较厚，陶色灰中泛褐，器形有卷沿圜底深腹罐、花边罐、三足盘、饰鸡冠状耳盆（甑）、细高柄豆、盉等为特征；二里冈文化以陶质较坚硬，胎较薄，陶色多浅灰；橝状口鬲、甗、平底深腹罐、粗柄豆、斝等为特征。两者表现出明显的差别，显示两者属于不同性质的考古学文化。

　　由于曲梁遗址发掘所获二里头文化二、三期遗存与二里冈文化上层遗存之间还缺少二里头文化第四期与二里冈文化下层遗存。同年秋天，我独自一人继续在郑州西北郊区作考古调查，寻找二里头文化第四期与二里冈文化下层遗物。终于在岔河遗址找到二里头文化第四期与二里冈文化下层的遗物，通过小规模的发掘获得一批二里头文化晚期与二里冈文化上、下层遗存材料，特别是发现了二里冈文化下层地层单位（H6），直接打破二里头文化第四期地层单位（H10）这样的地层关系。相关统计数据显示，二里头文化以圜底深腹罐为主要炊器，二里冈文化以鬲为主要炊器，两者陶器特征表现出的明显差别，再次证实两者属于不同性质的考古学文化。

　　由于以往缺少二里头文化、二里冈文化陶器统计数据，所以有学者以两者器类大致相同推断两者文化性质相同，出现二里头文化是先商文化、早商文化的认识，或者在二里头文化各期中作夏商分界的尝试。依据曲梁、岔河遗址建立起来的二里头文化与二里冈文化的分期编年，可证明二里头文化第二至四期连贯发展属于一个文化整体，与二里冈文化属于性质不同的考古学文化。以曲梁、岔河遗址发掘材料为基础，我完成了硕士研究生论文。

　　在曲梁、岔河遗址发掘与整理工作中，我感受到考古工作的艰苦。曲梁遗址发掘工作结束后，我一个人留下来整理资料。三伏天特别热，绘图时怕弄湿图纸，就把干毛巾垫在胳膊肘下随时吸去流淌的汗水。11个探方出土的陶片要按陶质、陶色、纹饰、器类标准一片一片地观察统计，一遍又一遍地反复清点，手指皮肤磨破了又长出新的皮肤。我在整理过程中熟悉了二里头文化、二里冈文化陶片特征，获得一批统计数据。在郑州西北郊岔河遗址，我手提小铁锹，在半腰深的蒿草中，分段察看断崖上的遗迹，终于发现二里头文化晚期与二里冈文化上、下层遗存，获得二里头文化第四期与二里冈文化下层陶器统计数据。通过亲身经历的学术实践所获材料判断二里头文化与二里冈文化是不同性质的考古学文化；通过扎实的考古基础工作保障学术判断的可信性，增强了我的学术信心。

三、硕士毕业后，您在河南省社会科学院考古研究所工作了3年，在这段时间内您做过哪些与夏文化探索相关的研究工作？

硕士研究生毕业后，我在河南省社会科学院考古研究所工作了3年，曾经与郑杰祥先生在一个办公室。郑先生是探索夏文化的专家，他主编的《夏文化论文选集》和著作《夏史初探》是研究夏文化的必读书。当时在所里工作的李绍连先生和马世之先生对中国文明及夏文化都有深入的研究，取得不少学术成果。我听他们讲探索夏文化体会，受益很多。

1988年夏，邹衡先生到河南淇县指导研究生张立东整理宋窑遗址出土先商文化遗物，我就赶过去参观学习，观摩陶器特征并绘图。当时他们在一个很大的破旧房子里整理出土遗物，房子漏雨，蚊虫叮咬也很厉害，还要自己做饭，条件非常艰苦。邹先生那时候60多岁了，每天汗流浃背地在现场带领学生整理资料，晚上睡觉前还要拼对陶片。邹先生这种敬业精神使我深受感动，于是我萌生了跟邹先生读博士继续学习的想法。

1991年春，我应中国历史博物馆考古部沈勇先生的邀请，到山西垣曲商城作实地考察。我认真观摩这里出土的二里头文化与二里冈文化的标本特征，检阅部分发掘记录，对晋南二里头文化特征有了初步的认识。

另外，我利用工作之余和同事李立新一起到郑州西北郊区作考古调查，采集夏商周时期陶器标本。

在河南省社会科学院考古研究所工作期间，我主要是作夏商文化分期研究，先后做了二里头遗址二里头文化、先商文化、郑州商文化、安阳殷墟文化再分期，以熟悉相关材料，加固自己的研究基础。在学习前人相关分期成果的同时，根据材料提出自己的一些新认识。比如将二里头遗址二里头文化第一期分为两个组，在郑州商文化 C1H9 与 C1H17 之间补充一个期（组）。

通过这一阶段艰苦细致的分期研究学习，我深刻感悟到学术研究需要坚实的基础，具体表现为全息性搜集相关材料，熟悉相关学术史；对具体材料、具体问题做深入细致的分析，提出具体的认识；研究问题要环环相扣形成体系。至此，我对于前辈学者重视基础，构建学术体系的研究方法有了进一步的理解。前贤所谓"千里始足下，高山起微尘""天下难事必作于易，天下大事必作于细"的名言一直是激励我重视基础、重视细节、勤于积累、砥砺前行的动力。

四、您的博士论文题目是《试论豫南地区夏商时期的考古学文化》，请回顾一下相关的考古调查、发掘工作，并评估一下豫南及邻境地区的考古工作对夏文化研究的意义。

豫南及邻境地区属于南北文化的交汇区域，文化因素具有一定的复杂性。20 世纪 90 年代之前，这一地区夏商周时期考古学文化编年已经初步建立。以东周时期考古材料公布最为丰富，因淅川下寺楚墓、信阳长台关楚墓、固始侯古堆大墓、随县（今随州）曾侯乙墓等重大考古发现而闻名。相比之下，与探索夏文化有关的二里头文化考古材料相对薄弱，对其分布及特征不甚清晰。20 世纪 70 年代初，苏秉琦先生曾在信阳地区作过考古调查，探寻二里头文化在淮河流域的渊源。20 世纪 80 年代，有学者提出豫西南地区二里头文化下王冈类型名称。20 世纪 80 年代初，邹衡先生带领研究生在河南信阳地区，湖北孝感地区，安徽六安、寿县、霍邱开展调查与发掘。他还计划再增加两名硕士研究生分别作豫西南和豫东南夏商周考古研究硕士论文，当时我曾被指定作豫东南的考古研究。

20世纪90年代初，我再次考入北京大学跟随邹衡先生读博士研究生，邹先生指定我的博士论文作豫南及邻境地区青铜文化。入学第一年，我基本完成对南阳、信阳、驻马店以及襄樊、阜阳等地相关材料的收集工作。1993年秋，到豫南地区作考古调查。至1994年夏，我在豫南及邻境地区一共待了425天，行程10500千米，察看了采自340处遗址的陶器标本，其中60多个遗址出土有类似二里头文化特征的陶片。

1993年9月，我在南阳地区调查，方城县博物馆采自八里桥遗址的二里头文化遗物引起我的注意，方城县博物馆馆长刘玉生先生带领全体工作人员陪我到八里桥遗址作实地考察。遗址因一座大型砖窑取土而遍地可见二里头文化遗物，取土形成的断崖上存有储藏粮食的深窖。我们当时就清理了断崖上的一座灰坑，取回其中的包含物，清洗后编号绘图，统计数据。1994年春，我和南阳地区文物研究所的柴中庆、乔保同两位先生，在方城县博物馆的配合下，对八里桥遗址进行抢救性发掘，获取一批二里头文化第三期遗存材料。发掘期间，我们与券桥乡政府交涉，要求停止砖场对遗址的破坏。

八里桥遗址位于二里头文化分布区域南部，文化内涵具一定的地域特点，我称其为二里头文化"八里桥型"。因其面积达80余万平方米，为豫南地区二里头文化遗址面积之首，联系扉棱石钺、绿松石珠、陶字符、骨刻字符等文化内涵，应为二里头文化一处区域性聚落中心。

1994年5月，我在信阳地区文物管理委员会左超、牛玉梅的陪同下，到南山嘴遗址进行复查，采集一批二里头文化陶器标本。通过绘图、统计数据观察，地域特征明显，我称之为二里头文化"南山嘴型"。

　　豫南及邻境地区的考古工作，进一步揭示二里头文化南向分布的大致界限及其文化特征。豫西南地区汉水系二里头文化已经进入湖北西北部地区，以区域特征而言，可以区划出分布于丹、淅流域的下王冈型，唐、白河流域的八里桥型，桐柏山南麓、随枣走廊北缘一带的墓子冈型。豫东南地区淮河系二里头文化区划出分布于汝河流域的杨庄型、淮河上游的南山嘴型。

　　有学者将八里桥遗址与文献记载夏王少康封少子曲烈于曾（鄫、缯）相联系。因此，分布于世界各地的曾氏家族成员将八里桥遗址作为中华曾氏祖根地称为古缯国遗址，并在这里举行寻根祭祖大典仪式、古缯国文化与中华曾姓源流学术研讨等活动，由此产生了较大的社会影响。八里桥遗址能够引发出这样大的社会影响是我始料未及的。

五、在首都师范大学和中国国家博物馆工作期间，您做过哪些与夏文化探索相关的研究？

　　20世纪90年代中期，我曾经在首都师范大学历史系为部分师生作"20世纪夏史与夏文化探索"的学术讲座。在首都师范大学任教期间，我对东下冯类型做了重点学习和研究，主要是因为分布在晋南的东下冯类型与传说中的夏人活动地域和年代有符合之处，学界对于东下冯类型的文化性质归属有二里头文化、先周文化、先商文化等不同的认识。通过对东下冯遗存材料的分析，判断其相对年代与二里头第二至四期大体相当，文化因素以二里头文化因素为主导，兼收当地龙山文化因素，不同程度受到先商文化、朱开沟文化影响，是豫西二里头类型扩展进入晋南地区，接受当地土著文化及受到周邻文化影响而生成的二里头文化的一个地方类型。由此，我发表了《再议东下冯类型》这篇文章，获得首都师范大学 1997 年第三届优秀青年科研成果奖。

我还对夏代铜器材料进行梳理，提出二里冈文化与二里头文化部分造型相似的青铜器，不排除是从二里头文化迁入的可能性，即文献记载"殷因于夏礼""鼎迁于商"的表现。

这一时期，国家启动了"夏商周断代工程"，我应邀参加"'夏商周断代工程'与中国古代文明的探索"高级研讨班学习。1999 年，我指导本科生果美侠的毕业论文，运用数学概率统计与文献、考古结合的方法写出毕业论文《聚合夏年》，估计夏年约 400 年左右。这篇毕业论文被评为校级优秀论文，获得南开大学"史学新秀奖"二等奖。我还写作《关于夏商分界的标准及其他》一文，提出夏商分界标准并非单一的认识。

2001 年，我调入中国历史博物馆（后并入中国国家博物馆）工作，参与"古代中国"基本陈列展览大纲内容设计和《文物中国史》夏商周时代的写作，其中就包括夏朝与夏文化的内容。这一时期，我继续对二里头文化与夏文化作体系性研究，涉及二里头遗址发现年代、分期特征、发掘历程，新砦遗址二里头文化，八里桥遗址二里头文化，二里头文化动物资源，二里头文化陶字符与骨刻字符，二里头文化与夏文化，夏文化分布态势量化与信息等。其中二里头文化骨刻字符与陶刻字符研究证明二里头文化不仅有符号，也有文字。重要的学术发现是，2003 年 4 月 22 日，在郑州二里冈遗址 1953 年出土的牛肋骨刻辞上补识出"乇"字。2008 年 9 月 25 日，在新密市黄寨遗址 1991 年出土的二里头文化牛肩胛卜骨上发现刻辞，并将其中一个字隶定为"夏"字。这些发现为二里头文化是夏文化学说提供了文字证据。

可以说，在国博工作时期，我对夏文化的学习和研究，基于前期相关学术积累，在具体遗址、文化内涵、分布态势、字符、学术史与学术人物的方面初成体系框架，取得较为丰厚的学术收获。

六、您在硕士研究生、博士研究生学习阶段都是师从邹衡先生，后来又与邹先生有比较多的交往，请简单地评述邹先生在夏文化探索方面的成就，并谈谈对您的夏文化研究有何影响。

　　邹衡先生对夏文化探索，缘于郭沫若先生遗留下来的三大难题，即先周时期、殷商前期、夏代。他为了破解这三大难题，另辟考古学探索蹊径，终成学术建树，在学界有"夏商周考古第一人"之誉。就夏文化而言，他在文献记载夏人主要活动区域内的豫西地区，通过洛阳王湾遗址的考古发掘与整理首次建立了仰韶文化、龙山文化的分期标尺。以殷墟文化为基点确定郑州二里冈文化为早商文化，分布于豫北冀南一带年代进入夏代的考古学文化为先商文化，从考古学上找出汤都亳即郑州商城，以此为基础提出二里头文化第一至四期为夏文化的学术论断。从考古学文化分布地域、相对年代和文化特征上排除了仰韶文化、山东龙山文化、河南龙山文化、河北龙山文化、陕西龙山文化、齐家文化、良渚文化、岳石文化、先商文化为夏文化的可能性。至今，邹衡先生提出的二里头文化是夏文化的学术论断为学界多数学者所认同。

　　邹先生探索夏文化的学术方法与成就对我有很大的影响，突出表现在几个方面：

　　做学术首先是做人，要有学术理想，培养良好的学术品格，对学术有敬畏感，对社会有责任感。在学术研究中，做到不唯上、不唯书、不唯名人、不畏人多势众、不计个人得失、善于汲取前人成果、重视基础工作、勇于校正自己的学术观点、勇于开拓走前人没有走过的路。对于这一点，我在夏文化探索相关学术研究中突出表现为对新砦期论证问题的讨论。故宫博物院张忠培先生曾经写出这样一段文字："李维明同志……发表的新砦期问题的诸篇论著，说明他有敢于碰硬，勇于坚持真理的实事求是的治学精神……"北京大学孙庆伟教授评论说，在有关新砦期的各种争论中，李维明先生很多看法值得研究者高度重视。北京大学刘绪教授对此评价："做人堂堂正正，治学扎扎实实。"这些评论是对我治学态度的高度肯定。

做人堂堂正正
治学扎扎实实
这是我认识的李维明先生
刘绪
二〇二一年元月三日

北京大学考古文博学院刘绪教授寄语

做学术要重视基础。邹衡先生认为基础工作是解决重大学术问题的关键，这一点可以从他身体力行的考古实践，大量的读书笔记，对具体材料深入细致的分析等方面表现出来。这需要沉下心来，耐住寂寞，不辞劳苦，刻苦钻研。从20世纪80年代起，我一直坚持学术材料积累与基础研究，坚持做读书笔记卡片，其中包括有关夏的文献记载、二里头文化、夏文字、国内外夏研究动态、碳十四测年等内容，基本上可以做到随手检索相关学术信息。研究从收集材料、分析材料入手，从分期、文化因素分析起步，逐步提升到历史地理、考古出土文字、聚落与资源、文明与国家等研究层面。

做学术要持之以恒，不畏艰难，联成体系。邹衡探索夏文化，纵向研究涉及殷墟文化、二里冈文化、二里头文化、龙山文化、仰韶文化考古学编年，联系殷墟、郑州商城、偃师商城、二里头为代表的夏商四都关系。横向涉及周边的夏家店文化、雪山文化、先商文化、岳石文化、斗鸡台文化、石家河文化等，形成有关夏文化研究的宏大学术体系。邹先生曾比喻学术问题是一条长河，沿途会有不少固障险滩，越过一滩，又会遇到其他的险阻。研究学术问题，就是越过一道道障碍不断前进的。

　　长期以来，我坚持对二里头文化、先商文化、二里冈文化作分期、文化因素分析研究，收集分析相关文献和文字材料，研究成果渐成体系。这是一条漫长的学术道路，我将这一学术之路比喻为学术长征，要爬雪山、过草地，历经艰难困苦，在学术征途中历练"雄关漫道真如铁"的意志和感受苍山如海、残阳如血的悲壮。我体会学术是一种修行，在喧嚣的尘世中闭关，修得读书净土，闭门深山的境界；学术是苦行，如画地为牢，要有把牢底坐穿的勇气和毅力。在学术苦行中求真知，是铁血学者的感受。知名作家徐杉这样评说："李维明先生给我最初的印象是学术苦行僧，后来发现他虽然不富裕，但从容淡定，也很幸福。他幸福的根源在于知识，他生活的意义在于无穷地探索，并在探索中增加更多的知识。"

　　我在治学中感悟到了三种精神：愚公精神，一心一意，不畏艰难，持之以恒，代代相传，成就艰难的事业；西游精神，历经艰难险阻、九九八十一难，坚持到底取得真经；邹衡精神，坚持考古学就是人生观，以求有益于祖国，有益于人类。这些精神是正直人格的体现，正是这些精神影响着我，以对学术的敬畏感和对社会的责任感做学问，在清贫的生活中享有一片清净的思考空间，保持一个学术人应有的清白，鼓舞着我在学术征途上不畏艰难地逾障前行。

　　回顾学术人生，我一直以邹衡先生为楷模。邹先生在晚年曾经对我说，我像他，对金钱和当官没有兴趣，一心治学。身边有我这样的学生他感到欣慰。我们不仅是师生，而且还是学术上的朋友。邹衡先生去世后，我写了《考古学家邹衡》这本学术人物传记，以弘扬邹衡先生的治学精神。邹衡先生学术体系做得很大，我做得很小。我以为，一个人能力有大小，只要能够通过自己的努力取得一点儿学术收获，此生足矣。

七、郑州商城的性质直接关系到夏文化的推定，作为郑亳说创始

人邹衡先生的学生，您为郑亳说又增添了哪些新的论证？邹衡先生对您的这些新证有何评价？

郑州商城发现于 20 世纪 50 年代初，当时有学者推断是商代中期的中丁隞都。1977 年，在河南登封召开的河南登封告成遗址发掘现场会上，邹衡先生提出郑州商城为汤都亳说，其学术意义不仅确认二里冈文化为商代早期文化，而且以此作为夏商分界断定二里头文化是夏文化。这是探索夏文化取得的突破性进展，从而引发了历时 30 余年的郑州商城隞都说—偃师西亳说（二里头西亳说、偃师商城西亳说）与郑亳说的学术讨论。

比较而言，郑亳说在文献等次、出土文字、考古学文化内涵等方面的论据坚实，较其他亳说（偃师、内黄、焦作、商丘、垣曲、曹县、临淄、商州、关中等）具有明显的优势。具体表现为，郑州商城面积最大，始建于先商文化南关外期，得到东周陶文"亳""亳丘"等文字和文献《左传》"同盟于亳城北"的支持。尽管如此，不同意者依然提出种种责难，就郑亳说文字证据而言，坚持认为郑州出土东周陶文"亳"不能证明其为商代亳都。

2000 年以来，我在以往郑州二里头文化、二里冈文化考古研究的基础上，将学习重点转向亳研究。2003 年 4 月 22 日，在 1953 年郑州二里冈出土的商代牛肋骨刻辞上补识出"乇"字，认为"乇"即殷墟卜辞中"亳"的早期写法，刻辞中"又乇土"与殷墟卜辞"又亳土"辞例相同。这一学术发现为郑亳说补充了商代文字证据。同年 6 月 13 日《中国文物报》刊发了我的文章《郑州出土商代牛肋骨刻辞新识》一文。

2005 年 10 月 21 日，在郑州纪念郑州商城发现 50 周年座谈会上，日本学者松丸道雄、大贯静夫当面表示赞同这一学术发现。当有学者在会议上再次提出郑州出土东周陶文"亳"不能证明郑州商城为商代亳都时，

郑州二里冈出土商代牛肋骨刻辞

日本学者高久由美宣读松丸道雄教授发言稿，松丸道雄教授认为郑州商城应叫郑州亳城，同意中国国家博物馆李维明在《中国文物报》2003 年 6 月 13 日发表的文章观点，郑州二里冈遗址出土商代牛肋骨刻辞开头的 4 个字应该读为"又亳土（社）羊"，卜问在亳社献羊可否的见解。

松丸道雄教授的发言引起在座的中国学者注意。邹衡先生会后谈到，松丸道雄教授不是一般的学者，他是一位研究古文字的专家，今天谈的问题很重要，以前对李维明博士的这一研究新成果不太在意，现在看来应予以重视。尽管邹衡先生对这一学术发现感到很振奋，但出于谨慎，他在回到北京后请刘绪老师和我在 10 月 30 日上午到他家，要求我当面出示相关材料，他当场目验核实相关材料后，肯定了这一学术发现。他希望我今后继续研究，期待我取得更多重要的学术发现。2003 年 12 月 27 日邹衡先生去世，他在生前亲眼见到郑亳说的商代文字证据，这也许就是天意。

对于这一学术发现，北京大学刘绪教授评议：如此重要的一件甲骨文材料，竟然将一个关键字疏漏了，而且一疏漏就是 50 年。北京大学葛英会教授评价：这是这件刻辞出土面世半个世纪之后的一个重大发现。中国社会科学院常玉芝研究员认为：这个发现使牛肋骨刻辞在商代史研究中的价值大增。郑州大学陈旭教授同样认为：这一发现在甲骨文与商史研究上的意义不言而喻。郑州大学张国硕教授将这一学术发现编入"郑州商都文化大事记"。

后来，我又辨识了 1952 年郑州二里冈出土的战国陶釜印文"亳匋（窑）"；1984 年郑州沟赵出土战国布币上的"乇易"，释为"易乇"，即汤乇（亳）。其中"乇"与商代牛肋骨刻辞"乇"形成商周时期"乇"声地名链，证明郑州商城所在地名为"乇"（亳）。《故宫博物院院刊》2010 年第 1 期刊发我写作的《郑州出土商周时期乇声字辞与汤亳探寻》一文，中国社会科学院常玉芝研究员评议：将"易乇"释为汤乇（亳），非常有见地，很有说服力，并认为"易乇"也可以释为"唐亳"。

八、您对河南新密黄寨出土二里头文化卜骨文字的释读，在近年的夏文化研讨中影响很大，请回顾一下当时是如何将其释读出来的，相关研究成果曾在哪里发表，这一学术发现对于夏文化探索具有怎样的学术意义。

考古出土文献文字属于考古遗存，应当引起考古学者的重视。2008 年 9 月 25 日，我在观察河南新密黄寨遗址出土的一件牛肩胛骨卜骨（H1：12）时，发现这件卜骨上有两个字符。由于刊出这件卜骨考古绘图太小，所以卜骨上面的两个字符很容易被忽略。我立即取出放大镜仔细观察并摹写字符形体"𢪒 𢍺"，当时心里一震，这两个字符与郑州二里冈早商文化牛骨刻辞、安阳殷墟晚商文化牛骨刻辞，在卜骨材质、施灼、使用象形文字或由象形字构成会意字刻辞等特征上具有承继性，可以断定是二里头文化卜骨文字。那么这两个刻辞是什么字？为此，我查阅相关的甲骨文、金文材料，进行观察比较。

左面一字，我最初做出两种试读方案：一是上部类似殷墟卜辞"羌"，下部为两竖道，或表示数量，或表示祭祀名，或表示地名。二是由两个象形字组成的一个会意字。上部像一个奔跑的兽形动物，下部两竖道在

新密黄寨出土二里头文化牛肩胛骨刻辞

殷墟卜辞中也见过，表示族（地），也有与豕连用的辞例。因殷墟卜辞中有相类的会意字"陷"，表现一只鹿掉进陷坑，坑中也有表示尖桩的两根竖道。联系文献中有关夏人畋猎的记载，夏王太康因沉湎于畋猎而失国的故事，推测此字像陷坑（或尖桩、绊索），会意设置机关捕兽。对该字的释读还有待实物材料发表检验，有待专家进一步考释。

右面一字，上部似从目，下部从又（手）。殷墟卜辞有上部从目，下部从又（手）的"𡨄"族，隶定为"𩒺"。最初曾考虑过"得"或"夏"这两个字。因殷墟刻辞"得"字，均从"贝"而不从"目"，故排除了"得"字。与具有相似类型构字要素的商代卜辞，周代、汉代金文排列，似与凸显目、止的"夏"字形成联系。据此判断，此字似可隶定为"夏"字。

2009年2月27日，《中国文物报》刊发我写作的《夏代、商前期牛骨刻辞试读二例》一文，介绍这件二里头文化牛肩胛骨刻辞的发现与释读认识。

2011年，《东方考古》第8集刊出我的文章《"夏"字形探源》。这篇文章主要是依据黄寨二里头文化牛骨刻辞从目（或首、页）从又（手）的构字要素着眼，通过商、周、汉具有相同构字要素的同类文字系联，推断"夏"字的演进过程。

2016年，我发表了《说"𡨄"》一文，以新密黄寨二里头文化牛骨刻辞"𡨄"落实了殷墟卜辞"𡨄"族的具体活动地域（收录于常耀华主编《囊括万殊　裁成一相——首届海峡两岸汉字与书法艺术教育学术论坛论集》，文物出版社，2018年）。

2019 年，我发表《黄寨二里头文化牛骨刻辞发现与研究》一文，简要介绍这件卜骨的发现与研究状况（刊于《中国文物报》2019 年 10 月 11 日）。

郑州大学张国硕教授最早在文章中介绍我对新密黄寨遗址出土二里头文化牛骨刻辞中"夏"字初形的研究成果，他认为新密黄寨遗址出土二里头文化牛骨刻辞为文字无疑，是目前所见甲骨卜辞中已发现存有"夏"字的迹象。河南大学李丽娜教授认为这一研究成果不仅将甲骨文出现的时代前推至夏代，而且也为夏代的存在提供了文字线索。山西省考古研究所张光辉先生评价："新密黄寨遗址二里头文化甲骨文的研究……为证实夏代文字的存在，提供了新的考古学证据。"

可以说，新密黄寨遗址二里头文化牛骨刻辞的发现，将甲骨文出现的时代由商文化时期前推至二里头文化时期。

九、请简述您现在对夏文化的认识，并评述当前的夏文化探索。

中国古代文献记载中国历史上商朝之前有一个夏朝。要证实夏朝的存在，除传世文献记载外，还需要找出夏朝的遗迹，即在考古学上确定夏文化。综合考古学者提出众多有关夏文化的定义，夏文化指夏王朝时期以夏族为主体所创造的物质文化遗存。

从 20 世纪 30 年代至今，学者对于夏文化所对应的考古学文化提出了众多的观点，涉及仰韶文化、山东龙山文化、河南龙山文化、陶寺文化、良渚文化、齐家文化、石峁遗址、新砦期文化、东下冯类型文化、二里头文化、卡约文化、寺洼文化、沙井文化等。比较而言，二里头文化分布地域与文献记载夏的地域（豫西、晋南）大致相合，文化性质与先商文化和早商文化不同，相对年代早于二里冈早商文化和商都亳（郑州商城遗址）而进入夏年。文化遗存以宏大的都邑中心（二里头遗址）、青铜礼兵器、字符等内涵显示社会发展进入青铜时代国家阶段。因此，二里头文化是夏文化为学界多数学者所认同。通过数十年学习和研究，我赞同二里头文化是夏文化的学术论断。

当前，夏文化探索进入一个新的阶段，表现为夏朝作为中国历史上的第一个王朝国家，作为中国历史的一个重要的组成部分，受到国家领导和有关学者的高度重视。新的考古发现与研究不断取得丰硕成果。

2020年，探索夏文化的热潮再次掀起。5月至6月，国家领导批示加强二里头与夏文化研究。7月，国家文物局在北京组织夏文化专题研究会议。8月，河南大学举办第三届夏文化研讨班。9月，河南省夏文化研究中心成立。10月，中国历史研究院、洛阳市人民政府在洛阳举办二里头遗址考古工作和夏文化研究学术座谈会。国家文物局、河南省人民政府主办，中国文物交流中心、河南省文物局、洛阳市人民政府承办，中国社会科学院考古研究所、中国古迹遗址保护协会、中国古都学会、中国博物馆协会协办"洛阳世界古都论坛"第三届世界古都论坛暨夏文化国际学术研讨会召开。

关于中国历史上有没有夏朝的讨论，从民族情结上，我与大多数学者一样，相信文献记载中国历史上存有夏朝。就学术研究而言，探索夏文化要注重考古学基础研究，需要继续充实相关材料，尤其是找出夏文化文字遗存，全面深入研究夏文化相关问题，不断推动夏文化研究取得进展。我认为，有关夏朝的讨论因历时久远，涉及问题复杂还会持续下去。探索夏文化的学术道路无尽，在这一学术征途上行者无疆。

本访谈的提问由李松翰初拟，张立东修订，答问由李维明2021年3月6日完成。

主要著述

1.《二里头遗址二里头文化陶器编年辨微》，《中原文物》1991 年第 1 期。

2.《试论曲梁、岔河夏商文化遗址的分期》，《华夏考古》1991 年第 2 期。

3.《从二里头文化晚期遗存与先商文化异同看其性质归属》，《华夏考古》1994 年第 3 期。

4.《夏代铜器群研究》，《首都师范大学史学研究》（一），首都师范大学出版社，1999 年版。

5.《二里头文化一期遗存与夏文化初始》，《中原文物》2002 年第 1 期。

6.《夏文化分布态势量化与信息初现》，《东南文化》2004 年第 3 期。

7.《试析二里头遗址》，《中原文物》2005 年第 5 期。

8.《二里头文化与夏年估计》，《二里头遗址与二里头文化研究——中国·二里头遗址与二里头文化国际学术研讨会论文集》，科学出版社，2006 年版。

9.《夏文化解析与史实释读》，《考古学研究》（五），科学出版社，2007 年版。

10.《二里头遗址二里头文化一期遗存试析》，《中国历史文物》2009 年第 1 期。

11.《"夏"字形探源》，《东方考古》（第 8 集），科学出版社，2011 年版。

12.《二里头文化"手"形陶刻符浅谈》，《中国文物报》2011 年 7 月 8 日。

13.《二里头文化骨刻字符试介》，《中国古代文明与国家起源学术研讨会论文集》，科学出版社，2011 年版。

14.《二里头文化陶字符量化分析》，《考古与文物》2012 年第 6 期。

15.《新砦遗址新砦期花边罐及其启示》，《中国文物报》2019 年 5 月 5 日。

杜金鹏

杜金鹏，1957 年出生，山东莱州人。1982 年毕业于山东大学历史系考古专业，同年进入中国社会科学院考古研究所工作。1994 年任中国社会科学院考古研究所二里头工作队领队，1996 年任夏商周考古队队长，1997 年任夏商周考古研究室副主任，1999 年任偃师商城考古研究室主任，2006 年兼任文化遗产保护研究中心主任。兼任中国社会科学院研究生院教授，中国殷商文化学会副会长，中国考古学会理事，中国文物保护技术协会理事，享受国务院特殊津贴。主持发掘工作中偃师商城小城的发现入选 1997 年全国十大考古发现。先后参与国家「八五」社科重点项目「偃师二里头」、国家「十五」社科重点项目「中国考古学」等国家重点科研工作，主持科技部「中华文明探源工程」（预研究）中「礼制起源的考古学研究」专题项目、国家重大科学攻关项目「夏商周断代工程」中的「偃师商城研究」专题、国家社科重点项目「偃师商城发掘报告」、国家社科基金项目「妇好墓出土玉器研究」、中国社会科学院重大课题「偃师商城研究」等。

目前，主要从事夏商考古研究、考古遗产保护研究。

一、您是什么时候开始接触夏文化问题的？做过哪些与夏文化相关的学术工作？

我自 1982 年踏进中国社会科学院考古研究所大门，便开始直面夏文化了。因为我大学毕业即被分配到偃师二里头遗址从事考古工作。那时，二里头遗址的年代和性质是西亳说与郑亳说争论的焦点，而我作为一个夏商考古的"白丁"，很自然地入乡随俗加入到西亳说阵营当中。现在看来，我在二里头遗址的考古发掘，无不与夏文化探索相关联。

后来，我调任偃师商城考古队，所从事的发掘和研究，依然对夏文化探索至关重要。至于我受命承担《中国考古学·夏商卷》关于夏文化探索的章节撰写，承担"夏商周断代工程"之"偃师商城年代与分期研究"课题，均属夏文化探索的重要工作。后来，我从事安阳殷墟的有关研究，也对夏文化探索有启发意义。因为那里有商人"先公"的庙堂"西宗"，有印证《史记·殷本纪》的卜辞。

二、您大学毕业分配到中国社会科学院考古研究所后，即到二里头工作队工作，一干便是 13 个春秋。您能分享一下这段工作时光吗？例如有哪些重要收获、有哪些深刻感悟、对您学术生涯有哪些影响等？

在二里头的岁月，可以用艰苦、奋斗、幸福来概括。艰苦，是工作条件差，工作强度大，生活水平低。我在二里头工作期间，兼职过食堂采购员，每天早晨要骑车去镇上买肉、买菜；兼管过财务，每个月都要面对一堆账单。奋斗，是我有幸工作在一个著名的大遗址，内涵丰富，地层复杂。能挖好二里头遗址，其他遗址便都不在话下。所以，不拼命干怎对得起这么重要的机遇？并且，考古研究所人才济济，不奋斗，如何立足？幸福，是在这里遇到了一群可敬可亲的师友，不管是前辈师长，还是技术工人，乃至进修人员、实习学生，都曾给予我支持、友爱。在这里，我真正感受到了人情之复杂，真情之难得，友情之可贵！

我在二里头工作期间，有几件事情印象十分深刻：一是有重要考古发现时，如1987年我亲手发掘的贵族墓M57，出土一组青铜器、玉器。这是我第一次手捧自己发掘所获青铜礼器和玉礼器。又如1988年发现祭坛F8和青铜礼器墓M58，均为田野考古之幸事。二是我作为领队主持六区祭祀遗址的考古发掘。为了配合商文化国际学术研讨会，白天奔走于发掘工地和驻地整修工地之间，晚上加班选择《二里头陶器集萃》器物，非常辛苦但非常充实，最终顺利地完成了任务，为我在二里头遗址考古工作画了个圆满的句号！三是参与考古工作站建设，包括与建筑队交涉，与城建局沟通，甚至自己动手补绘建筑设计图等，有效锻炼了我的社会交往能力，让我也对基建工作有了一些认知。四是为了报答驻地村民的热情友好支持，我一心想为遗址保护和利用做点事情。因此与队长一起策划了"二里头遗址博物苑"建设方案，修改后以"建议加快二里头遗址开发"为题，作为全国人民代表大会农民代表的二里头村党支部书记王中岳的人大提案（149号提案），于1988年提交全国人民代表大会。这是我国最早的考古遗址公园建设方案，也是我后来转向从事考古遗址保护工作的基础。

三、"夏遗民"的文化不仅是早商文化的重要内容，也应该是夏文化探索的重要出发点之一。当年您曾研究夏遗民在各地的文化，能谈谈这项研究的缘由、成果吗？现在您对这个问题有哪些新的认识？

在当时的学术背景下，原始资料被视为珍贵资源，写考古简报的机会尚且难得，使用本队考古资料更加不易。因此，我立足二里头遗址而把目光投向周边相关遗址（王宇信先生称之为"打外围战"），发现了二里头文化与各地的联系，在阐释其形成原因时，便有了"桀奔南巢"等观点。那个观点，建立在夏商文化分界于二里头文化第二、三期之间观点之上。后来，我在偃师商城的考古实践中，对夏商分界有了新的认识，放弃和修正了一些原先的学术观点。现在看来，二里头文化向远方的传播，应该是夏文化鼎盛时期的文化扩张现象。

四、偃师商城的年代与性质对夏文化的推定至关重要。您主持偃师商城考古队的工作之后，做过哪些重要的田野工作？

我带着明确的学术任务，奉调重组偃师商城考古队。先后主持了对宫城北部、大城北城墙和东城墙的发掘；大城西二城门的重新揭露和发掘；小城北城墙的发掘；等等。

这些发掘主要解决了以下问题：

1.宫殿区的内涵和布局。宫殿区不仅有宫殿建筑，还有祭祀场、池苑。宫殿建筑已有东、西两列之分别，根据其建筑形式和文化内涵，推测其已形成了宫、庙分立，前朝后寝，东厨独立等建筑格局，并开创了宫城"御苑"之先河。

2. 偃师商城先后建有宫城、小城、大城三重城垣。

3. 偃师商城宫殿建筑，最早始建于偃师商城商文化一期 1 段，小城始建于偃师商城商文化一期 2 段，大城始建于偃师商城商文化一期 3 段。偃师商城商文化一期 1 段的年代，约当二里头文化第四期晚段。

4. 偃师商城的年代、内涵、布局表明，它是商代初年所建都城，即后世所谓西亳。偃师商城的始建，可以作为夏商分界的界标。

五、当年您曾力主二里头文化第二、三期之间是夏商分界，后来则有所改变。希望您谈一谈这一变化的心路历程。这与您从二里头遗址转到偃师商城工作有没有关系？

我刚进入考古行列时，与诸多考古名家为伍，自然而然地接受了在本单位流行的西亳说观点，当时我并没有观点创新的资本和胆量。因此在二里头工作期间，一直在为夏商分界于二里头文化第二、三期之间，二里头遗址为夏都斟鄩和商都西亳学说摇旗呐喊，认真、卖力，乐此不疲！此间，也对偃师商城的年代和性质发表了个人看法，就是那个"大戊说"。

及至我主持偃师商城考古工作，关于偃师商城的年代问题认知迅速改观，导致我对夏商文化关系重新考量、重新认知。

当然，新的学术体系的建立，是痛苦而曲折的但也是坚定的。

考古学是实证科学，考古学家要根据材料讲话。实事求是是考古学家的宗旨。我根据自己的考古实践，修正自己的学术观点，是正常的和必需的。需要强调的是，新学术体系的确立，非一人之功，而是一个集体的创新。

六、您曾主持"夏商周断代工程"的"偃师商城年代与分期"专

题和执笔《中国考古学·夏商卷》的夏文化部分。您能回忆一下
这两项工作的有关情况吗？有哪些重要收获？曾遇到哪些问题，
又是如何解决的？

《中国考古学·夏商卷》的写作班子，采取老中青结合方式，以杨锡璋、高炜先生为帅，其他专家为兵将，协作十分融洽。开始工作后迅速就全书学术体系达成一致，写作进度也很快，因此"夏商卷"便成为九卷本《中国考古学》首发之卷。因为是首先刊发的第一本，领导们要求很严格，尤其是字数限制严苛，为了压缩字数，甚至整节删除文稿，导致该卷成为目前已出版诸卷中最薄的一册。

撰写"夏商卷"时，确立夏商界限是全书关键点。根据当时的考古实情，我们决定采用"都城界定法"来解决，提出了"偃师商城的始建为夏商界标"说。在稍后的考古实践中迅速卡定了偃师商城大城、小城、宫殿建筑的始建时间，确认偃师商城商文化一期1段的年代约当二里头文化第四期晚段。迄今为止，我仍认为这是最合理的夏商文化分界方案。

"夏商周断代工程"与《中国考古学》丛书编写大体上是同时启动的重大学术项目。我承担了"夏商周断代工程"中"偃师商城年代与分期"课题，这其实也是"夏商卷"的重要内容。"夏商周断代工程"课题对偃师商城考古有极大促进，尤其是在经费支持方面。关于"夏商周断代工程"的评价，国内外有不同声音，我却一直高度肯定和赞扬它，因为它确实有力地促进了夏商周考古发掘和研究！当然，它也存有瑕疵，譬如工程采用的二里头、偃师商城碳十四测年数据，我认为与考古学以陶器类型学研究为基础的年代学成果，不相吻合，因此在"夏商卷"中并未采用"夏商周断代工程"新鲜出炉的碳十四测年数据。

众所周知，夏商考古界的西亳说与郑亳说论战，持续了20年之久，

"夏商周断代工程"给论战双方提供了空前广阔的论坛，使双方学者不仅获得了扎实的田野工作成果，讨论也很直接而充分。其结果是极大地促进了"两说"的交流，双方在辩论中相互靠拢，最终在夏文化主体遗存、夏商文化分界等重大问题上接近一致。其"合拢"关键点是：郑亳说对郑州商城始建年代的逐步提前，形成郑州商城始建于"南关外期"先商时期之认知；西亳说则对偃师商城始建年代逐步提前，形成偃师商城始建于二里头文化第四期晚段之认知。

当然，说接近一致是指相对的。其实不仅两说之间仍有分歧，即便两说内部，意见亦皆不能完全统一。

七、您在 2007 年后担任文化遗产保护研究中心的主任。在这个职位上，您有没有做过与夏文化相关的文化遗产保护与研究工作？

最初，我参与了国家文物局拟列"百大遗址"名单工作和 150 处大遗址保护规划纲要的编制工作。后来，参与了偃师二里头遗址保护规划的编制，主持了新砦遗址和大师姑遗址保护规划编制工作。这些工作的基础，就是我当年起草二里头遗址博物苑建设方案，制订偃师商城北城墙考古现场保护和展示方案，编制偃师商城宫城保护规划等所得的经验。

八、近年来，您在宫殿建筑方面的研究影响很大，这项研究的开展是否与您的职位变动有关？您对二里头遗址宫殿建筑的研究有哪些重要成果？这项研究对夏文化探索有何促进作用？

宫殿建筑研究确实与职位变动有关。在我主持偃师商城宫殿基址考古发掘前，我即开始关注三代宫殿考古。由于资料尚未全面公开，我发表的偃师商城宫殿研究成果很少，却对二里头、殷墟、周原等遗址的宫殿考古有了不少涉猎。甚至对盘龙城、老牛坡、三星堆等区域中心聚落的礼制建筑也有探讨。从而发现了一些夏商周宫殿制度方面的特点和异同。

我对二里头宫殿的研究，集中在已发表材料的1、2、4号基址。根据其建筑形制、文化内涵及文献资料，推定1号宫殿可能为布政之朝堂，2、4号宫殿则可能是祭祖之宗庙。当时已有宫、庙分立的制度。后来又有一系列重要的宫殿考古发掘成果，但还没有人进行深入系统的研究。宫殿考古意义深重，宫殿考古潜力极大，宫殿考古人才匮乏！冀望有志青年，担起大任，莫负如此丰富的宫殿考古材料！

九、我们注意到这些年来您仍然一直密切关注夏文化探索的进展，请评议一下夏文化探索的现状，并展望一下未来。

近十几年来，二里头文化考古发掘成绩斐然！不仅在中原地区如此，即便在江淮等地区也非常突出。但这并不等同于夏文化探索有同样进展。夏文化探索从立足于田野考古，转变为研究理念和方法的争论，盘桓在信古、疑古，有夏、无夏以及二里头是夏非夏等问题的纠结中，而这些问题大多是已讨论多年的老话题，对推进夏文化研究并无多大益处。

自"夏商周断代工程"以来，在夏文化问题上，中国与西方学术界关于所谓民族主义的歧见，在一定程度上影响了（也可以说阻滞了）我国考古界的夏文化探索工作。我认为，我们不要被民族主义帽子吓倒、压死！在中国人的词典里，"慎终追远"（语出《论语·学而》"慎终追远，民德归厚矣"）是受人尊敬的，而"数典忘祖"（典出《左传·昭公十五年》）则是要被唾弃的。我们追寻自己祖宗的足迹，关乎洋人何事？

洋人不信有夏，我们就不敢说有夏？中华民族形成过程中，有无数人群迁徙、融合发生，所谓"华夏"并非一成不变，而是居夏则夏，离夏则夷。世界上民族战争结果，有"腾笼换鸟"与"水乳交融"两种模式，我们属于后一种模式，因此即便是从边远起家而统治中原者，莫不以华夏裔子自居。

夏文化探索，是个学术问题但不只是学术问题。目前，对二里头文化是否属于夏文化，仍有不同观点。然而，持论者学术背景、学术基础、论述出发点、参与时间点，决定了每个人在讨论中的定位会有所不同。理解就好，不必细究。

事物总是要发展的。夏文化探索历来是螺旋式上升的，现在具备了再次回升的条件，相信夏文化探索很快又会柳暗花明！

本访谈的提问由阚露初拟，张立东审订。2020 年 8 月 5 日，阚露向杜金鹏先生邀约笔谈。答问由杜金鹏自撰，于 2020 年 8 月 24 日完成。

主要著述

1.《1987 年偃师二里头遗址墓葬发掘简报》，《考古》1992 年第 4 期（执笔）。

2.《夏商文化断代新探》，《中原文物》1993 年第 1 期。

3.《夏商考古新的发现与思考》，《郑州大学学报》（哲学社会科学版）1994 年第 1 期。

4.《偃师商城初探》，中国社会科学出版社，2003 年版。

5.《偃师商城与夏商文化分界》，《考古》1998 年第 10 期（合作）。

6.《河南偃师商城小城发掘简报》，《考古》1999 年第 2 期（执笔）。

7.《偃师商城与夏商周断代工程》，《中原文物》2001 年第 2 期。

8.《新砦文化与二里头文化——夏文化再探讨随笔》，《三代考古》（一），科学出版社，2004 年版。

9.《偃师商城遗址研究》，科学出版社，2004 年版（合编）。

10.《"郑亳说"立论前提辨析》，《考古》2005 年第 4 期。

11.《偃师二里头遗址 4 号宫殿基址研究》，《文物》2005 年第 6 期。

12.《二里头遗址与二里头文化研究》，科学出版社，2006 年版（合编）。

13.《夏商分界研究中"都城界定法"的理论与实践》，《三代考古》（二）科学出版社，2006 年版。

14.《偃师二里头遗址祭祀遗存的发现与研究》，《中原文物》2019 年第 4 期。

15.《二里头遗址第二期考古的主要成就》，《中原文物》2020 年第 4 期。

王震中

王震中

王震中，1957 年出生，陕西榆林人，籍贯陕西三原。现为中国社会科学院学部委员，中国社会科学院历史学部副主任、研究员，中国社会科学院大学特聘首席教授、博士生导师，中国殷商文化学会会长、国家教材委员会专家委员会委员、国家广播电影电视总局电影审查委员会委员，中华炎黄文化研究会《炎黄文化研究》主编等。曾任中国社会科学院历史研究所副所长、学位委员会主任、第十三届全国政协委员等。

一、您本科是在西北大学的考古专业就读，但之后转向了偏历史学的研究，发生这一转变是受到了哪方面的影响？

关于这个转变，我更倾向于"从考古学到考古学、历史学、人类学等多学科结合研究"这个表达方式，考古学界的朋友总是说我"一个脚在考古学，一个脚在历史学"，也有朋友说我是"跨界学者"。这主要是受到了尹达、张政烺和杨向奎三位恩师的指导和熏陶。

我是西北大学 1977 级的学生。那个时候由于"文革"的原因，我们都是 10 年没有好好读书的。入学之后，所有人都求知若渴。当时，西北大学和各个大学一样，考古学都是设立在历史系内的，现在也还有大学的考古专业是这样。西北大学历史系考古专业的课程不仅包括考古学专业的各种课程，而且还有历史专业的课程。同时，除了校内的课程，当时西北大学历史系主任张岂之先生还经常邀请学术界的许多大学问家来开讲座。比如说，中国社会科学院历史研究所的李学勤先生给我们讲授了古文字学，田昌五先生讲授的是古代史专题；考古研究所石兴邦先生讲的是新石器考古，张长寿先生讲的是西周考古；还有陕西省考古研究所韩伟先生、美国史学家唐德刚教授等都来过历史系进行讲学。有的先生一讲就是一周，有的甚至是一个月。回想一下本科阶段的学习，最大的特点就是让自己把考古学和文史哲方面的"专"与"博"结合了起来。这也使得我后来报考了由考古学走向历史学的尹达先生的研究生。我也是比较幸运的，顺利地进入了中国社会科学院历史研究所，跟着尹达先生开始了第二阶段的学习。

　　我从尹达先生那里接受的指导就是：抓住典型遗址，将考古学、历史学和人类学三者相结合，也就是部分学者所说的"三重证据法"。考古学方面，尹达先生强调要特别研究"典型遗址"，强调"由物见人"，不能拘泥于、停留于器物类型学"型"和"式"的分析上。而且要注意研究典型遗址中各种遗迹所反映的社会关系，也就是后来热度很高的"聚落考古学"。历史学方面，尹达先生要求我们用把史前和商周联系起来看问题的视角。人类学、民族学方面，尹达先生安排我们进行了为期两个月的云南和四川凉山的民族学调查。后来，我的文章体现出来的考古学、历史学、人类学等多学科相结合、把聚落考古与社会形态学结合等特点，主要就是受到了尹达先生的影响。

　　尹达先生在指导我一年半后就去世了。当时陈高华副所长就安排杨向奎、张政烺两位先生继续指导我。杨向奎先生要求我加强外语学习。他自己也一直在认真学习英语，目的就是阅读国外人类学领域的著作。而且，先生也很提倡"三重证据法"的研究方式。张政烺先生则要求我以《史记》为纲梳理先秦典籍中关于上古的记载，加强了我在历史学文献阅读梳理方面的能力，也为后来我研究历史学奠定了基础。

　　在三位先生的言传身教之中，我从硕士阶段就认定自己今后要走考古学、历史学、人类学等多学科结合的研究道路，在硕士阶段就形成了自己的治学特点。

二、您的研究主要是"文明与国家起源""先商起源和商代都邑""史前传说"和"原始文化与原始宗教"这四大方面，而且成果卓著。能否简单谈一谈您自己过往的学术成就？

　　我对"文明与国家起源"的关注大概开始于我在日本留学期间。

在我攻读博士学位的第二年，也就是 1989 年，在田昌五先生的支持下，我到日本关西外国语大学伊藤道治先生那里学习了一年的时间。虽然之后，我又多次到日本去，而且有两次都是在日本一待就一年，但博士期间的留学经历是对我影响最大的。那个时候，我发现国内"比较文明学"还是一片空白。所以，在回国之前，我就已经把我的博士学位论文题目确定为《中国文明起源的比较研究》，并草拟了一个写作框架，在把这个写作框架交给身边的伊藤道治先生的同时，也用信寄给了国内的田昌五先生，想听听他们的指导意见。这算是我研究文明与国家起源的开始，这部书的出版也算是成就之一。在此之前，学术界一直将所谓的"文明起源的三要素（铜器、文字、城市）"或者是欧美学术圈流行的塞维斯"酋邦理论"作为探讨中国文明和国家起源的理论。但是我发现，"文明起源的三要素"理论并不是放之四海而皆准，对于"酋邦理论"也不能仅仅停留在"拿来主义"的境地。我是第一个指出"酋邦理论"既有贡献也有局限的学者。针对这样的局面，我提出了中国文明起源的三个阶段、三种形态的说法。具体的就是中国文明起源路径是"由史前平等的农耕聚落，发展为初步不平等的中心聚落，再发展成为都邑国家"。

之后，我又提出了"邦国—王国—帝国"说，是 2003 年发表在《河南大学学报》上的，主要是对中国进入国家社会之后的国家形态的演进模式进行阐述。"邦国—王国—帝国"演进说是和之后的"夏商周三代复合制国家结构"说相辅相成的，是要进一步解决进入国家社会之后中国历史发展道路的问题。

2010 年，我发表了《夏代"复合型"国家形态简论》，在这篇文章里提出了"夏商周三代复合制国家结构"的说法。在随后的论文《论商代复合制国家结构》和著作《中国古代国家的起源与王权的形成》中又对这种说法进行了深入的阐述。这一理论解释了夏商周王朝国家结构中王国与诸侯国的二元化且统一的问题,解释了夏商周三代王朝形态和结构的历史特点。

先商起源和商代都邑的研究主要体现在 2010 年出版的《商族起源与先商社会变迁》和《商代都邑》这两部著作中。

关于先商起源的研究主要有四个突破:

1. 提出《世本》中所说的"契居蕃"中的"蕃"和《史记·殷本纪》中"封于商",以及《诗经》中"帝立子生商"中的"商"应为同一地域的两个名称,在漳水流域至磁县一带;

2. 提出"汤都亳在内黄鄀亳"说;

3. 将先商文化(漳河型下七垣文化)与商的先公先王进行了时段对应,提出"漳河型下七垣文化是灭夏前以商族为主所创造的物质文化,但又不仅仅限于商族一族"的说法;

4. 将商族建立国家的开始时间定为上甲微时期,指出先商时期商族经历了史前社会的"中心聚落形态"、上甲微至成汤时期的早期国家、成汤灭夏之后的以王国为核心的王朝国家三个阶段。

关于商代都邑的研究有以下几个看法:

1. 将商史和商代的考古学文化划分为三期,指出偃师商城应为商初成汤所建,弃于中丁迁隞。郑州商城应为商王大庚所建,中丁之前,偃师商城和郑州商城是并存的;

2. 对商都内宫殿、宗庙的规制进行论证,提出偃师商城、郑州商城、洹北商城、安阳小屯商城中宫殿建筑为三进或二进式四合院,而宗庙建筑的四合院中应是一院数宗(庙),每宗(庙)应是一祖一室;

3. 论证了商代王邦与从属邦国的都邑落都是三级结构;

4. 提出安阳殷都的族居特点是"大杂居中的小族居"。

关于史前传说的研究，最主要的成就应该是 2011 年在《中国社会科学院历史研究所季刊》（第七集）上发表的 7 万多字的《三皇五帝传说与中国上古史研究》这篇文章。这篇文章是在当今重新审视"信古""疑古""释古""考古"等的视角下，将三皇五帝的传说放在重建中国上古史的视野中再次考察和探究。这是这篇文章的基本主题。这篇文章中强调的另一个观点就是关于古史传说的"虚"与"实"，这一点在三皇五帝的传说中体现得很确切。这篇文章梳理了相关文献中关于三皇五帝的组合，再从"虚"与"实"的视角进行分析，同时结合考古学材料与文献传说相互印证，得出结论。当然，我在文中列出的"考古学与传统史学中的年代对应关系"权且作为一家之言，只是初步的研究，这里边还需要不断地深入研究。

三、2010 年，您在《夏代"复合型"国家形态简论》和《论商代复合制国家结构》中提到了"夏商周三代复合制国家结构"的说法，并在随后的文章、著作中进行了深入系统的阐释。那么您能否介绍一下夏代的这种复合制国家结构？

过去，关于夏商周三代的国家形态这个问题，有两种理论观点。部分学者认为夏商周是"统一的中央集权国家"，还有部分学者认为是许多"平等的"方国组成的联盟。这两种提法都是有问题的。

我们认为秦汉以来实行郡县制，这时的国家应该是典型的统一的中央集权国家。我们仔细比较三代时期相对于"王畿"的地方诸侯国与郡县制下的地方郡县，两者的差别是不言而喻的。地方诸侯并不是王朝的行政机构，他们臣服或者附属于王朝政权，这与后世从中央到地方"一元化"格局下的郡县是完全不同的。各个诸侯国虽然主权是不完整的，但是它们作为邦国的其他性质还是存在的。更形象地说，他们是王朝的国中之国。所以说，"夏商周三代是统一的中央集权国家"是不合适的提法。第二种观点其实是忽视了夏商周三代时期王对于地方的诸侯邦国的支配和控制权。诸侯邦国在政治上不能够完全独立，在经济上需要向中央王国纳贡，军事上有自己的军队但是同时也受到中央王朝的管辖，要随王出征或奉王命出征。这两种观点其一夸大了中央王朝对地方的控制而忽视了地方诸侯邦国的独立性，其二则走向另一个极端。所以说都不太合适。

"夏商周三代复合制国家结构"其实就是说夏商周三代王朝是由王国和诸侯邦国两大部分组成。位于中央的王国是国家的主体核心，是"国上之国"；位于周边的诸侯邦国是国家的组成部分，是"国中之国"。中央王国和周边邦国之间的关系可以描述为在王权支配下形成的一种多元一体的格局。中央王国对地方有控制，周边邦国既服从中央王国的命令但也有一定的独立性。商周时期的这种复合制结构是比较明显的，尤其是西周实行的分封制是复合制国家结构的高峰。但是夏王朝的复合制国家结构是初步的，需要充分结合历史文献来探究。

梳理文献发现，夏王朝时期的政治实体或单元可划分为四种类型：其一是"夏后氏"这样的王邦。过去的学者在说到夏朝国家时，实际上主要是在论述夏的王邦。比如说，《尚书·汤誓》中提到：夏王率遏众力，率割夏邑。而《史记·殷本纪》将"夏邑"写作"夏国"，指的就是王邦。其二是较为稳定的属邦。属邦主要是指"韦"、"顾"、"昆吾"（《诗经·商颂·长发》《国语·郑语》）、"薛"（《左传·定公元年》）、"商侯"（《今本竹书纪年》）等附属于王邦的诸侯邦国。其三是时服时叛的诸夷之国。如"方夷""于夷""风夷""黄夷""白夷""赤夷"（《古本竹书纪年》）等。其四为一些"前国家"的族落共同体。这四者之中，前二者是构成夏王朝复合制国家结构的基本面，属于稳定因素；第三和第四者，是不稳定的，游离于结构内外。

夏的王邦已属于国家形态是比较明显的。我们通过文献可以得知夏王朝已经存在有像"左右六人"和"三正"这样的行政职能官吏，这一点在文献中是有记载的。《尚书·甘誓》提到的"王曰：嗟！六事之人"，可见"左右六人"所指应为王身边的六个或六种管事的高层官吏。《尔雅·释诂第一》曰"正，伯，长也"，《左传·定公四年》封唐叔"怀姓九宗，职官五正"，可以看出来"正"是指官吏。同时，夏代已经出现刑法。《左传·昭公六年》说"夏有乱政，而作《禹刑》"；《尚书·甘誓》记载夏与有扈氏大战于甘，夏王说到"用命，赏于祖，弗用命，戮于社，予则孥戮汝"，可以看出夏代不但存在刑法，而且夏王依靠刑罚拥有了强制权力。这两点我认为已经能够充分论证夏的王邦已经进入了国家形态。

虽然关于那些附属国和诸夷之国的材料是比较少的，但是依然可以窥知一二。比如说，从甲骨文中可以得知，韦族是有自己的军队和农田的。另外，我在《商族起源与先商社会变迁》中也提到过，商族从上甲微至成汤时期已经属于国家形态。所以，在夏代除王邦之外，还有很多的附属邦国其实已经进入了国家形态。

我们可以看到，夏代是由多层次政治实体构成的。王邦和属邦（庶邦）之间也存在着一些不平等的经济贡纳行为，同时，文献中还有附属国的国族之君到王邦出任官职的情况。这一行为既是附属国对王朝的国家事务的参与，也是对王和王邦作为天下共主地位的认可。这种"大国家结构"其实就是"复合型国家结构"。它是由王邦和属邦共同构成的。

四、您在研究夏商西周复合制国家结构的同时，也提出了"华夏民族因复合制国家结构而形成于夏代"这一说法。就此，您能否

展开谈一下为什么华夏民族形成于夏，而不是形成于"华夏"一词流行的春秋战国时期？

这其实是"自觉民族"与"自在民族"的差别。我们应该确定的是古人之所以使用"华夏""诸夏"等带有"夏"字的词语来称呼华夏民族，这和夏王朝是密不可分的。这是不用怀疑的。那么，华夏民族形成于春秋战国时期这一说法是怎么回事呢？

根本原因是"华夏""诸夏""诸华"这些用语在春秋战国时期最为流行。我认为，这些词语的使用是代表了民族自觉意识，即已经完全意识到自己是一个完全不同于其他民族的存在。但是，在这之前，应该还有一个自在意识的阶段。也就是说民族意识还处于朦胧状态，还没有完全产生自觉意识。但是没有自觉民族意识并不代表这个民族没有形成，只是还没有自觉地认识到而已。夏商周时期的这种复合制国家结构也奠定了国家能够容纳众多不同族群这样的一个客观基础。夏商周时期的华夏民族就是这样的一个朦胧状态。像西周时期，随着民族文化的逐渐形成，这种民族意识也在逐步加强。周人之所以自称"我有夏"，认为"夏"（夏朝）为正统，这与民族意识的加强是有关系的。

到了春秋战国时期，政权局面的混乱导致异族人群的进入。这也致使"华夷之辨"思想的出现。"华夷之辨"思想也是华夏民族自觉意识的体现。而夏之前的时代，应是华夏民族的滥觞期。这一时期尚且属于族邦联盟，并没有形成多元一体的民族国家，而属于部族国家。

五、您在《商族起源与先商社会变迁》一书中提出"汤都亳"即"内黄邺亳"的看法。您能否简述一下内黄邺亳这一说法？也有部分学者提出，内黄邺亳的依据都集中在"地上"文献方面，对此您

有什么看法？

"黄亳说"是40多年前由岑仲勉先生提出来的，但是一直没有引起很大的重视。主要原因在于这一说法的依据是文献材料，而且多数年代较晚。

多数人应该很熟悉，在甲骨文中有"商""中商""大邑商"等记述。这些名词有的是作为王畿来使用，有的是作为地名来使用，不同的学者可能有不同的意见。但是毫无疑问的是"商"对应的均是安阳殷墟。根据《甲骨文合集》36567辞"在商贞：今〔日〕步于亳"，我们可以得知从商到亳只有一天的路程。按照古代日行军三十里为一舍计算，一日的路程只能有几十里。也就是说，我们只能在距安阳殷墟几十里的范围内来寻找亳。南亳说中亳州和谷熟两地距离安阳殷墟都在200千米以上；北亳说中蒙泽距离安阳殷墟在180千米以上，成武、定陶距离安阳也有180千米；郑亳说中郑州距离安阳也有180千米；西亳说中偃师商城距离安阳接近200千米。他们都不符合甲骨文中提到的这一点，只有河南内黄县的亳邑即"内黄郼亳说"可以满足这一条件。

岑先生所依据的文献主要是《古今图书集成·方舆汇编·职方典·大名府部汇考》中的材料，多出自明清时期的方志。他也提到了《皇览》称"帝喾冢在东郡濮阳顿丘城南亳阴野中"并说顿丘在今清丰西南二十五里，正与内黄的东南相接，野称亳阴，相信由亳城而得名。《皇览》辑于三国时代，由此知"亳阴""亳城"的名称最迟起自东汉，即是说内黄亳城之历史，比南亳还要早。但是这里的文献材料都不早于先秦，所以大多数人不太重视这一说法。我提出的内黄郼亳说是源于《吕氏春秋·具备篇》中的一句话："汤尝约于郼薄矣，武王尝穷于毕裎矣。"它的意思是说：郼亳对于成汤来说就像毕裎对于周武王一样。可见，这里的郭亳应该是成汤灭夏之前所居之地。从古文字角度讲，"郭"是后起之字，在甲骨文中应该为"韦"和"卫"。韦在滑县，综合其他材料它不是郭亳，而卫，综合《甲骨文合集》中的卜辞可以知道，卫地位于商都以东，而且距离殷都不远，而这一范围就包括内黄。所以说，我将"黄亳说"改为"内黄郭亳说"。

　　另外，你这里提到的依据都集中在地上材料是个事实。一份材料说一份话，从文献材料来看，内黄郭亳是合理的。当然，缺少考古材料这个客观事实我们也不能否认。但是我相信，今后河南内黄一带会发现先商和商代的宫殿、都邑城址等遗迹，从而进一步证明内黄郭亳说的正确。

六、"夏商周断代工程"结项之后，一般认为夏商分界在偃师商城一期 1 段或者是二里冈下层文化一期。之后，随着新的测年数据的所谓"系列拟合"出现，又有学者提出夏商分界应为二里头文化第二、三期。关于这个问题讨论十分激烈。对于夏商分界这一问题您有什么看法？

　　我认为，夏文化的年代应该在公元前 2024 年（或公元前 2043 年）到公元前 1553 年（或公元前 1572 年），从中原龙山文化晚期开始，经新砦期和二里头文化第一期、第二期、第三期，到二里头文化第四期已经结束。那么夏商分界应该在第三、四期之间，具体到年份就是公元前 1553 年或者是公元前 1572 年。这两个数据是结合文献与"夏商周断代工程"所得的测年数据得出的。

　　《古本竹书纪年》记载"自武王灭殷以至幽王，凡二百五十七年"。那么从公元前 770 年（平王东迁）上推 257 年则是武王克商的年份，也就是公元前 1027 年。《古本竹书纪年》中还有"汤灭夏，以至于受，二十九王，用岁四百九十六年"。《史记·殷本纪》中记载商代为三十王。断代工程通过推理，认为帝辛在位应为三十年。那么商代积年则为 496+30=526 年，再加上之前所说的公元前 1027 年，可以得知夏商分界应该在公元前 1553 年。此外，若按照"夏商周断代工程"主张武王克商年代为公元前 1046 年，那么再加上 526 年，则夏商分界为公元前 1572 年。

这两个数据和二里头文化第四期或者偃师商城一期 1 段的碳十四测年是一致的。而且，从考古学方面来说，偃师商城一期 1 段和二里头文化第四期的文化特征相当。这种类型的文化特征是二里头文化和下七垣文化的复合体，被认为是最早的商代文化。

综合文献、"夏商周断代工程"中的测年数据以及考古学文化特征等诸多因素，可以肯定夏商分界应该在二里头文化第三、四期之间。

七、关于夏文化的定义，您也有不同以往的观点，能否详细介绍一下？

这是一个老问题了。最早徐旭生先生曾说过："夏文化一词很可能指夏氏族或部落的文化。"1977 年在登封告成开会的时候，夏鼐先生提出："夏文化应该是指夏王朝时期夏民族的文化。"现在，我国学术界一般讨论的夏文化都是以夏鼐先生所定义的为基础的。但是我们再回过头来审视这个定义，会发现在准确定位"夏文化"之前，还要对"夏民族"这个概念有清晰的认识。那么，什么是夏民族？

根据《史记·夏本纪》中的记载："禹为姒姓，其后分封，用国为姓，故有夏后氏、有扈氏、有男氏、斟郡氏、彤城氏、褒氏、费氏、杞氏、缯氏、辛氏、冥氏、斟戈氏。"夏后氏是王室所在，其他的是夏后氏的同姓国族。这些国族分散各地，比如说有扈氏在今陕西户县；有男氏在今南阳和汉水以北的地区；斟鄩氏先居河南巩义西南，后迁至山东潍坊一带。夏后氏的同姓国族分散于各地，已经远远超过了所谓的夏文化的分布范围。比如说，斟鄩氏、斟灌氏、费氏等国族处于岳石文化分布范围。而一般意义上讲，岳石文化被认为是夏代的东夷文化。如果将这些国族视为夏民族，所处文化却不属于夏文化，这是很矛盾的地方。实际上，没有任何一种考古学文化能够完全概括夏后氏及同姓国族所创造的文化。

在之前谈到夏代的复合制国家结构的时候，我们也提到了，夏王朝最基本是由前两部分组成，但有时也可以包括第三和第四部分。除了同姓国族，还有很多异姓国族。这些异姓国族有的也参与到了夏王朝的国家统治之中。那么，这些又该怎么定义？

所以说，我们现在考古学研究中所指的夏文化用夏鼐先生的定义来概括是不合适的。就最基本的来说，夏民族的定义我们都没有搞懂，那又怎么来定义夏文化？这样，我们倒不如将夏文化定义为"夏王朝时期夏后氏的文化"（即夏王朝时期夏王族的文化）。如果要这样定义的话，实际的可行性要高一些。结合夏王朝的迁都以及夏代的国家结构，用这个定义，或者更准确一点儿讲，把夏文化定义为夏的王邦及王畿所在地的文化，会更合适一点儿。

本访谈的提问由李松翰初拟，张立东审订；答问由李松翰根据王震中论著于 2021 年 6 月 30 日初拟完毕。2021 年 8 月 4 日，由王震中审阅定稿。

主要著述

1.《夏商周文化中的东方渊源》,《华夏文明》（第二集），北京大学出版社，1990 年版。

2.《邦国、王国与帝国：先秦国家形态的演进》,《河南大学学报》（社会科学版）2003 年第 4 期。

3.《甲骨文亳邑新探》,《历史研究》2004 年第 5 期。

4.《中国古代文明和国家起源研究中的几个问题》,《史学月刊》2005 年第 11 期。

5.《夏代"复合型"国家形态简论》,《文史哲》2010 年第 1 期。

6.《夏商分界、夏文化分期及"夏文化"定义诸题新探》,《华夏考古》2011 年第 4 期。

7.《夏史和夏文化研究的魅力与反思》,《中国古代文明与国家起源学术研讨会论文集》，科学出版社，2011 年版。

8.《文明与国家起源的"聚落三形态演进"说和"邦国—王国—帝国"说》,《中国社会科学院研究生院学报》2012 年第 5 期。

9.《从复合制国家结构看华夏民族的形成》,《中国社会科学》2013 年第 10 期。

10.《中国古代国家起源、发展与王权形成论纲》,《中原文化研究》2013 年第 6 期。

11.《涂山所在地及其夏禹权力的时代特征》,《中国社会科学报》2014 年 7 月 4 日。

12.《清华简〈厚父〉篇"咎繇"与虞夏两代国家形态结构》,《南方文物》2016 年第 4 期。

13.《中国王权的诞生——兼论王权与夏商西周复合制国家结构之关系》（合作），《中国社会科学》2016 年第 6 期。

14.《蛇形龙崇拜与二里头遗址夏都说》,《光明日报》2021 年 4 月 10 日。

15.《论二里头乃夏朝后期王都及"夏"与"中国"》，《中国社会科学院大学学报》2022 年第 1 期。

16.《夷夏互化融合说》，《中国社会科学》2022 年第 1 期。

孙华

孙华，1958年出生，四川绵阳人。北京大学考古文博学院教授、文化遗产保护研究中心主任。个人主要的研究方向为夏商周考古、中国西南地区考古和文化遗产保护。参加过文化部艺术研究院承担的『中国艺术通史』等重大课题的研究工作，主持过教育部『四川盆地青铜文化研究』『滇东黔西的青铜文化』和国家社科基金重大项目『西南地区少数民族传统村落保护与发展研究』。

一、您认为夏文化问题是一个考古学问题还是历史学问题？夏代是否存在？

夏文化问题是一个考古学的历史命题，也就是从考古材料中寻找、辨识并确认我国古史传说中的夏朝前后以夏人为主体遗存的考古学研究。夏代是古史传说和文献追记的夏商周三代中最早的朝代，三代则是中国史学传统中的一个基本概念。至迟在西汉司马迁时期就已形成的中国史学体系中，夏、商、周三个朝代是起源各异、前后代替、一脉相承、三朝一体的时代，三代之前是远古传说中的五帝时代，三代之后是统一王朝时期的秦汉时代。在中国传统的史学观念里，夏商周三代不同于以前的五帝时代，也不同于以后的秦汉王朝时代：五帝时代帝王的世系并不清楚，只有一些笼而统之的传说，故司马迁将这些远古帝王传说归拢在一起，合并为《五帝本纪》；夏商周时代三个王朝的前后关系清楚，每一个王朝王与王之间的关系也比较清楚，只是每个王的年数不够确切，王的事迹大多阙如，故只能以每个王朝为篇章，编为《夏本纪》《殷本纪》《周本纪》；到了秦始皇以后，也就是距司马迁当时比较近的时代，已有大量的史料，比较可信，他就每个皇帝都单独成篇，秦朝从《始皇本纪》开始，汉朝从《高祖本纪》开始，至司马迁所在的《孝武本纪》截止（当然流传至今的《孝武本纪》为后世拼凑）。司马迁的这种史学观念，是当时甚至更早人们的集体意识，孔子将尧舜时代视为"大同"社会，夏商西周时代视为"小康"社会，他所在的东周时代为当世乱世，其基本的历史观都是一致的。由此可知，在距古未远的晚周秦汉时代，当时人们看到的史料和所得到的认识，是把夏王朝视为一种与商王朝和周王朝一样的历史存在。

20 世纪 20—30 年代考古学在中国兴起以后，通过殷墟出土甲骨卜辞和考古材料，商代晚期都城殷墟被确定，证实了司马迁《史记·殷本纪》对于商王朝世系的记载。无论是中国的考古学家还是历史学家，基于对三代是前后更替的整体这一中国史学传统的认识，大都认为司马迁的《史记·夏本纪》也应该是有依据的，夏王朝应该是可信的历史存在。既然夏王朝是真实存在的，《史记》等文献的记载是可靠的，且商王朝晚期的都城遗址殷墟已经被考古学家找到并确认，那么，寻找并确认更早的"夏墟"自然就成为有历史情怀的考古学家和中国上古史学家的一种学术追求。20 世纪 50 年代，徐旭生先生基于古史传说提供的夏代地理线索，以寻找夏代都邑的遗址"夏墟"为目标，以文献记载中夏王朝中心区域为范围，以具有都城废墟规模的、早于商文化的遗址为重点，在晋南和豫西地区开展了专项考古调查。由于种种原因，晋南的调查并没有按照计划完成，但在豫西的调查，却发现了包括河南偃师二里头遗址等多处可能与夏代或早商文化相关的遗址，从而极大地影响了我国夏商周考古学的发展。

也从 20 世纪 20—30 年代开始，由于西方史学的实证主义和疑古思想传入，我国的一些历史学家对商以前的历史就提出了一些质疑，例如顾颉刚、杨宽等先生都对三代最早的夏代是否真的存在提出过质疑。当时有的史学家已经产生了这样的假说：夏代是周代人的杜撰，是周人为了证明自己政权合法性而虚构的历史。但在当时，这种"疑夏派"在中国史学界属于少数，尤其杨宽先生把夏代视为附属国小周为了给自己灭掉宗主国大商找理由而杜撰的说法，因为只是一种假说，在当时基本没有产生多大影响。到了当代，西方有一些历史学家（如艾兰）沿着当年杨宽先生的思路，做了更详细的阐述，试图说明夏是一个虚构的故事而非真实的历史。对于这一点，我国的考古学家，甚至东亚的考古学家，一般都不太认可。因为我们从上古以来的史学传统都把三代作为前后更替、不断补益的一体化社会，两千多年前的司马迁等所秉承的史官传统，后来逐渐淡化；司马迁等所能看到的先秦史料，不少已经失传，不能认为我们知道的信息就比司马迁等古人更多。换句话说，既然中国自周代以来的史学家都认为商代以前有夏代，我们如果没有充分的证据，就没有理由轻易否定夏代的存在。中国先秦时期存在一个三代，三代最早的时代是夏代，这是我们考古学家讨论夏文化问题的一个前提。不承认夏代，就失去讨论夏文化的前提，而只讨论夏的存在与否，这已经不是考古学的问题了。

二、您认为从考古材料探索夏文化的可能性如何？

既然认为中国历史上应当存在一个夏代，这个时代又缺乏文字和文献材料，那么，作为考古学家来说，就有责任通过物质文化的资料去探索这个时代，不管最后的结果是能证实还是不能证实。

自从甲骨文发现以后，夏商周三代历史的探索实际上就分成了三个阶段。第一个阶段是公元前841年（共和元年）以后，也就是三代距我们最近的阶段，这是有比较可靠年代和少许文献的阶段。再往前的第二个阶段，在殷墟甲骨文发现以后，可以认为是从商王武丁开始，至西周共和元年截止，这是狭义的中国历史时期开始的阶段。第三个阶段是商王武丁以前至夏代建立，也就是商代前期和夏代的古史传说阶段，由于文字和文献的缺失，这个阶段的历史只能依靠考古学家去探索。正因为如此，当殷墟考古奠定了第二个阶段考古学的基础以后，我国的考古学家就通过对郑州的考古工作，把三代考古研究向前推进到了第一阶段，确认了早于商代晚期安阳殷墟的以郑州二里冈文化为代表的商文化。这样，比郑州二里冈商文化更早的夏文化的探索，自然就成为一个摆在考古学家面前需要探索的重要目标。由于在三代的中心区域，早于商代早期文化的新石器时代文化序列已基本建立，晚于商代早期文化的商文化和周文化的文化发展也比较清楚，那么在龙山时代与商代之间，在古史传说的夏王朝或夏人活动的区域内，分辨出哪一种文化大致相当于夏积年时期的文化，就成为我们考古学家有可能做到的事情。

从考古材料中去寻找和辨识相当于夏代纪年和夏代区域的文化遗存，这是一个容易实现的学术目标。因为在时间范围和空间范围都认定后，只要田野考古工作到位，就会有这样一种文化遗存（或不止一种）出现在人们的视野中。如果有这样一种物质文化遗存，它符合传说中夏代存在的时间，位于传说夏人活动的中心地域，文化特征与早先龙山文化和后来的商文化有所不同，拥有能够反映统一王朝气象的大型城邑、大型建筑、高品级用器等遗存，就有可能成为夏文化的讨论对象。正是基于这样的考虑，在 20 世纪 50 年代后期，徐旭生先生开始了夏文化考古的探索。受制当时对郑州商城及二里冈文化与商代早中期对应关系的认识，当然也还有其他的一些原因，徐旭生先生并没有得出哪种遗存可能属于夏文化的判断，但他的研究思路和工作成果却给夏文化的探索以有益的启迪。我的老师邹衡先生在重新审视了郑州发现的考古材料后，将二里冈文化由早先判断的中商文化改定为早商文化，将郑州商城由先前推定的中商的"隞"都改定为早商的"亳"都，那么，早于早商时期的二里冈文化，中心区域又在商代早期亳都以西的二里头文化和偃师二里头遗址，就自然落在了传说中夏代夏人中心区域的范围内。邹衡先生于是通过对二里头文化的时间、空间和文化特征的分析研究，通过二里头文化与二里冈商文化的比较分析，详细论证了二里头文化可能就是夏文化，从而引发了二里头文化是夏文化还是商文化的论战。

我们前面说过，考古学界探讨的夏文化问题，是一个历史的命题，也就是先要认同中国先秦时期有一个三代而不是两代，商代之前还有一个与商代和周代国家类似的夏代，并且这个夏代还是一个具有相对较大区域中心地位的古代国家政权，不是一般的初期国家或村社。如果我们认同这一点，夏王朝就一定会有相应的物质文化材料遗留下来，在考古事业昌盛的今天，也一定会被考古学家发现，剩下的问题就是将其辨识出来并通过研究寻求证据，获得学术界的逐渐认同。当然，要准确地辨识夏文化，准确地判断夏王朝的年代范围和空间范围是个前提，否则就会出现错误。年代问题本来是最简单的问题，但我们的夏、商及新石器时代的考古年代框架，在"夏商周断代工程"开展之前，长期存在着两三百年的误差，这个误差足以使一个朝代在历史年表上出现错位。如果考古学材料的年代判断准确了，再加上对夏王朝中心区域范围的正确认识，以及我们考古学家对这一时空范围内考古资料的准确把握，要判定哪一种考古学的文化、文化类型或遗址属于"夏"这个朝代的文化，恐怕不是一个太难的问题。难就难在认同夏代的存在，其次是确认夏代的时空范围。

以上是我想说的基本问题，夏文化是可以探索的，而且是一个历史的命题，中国考古学家有责任来探索和解答这个问题。

三、您早年提出二里头文化第三、四期间是夏、商王朝分界之说。请问您在研习考古学的初期为什么就关注这个问题？您现在的观点有无改变？

当我的老师邹衡先生提出并论述了二里头文化是夏文化的观点后，

围绕着二里头文化究竟姓"夏"还是姓"商"的问题，中国学术界展开了一场论战。论战大致分为两个学术群体：一个群体以邹衡先生为代表，以北京大学考古学科诸位先生及其学生为核心，他们主张二里头文化就是夏文化；一个群体以中国社会科学院考古研究所负责二里头遗址考古的诸位先生为代表，包括先前河南省文物研究所诸位先生，他们一度主张二里头文化都属于早期商文化。在这场学术论战中，也逐渐出现了各种修正和折中观念：有学者认为二里头文化前期即第一、二期是夏文化，后期即第三、四期是商文化；有学者认为二里头文化第一期不是夏文化，夏文化只是二里头文化第二至四期；有学者认为河南中西部的龙山文化晚期和二里头文化第一期是夏文化。这些不同的学术观点在一个不长的时间内相继提出，反映了学术界对夏文化问题的高度关注，但由于都没有绝对的证据，在一段时期内大家对考古材料中哪一种文化属于夏文化，还是各抒己见，谁也没法说服谁。不过，在这个看似众说纷纭的论战中，有一点是共同的，就是大家的关注点都集中在二里头文化及其相关文化上，也就是二里头文化不管是全部还是部分，它们很可能与古史传说或后世文献中的夏能够发生联系，这一点已经成为中国考古学界和历史学界的共识。随着时间的推移，目前几乎没人说二里头都属于商文化了，学界认识的分歧在缩小，这应该是学术发展的一个标志。

20 世纪 70 年代末，我在学习考古界前辈关于夏文化研究文章的过程中，当时有一种感觉，如果仅从考古学文化的分期（主要就是当时人们使用器物形态的变化程度）来论述二里头文化与夏、商王朝的关系，恐怕容易出现偏差。因为夏、商国家政权的更替有可能不能从器物风格的变化中反映出来，或者说器物尤其是陶器风格呈现的政治历史转变的信息比较有限。当时我还是在一所地方师范学校学习中文的学生，对考古只略有一点基本知识，可能还是一知半解，只是按照一般的常识性理解。

日常器物的变与不变与政权更替、政治改革、重大事件等不一定有必然的关联，因为存在多种复杂情况：第一种是政权更替时，首都之类中心城政权的交接是在和平的状况下进行，例如清帝退位，民国建立，北京城内人们使用的还是前清那些东西，如果古代这种变故背景下的城市遗址被考古学家发现，他们可能就无法从日常器物乃至于建筑遗存的变化中获得这一重大历史事件的有关信息；第二种是一些古代的城市，他们除本地的世居主体居民外，不时会有来自其他地方的一些外来居民加入（尤其在一些国家出现边地被敌国异族占据，边区城乡的大量居民逃离故土，拥向相对安全的中心地区都市的时候），这时的国家政权并没有发生转移，但城市居民的社群构成已经发生了变化，后世的考古学家如果对这座都城遗址进行考古发掘，发掘地点又恰好在外来社群生息的区域，考古学家就可能发生误判；第三种情况是古代国家的新旧政权的更替，发生在来自不同文化区域的政治实体之间，并且这种更替过程还伴随着激烈的武装冲突，不同生活习惯的不同社群占领甚至消灭了原先居住在这座城市里的社群，新来的社群使用着不同于原先居住在这座城市中社群的新器物，那么，当这座城市成为废墟以后，我们今天的考古学家就能够从这种日常器用的变化中发现其背后使用人群属性的改变以及相关的政治变动。古史传说中的商革夏命，尽管属于第三种情况的可能性为大，但也存在第二、三种情况并存的可能性。如果是并存的情况，二里头遗址中先出现不同于二里头文化的一些外来人群使用的器物，然后出现宫殿基址的废弃，最后出现整个城市的废弃，也就在情理之中。

正是基于这样的相对复杂性的考虑，我那时就朦胧地感到，要从二里头遗址的考古材料去发现夏、商政权更替的迹象，不仅需要考察日常器物的变化，可能还需要从能够反映政治制度变动的重要遗迹现象去判断，例如大型宫殿建筑的兴建与废弃、城市规模的扩大或者缩小、高等级器物的数量等方面。当时的考虑虽然并不周全，所获信息也非常有限，文章也写得相当粗糙，但是我已经注意到二里头遗址的大型建筑兴起于第二期，在第三、四期之际好像就被废弃，这或许反映了二里头这座城市的主导社群和政治实体方面的变化。主要基于这种认识，当时我提出会不会二里头文化并不全都是夏文化，它的末期文化虽然还在延续，但是可能国家政权已经发生了变化。换句话说就是，二里头遗址大型建筑的废弃、城市地位的降低可能是夏商之际政治变动的反映。提出这个观点的时候，我还没有系统地学习考古学，对于考古学的理论方法和中国考古学的系统知识还缺乏掌握，只是对先秦史和商周考古感兴趣，在阅读考古简报和学习诸位先生的论文时注意到了一些遗存现象，并因此产生了一些对历史背景的联想。现在看来，那时的文章虽然比较简单，论述也不周密，还有一些表述不确切的地方，但是由于二里头文化是夏商周考古聚焦的热点，我这篇并不成熟的文章有幸能被《考古》杂志发表，这篇文章的观点也有幸被考古界列为夏文化探索的几种观点之一。后来随着偃师商城的发现，夏商周考古年代学体系的完善，以及二里头遗址内更多关于城市、建筑和高等级遗物等新材料的发现，我们对夏文化的探索已经进入一个新的阶段。现在，二里头遗址的分期越来越细致，我基本认同二里头遗址发掘者提出的夏商更替的社会变动发生在二里头遗址第三期以后，第四期中的某个时段，是我现在的看法。

四、您认为夏文化探索现在存在的主要问题是什么？

从徐旭生先生开启夏文化的考古学探索，到邹衡先生提出二里头文化是夏文化的新认识，再到将龙山时代晚期诸文化纳入夏文化的考察范围，这里面反映了一个根本性的问题，那就是夏代的年代问题。夏文化的探索，首先是要认同中国历史上有夏代的存在，否则就不用我们这些考古学家"无事忙"。其次就要知道夏代的年代，至少有一个基本的年代范围，否则我们讨论夏文化问题，就会成为"关公战秦琼"。然而，恰好在这个最基本也相对简单的年代问题上，传说中的夏积年与最可能是夏文化的二里头文化出现了时间上的错位。

由于夏文化是一个历史命题，要在夏代（不论是传说还是历史记载）这个初期王朝前后、夏人活动中心地域中识别以夏王朝核心族群为主体的具有特征的文化遗存，它最重要的基础就是年代。如果年代搞错了，其他问题也就会随之出错。我们现在所得到的夏纪年，依靠的是《史记》《竹书纪年》这些文献，这些后期文献有夏商周三代每个王朝和每个王的年数信息，将这些年数累计起来，就得到夏代大约在相当于公元前21—公元前16世纪的时间跨度，也就是"夏积年"（由于后世文献记载不同，如果按照多的年数累计，还有夏积年在公元前22—公元前18世纪的说法）。在夏积年的时间范围内，过去年代符合且在传说中夏人活动中心区域内的考古学文化是二里头文化，因而二里头文化理所当然地成为探讨夏文化的基本对象。但随着"夏商周断代工程"的开展，大量高精度的系统测年数据公布，改变了人们对二里头文化年代的认识。二里头文化的年代跨度从不早于公元前1900年，不晚于公元前1500年，变更为不早于公元前1750年，不晚于公元前1500年，一下子缩短了150年。二里头文化的年代范围不仅晚于最大夏积年的范围，即使按照通常夏积年的说法，也就是"夏商周断代工程"的折中说法——夏代年代约在前2070—前1600年，二里头文化也只相当于夏积年的后段，前面还有300年左右的夏年出现了空缺。面对这样的新情况，我们的考古学家有两种解决办法。

第一种是认为二里头文化及其先前的龙山时代晚期文化，它们共同构成了夏文化，"夏商周断代工程"的结项报告简本就是这样处理的。

第二种认为夏、商、周的积年可能有问题，夏王朝17个王400多年（又有471年、472年、432年等不同的记载）的总年代好像显得太长了，每一个王的在位年代大大超过了中国历史时期有可信文献记载的帝王在位的平均年数，如果按照后世帝王在位的平均年数计算，夏王朝的开国年代也就不会早于公元前1850年，夏商之际在公元前1500年前后，我的大师兄和老师刘绪先生就是这种主张的倡导者。

以上两种解决方案，第一种方案是在承认夏、商、周的积年以及夏王朝的总年数基础上而采取的折中方案，但这存在一个问题：二里头文化有二里头遗址这样的都城规模的大型遗址，有大型建筑群构成的宫城，有青铜礼器、武器和镶嵌绿松石铜牌饰等统一王朝的迹象，并且该文化还显现出对周边的巨大影响，与夏代这一中心王朝的气象相匹配；而当地龙山时代晚期的文化却没有这种迹象，那时中原地区的文化还处在分裂的状态，分布着多个并存的龙山时代晚期文化向二里头文化的过渡文化，狭义中原地区诸文化或文化类型还没有周边稍早的文化显得繁荣，除河南新密市古城寨遗址（公元前2000年前后）有不足一里见方大小的城邑，城内有一座大型建筑外，没有见到青铜器等高品级器物，也缺乏像夏王朝那样的统一王朝气象。第二种解决方案就要显得相对简单，也合理一些。这种解决方案不认可传统的夏、商、周积年，而是另辟蹊径，基于人生代差的年代跨度以及历史时期平均王年，将夏代年代推断在公元前1850—公元前1500年间，这个推断就与二里头文化公元前1735—公元前1530年的碳十四测年跨度大体相符。不过，采用这种方案也就意味着要否定后世文献记载夏、商年数的可信性，需要下相当大的决心，并且这也可能会带来新的问题。尽管如此我本人依然偏向刘绪老师的解决方案。

夏文化探索目前存在的问题很多，但我将最重要的问题归结为夏代的年代位置和年代跨度问题。这个问题不辩论清楚，许多问题的讨论都会"漂移"出错。如果我们不能在整个问题上达成一致的认识，我们不妨先把"夏"的问题放一放，先就二里头文化讨论二里头文化，先就前二里头诸文化与二里头文化的关系进行讨论，暂且不给它们贴上是否属于夏的标签，这并不影响这些遗存的考古学研究。刘绪先生关注夏的年代问题，他无疑看到了夏文化研究问题的症结所在，所以才花较多精力试图解决这个问题。刘绪先生真不愧为"大先生"。

五、未来夏文化探索的方向是什么？您的看法是怎样的？

关于今后夏文化的探索，我认为还是考古学文化的三个要素，即时间、空间和文化特征。也就是确认夏王朝存在的年代范围，拓展夏文化探索的空间范围，深化对夏文化结构特征的认识这三个方面。至于夏代是否存在的问题，这是一个历史研究的课题，不应作为夏文化探索考古研究的问题。夏文化问题的考古研究，就是首先肯定（或假设）夏代存在，然后在这个基础上展开的讨论。

关于夏文化的年代问题，前面已经专门说到了，这里不再赘述。我们这里从夏文化探讨的空间范围说起。

夏文化的空间范围问题，是探讨夏文化仅次于时间位置的另一重要的前提性问题，不明确时间和空间，要从考古材料中去探索夏文化就无法进行。当年徐旭生先生试图寻找"夏墟"，他首先就是通过梳理文献资料，从《左传》《国语》《古本竹书纪年》等先秦古书中获得了不到30条有价值的"关于夏后氏都邑的记载"，将夏文化探索的区域集中在了两个区域："第一是河南中部的洛阳平原及其附近，尤其是颍水谷的上游登封、禹县地带；第二是山西西南部汾水下游（大约自霍山以南）一带"。从此以后，这两个区域也就成为夏文化探讨的基本区域，几乎所有研究者都围绕着这两个区域相当于夏纪年前后的考古材料做文章。根据我对后世考古学文化或同风格物质遗存分布区与当时国家行政区域关系的观察，不同时期不同制度下的这种关系是不同的，先秦时期往往以行政区大于中心文化分布区的情况为主。因此，从考古材料探索夏文化，在夏代年代问题基本清楚的情况下，除聚焦于先前学术界都很关注的豫西、晋南两地外，还有一些与传说中夏人有关联的地域也应该引起关注。我们不妨将探索夏文化的空间视野拓宽一些，或许在这些外围空间的研究也可能为夏文化的探索做出一些贡献。例如，传说商人灭夏，最后一代夏王桀逃奔南巢（或被汤放逐于南巢），南巢位于夏王朝的南方，商周文字和文献中都有巢，也都位于中原的东南，古人认为巢在安徽一带，应该可信。在安徽一代的考古发现中，有一些与二里头文化有关的遗物，这些遗物的年代是二里头文化最强盛期的风格，已经有学者将这些二里头文化的因素与桀奔南巢联系起来。即便这些因素不是桀奔南巢后的遗留，但至少说明以豫西为中心的二里头文化与安徽颍、淮流域一带存在文化上的密切联系，这种联系可以与夏与南巢之间的联系形成某种呼应，所以安徽一带才会留下桀奔南巢的传说。

在明确了探索夏文化的时间和空间以后，随之需要开展的工作，是通过后世文献记载的古史传说中夏人事迹和夏人文化因素的梳理，发现可能是夏文化的一些特征，从而为辨识和认证夏文化添砖加瓦。例如，传说夏禹建国后，为了便于统一管理，将全国划分为"九州"，其版图呈现九宫格的形状。中国社会科学院考古研究所二里头工作队通过二里头遗址持续的考古勘探和发掘工作，除在遗址的核心部分发现了宫城外，还发现宫城四周道路在向外延展，整个遗址被这四条井字形干道划分成九片。如果今后在这四条干道以外再没有发现贯通遗址的干道，那么二里头遗址的格局就可视为天下九州的缩影。关于这一点，有学者已经注意到并提出了这样的观点。我们知道，东周时期学者们关于国都的营建，就已经提出了模仿九州大地的说法（《周礼·夏官·司马》说："量人掌建国之法，以分国为九州。营国城郭，营后宫，量市、朝、道、巷、门、渠。造都邑亦如之。"）。如果验证了这个观点，除会给禹划九州的传说提供一个物证外，也可给二里头文化是夏文化、二里头遗址是夏都提供新的证据。

　　诸如此类的研究，应该都是以后夏文化探索可以开展的工作。我相信，通过广大考古学家的不懈努力，夏文化问题会逐渐变得清晰起来。

六、晚期商文化的证实是因为发现了殷墟甲骨文，这是否也意味着必须发现"夏墟"文字才能最终证明夏文化？你认为有可能发现夏代的文字吗？

　　殷墟甲骨文对于商文化的证实居功至伟，如果我们在二里头文化（或其他什么文化）中发现类似于殷墟甲骨文的文字资料，当然会极大地推进夏文化的探索。不过，从目前的资料来看，这种可能性好像很小。因为我国目前发现的最早文字，还是殷墟甲骨文。以前发现的郑州二里冈甲骨文，可能属于晚商时期的遗存；山东桓台史家遗址岳石文化水井出土刻字甲骨，那些不甚清晰的痕迹有东夷文字的可能性；邹平丁公龙山文化陶片上排列有序且有连笔的符号，有学者认为可能属于走入歧途的文字创造尝试；良渚文化陶罐上的某些排列的图案，与文字差距更大，应该属于原始记事的符号和图画。就二里头文化来说，目前我们只在陶器上发现了数量不多的刻画符号，这些符号并不比史前一些文化的符号复杂，符号多单个存在，没有形成组合的符号串，难以与语言形成对应关系。就目前发现的商代晚期以前最接近于文字的材料来说，山东地区的龙山文化至岳石文化的这些符号无疑最值得注意，这些文化的人们可能因为某种需求在记录语言的符号体系方面做过一些尝试。不过，这些早期的文字探索与后来的殷墟甲骨文是否存在传承上的联系，现在还不好确认；在龙山时代与商代之间的二里头文化陶器刻画符号，更远不如早先龙山文化和同时或稍后岳石文化的那些近似文字的符号。我以为二里头文化的人们很可能并没有发明和使用文字，中国古汉字的最早探索者可能属于东夷民族，但最终形成记录语言体系的成熟文字，则是与东夷关系密切的商人创造的，所以周代文献才有"唯殷先人，有册有典"的说法，从原始记事到文字发明，学术界本来就有突变说和渐变说两种说法。如果按照突变说，历史时期的很多文字都是一个人或者一小群人在很短的时间内创造出来的。殷墟甲骨文可能就是一小群巫师之类的神职人员，基于东夷族群的岳石文化的创造，在商王武丁或更早的时候一下子创造出来，并且很快在商王朝的贵族阶层内广泛使用，其中刻于占卜用甲骨上的文字，因为载体相对坚硬耐久，以至于能够被后来的人们所发现，成为最早的文字资料。

二里头文化及其相关的可能属于夏文化的文化体没有发现文字，且今后发现文字的可能性也很小，那么这是否就意味着我们永远也无法证明夏文化呢？我想这也不一定。因为中国历史上是否有夏代，这真是一个不大容易证明的问题，我们只能通过一些间接的材料，来阐述夏代存在的可能性；但是，如果中国历史上存在一个夏代，只要知道了夏代存在的时间和空间，要在相关考古材料中去识别哪一种文化属于夏代，这却不是很困难的事情，不一定非要有文字的证据。如前所说，我们可以通过对落在夏纪年和夏疆土范围内的考古学材料（如二里头文化）的考察，论述它或它们与夏的关联性。我们还可以将这种文化与其后属于商文化的二里冈文化乃至于殷墟文化进行比较，不仅比较陶器等普通生活用器，更多比较研究要集中在反映上层建筑的物质材料要素上，比如遗址所见城市的规划、宫室建筑的平面、墓葬葬俗的差异、艺术品造型和主题纹样的异同等，通过这些方面的比较，来论证商文化与夏代时空范围内文化之间在文化习俗、礼仪规划、政治制度上的差异，从这些角度证明两者有所不同，后者是一个新的朝代。事实上，我们根据考古材料来研究当时的历史，可以不用冠以"夏"这个字，只要叙述的是这个时间和空间范围内的实物反映的历史即可；若我们将这些遗存或这段历史冠以"夏"这个称号，那就将其与中国古史联系了起来，将考古学研究向前推进到历史的研究。尽管这一步还没有证实，但是科学研究就是需要联想和推测，我们不能因为有人说我们没有实证，我们就不去联想和推测。以上就是我的一个基本态度。

最后我想强调的是，在探讨夏文化的同时，我们不能把目光只放在二里头文化上，还要关注与二里头文化同时、稍早和以后的相关文化。我们因为二里头文化有大型的都城遗址、大型宫殿基址，有包括鼎在内的青铜铸造等，都认同二里头文化有统一王朝的气象。不过，这也是相对而言。如果我们将这个国家与更早的龙山文化陶寺类型遗存的陶寺遗址、老虎山文化的石峁遗址等史前文化大型遗址相比，除了青铜器铸造工业，它在人口的动员能力，大型工程的营建能力方面，似乎并不显得十分突出。更不要说比它更早但距离稍微远些的良渚文化和良渚遗址，良渚文化的城市规模极大，建筑水平高超，玉器艺术给人印象深刻，除了没有青铜器这一点，其他物质文化方面好像比二里头文化更为突出。中国黄河中游的中原地区夏代的文化，它的特点很可能主要体现在制度文明方面、青铜冶铸技术的引入和铜器类型创新方面、城市规划和大型建筑规范方面。

　　本访谈的提问由王仲奇初拟，张立东修订。对提问进行大改之后，北京大学考古文博学院博士生邓阿莲进行现场采访，并进行录音整理，成稿后经孙华先生审校。

主要著述

1.《关于二里头文化》，《考古》1980 年第 6 期。

2.《夏代都邑考》，《河南大学学报》（哲学社会科学版）1985 年第 1 期。

3.《夏文化探索中若干问题的思考》，《夏文化研究论集》，中华书局，1996 年版。

4.《中原青铜文化系统的几个问题》，《中国考古学的跨世纪反思》（六），商务印书馆（香港），1999 年版。

5.《二里头遗址的初步认识》，《古代文明》第十三辑（上），科学出版社，2022 年版。

袁广阔

袁广阔，1963年出生，河南镇平人。1984年毕业于武汉大学，现为首都师范大学历史学院教授、博士生导师，研究方向为中国古代文明的起源与国家的形成。自1986年，在河南先后主持发掘的重要遗址有汝州煤山、南阳叶胡桥、汝州洪山庙、伊川南寨、辉县孟庄、焦作府城、濮阳高城、固始高墩等。其中1992年—1995年主持发掘的辉县孟庄遗址，发现龙山文化、二里头文化、殷代三个时期的城址，该发现被评为1994年度全国十大考古新发现。1998年—1999年主持发掘的焦作府城遗址，发现早商城址一座，该发现被评为1999年度全国十大考古新发现。

一、您是什么时候开始接触夏文化的？

我最早学习夏文化是在 20 世纪 80 年代初，在武汉大学历史系考古专业上学期间，方酉生先生给我们讲夏文化。先生早年曾经发掘二里头遗址，给我传授了很多二里头文化的相关知识。带着对先生的崇拜心情，我读了很多先生关于夏文化研究的文章。后来邹衡先生出版的《夏商周考古学论文集》对我影响较大，我对夏商考古的基本认识也与此有关。我真正参与到夏文化研究中是 1996 年"夏商周断代工程"开始以后，在安金槐和杨育彬两位先生的支持下，我参加了"夏商周断代工程"商前期课题组，开始着手整理自己以前发掘的伊川南寨遗址的二里头文化资料，并系统思考夏文化的相关问题，如夏文化与二里头文化的关系，二里头文化与新砦期文化的关系以及夏文化的起始年代等，当时还发表了论文《从古文献与考古资料看夏文化的起始年代》（《河南大学学报》，2000 年第 1 期）。

二、您在河南省文物考古研究所工作期间，都做过哪些与夏文化相关的田野工作？其中哪些工作对夏文化探索比较重要？

在河南我第一次接触二里头文化遗存是 1987 年发掘的临汝（今汝州市）煤山遗址，遗址内发现了少量二里头时期遗存。后来 1995 年又对煤山遗址进行第二次考古发掘，发现了 4 座龙山文化时期规格较高的墓葬及丰富的二里头文化遗存。1990年为配合焦枝铁路复线工程，我对伊川南寨、北寨遗址进行考古发掘，此次收获颇丰，发现二里头文化墓地、房基、陶窑等，出土一批精美的文化遗物。南寨二里头文化墓地是继二里头遗址之后又一处重要的二里头文化墓地，为研究该地区二里头文化的埋葬制度提供了新的资料。1992—1995年为配合辉县孟庄镇的基本建设，我主持发掘了辉县孟庄遗址，发现了龙山文化、二里头文化和商代晚期三座城址相叠压的现象。孟庄城址是河南第一个发现带有城墙的二里头文化时期城址。最重要的是，在这里发现了龙山文化晚期城墙毁于洪水的迹象，为研究我国古史传说时代的洪水提供了可靠的证据。由于这些重要的发现，孟庄遗址被国家文物局评为1994年度"全国十大考古新发现"。2004年对漯河郾城皇寓遗址进行考古发掘，发掘面积1500平方米。遗址总面积约56万平方米，文化堆积主要为二里头文化遗存，是豫南地区面积最大的一处二里头文化遗址。

在我发掘的二里头文化遗址中，伊川南寨和郾城皇寓遗址都十分重要，南寨二里头墓地的发现增添了二里头文化墓葬的新资料。郾城皇寓遗址不仅丰富了豫东南地区二里头文化的资料，还为我们研究二里头文化向南传播路径提供了佐证。该遗址所在的漯河地区处于二里头文化中心分布区域伊洛地区与信阳之间，是以伊洛地区为中心的二里头文化向湖北盘龙城地区传播的过渡地带，是二里头文化向东南传播的主要通道。

三、郑州商城的年代与性质是探讨夏文化的基点，请问您在郑州商城都做过哪些发掘？提出了哪些创见，并谈谈您现在对郑州商城的主要认识。

郑州商城自1950年发现，已走过70余年的时光。郑州商城考古新发现不断，如内城垣、外城垣、宫殿基址、手工作坊基址、青铜窖藏坑等。为进一步了解郑州商城总体布局，推进商城研究的深入开展，2002年，在河南省文物考古研究所领导的大力支持下，我对商城外廓城墙进行了全面考古钻探，并对原河南省图书馆区域的商代遗址进行了试掘。2014年，我与郑州市文物考古研究院合作，参加了老坟岗区域的考古发掘，发现西城外存在湖泊。除了考古调查、发掘，我还参加了郑州商城黄委会区域考古发掘资料的整理工作。

关于对郑州商城的认识，主要有以下几个方面。

第一，提出郑州洛达庙类型早期属于先商文化最后一段，是二里冈文化的直接来源。这一观点发表在论文《先商文化新探》中，该文对洛达庙类型进行了科学论证，将其分为 A、B、C、D 四组，并分别找出了各组的来源，指出河北地区的先商文化"漳河类型"是商文化的来源。"夏商周断代工程"首席科学家李伯谦先生对该观点给予明确认同，先生在北京大学发表《考古学对中国上古史建设的重大贡献》演讲时指出："洛达庙类型过去都认为属于二里头文化，郑州市文物考古所在郑州市区西边的洼刘发掘出典型的二里头文化遗址之后，河南省考古研究所的袁广阔敏锐地觉察到，洛达庙类型和洼刘的二里头文化有较明显区别，他怀疑洛达庙类型很可能是商文化推进至此后和二里头文化融合的产物，其主体应是先商文化。这是有道理的。"（李伯谦：《北大讲座》第四辑）。

第二，提出郑州商城内城的年代接近洛达庙晚期，应始建于公元前1640—公元前1600年之间。郑州商城的面积为1300万平方米，郑州商城是由宫城、内城和郭城组成，其中外郭城是在内城的基础上扩建而成，郑州商城通过护城壕和东部湖泊构成完整的防御体系，为研究该城的性质奠定了坚实的基础。这一认识发表在论文《郑州商城始建年代研究》《论郑州商城内城和外郭城的关系》之中，后来发表的论文《郑州商城始建年代新证》又进一步用新的考古资料论证了郑州商城的始建年代。

第三，从夯筑城墙的技术找到了商代都城规模由小到大、城墙基础槽由无到浅再到深的发展规律，这一认识发表在论文《从城墙夯筑技术看早商诸城址的相对年代问题》之中。

四、近年来您力主夏代早期主要活动在河济地区，请问您是什么时候开始形成这一观点的？又是从哪几个方面考虑的？

我关注河济地区应该是在"夏商周断代工程"期间。因为要思考早期夏商文化，很多文献都指向这一地区，其中王国维和沈长云两位先生的学术思想对我影响较大。王国维先生在《殷周制度论》中曾提出："夏自太康以后以迄后桀，其都邑及他地名之见于经典者，率在东土，与商人错处河济间盖数百岁。"沈长云先生先后撰写了多篇关于夏起源于河济地区的文章，使我受益匪浅，如他在《夏后氏居于古河济之间考》和《禹都阳城即濮阳说》两篇文章中认为夏后氏早期居住的地域在古代的黄河及济水流域之间一带，禹所都的阳城即今濮阳。我发现沈长云先生的文献资料可靠，但缺乏考古材料的支持。如果考古资料也如此的话，那么，早期夏文化探索就可迎来转机。另外，1987年濮阳西水坡遗址龙虎墓葬的发现对我到河济地区考古发掘也产生了很多影响，因为西水坡的仰韶文化遗存直接证明这里古代文化的存在与辉煌。后来国家启动的"中华文明探源工程"给了我契机。

2004年以来我在河南省文物考古研究所领导的支持下，在对濮阳地区古遗址进行系统调查的基础上，先后发掘了濮阳县高城遗址，范县丹朱遗址，濮阳市戚城、铁丘遗址，并对濮阳马庄、蒯聩台、金桥等以前发掘的遗址进行了整理研究。其中，2004年我主持发掘的濮阳高城遗址发现了春秋战国时期的卫国都城，面积约916万平方米。通过发掘获知，该城在汉代被一次黄河特大洪水所冲毁。在高城，不仅发现了春秋时期的卫国都城，更重要的是在城内发现了仰韶文化和龙山文化时期的遗存，这为探讨文献记载中的颛顼都城帝丘和相都帝丘提供了依据。

我认为夏代早期主要活动在河济地区，主要基于如下几点。

一是禹划九州的重点在河济流域。楚简《容成氏》在谈及九州时最先说到的是兖州、徐州。九州中有五州位于古黄河与古济水的流域，它们是夹（兖）、涂（徐）、竞（营）、莒、蓏（并），另外扬州、叙州（豫）也与该地区有一定关系。这样，九州中的七州与该地区有关，进一步说明这里是治水的中心。《尚书·禹贡》九州也多在河济地区，它记述的重点也在黄河下游的兖州一带。《尚书·禹贡》兖州下有"桑土既蚕；是降丘宅土"，兖州条下另一处为"作十有三载"。徐旭生认为只有兖州条下写洪水，说明洪水只在兖州境内发生。而豫东、鲁西地区正是当时的兖州。

二是夏王朝早期都城多在河济流域。先看禹都阳城。《世本》云："禹居阳城，在大梁之南。"可知阳城在今开封以南。再看帝相都帝丘。《左传·僖公三十一年》："冬，狄围卫，卫迁于帝丘，卜曰三百年。卫成叔梦康叔曰：'相夺予享。'公命祀相，宁武子不可。曰：'鬼神非其族类，不歆其祀，杞、鄫何事？相之不享于此久矣，非卫之罪也……'"杜预注："相，夏后启之孙，居帝丘。"这里所说的"相"指的是夏王朝第四代帝王。杜预注："帝丘，今东郡濮阳县。"相居斟观。《水经·河水注》曰："浮水故渎又东南，径卫国邑城北，故卫公国也……又东径卫国县古城南，古斟观。应劭曰：'夏有观扈，即此城也。'《竹书纪年》：'梁惠成王二年，齐田寿率师伐我，围观，观降。'""卫公国"即春秋卫国都城，"卫国县"为东汉所置县名，西汉称"畔观"，即以后的观城县，在今河南范县境内。帝宁居老丘和原。古本《竹书纪年·夏纪》："帝宁居原，自迁于老丘。"

这里的帝宁即夏代第七代帝王予。《史记·夏本纪》记作"帝宁"或"帝予"。《春秋地名考》记载："老丘，古地名，在今河南陈留城北。"此地在今开封市东，一般认为此老丘即帝宁所居，原在今济源境内。

三是新砦期文化的很多因素来源于河济地区的考古学文化。近年，随着河南新密新砦龙山文化城址及大量文化遗存的发现，我们可以看出，新砦期遗物中有很多来自东方的文化因素。这些东方文化因素已经有不少学者认为是来自河济地区的王油坊类型。如新砦遗址的发掘者认为："豫西新砦期文化有相当一部分文化元素来自王油坊类型，如子母口瓮、子母口鼎、侧装三角形鼎足、V形镂空鼎足、深腹平底盆、圆钮和倒圈足钮折壁器盖等，占陶器总量的25%左右。"可见，新砦期文化的确与河济地区的考古学文化有关系。

总之，考古发现与文献记载表明，以夏后氏为首的夏族兴起于河济地区，早期夏都也建立于此，这也与考古发现这里龙山时代的城邑星罗棋布吻合。因此，我认为夏代早期主要活动在河济地区。

五、请您简述一下您现在对夏文化的主要认识。

1.提出二里头文化是新砦期文化在向洛阳盆地移动的基础上形成的，巩义稍柴一期为这一过渡期的代表遗存，这一观点发表在论文《从稍柴遗址看二里头文化的形成》中。

2.提出夏商文化的分界在二里头文化第三、四期之间，发表在论文《试论夏商文化的分界》之中。这一观点也得到了学术界很多同人的赞许和肯定。中国社会科学院考古研究所研究员，长期主持二里头和偃师商城遗址考古发掘的赵芝荃先生说："袁广阔先生在《讨论夏商文化的分界》一文中不仅阐明二里头大型遗迹的废弃，表明夏商王朝的更替在二里头文化第三、四期之交……并论证偃师郑州地区二里头文化第四期中尚包涵下七垣文化和岳石文化等的大量因素，此时是夏、商、夷等文化交汇融合的阶段……资料十分重要。"（《综论夏商分界的问题》，《赵芝荃考古论文集》，科学出版社，2008年版）。

3. 提出后冈二期文化为早期夏文化，新砦期文化不是早期夏文化。由于新砦期文化继承了后冈二期文化的很多因素，所以后冈二期文化才是早期夏文化。目前，依据历史文献的记载，已经在后冈二期文化中发现了夏代的早期都城帝丘和原城，而文献中记载的其他夏代都城也大多在后冈二期文化所属的河济地区，再加上夏王朝初期的姒姓封国和异姓与国也多在河济地区，我们没有理由不相信后冈二期文化就是早期夏文化。这一观点主要见于论文《后冈二期文化与早期夏文化探索》。

4. 提出商代后期青铜器铭文实则是传承的夏代文字。通过比较，我发现商代后期青铜器铭文部分字形与同时代的青铜器存在明显差异，反而取象于二里头文化中的陶礼器、生活用器及部分青铜器，这也为晚商金文、甲骨文的部分用字在二里头时期已进入创造和运用时代提供了重要的佐证。另外，通过研究，我认为虽然甲骨文、陶文及金文在商周遗址中有广泛发现，但纵观整个夏商周文字体系，简牍才是这一历史阶段最主要的文字载体，简牍文字很有可能才是当时的通行文字。简牍制度的形成是中国文字成熟并在较大范围内使用的产物，更是中国早期文明对世界文明的重要贡献。

本访谈的提问由阚露初拟，张立东修订。2021年1月15日，阚露通过微信邀约袁广阔先生笔谈。2020年5月10日，袁广阔先生完成稿件写作。

主要著述

1.《河南二里头文化墓葬的几个问题》,《考古》1996 年第 12 期。

2.《试论夏商文化的分界》,《考古》1998 年第 10 期。

3.《从古文献与考古资料看夏文化的起始年代》,《河南大学学报》(社会科学版) 2000 年第 1 期。

4.《河南辉县市孟庄龙山文化遗址发掘简报》,《考古》2000 年第 3 期(执笔)。

5.《河南焦作市府城遗址发掘简报》,《华夏考古》2000 年第 2 期(执笔)。

6.《郑州商城与偃师商城关系的考古学观察》,《郑州大学学报》(哲学社会科学版) 2004 年第 1 期。

7.《论郑州商城内城和外郭城的关系》,《考古》2004 年第 3 期(合作)。

8.《略论二里头文化的聚落特征》,《华夏考古》2009 年第 2 期。

9.《从稍柴遗址看二里头文化的形成》,《考古学研究》(十),科学出版社, 2013 年版。

10.《从二里头文化的分布形势认识夏文化》,《洛阳考古》2014 年第 4 期。

11.《关于二里头文化城址的几点认识》,《江汉考古》2014 年第 6 期(合作)。

12.《二里头文化研究》,线装书局,2013 年版。

13.《后冈二期文化与早期夏文化探索》,《光明日报》2016 年 1 月 30 日。

14.《观迹定书:考古学视野下夏商文字的传承与发展》,《光明日报》2021 年 5 月 12 日。

15.《论二里头文化龙崇拜及其对夏商文化分界的意义》,《郑州大学学报》(哲学社会科学版)2022 年 6 期。

許宏

许宏

许宏，1963 年出生，辽宁盖州人。中国社会科学院考古研究所研究员，中国社会科学院大学教授、博士生导师。曾任考古研究所夏商周考古研究室主任、二里头工作队队长。主要从事中国早期城市、早期国家和早期文明的考古学研究。领衔主编考古报告《二里头（1999—2006）》、集成性专著《二里头考古六十年》等。

一、您关于二里头遗址、夏文化、早商文化等问题的论著，似乎是从您主持二里头考古队的工作之后开始发表的，此前您做过哪些与这几个主题有关的考古工作或研究？

我是山东大学毕业的。我 1980 年入学，1984 年本科毕业，毕业之后留校当教师。留校两年之后，1986 年我开始上在职研究生，是商周考古专业的研究生。硕士论文写的就是山东地区的商代文化。应该说，一开始我的研究就跟上述问题有关联。但是在山东，最早的商文化属于二里冈文化，商文化是二里冈上层时期才到山东的。你挖到什么，研究什么，才能最熟悉什么。当时，二里头和夏文化问题是个研究热点。用我自己的话来说，从 20 世纪下半叶开始，学者们在夏文化的探索上倾注了极大的热情，呈现出百家争鸣的盛况，其参与人数和发表学说之多，历时之长，讨论之热烈，都远超其他学术课题，形成一道奇特亮丽的学术风景线。当时自己在外边一直关注这些信息。

我 1992 年到中国社会科学院研究生院读博士，1996 年博士毕业之后留在考古研究所工作，也没有想到刚毕业直接就被安排到偃师商城进行发掘。那个时候杜金鹏老师是偃师商城队的队长，王巍先生当了我们研究室的主任。由王巍先生牵头调集精兵强将组建班子，1996 年秋季开始在偃师商城进行大规模的发掘。这个发掘属于"会战"性质，班子里的人有些本来是其他队里的，原计划干上一两个季度然后就回到自己原来的队里。我进所后本来是想做东周考古的，但东周那段还没有固定的田野队，所以就主动要求到琉璃河队去。我感觉那时候在夏商周考古中，夏代、早商是一个热点。从邹衡先生、赵芝荃先生到杜金鹏、张立东先生等，从老将到小将，许多精兵强将都挤到这里面。我就想人弃我取，东周也需要人做，咱就不凑这个热闹了。我先被安排到偃师商城来帮忙，想着就一个季度两个季度，所以总是想随时走。当时的偃师商城队副队长王学荣就跟我开玩笑说："你走不了，说不定走了之后还得再回来。"我没有想到我在偃师商城就这么一下干了五个季度。最后一个季度王巍先生提升为副所长，就没法参与具体的田野工作了，于是王巍先生委托我做偃师商城那个季度发掘的田野负责人。我在偃师商城干到了 1998 年。

我在偃师商城的发掘中大概显现出了一定的能力和干劲吧。正是因为有了这两年半相处的时间，王巍先生作为我的上司下了断语："我没想到你还真是一员干将。"因为我此前在山东大学做助教和讲师，20 多岁的时候就已经拿到了国家文物局颁发的田野考古个人领队资格证书，进考古研究所时我已经可以独立领队了。正好那个时候二里头工作队队长郑光先生临近退休，所里和研究室领导就在考虑下一步的人选。杜金鹏老师、张立东老师都是从二里头出来的，在郑光先生之后，谁上来能把这个班圆满地、顺利地交接好？王巍主任和高炜副主任他们俩认为我无论是业务上还是待人接物这方面都比较合适，就安排我到二里头去了。你看，人生哪是你一开始都能想到了的？经常是阴错阳差，对不对？所以我怎么也没有想到，我博士毕业之后开始是两年半偃师商城的田野生涯，1999 年又被任命为二里头工作队第三任队长。从我到偃师商城发掘开始就没离开偃师，一直在偃师、在洛阳、在河南，干了 20 多年，从 1996 年一直到现在。这就是我跟二里头和夏文化的缘。

二、请谈一下您在二里头遗址田野工作以及进行相关研究的心路历程。

　　首先我自己是有自知之明的，刚才我也交代了我的学术背景。我在山东大学做的是山东地区的商周考古，能够接触到的最早遗存就是二里冈上层的，这之前的基本上就不熟悉了。在偃师商城接触到了二里冈早期、晚期遗存，但是对二里头文化还是不熟悉的。在这种情况下接过二里头工作队队长的担子，我觉得对于我个人来说是利弊参半的。弊在于我是地方大学的教师，在此之前对二里头的东西不熟悉，根本不能和张立东老师他们比。但老话说得好，一张白纸可以绘最新最美的图画。杜金鹏老师、张立东老师他们都陷进夏商纷争去了。这从老一辈开始大家就吵得不可开交。"不识庐山真面目，只缘身在此山中。"那么我站在外面来看，有些东西可能看得还比较清楚。当时，在二里头、夏文化方面我就是个"小白"。我不带任何成见，只带着问题，带着课题意识来接任二里头工作队队长。这可以说是我的一个长处。我在前两三年时间一篇文章都没发，直到 2003 年有了宫城等重要发现。我个人认为，领导安排我到二里头来做队长，与其说是让我积极地参与到论战中，不如说大家应该更希望我在尽可能短的时间内，拿出一些扎实的、能够对深化研究有所帮助的材料。发掘处于第一线，我给大家提供的也应该是第一手的资料信息。

　　张立东老师编的《手铲释天书——与夏文化探索者的对话》（大象出版社，2001 年版，下文简称《手铲释天书》），评价非常好。我说我希望我们的这本书也是这样的，那就是"有闻必录"。《手铲释天书》里边存在各位先生之间说的不一致的情况，同样一件事，除了记忆不清，为什么这个先生这么看，那个先生那么看？这是最有意思的。要保证它的原真性，这是最理想的状态。《手铲释天书》里面殷玮璋先生说："迄今发表的讨论文章总数约有四五百篇之多，反映了大家对这个问题的重视。从另一个角度观察，在系统资料尚未发表的情况下能写出这么多文章，提出那么多观点，不能不说是个有趣的现象。"张立东老师他们就原封不动记录了下来。

　　我说我是个"小白"，到这儿来就是一张白纸，我应该给学界尽快地拿出更加翔实的考古材料。这是我应该做的。当然这些先生对我是有期待的。比如说殷玮璋先生在考古研究所里边见了我说："哟！许宏，你到二里头挺好啊。"你知道殷先生他持二里头第二、三期分界说。殷先生说："听说你们发现了更早的宫殿建筑是吧？那么像你们简报里边说的，二里头第三期新建的2号宫殿基址是在彻底平毁了3号基址的基础上又隔了一段时间才重新建的，这跟那个早期的多进院落是完全不一样的结构，是这样吗？"我说："是，殷先生。"殷先生拍着我的肩膀说："好！好小伙子，干得不错！好好干！"也就是说我的发现支持了殷先生的观点，他很高兴。过两天邹衡先生在"夏商周断代工程"会上见到我，说："哎，许宏，我看到文物报上你们的报道了。二里头6号宫殿基址始建于二里头第四期晚段，废弃于二里头第四期晚段，是这样吗？"我说："没问题，邹先生。"邹先生点头称许："好，许宏。很好，好好干！"因为邹先生认为二里头第一至四期全是夏，我们发现了始建、使用到废弃全在二里头文化第四期晚段的基址，那么这不是对他最大的支持嘛！二里头第二到四期一直连续有大型建筑，所以邹先生很高兴。

　　但是我不是这样的想法。2005年我们在偃师召开二里头遗址与二里头文化国际学术研讨会，把邹先生也请去了。他到了偃师很高兴，当着媒体夸我这一段时间在二里头开展的新的田野工作太好了。偃师市的领导请邹衡先生吃饭，他们把我喊去陪邹先生。邹衡先生当着当地领导的面说："许宏最大的贡献，就是在二里头证明了夏王朝的存在。"我什么都说不出来，因为我不是这么想的。

作为考古人，作为二里头遗址的发掘主持人，说我是二里头考古发掘的专家还可以，但我现在不知道二里头姓夏还是姓商，什么是夏，什么是商，这是另外一个问题。我曾说过，我们在二里头有很多新的发现，但是与其说我们解决了什么问题，不如说我们提出了更多的新的问题，它使我们的思维复杂化，可以去面对更多的新的问题。就二里头文化所属人群的族属和王朝归属来说，在主持二里头工作的 20 年里，我不认为我们提供了什么能够推进夏文化研究的材料，但是要说推进二里头是"最早的中国"，我是当仁不让的。

说到这里想起来，我跟刘莉老师在《文物》杂志上发表过一篇文章：《关于二里头遗址的省思》。这篇文章本来是用英文写的，发在英国的《古物》（Antiquity）杂志上。其中有句话说，"四十多年来，关于二里头文化的族属与王朝归属问题，几乎了无进展"，在学术上其实没有问题，这就是实情嘛。译成中文的时候，有审稿者提出要考虑国内读者的接受度，最后处理成了"这个问题还有待于进一步的发现与研究"之类的表述。

我现在的观点还是认为二里头极有可能是夏，最有可能是夏，但是你要让我说二里头肯定是夏，对不起我不能说，因为还没有"实锤"性的证据。有一份材料说一分话，真理再往前走一步就是谬误。这是我作为一个偏于保守的考古学者的认知。

二里头是一个大的都邑遗址，这个是没有问题的。在我接手二里头之前，前辈们的工作都已经可以确认这一点了。这个大的都邑遗址被我这样一个博士论文做先秦城市考古的人去接了，那么它就给了我一个极好的解剖"麻雀"的机会。我从 1992 年起在中国社会科学院研究生院跟徐苹芳先生读博士。你知道徐苹芳先生是中国考古学界的大家，他安排我做先秦城市考古。当我把从仰韶文化一直到战国这一段 3000 多年的城市考古材料捋过后，就有了一种"通"的感觉。我是带着问题来做二里头考古发掘工作的。

二里头的当务之急是什么？夏文化和商文化及其分界问题扯了那么长时间，有没有一个明确的结论？谁能说这个问题已经取得突破性的进展，这个问题已经可以解决了？是不是都还是推论和假说？当一个议题聚讼纷纭、久议不决的时候，我们是不是就要考虑它在思路和方法论上存在问题？这个学科无法解决的问题，是考古学的真问题吗？所以我不是去解决夏文化问题的，我是给学界提供扎实的第一手的考古材料的。

之前连二里头遗址的具体面积都不清楚。我接手的时候学术界关于二里头遗址面积的提法从约 1.5 平方千米到 9 平方千米，令人无所适从。关于遗址的结构布局，也仅知道有相隔 100 多米的 1 号宫殿和 2 号宫殿，南边有铸铜作坊，周围有一些出土青铜器、玉器和漆器等的贵族墓葬。除此之外，关于二里头遗址的基本形态所知其少。

我评价我的前辈在二里头遗址前 40 年（1959—1999 年）工作的重大业绩可归纳为两大方面。

第一，通过扎实的工作建立起了以陶器为中心的文化分期和谱系框架，二里头文化第一到四期的划分得到了学界的认可。文化分期是我们今后做任何工作的基础，这是前辈做的具有重大意义的工作。

第二，就是通过二里头 1 号宫殿、2 号宫殿、铸铜作坊，以及周边区域出土青铜器、玉器等随葬品的贵族墓葬的发掘，奠定了二里头在中国文明史上的地位。

这是先生们前 40 年二里头工作的重大贡献。那个时候考古学界基本上做的是文化史的建构工作。这几年我跟其他老师一起在呼吁大家关注中国考古学的转型。大体上从 20 世纪八九十年代开始，中国考古学从以文化史为主的探索转到全方位的社会考古。二里头考古也是整个中国考古学发展的一个缩影。前边老先生做的是文化史的探究，而后面我们开始意识到聚落形态的重要性，意识到要先搞清它的聚落分布及其演变过程。包括多学科合作，各种自然科学手段的应用是为了什么？因为我们考古人的野心更大，我们不光要了解盆盆罐罐，了解文化分期，我们还要了解当时社会更为本质的东西。而许宏就是这个时代的产物，正好在中国考古学的转型中成为二里头工作队的第三任队长。

在这样的思路下，1999 年秋季，我上任后的第一个季度，在很短的时间内我就带着几个探工搞清了二里头遗址现存的确切范围，约 300 万平方米，还有二里头遗址的边缘现状及其成因，可以跟学界和公众有个交代了。了解了遗址的大概情况后，确认二里头的中心区域不是在遗址中间，而是东部偏南，因为这个地方正好是高地。西边大体上没有贵族活动的迹象。"擒贼先擒王"，我们就把重点放在中心区域了。然后通过翻检老先生的记录发现里面提到"南北向大道"，以此为线索开展工作。这是重大发现，但当时老先生拿这没当回事。考古人的发掘有两种：一种是对古代遗存的直接发掘，一种是对已经成文的记录、简报、报告、论文、专著进行"发掘"以获取信息。有这样的线索顺藤摸瓜，我们发现了"井字形大道"。以前只知道有 1 号宫殿和 2 号宫殿，现在 2 号基址的前边发现了 4 号基址，后边又发现了 6 号基址；1 号基址前面则发现了 7 号基址。这就是两大中轴线布局的宫室建筑群。后来又发现了二里头文化早期的多进院落宫室建筑 3 号基址和 5 号基址。再后来又发现不光是宫城周围有围墙，铸铜作坊和它北边新发现的绿松石器作坊也有围墙把它们围起来，这是中国最早的官营围垣作坊区。

像这些一系列突破性的大发现就是我们这个团队田野工作 20 年的主

要收获。你认为它是姓夏还是姓商那是阐释层面的。在田野层面，我能告诉你这是夯土，这是路土，这是什么功能区。大家继续研究说它是夏是商跟我们的考古发现几乎没有什么关系。

三、谈谈您主持编写的《二里头（1999~2006）》报告的特点。

前几年北京大学考古文博学院搞讲读会，都是选择成套的大报告，比如说《宋画全集》《汉画总录》这样的。他们对我们的《二里头（1999~2006）》也感兴趣，就把我请过去，我也把参与主编的袁靖老师拉了过去。

自我评价，我主持、组织编写的二里头报告有两大特点。

第一个特点，聚落形态本位。这个大报告里文化分期肯定还要搞，搞得还比较细，但那是站在前人肩膀上的进一步细化，报告总体还是聚落形态本位的。一代人有一代人的念想。老先生们挖陶器做分期，到了我们这里，站在巨人的肩膀上，我的念想是"不动产"，比如井字形大道、宫城、中轴线、围垣作坊区等，任何"动产"都必须放在这个"不动产"的 context（背景关系）里边。

第二个特点，多学科合作。我们的报告有 62 位不同领域的作者，考古学者也就十个八个，剩下的那些全是各学科的精英，有年代学、遥感影像分析和 GIS（地理信息系统）空间分析、地貌环境与人地关系、经济与生业形态、成分分析、工艺研究等各个方面的。

新报告披露了从 1999 年到 2006 年的考古材料，我们挖了 7 年多，整理了 7 年多，号称"十五年磨一剑"。不谦虚地说这在中国考古学界里面算是速度比较快的。1999 年，赵芝荃先生团队在二里头发掘的第 40 个年头的时候，出版了《偃师二里头：1959 年—1978 年考古发掘报告》。

二里头发掘的第二个 20 年的报告到现在为止还没出来。

那天的讲读会，北京大学的徐天进老师是主持人，他是夏商周考古的大专家，脑子很清楚。徐天进老师问我："许宏，你一直说你对二里头报告的自我评价有两大特点。第一个特点是聚落形态本位，而不是文化分期本位，第二个特点就是多学科合作。我觉得你这报告应该还有第三个特点。大家都盼着你这第三任队长在主编的大报告的后面结语里边对夏、商问题有个说法，但是好像你就一处提到了夏，我觉得你该给大家解释一下？"

我说："对，我就只有一处提到了夏，那就是'二里头遗址是探索夏、商文化及其分界的关键性遗址'。"没问题吧？持任何观点的学者看这个都没毛病，都能接受，但可能也都不满意。

如果回到夏的问题，那确实是"一代不如一代"。徐旭生先生谈过，邹衡先生谈过，二里头工作队前两任队长都能谈，怎么到第三任队长就说不知道了呢？

二里头考古是整个中国考古学学科发展的一个缩影。整个学界的话语系统在变，理念思路方法在变，整个学科已根本不是那样考虑问题了。2005 年我们办那次会，邀请邹衡先生来，他夸许宏工作做得好，据说曾提过唯一美中不足就是"二里头遗址与二里头文化国际学术研讨会"这个会名，如果要叫"夏都与夏文化国际学术研讨会"那就最理想了。我没敢跟邹先生当面说，我下面跟同事说，如果那样的话，至少一半人会拍案而起甚至走人。那次会上我们还邀请部分中青年学者上台发言，像山东大学方辉教授、吉林大学王立新教授、上海博物馆宋建先生、日本学者宫本一夫先生等，大家的关注点和话题已经根本不在关于族属问题的论辩上了。所以我说那次会具有极强的过渡性。

有的学者慨叹夏文化研究现在太不理想了，处于沉寂状态，不像以前那么热闹，但张立东老师曾在郑州开的一次会议上说："其实是时代变了，学科和学者考虑的问题都已经变了。"我觉得说得太对了。年轻学者实际上早就在做聚落形态、人地关系这样能够发挥考古学强项的研究了。

　　说起来，考古学擅长什么？它擅长那些宜粗不宜细的问题，擅长对历史文化发展进程的长时段的观察和研究。考古学最不擅长的是什么？是对绝对年代、具体历史事件和具体人物的把握。我们现在是扬短避长，涉及二里头，我们就一定要谈夏，但夏的概念是哪里来的？肯定来自文献，来自夏之后一千年以后的文献，它是追述性的、"二手"的。那么在考古遗存中什么是夏？"二里头是夏"本来就是一种推论和假说。

　　夏还处于原史时代（proto-history）。Pre-history 是史前，完全没有文字；proto-history 是原史，有点文字材料或追述性的材料，但是又不足以确认相关遗存自己的身份，再后来才是历史时期。中原地区历史与原史的交界处在殷墟文化和二里冈文化之间。上溯到二里冈文化时期就已经说不清楚是商代中期还是商代早期了，这取决于怎么看待二里头。这是一种三分法——史前、原史和历史时期。现在还有好多学者不认可三分法，坚持两分法，就是历史时期和史前时期非此即彼了。如果这么分的话，二里头属于什么？二里头肯定是史前考古啊。它没有甲骨文、金文那样当时的自证性的文书材料，绝对不是历史时期考古。那么它的研究理论、方法也都应该跟史前考古是一致的，所以刘莉、陈星灿先生他们就把二里头看作是史前时期的文明。

　　关于二里头都邑、文化的族属与王朝归属问题，作为一个推论与假说，我把它加到报告里，无助于增益它的分量。作为严谨的前辈，夏鼐先生认为考古报告和简报是材料，要有一份材料说一分话，所以不要掺杂个人研究的东西，个人研究的东西应该放到自己的论著里。这形成了我们考古研究所的一个传统。这是李零先生在北京大学开讲座的时候讲的。我就秉承了夏鼐先生的教诲。夏先生在《中国文明的起源》一书中还告诉我们：“我虽然姓夏，也很关心夏文化问题，但是作为一个保守的考古工作者，我认为夏文化的探索，仍是一个尚未解决的问题。”目前为止这个话过时了吗？应该没有。徐旭生先生在《中国古史的传说时代》中说：“从现在的历史发展来看，只有到殷墟时代（盘庚迁殷约当公元前 1300 年的开始时），才能算作进入狭义的历史时代。此前约一千余年，文献中还保存一些传说，年代不很可考，我们只能把它叫作传说时代。”徐旭生先生这个话过时了吗？应该也没有。没有文字来佐证的时代，是不是只能属于传说时代，而无法进入狭义史学范畴的“信史时代”？这些问题仍还值得讨论。

四、您对夏文化的态度与国外学者有相似之处，但似乎又有一定的区别。请谈一下您关于夏文化的学术观点在形成过程中有没有受到国外学者的影响，与他们又有哪些不同。

我的思维好像跟许多国外学者是相通的，但你也知道我是典型的土博士，“土包子”，我没有长期在国外留学、进修的背景。我最长的到国外研修的一次是到日本，那是攻读博士学位的时候。然后就是到刘莉老师那里，当时刘莉老师在澳大利亚的拉筹伯大学。后来罗泰先生也请我到 UCLA（美国加利福尼亚大学洛杉矶分校），在那里待了三个月时间。但是给中国学者的感觉就是我的思考跟他们是一致的。中国考古学是舶来品，我们要承认，我们跟人家相比就是经费宽裕些，在仪器设备上有所长进、有所提高，但是在理念、方法论和总体思路上，跟欧美学界还有一定的差距，我就是这么认为的。我们正在思考的问题都是人家几十年以前考虑讨论过了的。1949 年到 1978 年的“前三十年”是相对封闭的 30 年，整个中国考古学界跟外界基本上没有来往。所以 20 世纪 80 年代张光直先生来给大家讲聚落形态，使国内学界有耳目一新的感觉。后来，新考古学、过程主义、后过程主义等等新的考古学理论进来后，大家有点消化不了的感觉。这是一个大的背景。就我个人而言，坦诚地讲，我从来没有认认真真地从头到尾通读过一本理论方面的书。但是好像给大家的感觉是，许宏还算是中国考古学界里边比较愿意考虑理论方法问题的人。

我就是一个田野学者，是灰头土脸的一线考古人，咱不能成为思想家，起码得是个灰头土脸的思想者吧。我一直在思考相关的问题，只是受限于英文水平，有些可能人家西方学界已经说过了。我的同龄人尤其是比我年轻一些的学者，他们外语更好，思维更开阔。他们有一些从海外学成归来的，肯定有许多自己的想法。所以我对中国考古学的未来抱持极为乐观的态度。

我们这一代人是过渡性的一代，有很大的先天不足。但是我现在愿意作为板凳也好、阶梯也好，给年轻学者铺路搭桥，呼吁年轻人向外看。如果我们只局限在中文语境的思维方式和话语系统中，那么我们就不知道我们的学科该怎么发展。我个人在二里头也做了一些努力。我带领的二里头队跟刘莉、陈星灿老师他们的中澳美伊洛河流域联合考古队合作进行洛阳盆地区域系统调查，报告已经出版了。这是域外先行理念和方法的本土化尝试。我作为田野考古人，基本上可以说是功德圆满了。关于夏文化的问题，大家提出的都是推论和假说，推论和假说只代表可能性，而可能性和可能性之间是不排他的。我们这代人已经摒弃了早期那种论战方式。上大学的时候，这个老师给你说，你觉得有道理。另一个老师是反对这位老师的观点的，你听了也觉得很有道理。你分辨不清，因为你书读得不够，没用自己的脑子去思考问题。当年特别愿意读安志敏先生的文章。为什么呢？因为我们要应付考试，学期末要期末考试，你看其他的论文你感觉头大，都是各时各地的文化类型等等，特别琐碎，不好记。我们的学科分化，越分越细，叫学科碎片化。但是安志敏先生的文章我们都特别愿意看，比如《略论三十年来我国的新石器时代考古》，我们用来复习特别好用，非常具有综合性。当时我看的是安志敏先生告诉我们发现了什么，什么文化类型已经被确认了。但后来我看安志敏先生的文章，是看他怎么点评学界研究动向，尤其是评论其他知名学者的研究，他是如何说的，又是为什么这么说，这是最有看头的。

比如有些先生的观点一直不变，有些先生一直随着新的发现修改观点，有些人就骂这是"墙头草"，但是你要看他们为什么不变，为什么变，要去看背后的本质。

其实，古典文献中的各类记述，是不能被当作直接的史实来看的。这个道理非常简单，大家也能接受，但是中国学者恐怕很少有人直接这么写。日本学者冈村秀典先生在系统梳理传世文献的基础上，指出这些文献所载"夏"的史迹，只能让我们了解战国秦汉人眼中的"夏王朝"是什么样，而不能全当作信史来看待。他的《夏王朝：中国文明的原像》一书已由大象出版社出版了中译本，值得阅读。

在 20 世纪下半叶以来的夏文化论争中，考古学者用文献往往只挑对自己有利的用，而且是胡子眉毛一把抓，不顾版本和年代早晚。夏的概念是从文献中来的，我们要探索夏文化的话，就要全面掌握文献，然后在文献中找到一个确切的标的。但是事实上，每个学者对夏的理解都不一样，可以说是一"夏"各表。

我作为中国人，当然也"为此文化所化"，对自己的文化是有感情的。我认为民族主义不是一个贬义词，但狭隘的民族主义是有害的。作为一个学者应该是偏于理性、冷静、中立、客观的，是应该把研究对象当作他者，而不是带着浓厚的情感去寻根问祖。各地的学者往往把自己发现的东西往上抬、往前提，诉诸情感，是可以理解的。但观史需要距离感，要冷静、理性，要对自己的研究结论自警、自省、自惕，把我们的研究对象当成"他者"来看，尽管这是我们的祖先。学术问题我们就得用学术精神和学术方法来探究。

五、您在 2015 年发表的《关于二里头为早商都邑的假说》一文，重提二里头遗址为早商都邑的旧说，您的说法与此前的各家有何不同？请简单地说明一下您对二里头遗址历史归属的看法。

那不就是否定之否定嘛。这不是新说，还有老先生和青年学者坚持或重提这种观点。不少学者不细看这篇文章，大家一看许宏起码是谈夏谈商了，应该也就加入了这类讨论中。我说那就是按照"可知论"的思维把我拉进去一起"捣糨糊"了。但我要说，这是不是中国考古学界关于夏商讨论中唯一一篇在题目中就先表明内容是"假说"的文章？其他学者会说自己的文章是"假说"吗？不少学者根本不认为自己的观点是"假说"，就算这么认为也不肯这么承认。这篇文章是一篇方法论的反思的论文，只不过是要加以强调，有点"标题党"的味道。你要是把我这篇文章看成还是争论二里头姓夏姓商的问题，还是在"捣糨糊"。年轻朋友这么看，可能因为你们学术底蕴还不足，要是我的同辈人这么看的话，那他们就没有细读，或者就是在有意无意地误读。我希望你引用的时候，你要用引号，用直接引语。你不要把你自己的话变成我的话，你不要说许宏否定夏，许宏什么时候否定夏？哪一句话？请指出来，引出来。我是有条件的不可知论者而已。我在文章里从五大方面来讲这个事情，但是仍然不排除二里头是夏的可能。尽管我一直认为二里头极有可能是夏，最有可能是夏，但是你要告诉我二里头肯定是夏，我接受不了。这有违我作为一个学者的底线和坚守的学术原则。还有许多老先生坚持着关于二里头的主体属于商的、与现在的主流观点不同的观点，比如殷玮璋先生、郑光先生、仇士华先生、冯时先生等，你告诉我，哪个学者敢说这些先生是胡说八道？陶寺遗址是夏文化的可能性怎么就能彻底排除？偃师商城为什么不能是商中期？二里冈与殷墟这两个考古学文化被认为是商文化，那么为什么二里头文化和二里冈文化不会是同一个人类共同体创造的？你说这两个文化差别很大，那只是陶器等民间的东西的不同，秦统一之前与秦统一之后的文化差别也非常大。中国人的祖先不用说一百年前，就是几十年前，跟现在中国人的服饰形象也大相径庭。所以说什么是夏？那是一种主观认同。企图从相对客观的，他们所使用的器物、所建造的建筑上来区分种族是不靠谱的。我特别欣赏王明珂先生的那种历史观念，我们用一些实际物质遗存去界定几千年前的人群的族属，难道说用了这批东西的人就是同一族群的？不用就不是了？这个问题太复杂了，能解决吗？

现在绝大部分人，比如说95%的学者认为二里头是夏，那么剩下5%就是胡说八道吗？就能否定这少数人提出的假说所代表的可能性吗？邹衡先生当年就是秉持着"真理往往掌握在少数人手里"的文化自信，才迎来了后来二里头夏文化说占了上风。但是三十年河东三十年河西，从1959年到1977年，15到20年主流观点就一变。那么现在的所谓共识或主流意见就更接近于历史真实吗？

我们通过具体的发掘来研究历史，我们也都是历史的一部分，都留给历史吧。这本《手铲释天书——与夏文化探索者的对话II》也会是历史的一部分，这些东西都留给历史吧，让时间来给出答案。这就是我作为一个考古学者的态度。

六、"考古人许宏"是微博时代的著名网红，而您的几本大作《最早的中国》《何以中国》等似乎都有博文的影子，请问您在博客上的这段经历，对您关于二里头遗址和夏商文化的研究有哪些影响？

我还是受益于此的。我从上大学一直到读博士给人的印象都是一个谨小慎微、中规中矩、颇得老先生欣赏的后生学者。2000 年出版的博士论文基本上算是一个总结，此后就像变了一个人似的。我的变化也是时代的产物。互联网就是千年未有之大变局嘛。20 世纪 80 年代的中国人怎么能想象到会有互联网时代的到来？随着不断学习，带着问题去思考、去发掘，我的社会责任感也不断被唤起。我不认为自己是在不务正业，学界恐怕也不会有人这么说我，应该说许宏是"墙内开花墙外红"。首先，我是一线学者，是田野中摸爬滚打出来的。其次，我是主流学者，你不能说我的专著、论文是旁门左道。最后，我才是学术畅销书作家、小众网红。

这些公众考古活动对我的一个好处是可以刺激我的思维。听说好多开始写博客的年轻朋友上网几天就被骂下去了。一个是心理承受能力跟不上，再一个就是知识的储备有限。我算是厚积薄发型的吧，自我定位所写为学术博客，后来是微博。网友在网上问我问题，要不我马上就可以给你答案，要不我知道在哪里查资料，查完之后告诉你。他们说许老师这是知识帖，我还觉得不太受用，我这岂止是知识帖，更是思想帖啊。

就这样，我与网友打成了一片，他们说许宏老师是考古界少见的肯放下身段的学者。我说我哪有身段，根本没有身段。我这样的"亲民"是有利于我的学术思考的。你一直在回答公众的问题，有时候这些问题比学术问题还难。有许多外行问的问题反而是中国考古学的终极问题。比如究竟什么是夏？如何看待夏文化？这会一直刺激你的思维。这对于我来说是非常有益的。

有些学校的老师曾跟我说，他的学生课后会来问他问题。他就对学生说："去看许老师博客去。"有的学生还真把读我的博客当成了"功课"。他们了解了这些与主流观点并不太一致的声音后，思想可以更解放，知道这些问题没有定论，意识到这些问题还可以这么看。我觉得这是我做公众考古最大的价值所在。

当然有不少学者会认为许宏是个"搅局者"。孙庆伟老师在《追迹三代》里面说邹衡先生是登封告成会议上的"搅局者"，而现在的"搅局者"可以说就是许宏。

我提出"大都无城"的概念，据说有不少学者持保留意见。第一篇论文发表于 2013 年，同名的书是 2016 年就出版了的，但到目前为止，还没有任何一位真正从材料、逻辑、推导方式上写出学术批评文章的。这就是我们当下的学术氛围，当面不说，背后乱说，开会不说，会后乱说，很是无奈。

七、您对现在的夏文化探索有何看法？您目前的工作状态如何？

既往，我们中国考古学界把大量的时间和精力花在了探究"什么是夏"这样的狭义的史学范畴里的问题了。这根本不是考古学所能解决得了的。作为一名资深考古人，我感觉我们应该跳出来。我们从事的是考古学研究，是通过物质遗存来研究人类逝去的过去，来研究人类逝去的那个世界的全部。

殷墟之前，属于原史时代，只能是考古学占主导，文献在其次，作为旁证材料。我特别认同罗泰先生引述的西方学者的话，考古学与文献史学应该分进合击。先分进，各自做好自己的本体研究；再合击，慎重整合。二里头，不管它是夏还是商，它是中原地区最早进入青铜时代的考古学文化，这个是没有问题的。所以我的反思是，应该把主要精力花在考古人擅长的研究领域和问题上。我不认为考古学和历史学是兄弟学科，考古学跟文献史学才是兄弟学科。在中国，考古学属于大的历史学范畴，文献史学和考古学是从不同的视角，用不同的方法和手段共同致力于大历史的建构。考古学有局限性，我们不擅长对具体年代、具体人物和具体历史事件的把握，我们擅长的是长时段的，对历史文化发展进程的观察，宜粗不宜细。我们可以讲波澜壮阔的"最早的中国"的历史。这是我们最大的贡献。考古人写史实际上是考古学者从研究盆盆罐罐出发，最后要升华到史学的层面。所以考古人写史是一种很高的追求，很高的自我期许。

我现在已经将接力棒交给年轻学者，开始淡出田野了，想从田野一线的考古学者转型为沙发考古学家，转型为非虚构作家。我要一本一本写我喜欢的书。但是我还是二里头工作队的队员，我最惬意的就是两栖于二里头和北京之间，写书谈事看工地，写累了就到遗址公园里转转，在自己亲手发现的井字形大道上走走，到伊洛河故道边转一圈，感觉心旷神怡。这就是我现在的状态。

本访谈的提问由王仲奇初拟，张立东审订。2020 年 8 月 2 日，王仲奇使用腾讯会议进行访谈，随后对访谈进行内容整理。2021 年 7 月 21 日，许宏先生校订完毕。

主要著述

1.《走近一群人　留住一段史——读〈手铲释天书：与夏文化探索者的对话〉》，

《中国文物报》2002 年 2 月 22 日。

2.《略论二里头时代》，《夏商周文明研究六——2004 年安阳殷商文明国际学术研讨会论文集》，社会科学文献出版社，2004 年版。

3.《二里头遗址发掘和研究的回顾与思考》，《考古》2004 第 11 期。

4.《商文明——中国"原史"与"历史"时代的分界点》，《东方考古》2008 年第 1 期。

5.《方法论视角下的夏商分界研究》，《三代考古》（三），科学出版社，2009 年版。

6.《关于二里头遗址的省思》，《文物》2008 年第 1 期（合作）。

7.《高度与情结——夏鼐关于夏商文化问题的思想轨迹》，《南方文物》2010 年第 2 期。

8.《三代文明与青铜时代考古——以概念和时空流变为中心："三代文明"专栏开栏词》，《南方文物》2014 年第 1 期。

9.《二里头：中国早期国家形成中的一个关键点》，《中原文化研究》2015 年第 4 期。

10.《关于二里头为早商都邑的假说》，《南方文物》2015 年第 3 期。

11.《考古学参与传说时代古史探索的论理》，《遗产》第一辑，南京大学出版社，2019 年版。

12.《二里头：从田野到阐释》，《南方文物》2019 年第 2 期（合作）。

13.《二里头与中原中心的形成》，《历史研究》2020 年第 5 期。

14.《二里头都邑的两次礼制大变革》，《南方文物》2020 年第 2 期。

15.《"夏"遗存认知推定的学史综理》，《南方文物》2021 年第 5 期。

16.《二里头遗址"突出普遍价值"举隅》，《中国文化遗产》2022 年第 6 期。

张国硕

张国硕，1963年出生，河南叶县人。1985年毕业于北京大学考古系，1990年、2000年分获郑州大学历史学硕士、博士学位，2004—2005年日本九州大学访问学者，1985年分配至郑州大学历史学院工作至今。现为郑州大学二级教授、博士生导师，河南省特聘教授，郑州大学学科特聘教授。兼任中国殷商文化学会副会长、中国考古学会夏商考古专业委员会副主任等职。主要从事夏商周考古、史前考古、先秦史、民族史教学与研究工作。主持或参与杞县鹿台岗、辉县孙村、民权牛牧岗、宝丰史营、开封虎丘岗以及舞阳贾湖、郑州小双桥、孟津妯娌等十几处遗址的考古发掘工作。承担各类科研项目30余项，其中主持国家社科基金项目5项（含重点项目2项）。

一、请问您是何时接触到夏文化这个问题的？又是何时正式开始相关研究的？

应该说上大学时，我就开始接触了夏文化的问题。我是北京大学 81 级考古专业的，入校第二年的夏商周考古课程，是李伯谦老师给我们上的。李老师是学术界著名的专家，课程第二章就是《夏文化探索》，到现在我还是印象非常深刻。李老师老家是河南的，上课非常亲切，也讲得好。夏商周考古方面相当多都和河南有关，提到的偃师二里头、郑州商城、安阳殷墟等这些地名都是河南的，我感觉到很自豪，因为我是从河南来的嘛，所以说对这个课程，包括对这个专业我都非常感兴趣，这就打下了从事夏文化研究的基础。

再往后就是大学期间考古实习对夏商考古的接触。北京大学的学生有两次考古实习，一次叫"生产实习"，一次叫"毕业实习"。我第一次生产实习是 1983 年的秋冬，当时在山东长岛北庄遗址集中了一个月，后来就分开到各地，我和另外三位同学到益都县，现在叫"青州市"，当时称"益都郝家庄遗址"，是严文明先生带队。这个遗址主要的文化遗存就是岳石文化，年代也属于夏代，这个对我熟悉夏文化、熟悉夏代时期的历史文化有一定的帮助。到了第二年，也就是 1984 年秋冬，我们班毕业实习，我被安排到山东菏泽安邱堌堆遗址考古实习队，是邹衡先生带队，有三个本科生，一个是现国家文物局副局长顾玉才，一个是现国家文物局中国文物交流中心的赵古山，再一个就是我。另外还有两个研究生，再加上当地文物部门的十多个人，组成庞大的发掘队伍。这次发掘的文化遗存主要是夏商时期的，尤其是夏代的岳石文化、先商文化等遗存比较丰富，另外还有一部分二里头文化的。这次实习对我影响也非常大。如此看来，两次实习都和夏代考古有关联。

再一个就是毕业分配。1985 年 7 月北京大学毕业以后，由于工作需要和考古系领导的安排，我被分配到郑州大学历史学院工作，当时还叫"历史系"。我来的原因就是当时夏商周考古这个课没人上，所以我们学院和北京大学联系，专门说要找一个毕业生到郑州大学搞夏商周考古。我开始还不太愿意到高校工作，最后还是同意了。来到这儿以后就主讲夏商周考古课程，这里面肯定要接触比较多的夏文化问题，一边上课，一边熟悉。后来，我就对夏文化有比较多的关注，当时我记得写了一篇综述性质的小文章，名字就叫《夏文化研究》，发表在郑州大学办的《大学文科园地》1989 年第 2 期上，印象中这应该是我写的第一篇有关夏文化的文章。

那么，什么时候开始进行夏文化研究了呢？我仔细想了想，应该说是有三个重要的时间节点或阶段吧。

一个是 1990 年前后，我带学生参加豫东杞县鹿台岗、段岗考古实习，这是我作为一个执行领队（当时匡瑜老师是领队）第一次带队实习，当然我要负很多责任了。包括鹿台岗、段岗还有周边的一些遗址，都有二里头文化的因素或二里头文化的遗存，也有与先商文化关系比较密切的下七垣文化的遗存，还有东夷文化的岳石文化遗存，很复杂。当执行领队要解释相关的遗迹、遗物，必须得思考有关的问题。对于夏代的文化，不光要重点关注二里头文化，还有其他一些相关的文化都要有所考虑。实习结束之后，要发表新闻、撰写当年考古学年鉴有关词条和考古发掘简报等，这些文章都涉及夏文化及相关的问题。

第二个就是 1993 到 1997 年，这也是很关键的节点。我参加了一个国家社科基金项目，题目就叫"夏商周三族的起源与中华传统文化之渊源"。这个研究工作也迫使我开始全面地关注夏族与夏文化的起源与发展问题。后来呢，我在《中国史研究动态》发表了《夏商周三族起源研究述评》，这里面涉及夏族的起源问题，1998 年又和李民老师合作出版了《夏商周三族源流探索》这本书，书中应该说对夏族的起源与发展有较为系统的论述。

再一个节点是 1998 年至今，我的主要研究方向是夏商文化与夏商城址，还有早期都城问题。在这期间，我开始系统思考、探研夏文化问题。其中对夏文化与夏都、夏代城址、夏代方国包括夏王朝的存在这些方面关注更多一些。

二、在学习、研究夏文化的历程中，对您影响比较大的有哪些前辈学者？

在夏文化研究上，有三位先生对我影响特别大。一个是北京大学的李伯谦先生，一个是邹衡先生，再一个就是郑州大学的李民先生，这三位先生对我的影响各有所不同。

首先说李伯谦先生。学了旧石器、新石器时代考古之后，接着是李先生给我们 81 级考古班系统上的夏商周考古课。第一个让我了解夏文化的就是李伯谦先生，他让我了解了什么是夏文化，夏文化研究的进程，二里头文化有哪些特点、文化类型及其与夏文化的关系等问题。因此，李伯谦先生应该是我从事夏商周考古包括夏文化研究的引路人。

李先生给我的夏商周考古课程成绩打分比较高，我现在还有印象，应是 88 分。我记得前面上的旧石器时代和新石器时代考古课程成绩都没有这么高，旧石器时代考古课程我印象是答题答偏了，分不高，新石器时代考古课程好像也是 80 多分但没有这么高。可能这方面李先生当时没有感觉到，但是对学生来说印象可以说是特别深，鼓励很大，相当于老师认为我这个课学得好嘛。

毕业后呢，因为都是搞夏商考古的，所以李伯谦先生在业务上给我相当多的指导，利用各种机会如开会、参观考察、讲学等，继续给我各方面的指导、鼓励和帮助。可以说，在夏文化研究上，我从李先生这里得益非常多，终身受益。

第二个对我影响大的是邹衡先生。大家都知道，邹衡先生是夏商周考古的权威。在北京大学上本科期间，邹先生没给我们班上过课，可以说，前三年我和邹先生几乎没有什么接触。但是到四年级，参加考古毕业实习，我有幸和刚才说的赵古山、顾玉才参加菏泽安邱堌堆实习。这次实习可以说是让我们有机会亲自聆听先生的教诲，领略考古大师的风采，坚定了我从事夏商考古的决心和信心。

在毕业实习期间，邹先生吃苦耐劳的精神让我印象非常深刻。当时由于经费的问题，工地的条件、后勤的条件、交通的条件等都不好。吃的很差，住的也很差。先生和我们在一起，吃、住都是同样的，完全没有大教授、大专家的架子。一直是同甘共苦同劳动的。

先生的学术思想、学术体系对我影响非常大。邹先生创立了郑亳说体系，他有关二里头是夏文化、郑州商城是商汤都城亳都这些观点可以说到现在对我影响还是非常深的。

另外，邹先生宽阔的学术视野和敏锐的学术洞察力也让我印象深刻。邹先生当时学术视野放得很宽，对于豫东、鲁西南地区作为夏商文化研究的关键地区，他有通盘考虑，所以先是在菏泽地区进行一系列工作，后来又关注豫东地区的考古工作。对于菏泽地区，他倡导在这个地方进行考古发掘，主要是由于这个地区的文化面貌不太清楚，后来经过首次发掘就发现了岳石文化，这是重大的学术突破。最初，先生应该说对岳石文化是不太了解的，因为 20 世纪 80 年代初，大家对岳石文化都不太了解。记得在工地的发掘中，因为我前一年在郝家庄遗址进行过发掘，对岳石文化比较熟悉，先生经常在工地拿着一个陶片问我："小张，你看这是不是岳石的？"我说"是"或"不是"，先生还真听我的话。先生确实是大师，了解、掌握知识非常快，思维敏捷。在我们实习结束以后很短的时间内，邹先生就写了一篇文章——《论菏泽（曹州）地区的岳石文化》。读完论文我很吃惊，在我们还处于迷迷糊糊的时候，先生对菏泽地区的岳石文化就进行了这么深入、细致的研究，他的宏观把控能力、学术洞察力令人钦佩。

　　第三位对我影响大的学者就是我的导师——李民先生。在北京大学我上的本科，没上研究生，分配到郑州大学以后，一边从事教学科研工作，一边攻读更高的学位。所以后来，我就跟李民先生攻读硕士学位，再往后又攻读了博士学位。李民先生在专业上给我指导很多，可以说，帮助、促使我走向了专门研究之路。李老师平易近人，对学生非常关心、爱护。只要学生有求，他一般都要想法满足。另外，李老师的古文献功底很深。他专门从事夏商史研究，对《尚书》的研究功底很深。李老师特别注重通过文献与考古的结合进行先秦史研究，除了充分把控文献材料，还非常关注考古新发现的材料、新研究的成果。所以有哪些考古新发现、新遗址，他只要听说了，就一定要到工地亲自参观考察。李老师在学术研究、授课过程包括言谈举止等多个方面，都在不断地感染我：一定要注重文献与考古相结合，注重"二重证据法"的运用。

　　李民先生在文献与考古相结合方面有诸多较为成功的实践。例如陶寺遗址、陶寺文化与尧舜时代文化相联系的问题，李老师 20 世纪 80 年代就写过一篇文章，到今天学术影响仍然非常大。当时他明确提出，根据考古发现结合文献材料，陶寺文化是尧舜时代的文化遗存，陶寺遗址就是尧都。我印象中此学术观点是李老师最早提出来的。现如今，这个研究成果应该说是得到了学界大部分学者的认同。此外，李老师根据偃师二里头遗址的考古发现，结合文献记载，得出了"二里头遗址是夏都"这样一个结论。这些案例对我本人的学术思路、研究方法都产生了比较大的影响。

三、您认为郑州商城与偃师商城"并为亳都"，请问此说与许顺湛等先生的"两京制"有何异同？您力主的"主辅都说"理论观点可以很好地解释同时并存的夏商都城，也请您谈谈该观点形成的背景。

早在 20 世纪 90 年代，我在教学活动和对夏商文化的研究过程中，根据考古发现的材料，逐渐认识到郑州商城、偃师商城皆具备商都性质，两者应该具有共存的特性。早在 1985 年，李民先生的《夏商史探索》中就谈到商代南亳、北亳与西亳的纠葛，李老师提出一个观点——夏商时期存在两都或数都并存的都城设置制度。这个观点对我影响非常大，引领我探讨夏商都城制度这个课题。

1993 年，我对商代都城问题有了一些看法，参加在郑州举行的郑州商城与殷商文明国际研讨会时，我就试着提交了一篇论文——《郑州商城与偃师商城并为亳都说》。当时我还很年轻，资历浅，那个会议对参加者有要求，必须副高职称以上，我当时还是讲师，所以没资格参加，不是正式代表。为了参会，我就主动提出来做会务工作，现在说就是去"蹭会"，提交的论文也未在大会上宣读。虽然这样，但毕竟是我对两个商城研究的第一次尝试。会后，我又对这篇论文加以修改，投给《考古与文物》杂志，后来有幸在该刊1996年第1期刊出，这对我也是很大的鼓励。

后来我了解到：河南省社会科学院历史研究所的李绍连先生在《中州学刊》发表了一篇文章《郑州商城与偃师商城双为"亳"》，和我的题目还真有点接近，他叫"双为'亳'"；许顺湛先生的一篇文章《中国最早的"两京制"——郑亳与西亳》发表在《中原文物》1996年第2期。基本在我这篇文章前后吧，两位著名学者相继发表了类似的文章。我们相互之间没有沟通，有"不约而同"的感觉。现在看来，我们当时有一个共同的观点，就是都认为郑州商城、偃师商城是并存的两个商都。但是，对两都深入的研究应该说都没涉及，比如说：两个商都谁是主要的，谁是次要的？形成两个商都的原因是什么？与其他商都的关系如何？那夏代都城又是什么样的情况？夏商都城设都有什么特点？有什么规律性的东西？有什么制度？诸如此类的问题。

1997年，我开始在职攻读博士学位，论文选题定下来是"夏商时代的都城制度"，这就促使我必须系统地、深入地研究夏商王朝的各项都城制度，包括设都制度。经过几年的努力，我终于完成了博士论文《夏商时代都城制度研究》，这篇论文2001年由河南人民出版社正式出版。我文中首倡了夏商时代"主辅都说"观点，基本上形成了自己有关夏商文明研究方面的学术体系——"主辅都说"。该理论与以前的并为亳都说有明显的区别，主要表现在系统性、全面性上，主辅都说不仅谈商都，而且也谈夏都，自我感觉提高了很多。

主辅都说认为夏商时期并不存在一都制情形下的都城"屡迁"现象。在设都制度上，除了一段时期施行一都制，在夏商时代相当长的时段施行的是主辅都制。所谓主辅都制，是说夏商王朝在设立一个主要都城的同时，根据需要相继设立一些辅助性的政治、军事中心，简称为"辅都"。

主辅都说在迁都、位置、时间、推行原因上都有一些具体的阐述。

在迁都上，主都相对稳定，不变迁或者是较少变迁；而辅都则具有相对的"屡迁"性，它是根据需要不断设置或者舍弃。这种观点就否定了文献记载中所谓夏代、商代都城"屡迁"的记载。

在位置上，主都一般来说位于王朝控制区的中心区域，比如说夏代的主要都城就是在伊洛盆地，商代前期的主都在郑州一带，后期的主都在安阳一带；而辅都一般设置在王朝的周边地区，像二里头主都斟𬩽北边的原、东边的老丘、西边的西河，这几个夏都皆位于周边地区，商代的辅都也大多是这样的方位。

在时间上，主辅都制萌芽于大禹时期。文献记载，禹在豫西地区设置阳城的同时，还在晋南地区设置了平阳、安邑两个都城，我认为这实际上已经是主辅都制的萌芽了。主辅都制正式形成于夏代，在商代被广泛推行，至少商代早期、中期相当长的时间内是被推行的。商代晚期尽管没有明显的主辅都制，但殷都和淇县朝歌也存在主辅都的关系。只是朝歌名义上是离宫别馆，但实际上也具备了辅都的特性。西周时期主辅都制继续施行，宗周镐京是主要都城，在东方的洛阳盆地建立成周这样的辅助性都城。

在推行原因上，我想主要有客观原因和主观原因。客观原因是夏商王朝地域辽阔、交通不便。主观原因一个是意图对全国施行有效统治，另外一个就是军事战争的需要。比如为了便于进行对外军事战争，辅都的设置很有讲究。辅都不能设立在战争第一线，到对方控制区域设都更不行，万一对方把这个都城攻破了，直接就会造成夏王、商王被俘虏、被控制。但又不能距离国防第一线太远，太远不利于就近指挥作战，信息难以获取，后勤保障也存在大问题。相对来说，在主要都城之外、距离国防第一线不太远的地方设置辅都较为适宜。

具体到夏代，我想主辅都说观点主要包括考古学文化和都城两个方面。从文化上来说，夏王朝始于夏启而终于夏桀，新砦期是早期夏文化，二里头文化第一至四期是夏王太康以后到夏桀的夏代中晚期文化。从都城上来说，夏代的主要都城经历了从嵩山南麓到嵩山北麓伊洛平原地区的变迁。禹、启时期的都邑包括政治中心是在嵩山南麓的颍水中上游地区，如禹都阳城、启都阳翟与黄台之丘；太康以后，夏都迁移到伊洛盆地，一直到夏桀期间，这个都城就是所谓的主都"斟鄩"，其间又根据需要设置了原、老丘、西河等辅都。

需要提及的是，20世纪90年代张立东先生曾在洛阳举行的全国夏文化学术研讨会上提交了《夏都与夏文化》的论文，提出太康之后的夏王"均以斟鄩为都，原、老丘与西河三处仅是别都"的假设，虽然并未深入论证，但这种说法与我的主辅都说有关夏都的论述是相近的。我没有参加这次夏文化会议，那时候信息也不畅通，看到正式出版的会议论文集是若干年后的事了。看来，我与张立东先生在夏都问题上也是不谋而合。

四、老丘是文献记载中的夏都之一，您对这个问题是怎么看的？曾经做过哪些相关的考古学探索？

夏王帝宁，也有叫帝杼的，好几个名字。这个夏王曾以原和老丘为他的都城，这是古本《竹书纪年》等文献的记载。我们知道《竹书纪年》是汲郡（今河南卫辉）发现的战国时魏国的墓葬中出土的一部编年体史书，它的史料价值非常高。一般来说，在夏代文化研究中，它是一个比较可靠的文献。书里面明确记载：帝宁居原，自迁于老丘。就是说帝宁先是以原为都，后来以老丘为都。那么老丘的地望在什么地方？也就是在何地？老丘的属性和功用是什么？因为文献记载还有其他的都城，包括斟鄩，当时是不是完全舍弃斟鄩迁到老丘呢？相当多的学者包括开封的学者都有这样的观点，说开封是八朝古都，其最早的都城就是老丘。夏王朝为什么要舍弃豫西地区的统治中心，而迁都周边地区的老丘呢？这些问题都需要综合的探讨。因此我对这个问题就非常关注，从文献上、考古上做了一些分析，还做了一些相应的考古调查和发掘工作。

从文献来说，首先，老丘应该在今河南境内，说帝宁自原迁于老丘，老丘离原都应不太远，原都一般认为是今天豫北的济源。那么老丘是在河南的什么地方呢？先看豫北，这一带应该不是，既然从这里迁走了，不可能老丘还设在这里。豫西地区也不是，因为这里是夏王朝的中心区域，是斟鄩之都所在地。豫南地区作为夏文化分布区来说已经属于边缘了，在那里设都的可能性也不大。所以老丘应该是在今豫东地区，离原都有一定的距离，是为了一定目的而设立的都城。它的范围、地望位于今豫东地区是最合适的。据文献记载，一般认为老丘就在今开封市祥符区，过去叫开封县，是陈留镇以北的一个区域。重要的几篇文献，比如说《左传·定公十五年》就明确记载："夏五月……郑罕达败宋师于老丘。"杜预注："老丘，宋地。"就是说郑和宋之间有个打仗的地方叫老丘。清代学者有具体的考察，如顾栋高，他的《春秋大事表》里面明确记载："今开封府陈留县东北四十里有老丘城，为宋老丘地。定公十五年'郑败宋师于老丘'，即此。"我们学习《左传》经常参考的一本书是杨伯峻的《春秋左传注》，里面明确记载："老丘，当在今开封市东南，陈留镇东北四十五里。"《大清一统志》也说老丘在陈留镇北边四十五里。从这些文献可以看出，没什么太大争议，大都认为老丘在开封市东南的陈留镇东北四十里或四十五里的地方，也有的说在陈留镇北边四十五里处，基本就是陈留镇北边这个区域。

在这个区域，哪些遗存、哪些遗址有可能是老丘呢？这需要学术界进行实地探索。开封的文史工作者很早就有关注，如杜良乡境内国都里村，相当多的学者认为这一带可能是老丘所在地，但缺乏有说服力的考古证据。那么，老丘到底在什么地方？2014年，我就带领研究生到开封县（今开封市祥符区）境内进行考古调查、试掘与发掘，除对刚才说的国都里村进行勘探调查外，还在另外一个属于罗王镇，当时还是罗王乡的王陈寨村西南虎丘岗遗址进行了考古调查工作。这两个遗址我比较了一下，国都里这一带地势不算太高，地表被后期的大量泥沙所覆盖，用地质钻探机钻探，发现地下很深处有一些文化遗物，仔细辨认后，没有发现确凿无疑的属于龙山文化或夏商时代的文化遗存，晚期的如东周、汉代的遗存比较多。后来我就把目光又转移到虎丘岗一带，这个遗址很让我兴奋。首先它的位置与文献记载的很接近，我算了一下，差不多距离陈留镇就是一二十千米。其次，该遗址本身地势很高，名字叫"虎丘岗"嘛。大家知道豫东地区通常是黄河泛滥区，地表常常被厚厚的泥沙所覆盖，古代遗址大部分都在岗地之上或地下深处。这个遗址没有黄河泥沙，说明其地势较高，黄河泛滥没有波及这个区域。原来这个遗址堆积更高，据说大概是2014年以前，这个地方的村民取土，去掉了上部一两米的堆积。从地名可知，老丘应该是一个岗地、丘地，而虎丘岗的地势与其吻合。最后是遗址本身的文化遗存。这个遗址范围大，中心区域至少一万多平方米，再加上周围，应该有十几万平方米。它的文化堆积也比较厚，经过钻探、试掘和发掘，发现这个遗址文化层堆积五六米或六七米，早期遗存大都在地下水位之下了，说明在这个地方历代的居住和生活留下了大量的文化遗存。此外，这个遗址年代早，从仰韶时期到龙山时期一直延续到二里头时代、早商、晚商，还有周代、汉代文化遗存。其中，二里头时代的文化遗存是比较多的。这些因素综合到一起，我判断，与国都里一带比较的话，虎丘岗遗址作为老丘故地的可能性应该更大一些。因此，我专门写了一篇老丘探寻的文章，在《中国国家博物馆馆刊》上发表。

2018 年以来，我带领郑州大学考古专业师生对虎丘岗遗址进行了较大规模的考古发掘。从发掘情况来看，这次又发现了较为丰富的夏代文化遗存，尽管这些文化遗存看起来混合因素较多，有二里头文化的，也有下七垣文化的，还有岳石文化的，但主体还是二里头文化遗存，年代大约是二里头文化第二、三期这个阶段，与老丘的年代比较接近，这就为探寻老丘提供了实物线索。只是发掘面积有限，加之地层太深，地下水位又比较高，发掘困难比较大，迄今这里发现的高规格遗存还比较少，目前还没有发现城址和青铜器等遗物，还有待今后继续的工作和深入的发掘。

可能还有人要提到关于老丘与斟鄩的关系，实际上，我的主辅都说提到了这个。二里头遗址是夏代中晚期的都城——斟鄩，从考古发现来看，作为都邑中间未曾中断或废弃，作为一个主要的都城长时期存在，它和老丘的关系应该不是一前一后、一兴一废。不是说把斟鄩废弃了再建立老丘新都，二者肯定有并存期，大概是二里头文化第二、三期这个阶段吧。这样的话，两都有并存期，肯定要探寻哪个是主要的，哪个是次要的。显然，二里头斟鄩肯定是主要的都城，老丘则为夏王朝一段时期内的辅都。那么，为什么要建老丘辅都？一个是统治的需要，再一个就是东方军事战争的需要。咱们知道少康中兴之后夏王朝势力逐渐恢复，到帝宁时期，实力开始强大，开始向周边扩展并收复它的失地。首先是往北边，设立原这个辅都就是为了重新控制豫西北、晋南地区。控制住北方地区之后，夏王朝开始对东方用兵，把矛头对准东夷。东夷对夏的危害太大了，太康失国就是东夷的后羿代夏导致的。为了对付东夷，重新控制东方地区，就在距离东夷腹地不太远的地方设立了一个辅助性军事、政治中心，便于进行军事战争，夏王可以在这儿就近进行军事调动、指挥等活动。

五、您提出的"夏末商初的商夷联盟"，在解释郑州商城和二里头遗址内的岳石文化因素时颇为好用，请问这一说法是如何形成的？在文献上有哪些比较坚实的证据？

我大学本科两次考古实习在青州郝家庄和菏泽安邱堌堆的发掘都涉及属于东夷文化的岳石文化遗存，本科毕业论文选题也是有关岳石文化地方类型方面的研究，工作之后对岳石文化的来源进行了系统的探讨，所以我对岳石文化印象很深刻。在教学和研究过程中，我发现郑州地区、豫东地区还有二里头遗址本身都有一定的岳石文化遗物。比如说郑州商城，它的南关外期包括二里冈下层文化遗迹单位，出土遗物中都有一定数量的岳石文化遗物或者是文化因素，这就需要你解释它的原因是什么。1990年，我发掘豫东杞县鹿台岗遗址，这地方也发现比较多的岳石文化遗存，同时还发现有属于先商文化的下七垣文化的遗存，也就是说两种文化的遗存共处一个遗址，甚至共处同一个灰坑内。出土的遗物兼有岳石文化和先商文化两种文化因素，这很让人费解。此外，比如说二里头遗址，其第四期也有一定数量的岳石文化的遗存。这是什么原因导致的，需要深入思考。

从文献记载可知，在夏末，商汤与东夷族群关系非常密切，那么，考古发现的先商文化遗存与东夷文化遗存共处是否就是商夷关系密切在考古上的反映呢？我开始思考这个问题，后来经系统分析，认识到在夏末商初的确存在商族与东夷人的联合，我给它命名为"商夷联盟"。虽然当时还没有"商夷联盟"这个名称，但是在夏代末年商夷联盟的活动是很频繁的。比如《尚书大传》明确说"桀无道，囚汤，后释之，诸侯八译来者六国"，这里提到了商汤与"诸侯"会合。先秦文献的《墨子·非攻下》说"汤奉桀众以克有夏，属诸侯于薄（亳）……天下诸侯莫不宾服"，也提到了"诸侯"在"亳"这个地方会见等问题。此外，《史记·夏本纪》和《史记·殷本纪》都有相关的记载，如"诸侯皆归汤""伐夏""兴师率诸侯"等。另外，《逸周书·殷祝解》也说："汤放桀而复薄（亳），三千诸侯大会。"从这些记载可知，商汤伐桀之役有许多"诸侯"参加征伐，并且曾会盟于商汤亳都。

那么，为什么会出现商夷联盟呢？从文献记载可以看出，夏王朝晚期，一方面，夏王朝与东夷诸部发生冲突，文献说"诸侯多畔夏"，夏桀还曾伐有施、有缗氏，这两个都是东夷族群的不同分支。另一方面，夏王朝与商族人也发生了争斗，文献记载夏桀"召汤而囚之夏台"（一般说中国最早的监狱就是夏台）。这说明夏王朝与商族、东夷等东方诸部关系逐渐恶化，为了自保和振兴，商族和东夷诸侯联合起来共同对付夏王朝。

商夷联盟有两次重要的会盟，其中一次就是"景亳之会"，还有一次叫"泰卷之会"。"景亳"有的人说是"北亳"，在今曹县境内；"泰卷"大概在今定陶一带。二者都在鲁西南地区。这两次会盟参加的东夷"诸侯"还是比较多的，比如有施、有仍、有缗、有莘。伊尹是有莘氏人，商汤的妃子也是来自有莘氏。还有薛，这个方国很古老，其始祖奚仲曾当过夏王朝的车正。还有卞，说不定还有楚，当时叫"荆"。当然，这个联盟的形成也经过了一定的过程，商汤为了促成与东夷的联合并形成这个联盟，采取了一系列措施，比如与有莘氏联姻，对周边的一些族群施以恩惠等。当然对于这个恩惠，有的族群并不领情，比如葛。商夷联盟的主要活动包括离间夏王朝、消灭与商夷联盟为敌的夏方国、伐桀灭夏等。

到了商代早期，从文献记载看，商、夷关系仍然是融洽的，商夷联盟还是继续存在的。什么时候破裂的呢？是中丁之后。中丁之后，商人与东夷的关系逐渐恶化，发生了军事冲突。文献记载中丁伐蓝夷，河亶甲是中丁之后的另一位商王，不仅伐蓝夷，还伐另外一个东夷分支班方，这应该寓示着商夷联盟的终结。

考古材料为夏末早商存在商夷联盟的立论提供了佐证。刚才提到的多处岳石文化与下七垣文化、二里冈下层文化相处，这种现象应该是商夷联盟在考古上的体现。总体来说，这个时间就是二里头文化的晚期到二里冈下层这个阶段，甚至再晚一些的二里冈上层一期也是商夷联盟存在的时期。

商夷联盟存在的证据还表现在商代早期商文化的分布上。在商人国势强大的前提下，商文化向周边地区大扩展，扩展的态势是北、西、南三面大扩展，而唯独东方滞展甚至收缩。东方地区大多是平原，没有大的自然障碍，如果向东方扩展是很容易的，比向西方和北方要容易得多。但是就存在这样一个现象：二里冈下层，甚至是上层一期时，我们发现在豫东地区、在山东西部不见商文化遗存，也就是说商文化在这里没有扩展，反而还有收缩，还没有下七垣文化在豫东地区的分布广泛。

商代早期，豫东、鲁西南地区仍然是岳石文化的分布区，也就是岳石文化的年代从二里头时代持续到了商代早期，这种现象我理解是商、夷之间延续同盟关系的具体反映。商人与东夷人是密切的盟友，因此商人就没有攻占东夷文化分布区，而是集中力量向其他三个方向扩展。在东方地区，用现在的话说，东夷人是"自治"的态势。但是，到了商代中期，在考古上是二里冈文化第四期或者说白家庄期，这种格局被彻底打破了。商文化大举向东方扩展，岳石文化被迫向东方收缩，整个鲁西、鲁中地区都被纳入到商文化的分布范围，这种现象属于文化上的取代，取代的原因应当与商、夷关系恶化和商夷联盟终结有直接关系。

六、您在夏文化研究方面的著述颇丰，烦请列举一下您自己比较得意的成果，以便读者进行比较全面的了解。

30多年的研究经历使我收获较多，我个人有关夏文化研究方面的论文、著作大概有40余篇（部）。至于说个人比较"得意"的成果，还谈不上有哪些是"得意"的，只能说是我的代表作吧。

第一篇就是《从夏族北上晋南看夏族的起源》，是系统探讨夏族起源与晋南说关系的论文。这篇文章被郑杰祥先生主编的《夏文化论集》收录。写这篇文章主要是有这样的目的或者说考虑吧，即夏族起源有各种观点，诸观点之一的晋南说认为夏族起源于山西南部地区，后来南下发展到豫西地区。如果这个观点成立的话，反映在考古学上，夏文化应该有一个由北向南的发展过程，我们称之为"南渐"。但我们通过对考古材料的分析研判就可以发现，无论是文献材料，或者是考古材料都反映出一个现象，就是自夏禹开始至夏王朝灭亡之后，夏族、夏文化实际上存在着北上、北渐的进程，并不是南下、南渐的过程。因此，我提出从夏族北上晋南看夏族起源这个问题，认为夏文化是北渐的而非南渐，夏族北上晋南进程可以分为三个阶段。

夏族第一次北上是禹后期，夏族曾经北上控制今晋南地区。夏禹的政治中心是禹都阳城，就在豫西的登封王城岗，但夏禹后期又在晋南地区建立了安邑和平阳另外两处政治中心。也就是说，夏禹曾任豫陕晋相邻地区尧舜禹族群联盟的首长，并控制了今晋南地区。

第二次北上是夏王帝宁之后，夏族重新北上控制晋南地区。我们知道，夏代发生了太康失国、少康中兴事件。少康中兴之后尤其是帝宁时军事力量增强，开始向周边扩展，首先把矛头就对准北方地区，收复由于太康失国、后羿之乱失去的晋南地区。帝宁在豫西北，也就是今天的济源先建立基地，后来逐渐地深入到晋南的运城盆地和临汾盆地一带。二里头文化向北发展形成了所谓的东下冯类型，整个东下冯类型的年代要晚于二里头类型的年代，大约相当于二里头文化的第二至四期，这应该是夏文化北渐、夏族北上晋南导致的。

第三次北上是夏王朝灭亡之后，一部分夏族成员北上迁徙、逃亡。商汤灭了夏，有一部分夏人，包括夏桀先逃到晋南，后来经过鸣条之战等战役，夏王朝彻底溃败。一部分人继续往晋南腹地甚至晋中地区逃亡，这些人一直到商代可能还继续在这个地区活动。

通过这三次夏族的北上活动判断夏族的起源，应该得出这样一个结论：夏族应起源于豫西地区而非晋南地区。

第二篇文章题目是《夏纪年与夏文化遗存刍议》，2001年发表在《中国文物报》上。这篇文章虽然不长，大约四五千字，但是我感觉到应该把它纳入到我的代表作之中。写作初衷是因为"夏商周断代工程"结项之后，有感于工程结项的结果，谈一谈夏纪年与夏文化遗存的划分以及都邑变迁这样一些关键课题。

我们知道，2000年"夏商周断代工程"结项，结项成果的简本中把夏代的始年定为公元前2070年，我感觉这有点儿偏早，这是分析文献和各种依据得出的结论。为什么说偏早呢？首先说，大禹时期不应该属于夏代纪年的范围，夏代应该从夏启开始，而不应该从禹开始。这也是学术界争议的问题，先秦史学界历来有这样的不同意见：夏开始于夏禹，或者始于夏启。我个人倾向于从夏启开始，因为夏禹时期应该属于尧舜禹时代，从启开始才进入了"王朝"阶段，有别于之前尧舜禹时期的"邦国"或"酋邦"阶段。邦国和王国最大的区别，除了统治集团势力的强弱，比较明显的就是传位的问题。邦国时期的继位，文献记载叫"禅让"，当然可能还有其他的情况，实际上更多的还是选贤或由军事力量的强弱所决定的。从夏启开始就是"家天下"了，进入到王朝时期。这样把夏启作为夏纪年的开始更具有阶段性、代表性。

如果把启算作夏王朝开始的年代，把夏禹去除，所谓"夏始年公元前2070年"可能就要去掉一部分了。文献记载"禹立四十五年"。关于夏代的积年，文献记载主要有两种：一个是《竹书纪年》所说的471年，再一个就是《易纬·稽览图》所说的431年。不管哪一种记载，去除大禹之年45年，夏王朝始年应为公元前2026年左右或公元前1986年前后。分析文献得出的结论，即夏的始年应该是公元前2000年左右。

再从考古遗存上分析，包括新砦期、二里头第一至四期在内的二里头文化统称为夏文化。新砦期应该是早期夏文化。二里头文化不能涵盖全部的"夏"，它应该是夏王朝中后期的文化遗存。从都城来说，二里头遗址是太康至夏桀期间的夏都斟鄩，夏启的政治中心应该在嵩山南麓的颍河中上游地区，也就是说夏王朝都城经历了嵩山南麓到嵩山北麓迁移的过程。

第三篇文章是《论二里头遗址的性质》。这是在2005年发表的。长期以来，关于二里头遗址的性质，许多人认为是都城，有汤都西亳说，后来也有人说是桀都。桀就是最后一个夏王啊，二里头遗址是最后一个夏王桀的都城，那时间就很短了啊。汤都西亳说、桀都斟鄩说是早年两个主流观点。当然，我个人包括相当多的学者不赞同二里头是汤都西亳，后来偃师商城发现以后，大部分学者抛弃了二里头遗址为汤都西亳的观点，认为偃师商城是西亳。但认为二里头是桀都斟鄩的还大有人在。

早在1998年我和李民先生合著的《夏商周三族源流探索》一书中，我们就明确提出二里头遗址绝非短期的都城，它曾长期为夏都的观点，但没系统论述。2001年版的《夏商时代都城制度研究》一书中，我明确提出二里头第一至四期皆为夏都性质，绝非仅仅第四期或第三期短期为夏都。2000 年以来的考古新发现证明了二里头遗址长期为夏都的事实。如 1、2 号宫殿，过去的观点是第三期建、第四期废，后来通过新的考古发掘和研究，相当多的学者认识到 1、2 号宫殿确实是第三期建的，但第四期还存在，一直到第四期之末甚至更晚才废弃，也就是说二里头第三、四期都是都城性质。再往后就是二里头 3 号宫殿和 5 号宫殿的发现，证明二里头第二期也已经具备了都城的性质。这样的话，二里头的第二、三、四期都是都邑。再往后，发掘了宫殿区旁边的"巨型坑"，这个坑的形成与大量挖土建宫殿基址有直接的关系。这个坑的形成年代至少是二里头第一期的晚段，说明二里头第一期至少晚段已经开始建造、使用宫殿区了，结合二里头第一期遗址面积已达 100 万平方米、有高规格遗物等情况，我们推测二里头第一期也具备都邑性质。这么多的考古新发现和研究新成果，从考古实物上验证了当年我认为的二里头第一到四期都是都邑的观点。

文章中，我系统地论证了二里头夏都问题。首先，肯定它的都邑性质，遗存丰富、延续期比较长等特点，认为它就是夏都。其次，就是强调二里头一带作为夏代都邑延续时间较长，至少达数百年之久，从第一期开始，延续至第四期，皆为都邑性质，中间没有经历中断、废弃和衰落，绝非仅仅属于夏代末年夏桀之都。最后，结合文献记载和考古综合判断，二里头遗址应该始都于太康时期，称为"斟鄩"，终结于夏桀时期。

第四篇文章应该是《〈竹书纪年〉所载夏都斟鄩释论》。古本《竹书纪年》有关夏都的记载还是比较多的，其中有一条是"太康居斟寻（鄩），羿亦居之，桀又居之"。这个记载在北魏至唐宋典籍中多有引用，说明这应是《竹书纪年》的原文，它的史料价值可以说是非常高的。传统的观点是从《竹书纪年》的字面来看，对夏都斟鄩的释义即三个王在此建都，是太康、后羿、桀期间的都邑，其他夏王不在斟鄩建都。这种解释是不是能反映出历史真实的原貌呢？我根据二里头遗址的考古发现进行分析，发现二里头遗址作为都邑从第一期到第四期长期延续至少达数百年之久，绝非一二十年，关键是它中间没有中断。假如说，太康时期在这儿为都，后来迁走了，那这个地方应该废弃了或者衰落了。但考古发现中没有这个现象，第一期到第四期一脉相传，第二期在第一期的基础上发展、第三期在第二期的基础上发展、第四期在第三期的基础上发展。每一期有一些新建造的设施，也有沿用老的设施，所以一脉相传性非常强，显然并不是像文献字面上解释的三个王短期在这里立都。因此二里头作为夏都斟鄩，绝非是一个王两个王能够涵盖的。

分析《竹书纪年》有关夏都斟鄩的记载，我们就可以发现，它实质上是体现了夏王朝长期以斟鄩为都的历史事实，太康、后羿和桀只是代表了三个阶段，即开始、中间、结束。实际上，结合考古材料来看，斟鄩是长期作为夏王朝的都城。太康开始作为都城，"后羿代夏"期间后羿、寒浞还是以这儿为都，"少康中兴"后复国，理应还是以此为都，跑到其他地方设都不能叫"复国"。所以"少康中兴"之后夏人还是以斟鄩为都，一直延续到夏桀时期。

有人会说，斟鄩一直为夏都，文献记载的原、老丘和西河等夏都怎么解释，这些我还是以主辅都说去认识的。夏王朝长期以斟鄩作为夏都，根据需要在北方地区和东方地区分别设立原和老丘两个辅都，在另外一个地区设立了西河这个辅都。关于西河的位置，文献记载中至少有七八种观点，但分析来分析去大多不合适。比如说安阳说所在的安阳地区是先商文化的分布区，夏人不可能在这个区域设立都城；另外有西河位于晋西南的观点，晋西南所在的地貌条件是山区，生态环境那么恶劣，也不可能在那里设都。还有汾阳说，山西汾阳就不是夏文化的分布区，怎么能建都？所以分析这些观点后感觉到，洛阳以西到西安以东这个区域，距离二里头一定距离的地方最有可能是西河的所在地，我个人倾向于在今天的三门峡地区某地或者说三门峡对岸的运城盆地这个地方可能性更大一些。

七、您在郑州大学执教几十年，培养了很多从事夏文化探索的人才，请列举一下您最得意的几位弟子。

我 1985 年开始在郑州大学执教，可以说伴随着郑州大学考古专业自 1984 级至今历届本科生的培养历程。1999 年开始带研究生，至今已培养硕士、博士研究生超过一百人次，有的既是我的硕士也是我的博士。他们大都活跃在全国各地文博考古事业的大舞台上，成为各地科研机构、高等院校、文博单位的研究员、教授、学术骨干、业务型领导或文化管理者，整体来说还是感觉到很自豪、很欣慰的。在夏文化探索、夏文化研究这方面，专门从事学术研究的或对夏文化比较关注的，我想列举几个人。

第一个就是魏继印，他是我的博士研究生，现在是河南大学历史文化学院的副院长，也是教授、博导。继印主要从事新石器时代考古和夏商考古研究，他偏重于中原龙山文化的研究，尤其是早期夏文化的研究，成果很多，在《考古学报》《考古》《文物》《考古与文物》等大刊物上都发有文章，大概有几十篇了吧。近年他主要集中在新砦文化和夏文化的形成、夏文化的起源这方面进行研究，发表了一系列的论文，新观点不断涌现，引起学界比较大的反响，至少在夏文化起源研究方面形成了自己独特的观点。

第二个是庞小霞，她是我的硕士研究生，也是我招收的第一个博士研究生，硕士论文题目就是《试论新砦文化》，对早期夏文化进行了一定程度的研究。现在她是中国社会科学院考古研究所的副研究员。她主要从事早期国家、夏商周考古方面的研究，还有历史地理的研究，在《考古》《考古学报》等大刊物上也发表了一系列的文章。庞小霞的爱人高江涛是2000年以我的名义招收的第一个硕士研究生，硕士论文的题目是《二里头遗址与夏都研究》。江涛现在是中国社会科学院考古研究所的研究员，主要从事文明起源、早期国家、夏商周考古这方面的研究。长期工作于田野考古发掘第一线，现在正主持山西襄汾陶寺遗址的考古发掘工作。在《考古》《文物》等期刊上发表多篇论文，是比较多产的青年考古专家。他们二人作为我所带研究生中唯一的夫妻，潜心于学术研究，创获很多，收获很大。二人在夏文化方面的研究，尤其偏重于不同文化的来源和交流互动，曾经合著《试论二里头文化时期洛阳盆地和江汉平原的交流通道》这样一些文章。

第三个是硕士研究生吴倩，在夏文化研究方面也有较多成果。她的毕业论文选题也是有关二里头文化来源的研究，在郑州市文物考古研究院工作期间负责多个工地的考古发掘，其中新郑望京楼遗址的考古发掘与研究工作是她负责的。望京楼遗址入选2010年度全国十大考古新发现，该遗址发现有夏代和商代二里冈时期的城址。在二里头文化郑州地区的分布与夏代城址研究方面，吴倩可以说做出了重要贡献。

第四个是硕士研究生刘丁辉，现任职于河南博物院《中原文物》编辑部。他主要从事先秦历史与考古方面的研究，已发表多篇专业论文，并有著作已出版，其中对二里头文化的花边罐的研究较深，著有《二里头文化花边罐来源的再研究》等。

第五个是硕士、博士研究生赵俊杰，现任职于安阳师范学院，是历史与文博学院考古系的系主任，承担着安阳师范学院考古专业的教学重任。他的主要研究方向是夏商考古，在豫东地区夏商文化的研究方面成果突出。

第六个是硕士研究生贺俊。他硕士毕业后，考取中国社会科学院考古研究所的博士，现任职于河南大学黄河文明与可持续发展研究中心。贺俊在夏文化研究方面也有重要成果，他的硕士论文是有关中原史前夏商时期奠基遗存的研究，涉及夏代二里头文化。博士论文研究题目就是有关二里头文化的聚落与社会这方面。应该说，在这个课题上他的研究力度是比较大的，有很大的发展潜力。

此外，我的弟子中还有杨树刚、郑璐璐、齐磊、王琼、钱燕、王龙霄、王雪、郭明辉，这8位的毕业论文都是专门从事夏文化研究的。其他弟子的部分研究成果也涉及夏文化，在此就不再一一列举了。

八、现在是开展夏文化研究的大好时机，您觉得现在最需要做的工作有哪些？

近年来，国家对夏文化研究十分重视，在人力、物力上给予重点支持，可以说目前的确是开展夏文化研究的大好时机。

尽管从20世纪50年代至今，这几十年的夏文化探索已取得了丰硕的成果，但要全面、系统地揭示夏王朝与夏文化还有相当长的路要走，目前的研究成果与国家、社会各阶层、学界对夏文化研究的期望值还有很大的差距，今后需要从事的工作仍然很多，任务也很艰巨，可谓是任重道远。我认为现在最需要做的工作主要集中在四个方面。

一是要加大对二里头遗址的发掘与研究力度，全面、系统地揭示二里头遗址的文化面貌。二里头是都邑遗址，是夏文化遗存的代表，也是解决夏文化问题的关键所在。这个遗址的文化面貌搞清楚了，基本上夏文化的面貌就大概搞清楚了。但是目前二里头遗址的发掘面积、规模等方面还是与预期有较大差距的。比如说二里头遗址面积至少300多万平方米，而60多年的考古发掘只发掘了其中的一小部分，大部分区域还有待深入的勘探和考古发掘。所以说，有关的业务部门单位应适当增加、增强考古工作人员队伍，汇聚各方面的力量扩大考古发掘面积，争取在较短的时间内获得更大、更多的收获。不要细水长流，一年挖个三五百平方米，多少年才能把这个遗址搞清楚啊，当务之急是大规模地做工作。

二是更加注重早期夏文化研究。经过多年的考古发掘，二里头遗址晚期的文化面貌要明晰一些，但是早期许多文化面貌还是了解得比较少。二里头遗址的第一期文化面貌相当多的方面是不太清楚的，当然这也与埋藏的特点和当年发掘的条件有一定的关系。埋藏的特点就是说早期的遗存很容易被后期的活动所破坏。比如说，郑州市 20 世纪 50 年代的建筑已经基本上被 2000 年以来新的基建项目、新的工地破坏差不多了，现在郑州市区很难看到 50 年代的房子了。甚至多少年以后，50 年代的房基都不一定能看得到，因为建新房子时 50 年代的房基都给挖没了。另外，二里头遗址还有地下水位问题以及发现宫殿基址后就地保护、没有继续发掘早期遗存等客观原因的限制。尽管如此，还是应尽量创造各方面的机会和条件对二里头遗址的早期尤其是第一期加大工作力度。

另外，二里头文化只是夏代中晚期的文化遗存，比二里头文化更早的早期夏文化，也需要加大工作力度。一般来说，要把主要的视野和精力放在新砦期、王湾三期文化煤山类型上，重点攻关，争取在较短时间内探究出更多、更全面的早期夏文化面貌，以便对夏文化有一个系统全面的认识。

三是应注重二里头时代方国文化的研究。二里头时代存在大量方国，这是毋庸置疑的，有的是同姓方国或者说同属于二里头文化族群的方国，有的是异姓或者说不和二里头文化属于一个体系的方国。这些方国的存在与夏王朝关系都非常密切，要全面了解夏代的文化面貌就必须关注方国的考古发现。目前了解较多、比较著名的有大师姑、望京楼等夏代方国遗存，四川三星堆遗址应该也是一个夏商时代的重要方国。应更多地揭示方国的文化面貌，以便全面了解夏时代的文化面貌。

四是要密切关注文字资料的发现与研究。关于夏王朝、夏文化是否存在，学术界包括国外相当多的学者，或者其他的一些非学界的人都有一些看法和议论，其中"夏王朝否定说"仍有市场。他们对考古的重要证据是视而不见的，主要咬定：没有出土的文字实证材料证明夏的存在。因此，出土文字实证材料是夏文化研究的关键和突破点。

从考古文字遗存看，我相信夏代是有文字资料的。因为二里头文化之前的龙山文化时期比如陶寺遗址等地都发现有文字资料，陶寺遗址发现的两个字绝对是没什么问题的，肯定是文字。二里头文化之后的二里冈–殷墟文化时期都有明确的文字。二里冈时期的甲骨、青铜器铭文、陶文、朱书陶文都证明当时有文字，小双桥遗址发现有确凿无疑的朱书文字。处于龙山文化与商代之间的二里头文化不可能没有文字，只是现在还没有机会发掘到。

多年来的考古发掘也有一些迹象证明二里头文化有文字资料。比如偃师二里头遗址就发现了大量的文字符号，其他的比如渑池郑窑、新密黄寨、宝丰小店、商洛紫荆等遗址都有文字的资料。但整体来说，这些文字资料都比较少，都是一个、两个的字，缺乏系统的、长篇的文字。所以，目前确凿无疑的、能够证明夏代历史的自证性文字材料是缺少的，这是事实。

今后要进一步创造有可能发现文字材料的条件，抓住有利契机，尤其重点关注像水井、窖穴、墓葬的发掘以及甲骨、骨器、石器、陶器等类出土遗物，争取在夏代文字发现上有新的重大的突破。

本访谈的提问由赵汉年拟写，张立东审订，并经张国硕先生调整。赵汉年使用腾讯会议进行采访，并对采访录音进行整理，最后由张国硕先生审校定稿。

主要著述

1.《从夏族北上晋南看夏族的起源》，《郑州大学学报》（哲学社会科学版）1998 年第 6 期。

2.《夏商时代都城制度研究》，河南人民出版社，2001 年版。

3.《夏纪年与夏文化遗存刍议》，《中国文物报》2001 年 6 月 20 日。

4.《论夏末早商的商夷联盟》，《郑州大学学报》（哲学社会科学版）2002 年第 2 期。

5.《论二里头遗址的性质》，《二里头遗址与二里头文化研究——中国·二里头遗址与二里头文化国际学术研讨会论文集》，科学出版社，2006 年版。

6.《晋南"夏墟"考》，《中原文物》2006 年第 6 期。

7.《夏王朝都城新探》，《东南文化》2007 年第 3 期。

8.《夏国家军事防御体系研究》，《中原文物》2008 年第 4 期。

9.《夏都探寻》，《中国古都研究》第二十三辑，三秦出版社，2008 年版。

10.《〈竹书纪年〉所载夏都斟寻释论》，《郑州大学学报》（哲学社会科学版）2009 年第 1 期。

11.《论夏王朝存在的依据》，《中国历史文物》2010 年第 4 期。

12.《望京楼夏代城址与昆吾之居》，《苏州大学学报》（哲学社会科学版）2012 年第 1 期。

13.《早期夏文化与早期夏都探索》，《早期夏文化与先商文化研究论文集》，科学出版社，2012 年版。

14.《夏都老丘考略》，《中国国家博物馆馆刊》2014 年第 9 期。

15.《夏代晚期韦、顾、昆吾等方国地望研究》，《中国历史地理论丛》2015 年第 30 卷第 2 期。

16.《太康居斟寻事件与后羿代夏遗存的确认》，《中原文化研究》2022 年第 5 期。

秦照芬

秦照芬，1963 年出生，中国台北人。1985 年开始投入中国上古史研究。1988 年担任钱穆先生的秘书，1990 年攻读博士学位。1992 年至中国社会科学院考古研究所访问一年，随北大考古系师生在驻马店杨庄实习发掘，1993 年考取北大考古系邹衡先生博士生。1994 年完成台湾地区博士学位，在中国文化大学及『国立』侨生大学先修班兼课。1996 年进入台北市立教育大学任教至今，现任台北市立大学历史与地理学系副教授。2011 年受委托管理经营钱穆先生外双溪故居。主要研究方向：中国上古史、中国古代文化研究、中国文物与考古。

一、您是什么时候开始接触夏文化问题的？在您学习和工作过程中，有过哪些与夏文化相关的经历？

我是在上研究所课程时才开始接触夏史与夏文化问题的，通过对古代传统文献及考古文献的阅读，对夏史及夏文化累积了不少认识，在台研读博士学位期间，因为执行研究计划有机会与中国社会科学院考古研究所二里头工作队接触，令我有机会目睹原来只能在书上看见的二里头出土之文物，当时内心非常激动。1992 年我访问中国社会科学院考古研究所期间，又造访二里头工作队几次，每次都是抓紧时间仔细地观看二里头文化遗存。

二、您的导师王仲孚先生是台湾地区对夏史夏文化用力最深的学者之一。由于种种原因，当年未能采访王先生。现在王先生已经不在，希望您能介绍一下王先生在这方面的成就，包括学术观点、方法探讨、教书育人、学术组织等。

王老师所学既博且广，不只涉猎上古部分，对于汉朝及晚清边疆史亦有相当造诣。王老师治学严谨，逻辑清晰，文笔极佳，早在 20 世纪 70 年代，王老师的硕士论文《从传说史料看中国远古社会》即已展现他分析上古历史文献的深度，在文中老师强调传说史料内具文明演进之史实，由此文可见王老师学术研究之高度，而此文至今仍深具学术价值。

王老师在上古史的研究上非常全面，《中国上古史专题研究》一书（曾获中山学术著作奖），从中国民族西来说之形成与消寂为始，陆续论及盘古、伏羲、神农、黄帝、尧舜、夏、商、周、春秋、战国，上古史的各个阶段，几乎全面触及，如论及黄帝发明之多的缘由、殷商覆亡原因之探讨、春秋时代之诸夏意识等问题，皆言之有据，不仅呈现老师在研究上的宏观视野，更令人对古史真相有进一步的了解。王老师对上古史研究另一大贡献是编纂《中国上古史论文摘要》一书，此书精选20世纪50至90年代间台湾地区有关中国上古史研究论文300余篇，依时代及性质分类，提纲挈领一一介绍，不但为研究者提供搜集资料的线索，而且令研究者对台湾地区关于中国上古史的研究成果有更深入的认识。王老师在台湾地区政治局势日益变动的情势下，仍不轻易随俗改变其志，坚持学术研究及教育理想。在王老师的指导下，我们出版《中国上古史研究专刊》，至老师仙逝前一共出版了十期，这十期全靠老师的费心与支持。至于王老师在夏史夏文化方面的研究，亦可谓成果丰硕（请见附件王老师夏史夏文化研究目录）。老师在著作里对夏史夏文化之研究提出非凡之见解，老师说："今日考察夏史的态度：研究的重点已不是考证历史上有没有夏代，而是在肯定历史上确有夏代的前提下，结合考古资料和文献资料，探索历史上究竟有怎样的夏代。……夏代考古与夏文化的探索目标，就是为着了解文献记载中夏代的真相、印证文献的记载。……夏代考古的关键问题：1.夏代文字的出土；2.寻找夏都；3.鉴定遗址中文化遗存是否确属夏代的遗物。"

王老师的另一项成就在历史教育领域，老师一生教过小学、中学、大学、硕博士，教育资历完整，历史教育相关著作非常丰硕，在20世纪90年代出版的《历史教育论集》一书，涵盖王老师数十年来在历史教育领域所发表的重要论文，对于关怀台湾地区历史教育发展的学者，提供了非常重要的参考资料。最重要的是，王老师面对日益"去中国化"的历史教育，常常可以一针见血地打击那些诸如"同心圆史观"、让台湾地图倒置等似是而非的观念，令其无法遁形。

三、听说您曾经担任学术大师钱穆先生的秘书，近来又负责管理钱穆故居，希望您能简单总结钱穆先生有关夏史夏文化的著述。在钱先生身边的日子里，您有没有听过他对夏文化、夏史的看法，包括未正式发表的书面或口头谈话？

钱穆先生与夏史直接相关的研究，应属在《史记地名考》一书中，对阳城、斟郡等夏代四十个重要地名进行考证。此外在《国史大纲》一书中，有关夏代的部分亦提出不少重要的论点，例如钱先生强调："《史记·商本纪》所载商代帝王已有殷墟所得甲文为证，知其不虚。《商本纪》诸帝王可信，《夏本纪》诸帝王即不必不可信。""大抵夏人先起今河南嵩山山脉中，在伊、洛上游，其势力逐次沿伊、洛向东北下游而移殖。一方自河南省西部北渡黄河而达今山西省之南部，东及太行山南端尽头之迤西。又一方面则沿河南岸东下，渐次达于今山东、河北境，遂与东方黄河下游诸民族势力相接触。"（钱穆：《国史大纲》上，《钱宾四先生全集》27，联经出版事业股份有限公司，1998 年版）以上有关夏人势力扩张之论点，虽然是钱先生根据传统文献内容的推断，但在这范围内的确也发现了许多可能为夏文化之考古学文化。此外，钱先生在中国上古史研究上亦有许多不凡且掷地有声的见解，例如针对民初以来在疑古风潮下疑古派学者全面怀疑古代的传说与神话，全盘否定中国上古史的这种情势，提出不同的看法："然上古神话为一事，历史真相又为一事。决不能以上古传说多神话，遂并其真相不问。若上古史之真相不显白，则以下必有无从说起之苦。"
（钱穆：《评夏曾佑中国古代史》，《中国学术思想史论丛》（六），
《钱宾四先生全集》23，联经出版事业股份有限公司，1998 年版）在
《国史大纲》一书里，钱先生亦论及此一观念："今求创建新的古史观，
则对近人极端之怀疑论，亦应稍加修正。从一方面看，古史若经后人
层累地造成；惟据另一方面看，则古史实经后人层累地遗失而淘汰。
层累造成之伪古史固应破坏，层累遗失的真古史，尤待探索。此其一。
各民族最先历史无不从追记而来，故其中断难脱离'传说'与带有'神
话'之部分。若严格排斥传说，则古史即无从说起。……此其二。且
神话有起于传说之后者，……不能因神话而抹杀传说。……此其三。
假造亦与传说不同，如后起史书整段的记载与描写，或可出于假造，……
其散见各书之零文短语，则多系往古传说，非出后世一人或一派所伪
造。……此其四。欲排斥某项传说，应提出与此传说相反之确据。否
则此传说即不能断其必伪或必无有。亦有骤视若两传说确切相反，不
能并立，……而经一番新的编排与新的解释，而得其新鲜之意义与地
位者。……此其五。"（钱穆：《国史大纲》上，《钱宾四先生全集》
27，联经出版事业股份有限公司，1998 年版）钱先生以理性探讨上古
历史，故强调不能因上古历史多神话、传说而不探究其真相，尤其"层
累遗失的真古史"，更待吾人探索，对古史的传说赋予新解释，使其
具有新意义。上古多传说、神话，因此研究上古史，在史料的取舍上
有其难度，关于这方面，钱先生以夏商二代之源作为例子予以说明："虞、
夏出颛顼，殷商出帝喾，本属东、西两系统，此后中国渐趋统一，乃
谓双方皆出黄帝。古史之新系统，随时代精神之新需要而转变。今殷
商出帝喾之说，既有甲骨卜辞为之证实，则《夏本纪》谓夏人出自颛顼，
司马迁亦应自有其根据，不得因吾侪未发见此等直接材料，而遂疑其

不可信。"（钱穆：《国史大纲》上，《钱宾四先生全集》27，联经出版事业股份有限公司，1998 年版）

四、在您学习和研究夏史夏文化的过程中，接受了钱、王及其他先生的哪些影响？

不论是读钱先生、王老师的著作或上王老师的课，都让我确认研究夏史夏文化或研究上古史，传统文献绝对是最重要的史料。从钱先生及王老师的著作中可以发现，这二位重要的学者分别在 20 世纪 20 年代及 60 年代就指出疑古派的问题，他们二位透过对传统文献的解析，在夏史及夏文化的研究方面都提出重要的论点，因此他们二位的著作里，让我更确定研究夏史夏文献不可忽视传统文献的价值。

五、您在河南大学举办的第二届"夏文化"暑期研讨班上，曾讲授"台湾的夏文化研究"，能否再简单谈一下台湾地区的夏文化研究？

台湾地区的夏史夏文化研究，在近 70 年里，与夏史研究直接相关的学位论文仅有一篇，而学者之研究论文计有 51 篇（王老师就占有 11 篇），这主要是因为在台湾地区投入中国上古史研究之学者人数本就稀少。这 70 年间的夏史夏文化研究大概可以分为三个阶段。第一个阶段是 20 世纪 50 年代，当时比较重要的学者有董作宾、赵铁寒等人。董作宾除在甲骨学的研究有非凡成就外，1951 年发表的《中国古代文化的认识》一文以中康日食作为标地，推测"夏代的终始"；赵铁寒则分别考证了"夏代诸帝所居""禹与洪水""夏民族的图腾演变""夏民族与巴蜀的关系""夏图腾出现时期之推测""舜禹征伐三苗考"等重要议题。第二个阶段是 20 世纪 60 年代，当时台湾地区所编纂的历史教科书，将夏代列入"传说时代"。第三个阶段是 20 世纪 70 年代至今，台湾地区有关夏史研究著述有 40 多篇，但多数研究都是夏商周三代一起并列讨论，同时研究角度开始多元化，有研究都邑、音乐、氏族、地域、玉器等。台湾地区学术界投入研究夏史夏文化之学者虽然不多，但综观这 70 年的研究成果，不论在深度或广度方面，都不容小觑。

六、您曾参加宋豫秦先生主持的驻马店杨庄遗址的发掘，这次考古经历对您后来的夏史夏文化研究有什么影响？

当时在驻马店杨庄遗址的发掘是我第一次下工地，我和实习的学生一样，从布方、发掘到整理，考古所需的步骤全部走过一遍，把以前在书上所学所知的内容具体化实施一遍，当然也真正体会到考古人之辛苦，但是伴随着的激动也非笔墨所能形容。这次的经验让我更确认自己对考古发掘的兴趣，这促使我在 1993 年去投考邹衡先生的博士生，不过很遗憾，当时因事而未能前往北京大学就读。

七、您参加过哪些与夏史夏文化相关的学术活动？在这些活动中有哪些记忆比较深刻的事？

我参与上古史相关的学术活动比较多，也参观过许多考古工地，但是与夏史夏文化相关的活动，就只有以个人名义在与史学研究相关的学术研讨会里发表宣读夏史夏文化的论文。2019 年 7 月参与河南大学举办的第二届"夏文化"暑期研讨班，让我印象最深刻，因为最近二三十年连上古史的研讨班都非常少见，更何况是"夏文化"研讨班。而且在研讨班里，不论是考古学界或史学界的讲师都是一时之选，据我的观察，参与的学员的水平及好学的态度都令我印象深刻。第三届活动如果不是因为疫情，我还想带着学生前去河南大学参与盛会。

八、在目前的政治、学术形势下，请展望一下台湾地区未来的夏史夏文化研究。

台湾地区的学术界本来就少有学者投入中国上古史的研究，有关夏史夏文化的研究更是凤毛麟角，目前因为政治因素的影响，掌握教育的部门一直在"去中国化"，中国史内容不停萎缩，不要说是夏史夏文化的研究，甚至连三国以前的历史在教科书中都被抹去，因此未来的夏史及夏文化研究只会越来越少，前景可虑。

附录：王仲孚先生有关夏史夏文化研究论文目录

1.1980 年 5 月，《大禹与夏初传说试释》，《台湾师范大学历史学报》，1980 年第 8 期。后收入《中国上古史专题研究》，五南图书出版有限公司，1996 年版。

2.1989 年 8 月，《民国以来夏史研究的回顾与展望》，原发表于 1989 年 8 月民国以来国史研究的回顾与展望研讨会。后收入台湾大学历史学系编《民国以来国史研究的回顾与展望研讨会论文集》，台湾大学，1992 年版。复收入《中国上古史论文集》第二本，兰台出版社，2004 年版。

3.1991 年 6 月，《对于夏史教学应有的认识》，《中等教育》

1991 年第 42 卷第 3 期。后收入《历史教育论集》，商鼎文化出版社，1997 年版。

4.1991 年 8 月，《试论文献史料对于夏史研究的重要性——兼释夏》，原发表于 1991 年 8 月中国夏商文明国际研讨会。后收入《夏商文明研究》，中州古籍出版社，1995 年版。复收入《中国上古史论文集》第二本，兰台出版社，2004 年版。

5.1992 年 6 月，《〈夏史夏文化研究书目〉评介》，《台湾师范大学历史学报》1992 年第 20 期。收入《中国上古史论文集》第二本，兰台出版社，2004 年版。

6.1993 年 6 月，《最近三十年夏代考古与夏文化探索的检讨（1959—1992）》，《台湾师范大学历史学报》1993 年第 21 期。后收入《中国上古史专题研究》，五南图书出版有限公司，1996 年版。

7.1994 年 1 月，《试论夏史研究的考古学基础》，原发表于 1994 年 1 月中国考古学与历史学整合研究国际研讨会。后收入臧振华主编《中国考古学与历史学之整合研究》，1997 年版。复收入《中国上古史论文集》第二本，兰台出版社，2004 年版。

8.1998 年 8 月，《中国上古史研究的新里程——兼谈"夏商周断代工程"的意义》，《中国历史学会会讯》1998 年第 62 期。后收入《中国上古史论文集》第二本，兰台出版社，2004 年版。

9.1999 年 11 月，《从禅让到世袭——中国古代历史发展进程的大转折》，《历史月刊》1999 年 11 月号。收入《中国上古史论文集》第二本，兰台出版社，2004 年版。

10.1999 年 12 月，《从夏都地望看夏代的中央与地方》，《中华民国史专题第五届论文集——国史上中央与地方的关系》，1999 年版。复收入《中国上古史论文集》第二本，兰台出版社，2004 年版。

11.2003 年 7 月，《再论文献史料对夏史研究的重要性》，《中国上古史研究专刊》第三期，兰台出版社，2003 年版。复收入《中国上古史论文集》第二本，兰台出版社，2004 年版。

本访谈的提问由阚露初拟，张立东修订，2021 年 2 月 2 日，王仲奇向秦照芬女士邀约笔谈。答问由秦照芬女士自撰，并于 2021 年 3 月 7 日交稿。

主要著述

1.《近五年（1987 至 1991 年）中国上古史研究目录汇编》，《中国历史学会史学集刊》1993 年第 25 期。

2.《尧舜与中国上古历史》，《台北市立师范学院社会科教育学系系刊》2000 年第 13 期。

3.《中国文化史》，台北康熙图书网路股份有限公司，2001 年版。

4.《夏代考古与夏文化探索大事简纪》，《中国上古史研究专刊》第三期，兰台出版社，2003 年版。

5.《简介夏代考古与夏文化研究学者——徐旭生》，《中国上古史研究专刊》第三期，兰台出版社，2003 年版。

6.《夏初王权确立之战——论〈尚书·甘誓〉篇》，《中国上古史研究专刊》第四期，兰台出版社，2006 年版。

7.《上古历史文献〈尚书·甘誓〉篇脞论》，《台北市立教育大学学报》（人文艺术、社会科学类），2006 年第 2 期。

8.《论商亳》，2010 年台北市立教育大学史地学术研讨会，（史地整合之新视野——史地研究、乡土地理、文化资产），宣读。

9.《论史记夏本纪》，《2019 台北市立大学史地学术暨邓国雄教授纪念研讨会论文集》，2019 年版。

10.《禹贡研究脞论》，《2022 年台北市立大学史地学术研会论文集》，2022 年版。

方辉

方辉，1964 年出生，山东阳谷人，中共党员，长江学者特聘教授，博士生导师。1980—1987 年就读于山东大学历史系考古专业，获学士、硕士学位，1989—1994 年在山东大学历史系攻读博士学位，获中国古代史博士学位。现任山东大学历史文化学院院长，文化遗产研究院院长，博物馆馆长。担任美国《考古学研究》（Journal of Archaeological Research）副主编、《亚太考古》（Journal of Pacific and Asia Archaeology）编委和奥地利《世界史前史》（World Prehistory）编委，兼任中国殷商文化学会副会长、中国考古学会理事、国务院考古学学科评议组成员、国家社科基金学科规划评审组专家（考古学）等多项学术职务。

一、您是夏商周考古方面的大家，请简单总结一下您过去的学术研究，并综述一下与夏文化相关的研究。

　　因为我本身对夏文化研究不是那么系统，这里不想就夏文化谈夏文化，还是着重从夷夏关系或者专题的角度谈夏文化，因此讲法可能与其他夏文化研究者不是那么一样。因为我本身学的是夏商周考古，先后跟着刘敦愿、田昌五两位先生攻读硕士、博士学位，后来毕业留校做的也主要是夏商周方面的研究和教学工作。不过，我进入学术研究领域的第一篇文章还真是和夏文化有关。因为当时是准备硕士论文阶段，经刘敦愿先生推荐到二里头工作队待过一段时间，先后两次，大约是三个星期的时间。时间应该是 1986 年的春季和秋季。两次访学，时间有短期的考察也有较长的驻留，住在二里头工作队、偃师商城考古队以及汉魏洛阳城工作站，因为当时很多二里头的器物都放在那个地方。所有的活动都是赵芝荃先生的安排，比较系统地看了很多实物，主要是陶器，获得了一些对二里头文化的认识。后来的硕士论文做的是岳石文化的年代问题，这里面当然要涉及与二里头文化的关系问题。所以我的第一篇文章是《二里头文化与岳石文化》，发表在《中原文物》1987 年第 1 期上，遗憾的是最后一节讨论豫东地区的岳石文化被编辑给删掉了，大概因为相关内容有些单薄吧。不管怎样可以说我的学术生涯一开始就和夏文化、二里头文化有关，尽管重点谈的是岳石文化。研究岳石文化是因为我硕士期间实习的地点主要在泗水尹家城遗址，因此我的研究题目是以尹家城遗址的材料来做岳石文化的年代学问题，就是分期断代的问题，其中涉及岳石文化与二里头的关系问题，涉及陶器的交叉断代。这引导我以后对这个问题一直持续关注。

二、早年您曾在《二里头文化与岳石文化》一文中全面对比两个考古学文化，您是否有新的看法、认识？

我另一篇讨论岳石文化与二里头文化、二里冈期文化关系的文章是1998年发表在《考古》第4期上的《岳石文化的分期与年代》。这篇文章除了讨论岳石文化的分期，另一个讨论的重点是讨论其年代，尤其是通过发现二里头、二里冈中原系统文化中所见岳石文化因素如陶器、石器等，论证岳石文化的相对年代，我称之为"交叉断代"。相对于岳石文化而言，中原地区同时期考古学文化的分期年代比较清楚。通过交叉断代，搞清楚它们之间的年代关系。这篇文章比第一篇文章《二里头文化与岳石文化》更进了一步。通过我的观察发现，二里头文化第二期和岳石文化最早期在年代上是大致相当的。二里头文化第二期遗存中发现一组非常典型的岳石文化最早期的器物。目前大家都认可，海岱龙山文化的年代延续要比中原地区龙山文化的年代下限滞后一个阶段，前者的最晚期与二里头文化第一期应该是对应的，接下来就是岳石文化第一期与二里头文化第二期对应。这证明我当年在那篇文章中的推测是正确的。再就是岳石文化的下限问题，这也要与二里头文化、二里冈期文化进行比对来入手。此前已有学者认为二里冈期下层有非常浓厚的岳石文化因素，而实际上一直到二里冈文化上层仍然有一些岳石文化因素存在。验之以经常可以看到的二里冈文化叠压在岳石文化地层之上的层位关系，可以说岳石文化与中原地区的二里头文化第一期至二里冈文化上层年代相当。当然，岳石文化下限本身还有一个东西差异的问题。在海岱地区之内，岳石文化结束时间也不一样。但大体说来，岳石文化相当于二里头文化第二期到二里冈文化上层这个阶段。

三、我们知道您对岳石文化有很深入全面的研究，请谈谈岳石文化的研究与夏文化探索的关系，例如夷夏东西说、夏文化东方说等。

显然，在山东做夏文化讨论一定会关注夏与东夷的关系。我认为东夷到了夏代，已经不是史前意义上的东夷了，它已经融合了很多的成分，称它为东夷是因为从中原往东方看这群人，它属于"夷"这个大的范畴。但是所谓东夷到了夏代成了一个复杂的融合体。除了传统夷的风姓、嬴姓，还包括像帝舜有虞氏的姚姓、妫姓等，如果把生活在海岱地区的族群都归于东夷集团的话，当然还有其他的很多姓氏。在全国第九次考古学年会上，我们写过一篇文章专门探讨这个事情（《浅谈岳石文化的来源及族属问题》）。主要观点是，夏代的岳石文化可以称为东夷，因为就分布区域来讲，相对于华夏它是东夷，但同时指出，那个时候东夷已经发生了非常大的变化，它里面有很多的非传统的东夷的族群，包括夏代在东方的与国如有仍氏、有缗氏，还有夏王朝的车正、薛国的祖先仲虺等，甚至还有商先公。讨论夏代的东方，总会涉及夷夏的问题，因为谈夏文化要立足于中原，如果从一个侧面、从一个区域的角度谈夏文化与岳石文化的关系，就会从比较的角度看二里头文化与岳石文化、夏文化与东夷文化，这是一个夷夏东西的视角。我写的几篇文章几乎都是从这个角度来着眼的。最近在菏泽青邱堌堆遗址发掘出土的岳石文化遗存，就包含有浓厚的二里头文化的因素，远非以前设想的二里头文化与岳石文化东西对立、彼此有着严格清晰的边界那样的情况。

　　无论是谈夏文化也好夷夏关系也好，它的年代对应是一个基础性的工作。应该说对夏文化或者二里头文化的分期断代已经比较细致了，但岳石文化年代学的建构长期以来进展并不大。这可能与岳石文化的考古工作比较少有关。岳石文化相对于龙山文化遗址大为减少，这个原因我们之后再谈。在山东工作，典型的、埋藏丰富的岳石文化遗址不是那么容易找到，尤其是堆积比较厚的，像尹家城、郝家庄、照格庄这样的遗址并不常见。长期以来我们的研究就停留在对这几个遗址研究的基础之上，在分期断代方面没有太大的进展。这方面远远没有二里头文化研究那么深入、细致。这是山东本身面临的问题。也就是说岳石文化的分期断代可以进一步去做。《岳石文化的分期与年代》这篇文章谈的就是岳石文化分期、夏和夷也就是二里头文化与岳石文化的年代对应问题。至于对夏文化本身的认识，我还是倾向于它的下限应该是在二里头文化第三、四期之间，因为二里头第四期岳石文化因素有突然增多的现象。我们知道，随着最近二里头新材料的发现，二里头工作队许宏、赵海涛他们对二里头第四期文化因素做了细致分析，发现从第四期晚段开始有大量岳石文化因素的存在。这是随着二里头文化分期研究的深入得出的新认识。当时我认为夏商在二里头文化第三、四期之际断限，还有一个原因，是受到导师田昌五先生的影响。田先生是从二里头遗址上发生的重大历史事件及其遗存来进行分析的，他说到了第四期时二里头遗址已经衰败了，而且出现了明显改朝换代的迹象。很多宫殿遗址已经废弃了，而且上面埋了很多灰坑，说明它已经不再作为一个政治中心存在了。这个事件显然就是商灭夏。我的上述观点体现在《南关外期先商文化的来龙去脉及其对夏商文化断限的启示》一文中，文章发表在《华夏文明》第三集上。我是通过在对郑州南关外期遗存的分析基础上表达了这样一个观点。

　　南关外期本身就是夏商之际，也就是二里头文化第三、四期之际短时间之内形成的那么一个文化遗存。对南关外期的认识存在着不同的观点。有的先生把它叫作南关外型，像邹衡先生。在我看来，南关外期指的只是它的下层，那个比较短的阶段。它后来与二里冈下层文化融合之后可能就不叫南关外期了。它是在很短时间之内出现的一类遗存，它和商灭夏是直接相关的。因为南关外期有明显的、浓厚的岳石文化的因素，这是一支东来的力量，也就是夷商联盟到达郑州之后的一个遗存，接下来很短的时间他们就灭了夏，也就是到了二里头第四期，占有了二里头遗址，完成了王朝更迭。现在我这个观点仍然没有变化。当然像邹先生说的，一个文化不能从中间分开，分属不同的族群，但在我看来考古学文化的形成是有很多因素的。至于夏文化的上限在哪儿，我基本上认同田昌五先生、李伯谦先生的观点，河南龙山也就是王湾三期文化晚期进入夏，二里头文化第一期后是后羿代夏之后的夏文化。现在来看这个观点的证据更为充分了，因为在二里头文化开始之后出现了一组明显的具有东方色彩的器物，尤其是礼器。这现象和后羿代夏相联系是很有说服力的。实际上，邹衡先生也谈到了二里头文化中的礼器系统中的一些器物是与东方的袋足器、三足器有关的。邹先生认为二里头要不然就是夏，要不然就是商，它是一个整体。当然他认为二里头都是夏的。现在看来因为二里头新的测年明显比以前认识的要晚。如果公元前 1800 年是二里头文化第一期的话，二里头文化第三期加上第四期的一部分，远远不够夏代的积年，加上新砦期以及新砦期之前的王湾三期文化已经进入了夏代积年。这一点我认同李伯谦先生的观点。我们在《浅谈岳石文化的来源及族属问题》一文中指出，海岱地区的龙山文化有一个明显的向外迁徙或者扩张的过程，包括去了苏北、皖北、豫东。这和传说中的皋陶族群可能有关，其后裔主要分布在淮河流域甚至是江淮地区，如六国、英国等。还有就是传说中的东夷的另一个首领伯益,《古本竹书纪年》记载"益干启位,启杀之",这反映了夷夏在夏王朝建立前夕有着密切的互动,从传说文献和考古现象都可以证明这一点。当然,这些观点都没有获得出土文字材料的证明,这也是一个事实。到目前为止二里头文化是夏是商之所以争议这么大,主要原因是没有文字实证,也就是所谓直接的证据。像这种证据是可遇不可求的。就是说你不可能奢望有朝一日我们会发现一个像甲骨文那样记载有商王世系这样的东西。我们希望有,但是现在的情况看可能比较渺茫。但是夏代是有文字的,这个我是坚信不疑的。因为从陶寺遗址,包括从丁公陶文这些相关的发现可以肯定,像二里头文化这样一个成熟的国家,它不可能没有文字。只不过是它的文字的载体可能不是甲骨一类的,有可能是以竹木器甚至像布帛这样的东西为文字载体的,很难被发现。偶尔记在陶器上的,也已经有发现,只是很零星而已。这就是我们现在所说的陶文。所以我坚信夏代是有文字的。他们用干支来作为王的庙号,说明干支已用来纪时了,这就像商王朝一样,实际上没什么区别。可以说夏人也有一套历法系统,也有文字记录,只是说文字类文物这种东西可遇不可求。需要指出的是,有关夏王朝的文献大都是传说,但结合考古发现,尤其是使用文化因素分析这样的方法来进行综合分析,还是能够提出一些判断或推测性的观点,这应该是允许的。不应该说这些文献只是传说,就把它摒弃在历史之外。因为传说也不是空穴来风,不是信口开河,虽然是后来形成的,但它肯定是有一些根据在里面。这些传说往往是后人以一种追记的方式呈现在我们的历史记载中,如《左传》《尚书》《国语》等一些先秦的文献典籍当中。因为这些文本的成书年代往往是比较靠后,它不是当时的实录,不像甲骨文那样是当代人记当代的事情,但它们是延续有序的,不是说后人凭空编造的,尽管后人在其中可能增加了一些成分。这里可以举最近发现的属于西周的青铜器燹公盨为例，铭文记载了大禹治水的传说，与《尚书·禹贡》中的内容包括用词用句几乎一样，你就知道大禹治水这样的传说不是空穴来风，《尚书·禹贡》的记载是有来历。燹公盨铭文证明，在西周那个时期，大禹治水已经成为人们的一种常识性的记忆。还有近几年曾国一系列的考古发现，凭借这系列考古发现，几乎重建起周代曾国的历史。现在我们知道，曾国是姬姓，是西周早期南宫适的后代，随南宫适南征被分封在湖北随州，直到战国时期被楚国吞并。因为出身名门，历代曾国国君都会将自己祖先的荣耀历史刻铸在青铜礼乐器上来炫耀，这些历史是口耳相传，显然有夸大的成分，否则曾国不会逐渐式微走向末途，但是曾国国君的世系应该是准确的，不会生编硬造，不会乱认祖宗。这有助于我们理解夏王朝的世系。这个世系肯定是存在过的，关于夏王朝、夏文化的问题，我觉得恐怕应该这样来看待。在我国学术界，对夏王朝的历史基本上是肯定的，当然也有些学者出于一种更审慎的态度去看这个问题，这都是正常的。我个人认为，夏王朝、夏文化是确确实实存在的。

四、您曾主持山东济南大辛庄商代遗址和山东邹平丁公龙山文化城址的发掘，以及中美合作的鲁东南地区考古调查，这些田野工作在学界影响巨大，您能具体谈一下您主持的考古工作历程吗？这些考古工作在理论与方法的层面上对夏文化探索有哪些帮助？

先谈丁公吧。山东大学在丁公遗址的考古工作从1995年一直到2010年共发掘了7次。早期有马良民老师、蔡凤书老师的第一次发掘，后来几次发掘以栾丰实老师为主，我和许宏、杨爱国老师都曾参与实习指导。现在邹平丁公遗址考古报告已被列入国家社科基金重大项目，报告的编写已经进入尾声阶段，不久就会出版。丁公遗址是我校继泗水尹家城之后发掘的第二个龙山文化遗址，而且因其1991—1992年发现的龙山城址、陶文而闻名。该遗址还发现有贯通城墙的大型排水设施，远比陶制水管在技术上要复杂得多，这在我校博物馆展览中可以领略到。

大家知道，我国考古学大约从20世纪90年代开始转型，从此前的年代学构建转向古代社会的研究，具体理论方法就是聚落考古，也就是以聚落而不是考古学文化为研究对象，"在社会关系的框架内做考古学的研究"。丁公遗址发掘也经历了这样一个过程。因为此前尹家城遗址发掘基本已建立起龙山文化、岳石文化陶器编年，丁公遗址发掘关注更多的是遗址布局，后来关注与聚落有关的环境考古。但聚落考古说起来容易做起来难。就单个遗址的微观聚落考古而言，由以往重视"纵向的"叠压打破关系，到注重"横向的"平面共时关系，不是轻易能够做到的。对这一问题，到了世纪之交的日照两城镇遗址发掘时才有了更为深切的体会。至于环境考古，此前关注较少，这就是为什么到了2010年又做了一次发掘，主要是补充环境及科技考古的材料。丁公遗址的发掘经历，正代表了转型期的中国考古学的状态，也就是以考古学文化为主的研究转向聚落考古的研究的状态。

与丁公遗址相比，两城镇遗址考古发掘就充分体现了聚落与环境考古学的理念。两城镇遗址的发掘面积非常小，因为你想搞清楚同一个面上的各个遗址之间的关系，发掘进展是非常缓慢的，而且要尽可能提取各类信息，所有的土都要过筛，遗物都要经过精细的挑选，发现里面有关环境的遗物、信息和各种各样人工、自然遗物。现在两城镇遗址的发掘报告已经出来了，大家可以参考，在此我就不多讲了。在两城镇遗址发掘的同时，我们还以两城镇遗址为中心开展了长达20

多年的区域系统调查，揭示了鲁东南沿海地区 4000 平方千米范围内从史前至秦汉时期聚落历时变迁及情况，尤其是从各个时期聚落形态的变迁中，可以清晰地看出社会复杂化的发展过程，甚至结合秦汉文献中的人口数据，对我国史前至历史时代早期的人口规模做了推算。这些方法和成果大大丰富了聚落考古的内涵，是我国学者对聚落考古理论做出的贡献。前 13 年的区域系统调查报告也已出版，大家可参考。至于说对于夏文化研究的贡献，直接贡献可能谈不上，但聚落考古作为一种切实可行的理论方法具有普遍意义，我们看到刘莉、陈星灿团队和许宏团队在伊洛河流域也开展了类似的调查，效果同样很好。这种方法使得我们对于中心聚落以外的普通聚落，尤其是聚落形态予以关注，从点到面，认识当然比以前要深刻得多。

夏文化的研究，还应该引入科技考古，尤其是与人骨相关的生物考古的方法。比如，我们前面提到夏代立国前后夷、夏统治阶层的互动乃至政权更迭，无疑会带来人群之间频繁的往来，若借助古 DNA、锶同位素等方法对二里头、王城岗、瓦店、新砦等遗址出土人骨进行检测分析，应该可以获得人群交流的结果；如果能够证明在王湾三期文化和二里头文化早期有互动加剧的现象，这对于夏王朝、夏文化的探索还是会有帮助的，至少可以在陶器等文化因素分析结果之外增加一些证据，而且是人骨材料直接的证据。当然我们不敢说能够百分之百地解读出来，但是至少我们可以在以前的基础上往前进一步。这就是科技考古的潜能，也是考古学的魅力所在。考古学所具有的包容性、开放性，让你感觉到不断有新的东西进来，不断因为新方法的采用而呈现出新的成果。现在大部分研究者的目光还是盯在器物上，尤其是盯在陶器上，未来的研究一定是更多地关注人，关注人骨。

五、您与田昌五先生合作的《论郑州商城》一文提出了有别于隞都说、郑亳说的新观点。请您介绍一下该文章形成的过程。

偃师商城发现以后，包括田昌五先生在内的大部分学者认为这里就是汤都西亳，田先生还专门写过文章。另外田先生还专门写文章讨论夏商纪年的问题。正像你说的，当时对于郑州商城性质问题，主要有隞都说和郑亳说。田先生认为偃师商城是西亳，而当时大家认为郑州商城的建造年代稍晚于偃师商城，那就需要为郑州商城找到新的主人。在商代早期的几位商王中，太甲是比较有作为的一代商王。这就是写《论郑州商城》那篇文章的缘起，记得是为了参加在郑州召开的一次会议而写的急就章。像其他众多说法一样，这个观点同样缺少文献文字的直接证据，但是验之以商代早期历史，这个说法不能说没有道理。权且可备一说吧。

六、田昌五先生是您的导师，请简略地总结一下田昌五先生在夏文化探索方面的贡献。

田昌五先生是历史学家，尤其以理论见长。他对马克思、恩格斯经典著作非常熟悉，经常是大段征引而不用查原文。他在中国古代社会的性质和文明起源的理论探讨方面做出很多贡献，如他提出从父权大家族到宗族奴隶制这一文明起源的路径。夏文化探索方面，刚才提到他比较早就注意到以重大政治事件来为夏、商文化断限，认为二里头文化是"后羿代夏"以后的夏文化，将夏、商更迭断在二里头文化第三、四期之交。这些观点都是很有启发性的。他不是考古学家，但是他从一个历史学家的视角来看考古文化的现象。他批评考古学家过分关注于器物之间的微小差异，什么第一二期断限、第二三期断限、第三四期断限，都是看到器物之间的微小差异，这个他不是太认同。他着眼于历史事件来进行王朝的断限，这个无疑是很正确的。

七、您在《"景亳之会"的考古学观察》《论史前及夏时期的朱砂葬——兼论帝尧与丹朱的传说》等文章中将文献材料与考古材料进行了很好地结合。请您谈一下如何看待文献与考古材料的关系，以及在具体研究中如何将文献与考古材料进行结合。

考古学是历史学的重要组成部分，在我国这样一个有着悠久历史传统的国度，考古学离不开历史学，这是我国考古学的一个特点。作为考古学来源之一的金石学在我国有着 1000 多年的历史。当然，科学考古学主要是从欧洲引入的，至今已有 100 年历史。实际上，欧洲的考古学与历史学也是颇有渊源，对希腊、罗马古典世界的研究构成了欧洲考古学的主要内容之一，这一点与北美不同，后者的考古学与人类学关系密切，这与其缺少历史文献传统有关。当然，人类学的理论在理解早期人类社会方面是必要的，但这不能构成排斥文献历史学的理由。像夏文化研究这样的问题，离开文献，哪怕是传说文献，还真就很难进行。

《"景亳之会"的考古学观察》这篇短文是在田先生指导下完成的。当时的背景是，二里头文化是夏文化或其一部分、下七垣文化是先商文化、岳石文化是东夷文化，基本构成了学术界的共识。因为田先生和我都比较相信王国维、丁山等学者的观点，相信商的先公主要活动在豫东、鲁西地区，这一地区的岳石文化不能排除在先商文化之外，加之在郑州发现的南关外期遗存有着浓厚的岳石文化因素，也与下七垣文化多有关联，联系到文献记载商汤灭夏是"自东徂西""汤始征，自葛载，十一征而无敌于天下"（《孟子·滕文公下》），接下来是"九有有截，韦顾既伐，昆吾夏桀"（《诗经·长发》），并在景山举行誓师盟会。我们认为这些记载有其可信性。现在来看，这些年积累的丰富的考古资料，为"景亳之会"更增添了砝码。

关于朱砂的那篇论文重点谈史前至夏商时期的文化现象，但也与夏文化乃至夏之前帝尧陶唐氏文化有关。夏王朝从夏启期开始建立了"家天下"的统一的王朝，在之前基本上是文献所说的五帝时代，大约相当于严文明先生所说的龙山时代。当然，对龙山时代的理解各不一样。有的把龙山时代划得长一点，有的划得短一点，但是无论是怎么个划法，五帝时代和龙山时代应该是相当的，或者五帝时代是龙山时代的一个中晚期阶段，大约与司马迁《五帝本纪》所说时代相当。当然这是一个传说时代。有人会说，你连夏文化、夏王朝的历史都搞不清，五帝时代不是更渺茫吗？确确实实有这个问题。时代越早这些传说的可信度越低。古史辨派已经做出了很好的解说。但古史辨派也存在这样一个现象，因为当年他们看到的考古资料是很少的，大概就认识一个彩陶文化、黑陶文化，远远不能和我们今天同日而语。他们用古史辨的方法来对文献进行质疑与梳理，所谓去伪存真，剥离出它的一些传说的成分，留下的是历史的真实记载，其初衷与方法是科学的，不像以前把这些文献作为礼书、经书，不容置疑。因为这些文献本身就是史料，从方法论的角度大胆质疑，完全是应该的，而且取得了很好的成果。顾颉刚先生提出的"层累地造成的古史说"有他的道理。但是随着后来出土的文献越来越多，我们会觉得古史辨派可能对一些先秦的文献质疑过度了，或者是有些本来是先秦文献，都从时间上被往下拉了。这些问题李学勤先生在其《走出疑古时代》一书中都有论述，可以参看。

我对朱砂的关注实际上来源于田野里的发掘。仙人台两周墓地、大辛庄商代墓地，屡次发现朱砂遗存。翻阅资料，发现大家记录描述的都很简单，有的想当然地就认为是墓底铺了朱砂，或者是墓主人身上撒了朱砂。再往下深究的话，那些"朱砂"是不是朱砂？到底是铺设在什么地方？是在棺底还是撒在身上？这个没有人能说得清楚。所以我想首先搞清是不是朱砂。大辛庄遗址发掘的时候，我们就采集了一些样品，从分析的结果看，还真不能想当然认为就是朱砂。一般规格高的墓葬，使用的朱砂是纯的；规格低一点的墓葬，往往是朱砂加了赭石。那么问题就来了，朱砂为什么在墓葬里边出现？何时出现？我研究发现朱砂的使用起源很早，可追溯到仰韶文化时代，而且朱砂的使用有礼制的成分在，它不单单是一种简单的颜料。身份级别不一样，用量不一样，纯度也不一样。我开始收集历史文献、矿物文献中有关朱砂的记载。了解到北方的朱砂是比较少的，大约是在秦岭包括西北地区有少量的蕴藏，而主要的产地是在南方，在九州之一的荆州，也就是现在的湖南、贵州这一带。你看历代的贡书，从《尚书·禹贡》一直到明清时所记载的进贡情况，朱砂都是来自南方，来自湖南辰州一带，与贵州的朱砂属于同一个矿脉。朱砂在古代又叫丹砂、辰砂，作为红色颜料，它比赭石要鲜艳得多，因此古人给它赋予了很多的文化上的意义。大家一般解释就是因为丹砂是红色的，象征血液、再生。铺设朱砂是期望死者获得血液，希望死者再生。也有人说铺朱砂可能是为了使尸体不腐烂。但我是从一种战略资源的获得或者控制方面去考虑它特殊的含义。正因为在北方缺少这种高质量的丹砂，所以它就变成了一种稀缺物资、一种具有战略性质的物资，也就成了黄河流域的统治者们着意获取控制的对象，控制了它之后，就掌握了再分配的权力。这实际上就像青铜器一样，只不过青铜器的技术含量更高。无论如何，朱砂与青铜器、原始瓷器、玉器等构建起一套礼制系统。这些实物为王室所控制，是当时的奢侈品和威望产品。你要想获得这些东西，就要与王室作交换，所谓交换就是换你的效忠、纳贡，像《尚书·禹贡》记载的九州"任土作贡"，就是这样一个现象。但是《尚书·禹贡》只是记载了各地对禹的贡品，没有记载王朝赏赐给地方的是什么东西。我认为赏赐给地方的东西就是这些奢侈品、威望产品，因为它是垄断经营的。

邵望平先生早就对"九州风物"做过很好的考古研究，给人以启示。她还提到辛树帜先生20世纪60年代所写的《禹贡新解》。辛先生坚信《尚书·禹贡》的成书年代是在西周，因为他看到《尚书·禹贡》里边的这些贡物，肯定是处在一个"宝龟"的年代，也就是人们把龟视作宝物的年代，而这个做法到西周以后，甚至是西周早期就不大流行了。所以《尚书·禹贡》成书一定是很早的，不会晚到战国时期。有意思的是，童书业先生在给辛先生的回信当中，说了这样一句话：将来考古发达了，可以拿这个考古发现和《尚书·禹贡》这些贡物进行对比，来判断它的成书年代。这是20世纪60年代两位学者之间的书信对话。也就是说，即使像童书业先生这样一位古史辨派的中坚人物，也支持将出土实物和文献相结合来研究古史。实际上丹砂的情况就是这样的。你看丹砂的来源，在《尚书·禹贡》里面，它是来自荆州的贡物。梳理的结果，我发现龙山时代的陶寺、夏代的二里头这样前后相继的两个文化，在丹砂的利用方面已经形成了一种制度性的安排。而文献梳理的结果，恰恰发现古史传说里边有陶唐氏帝尧和他的不肖之子丹朱之间的这么一个故事。他们是父子关系，但又经常打仗，丹朱不但名字与丹砂有关，而且丹朱集团实际上是丹砂的经营者，他们地处南方，控制着丹江、丹江口这样的贸易通道。这样将考古发现与传说文献相结合，得出一个合理的推测：帝尧和丹朱之间的关系反映了控制和反控制的历史背景。

八、请问您目前和将来的研究中，有无与夏文化探索相关的内容？

您的学生有没有专攻夏文化的？

当然，在山东做考古，夏文化是一个绕不过的话题，正像"夷夏东西"是夏文化研究不能绕过的话题一样。不过，研究的重点肯定有所不同，比如我们可能更多地关注岳石文化与二里头文化的关系，关注先商文化等课题。如果说直接与二里头文化或夏文化相关的课题，那就是采用古DNA（脱氧核糖核酸）、锶同位素等科技考古手段对二里头文化、王湾三期文化和海岱龙山文化的人骨进行检测分析。目前我们已经组成了一支团队进行集体攻关，期待有所收获。

我的学生中专攻夏文化的目前还没有，但是有学生研究郑州商城，研究岳石文化等课题，也与夏文化研究间接有关。将来也许会有。一般我会尊重学生个人的兴趣和选择，研究题目的选择都是开放的。

本访谈的提问由王仲奇初拟，张立东修订。2020 年 7 月 30 日王仲奇使用腾讯会议进行线上采访，阚露旁听。采访稿由王仲奇整理，成稿后由方辉先生审校。

主要著述

1.《二里头文化与岳石文化》，《中原文物》1987 年第 1 期。

2.《谈岳石文化的几个问题》，《管子学刊》1988 年第 4 期。

3.《论郑州商城》，《中原文物》1994 年第 2 期（合作）。

4.《"南关外期"先商文化的来龙去脉及其对夏商文化断限的启示》，《华夏文明》第三集，北京大学出版社，1992 年版。

5.《"景亳之会"的考古学观察》，《殷都学刊》1997 年第 4 期（合作）。

6.《浅谈岳石文化的来源及其族属问题》，《中国考古学会第九次年会论文集》，文物出版社，1998 年版。

7.《岳石文化的分期与年代》，《考古》1998 年第 4 期。

8.《岳石文化区域类型新论》，《刘敦愿先生纪念文集》，山东大学出版社，1998 年版。

9.《对区域系统调查法的几点认识与思考》，《考古》2002 年 5 期。

10.《岳石文化衰落原因蠡测》，《文史哲》2003 年第 3 期。

11.《岳石文化》，山东文艺出版社，2004 年版。

12.《二里头文化的绿松石制品及相关问题研究》，《二里头遗址与二里头文化研究——中国·二里头遗址与二里头文化国际学术研讨会论文集》，科学出版社，2006 年版。

13.《海岱地区夏商周考古的新收获》，《山东大学学报》（哲学社会科学版）2006 年第 5 期。

14.《论我国早期国家阶段青铜礼器系统的形成》，《文史哲》2010 年第 1 期。

15.《论史前及夏时期的朱砂葬——兼论帝尧与丹朱传说》，《文史哲》2015 年第 2 期。

赵春青

赵春青

赵春青，1964 年出生，河南泌阳人。1984 年毕业于郑州大学历史系考古专业，同年 9 月被分配到洛阳市文物工作队从事田野考古工作。1989—1991 年在北京大学考古系研究生班学习，其间到海南黎族地区进行民族学考察。1996 年，师从北京大学严文明先生攻读考古博士学位，1999 年 7 月毕业。1999—2003 年在北京大学考古文博学院博士后流动站工作期间，前往河南新密新砦遗址进行发掘和整理。2001 年 8 月进入中国社会科学院考古研究所工作，现任中国社会科学院考古研究所河南新砦队队长、研究员，中国考古学会会员，中国古都学会理事。

一、您在郑州大学、北京大学学习期间，哪些老师的研究或教学对您的夏文化研究有比较大的影响？

我在郑州大学念本科时，陈旭老师教我们商周考古，课堂上她严谨细致地给我们讲解什么是二里头文化，该怎样理解夏文化，怎样阅读相关文章，等等，使我们初步对夏文化有一个接触。1989年秋，我来到北京大学念硕士研究生，直接接触到夏文化的权威——北京大学考古学系的邹衡先生，以及邹先生的弟子，如王迅、刘绪、徐天进、孙华、宋豫秦、张立东等。

在郑州大学学习期间对我影响比较大的老师有贾洲杰、吴曾德、陈旭、李友谋等。我大学毕业后，正是贾老师向留在北京大学教书的同班好友严文明先生推荐我上新石器考古的研究生。吴曾德老师和他夫人对我关怀备至，我生病时亲自给我煎药，为我大学毕业后去洛阳参加工作奔走。陈旭老师和李友谋老师在学业上给我太多的指导，这些我都将铭记一生。

在这些老师当中，对我研究夏文化有决定性影响的还有北京大学的李伯谦先生。大概是1986年或1987年吧，在我没来北京大学读研究生之前，我已经有幸在洛阳博物馆听了李先生的讲演。那时，李先生50岁刚出头，精神抖擞、谈笑风生。我对李先生成竹在胸、娓娓道来的讲课风格佩服得五体投地。接着，受国家文物局的委派，我通过考试获得了到北京大学念委培硕士研究生的机会，在李伯谦先生的帮助下，我顺利拿到了北京大学的入学通知书，我心里十分感激李伯谦先生。

在北京大学念研究生的两年时光很快过去了，我愁肠百结地离开了燕园，心底却暗暗下定决心：早晚我要重返北京大学，接着念北京大学博士。

二、您在洛阳工作期间，做过哪些与夏文化探索相关的田野工作和研究？

1991年，我告别北京大学，重新回到洛阳市文物工作队，队长分配我主持洛阳皂角树遗址的考古勘察和田野考古发掘。我挑起主持钻探、发掘皂角树遗址的大梁，奋战在田野第一线。实际工作当中，不仅实地了解了什么是二里头文化遗存，接触到夏文化的遗迹遗物，还意外地结识了大名鼎鼎的环境考古学家周昆叔先生。他十分欣赏我的工作干劲，赞同我提出的在皂角树工地上自制一套浮选器具的方案。那时，周先生正踌躇满志地筹划第二届环境考古大会，选择在洛阳盆地做实际工作。洛阳市文物工作队的领导推荐周先生到皂角树遗址参观，那时，我第一次见到身材不高、面带笑容、精神矍铄的周先生。真神奇，周先生一进入皂角树就手指着地层剖面，说黄色土层是汉代的，再往下的一层叫褐色土层，是商周时代的。看到周先生不看实物，仅凭地层的颜色就准确地判断出地层的年代，简直太神奇了。我跟着周先生接二连三地问个不停，周先生胸有成竹地对答如流，这样，我们二人相见恨晚，成为世人称羡的忘年交。

一日休息时，我看到吴耀利、陈星灿二位先生合写的文章中提到在田野考古里实施浮选法可以获得植物遗核，从而判明某一时期存在哪些植物遗存。受此启发，我决定在皂角树遗址如法炮制，先在灰坑内，掏挖出褐黑色的堆积，利用节假日驱车到渑池班村遗址进行浮选法操作，成功地浮选出二里头文化时期的小麦等植物种子。这是二里头文化遗址当中第一次浮选出农作物——小麦等所谓"五谷"的籽粒，重现该遗址"五谷丰登"的场景。此等消息不胫而走，一时间震动了国内外学术界。遗憾的是，后来我因坚持到北京大学念博士，未能参与撰写皂角树遗址的发掘报告。

皂角树遗址二里头文化主要植物遗存出土频率统计表

种类	粟	黍	狗尾草	稻	小麦	大麦	大豆	酸枣	野葡萄	草木樨
一期	100%	33.33%	66.66%				33.33%		33.33%	
二期	62.50%	37.50%	25.00%	12.50%	5.00%	12.50%	25.00%	12.50%	12.50%	12.50%
三期	54.55%	54.55%	36.36%	9.09%	18.18%		36.36%	27.27%	9.09%	36.36%
四期	50.00%				100%			50.00%		
平均	71.31%	43.85%	32.01%	5.40%	32.67%	3.13%	23.67%	22.44%	13.73%	12.22%

如果说，我最早开展二里头文化遗址的工作，洛阳皂角树二里头文化遗址无疑是其中重要的一笔。1999 年我北京大学博士毕业时，正是因为我曾经发掘过洛阳皂角树这一二里头文化遗址，才被北京大学考古学系系主任、时任"夏商周断代工程"首席科学家的李伯谦先生看中，挑选我做"夏商周断代工程"的博士后。20 世纪 90 年代的高校博士后指标相当稀少，事后想想我在洛阳的田野考古工作没有白做，如果不是当年我主持发掘了皂角树遗址，我就没有资格进入"夏商周断代工程"做博士后。

除了皂角树二里头文化遗址的发掘，我还组织开展了伊洛河流域考古调查。1991 年秋天，我从北京大学考古学硕士研究生班结业回到洛阳市文物工作队以后，想到伊洛河流域在中国新石器时代考古和夏代考古上的重要地位，远比著名考古学家张光直先生在台湾岛上曾经调查过的浊大流域重要得多，于是，我懵懵懂懂地给张光直先生写信，讨教开展区域调查的方法，之后，率领同在洛阳市文物工作队从事田野考古工作的霍宏伟、俞良艮二人，组成"伊洛行动"调查小组，沿伊洛河流域进行调查。这项学术活动得到了河南省文物局、洛阳市文物局及洛阳市下属各县区文物单位的支持，初步了解了伊洛河流域的新石器时代至二里头文化时期的聚落分布、年代分期和分布大势。遗憾的是我本人后来转移到新砦期的研究上来，霍宏伟考取了四川大学的博士继而来到中国国家博物馆工作，俞良良转向发掘和整理洛阳"天子驾六"东周车马坑的工作，"伊洛行动"中道而止让人心生遗憾。

三、新砦遗址的再发掘在夏文化探索历史上具有划时代的意义，请谈谈具体的缘起和过程。

我第一次接触到新砦遗址是在北京大学博士后流动站，据说那时是张立东曾向首席科学家李伯谦先生提议重新发掘新砦遗址的。我做了博士后，内心自然高兴，但是，合作导师李伯谦先生当时就直率地告诉我，以前考古学界早有人提出过二里头文化之前、河南龙山文化之后有一段新砦期遗存，换言之，二里头文化可能是由新砦期发展演变而成的。可是，对于这种说法，北京大学商周考古大家邹衡先生并不认可。在邹先生看来，哪里有什么新砦期，那只是发掘者把河南龙山文化和二里头文化的遗物混在一起罢了。刘绪、李维明、程平山等邹先生的一群研究生们也跟着邹衡先生质疑新砦期的存在。可是，首倡新砦期的中国社会科学院考古研究所的赵芝荃先生，坚信新砦期的存在。他坚信不疑地说，他在二里头遗址任二里头工作队队长那么多年，新砦期是不是二里头文化他还不认识吗？

那么，究竟是谁错了呢？李伯谦先生对我说，给你两万块钱，再给你派一个硕士生，到新砦遗址再发掘一次，看看究竟有没有新砦期吧。

说实话，我以前虽说发掘过洛阳皂角树二里头文化遗址，可是，自己上大学本科四年及后来念硕士、博士生阶段，关心的一直是新石器时代考古，对属于夏文化的二里头文化还真是颇为生疏，什么是二里头文化第一期都不熟悉，哪里知道新砦期是何物呢？

1999年秋季，我按照李伯谦老师的安排，带领正在北京大学考古学系念商周考古硕士的武家璧（现任北京师范大学教授），前往河南省郑州市，与时任郑州市文物考古研究所的所长张松林先生、副所长王文华（现任职于郑州市文物局）同志取得联系，他们商定派出新来的北京大学考古系大学生顾万发（现任郑州市文物局局长）和我们一起去新密市新砦遗址再次发掘。那时，我们都是30岁左右的年轻人，朝气蓬勃、意气风发，我、武家璧、顾万发三人一起走访新密市博物馆原馆长、当年曾经参加过新砦遗址调查和发掘的魏殿臣先生，了解当年盛况，并当即与时任新密市博物馆馆长一起，浩浩荡荡地朝新砦遗址进发了。

虽说一时半会儿弄不清楚新砦期到底为何物，但是国家文物局第八期培训班出身的我自信具有一定的田野工作能力。我们实地调查了解到，中国社会科学院考古研究所的赵芝荃先生1979年就来到过新砦遗址，在该遗址的梁家台东北台地发掘过。据当地老乡回忆，赵芝荃先生总共发掘了一个星期，包括顺便在附近的断崖上清理了几个悬在断崖上的灰坑。赵先生就是依据这些发掘材料提出新砦遗址的文化遗存是介于河南龙山文化与二里头文化之间的所谓"新砦期遗存"。老乡们不了解赵芝荃先生的工作意义，说赵先生有神功，挖出了"奇珍异宝"，连夜运回北京云云，说得神乎其神。我们按照老乡们的介绍，复查了新砦遗址，还特别调查出二里头文化的标型器——花边口沿罐——意味着该地应该存在二里头文化遗存；于是，我们就在赵芝荃先生当年发掘的探方附近布下探方，以便能够发掘出像赵芝荃先生所得资料的新砦期遗存。

提起1999年的再发掘，就不能不提起新砦的村支书张宝财。那时，他也就 50 多岁，是当地有名的"老支书"。因为张支书工作成绩突出，是省级劳动模范、河南省人大代表，曾经与时任河南省省长的李长春同志同桌吃饭。张支书对新砦考古工作鼎力扶持，那时他体格健壮、满面红光，吐口吐沫砸个坑，考古队一遇到个别村民故意找麻烦，总免不了请张支书出面摆平。

1999 年再发掘的最大收获是发掘到了龙山文化在下面、新砦期在上面的地层关系，而且初步查明新砦期典型陶器群含有东方因素。这些陶器包括子母口鼎、器盖、折肩罐、罐形甑等，不见了龙山文化常见的双腹盆、斝等。可是，出土的陶器大多不能复原，只是一些颇为破碎的陶片，究竟是不是赵芝荃先生提出的新砦期，还得请李伯谦先生拍板决定。

1999 年冬末，我们暂停了正在进行的田野发掘工作，迎接李伯谦先生检查工地发掘工作。李老师实地察看了我们发掘的几个探方和在房顶上成组摆放的典型单位出土的器物之后，肯定了我们已发掘出新砦期遗存，使我们心里悬了多日的大石头落了地。不过，他建议我们 2000 年还要再来新砦发掘，以扩大发掘面积、增加新砦期陶器群，使夏商考古的专家们特别是对新砦期抱有异议的专家们能够一眼认出。

2000 年春天，我带领着武家璧和顾万发第二次来到新砦遗址，按照丰富新砦期陶器群的目的，我们选择探方位置。那时，出任新砦村第二组组长的是一位女同志，为了显示公平，她预先就对村民们宣布：参加考古发掘的本村民工，人数太多，不可能同时上工那么多人，于是，大家采取抓阄的方法，轮流上工。村民们无人对这样安排民工的方法提出异议。在考古队布下探方，打了木桩，开镰割掉半脚深的麦苗之后，麦苗地责任田的户主忽然哭闹着不让发掘，原来她手气不佳，刚才抓阄没抓到，她是户主却不能参加发掘。眼看着其他村民在自己的麦田干活赚钱，自己只能袖手旁观，她便不愿意了。我立即找组长，看能不能给户主行个方便，允许她不经过抓阄即参加发掘。年轻的女组长，眉毛一皱："不行，定下的规矩，谁也不能违反。"此时，户主坚持她家的责任田她非干不可，不然谁也别想在这块地里干活挣钱。女组长年轻气盛，就是坚持不让户主干，考古工作无法进行下去了。一群民工，或站立在探方边上看热闹，或蹲在探方边上嗑瓜子。

　　面对考古现场的混乱局面，我忽然哈哈大笑起来说："这里干不成，是别处有更好的地点等着我们呢。同志们，我们撤！"女户主一骨碌从麦苗地里爬起来说："那，那，考古队得赔我麦苗钱。"我答曰："不就是几个麦苗钱吗？考古队赔你，一分不差。"说完，我率领队伍，离开这一片是非之地，浩浩荡荡地朝新的地点进发。果然，在新地点我们发现一大批保存得相当完整的新砦期典型陶器群！

四、您主持新砦遗址的考古工作期间，都进行过哪些田野工作？

1. 初试牛刀

　　2001 年 9 月，我从北京大学博士后流动站出站后，应时任中国社会科学院考古研究所副所长王巍先生之邀，来到考古研究所上班。此时，"中华文明探源工程预研究"项目正式启动，并把"新砦遗址聚落布局与内涵研究"列为首批启动的重点田野考古项目。王巍所长作为探源工程的负责人，一开始就指示我接着北京大学博士后的研究方向在河南新砦遗址开展工作，继续发掘新砦遗址。我有些担心，直接对王所说，新砦遗址后期被破坏得十分严重，是不是放弃新砦，再选一个相对保存完整的遗址？王所说："新砦遗址是讨论早期夏文化的难得的大型遗址，目前只解决了'新砦期'的存在这一文化谱系问题，但是，新砦遗址的聚落形态究竟如何，尚未开展调查和发掘，更谈不上相关研究。我看你还是扎根新砦，再把新砦的聚落布局搞清楚，才更具学术意义呢。"

听了王所这一席话，我坚定了在新砦遗址继续发掘的决心。2002—2003年，中国社会科学院考古研究所和郑州市文物考古研究所联合发掘新砦遗址，调查表明，该遗址面积地跨梁家台、苏沟、煤土沟、东湾村等好几个自然村，究竟从何处入手布下探方或探沟发掘呢？根据新砦村村民的介绍，苏沟村曾发掘出数百座古代墓葬，仅出土的骷髅就达数百具，被村民们推到被叫作苏沟的自然冲沟内埋掉了。当然，在苏沟村现在的村民住宅的空间地带内仍有墓葬。当时，我心想，要是一下子就能撞上新砦期公共墓地，岂不妙哉？当然，我们首先在村民盛传的墓地所在地——苏沟村村民的住房附近布方发掘，2002年，首先在苏沟村村民张耀东的院子内的菜园地里发掘到了长方形竖穴三人合葬墓，墓内埋葬三人，每人面部皆覆盖着板瓦，一看就是一近代墓，哪里有新砦期公共墓地的踪影？看起来，要想了解新砦遗址的布局，还必须按照聚落考古的一套田野考古方法，才能解决。

2. 发现城址

在夏商遗址上，如何确认究竟有没有城墙是个极其重要的问题。面对这大片大片的庄稼地和接二连三的现代民居，如何寻找夏商时期的壕沟和城墙呢？我苦思冥想了好一阵子，直到一天夜里，我突然悟到，应该从遗址的中心地带向遗址的边缘一排钻探过去，一旦遇到沟状堆积，如探孔逐渐加深、探孔内的土层呈沟内淤土等，立即扩大探孔密度，以确认壕沟的基本情况。在这一段壕沟确认之后，沿着壕沟延展的方向继续钻探，摸清楚壕沟是否依次延展。一旦遇到壕沟的中断，先不要认为壕沟已经到头，而是隔出10—20米，顺统一方向，继续打钻。

我把钻探的方法说与负责钻探的考古技师周明生，老周心领神会，率领一班钻探工依计行事，以遗址中心地带为出发点，先向北一路钻探而行。

果然，三天以后，就接触到新砦壕沟，再以发现的局部片段为起点，先后钻探出新砦遗址的北、东、西三面壕沟。把钻探结果落在地形图上，可以看到新砦遗址的这一壕沟把苏沟、梁家台、煤土沟和东湾村圈成一个近方形的包围圈，只是这一包围圈的南边，被现代双泊河所截断，究竟是本就没有南边的壕沟，还是原来的南边壕沟被双泊河冲掉了，暂时还不能回答。

新砦壕沟发现之后，一同参加新砦遗址发掘工作的中国社会科学院考古研究所的年轻后生谢肃（现任北京联合大学教授），在东南城壕布下长方形探沟，解剖发掘城壕内各期夯土。我亲自在探沟内发掘，结果把壕沟内的三期（龙山文化晚期、新砦期和二里头文化早期）壕沟和两期城墙（龙山文化晚期和新砦期早段、晚段），清楚揭示出来，谢肃也兴奋地嘿嘿直乐。

3. 发现浅穴式大型建筑

2002 年已经在新砦遗址中心区发现了可能存在大型建筑遗迹。2003年、2004 年和 2005 年春季的钻探、试掘和解剖，确认这是一大型浅穴式建筑。其坐落于新砦遗址的梁家台东北高地，东西长 92.6 米、南北宽14.5 米，总面积达 1000 多平方米，有可能是筑地而成的"墠"。

4. 发掘新砦城墙西北角

2005 年秋季，在新砦城址的西北角进行发掘，印证了城墙拐角的存在。如果不是人工修筑，是不可能出现这一近乎呈直角的城角的。

5. 溱洧流域先秦聚落调查

2008 年 12 月至 2009 年 6 月，中国社会科学院考古研究所与郑州市文物考古研究院联合对横跨河南登封、新密、新郑三市的溱洧流域（现称双泊河中上游流域）进行了先秦时期 88 处聚落遗址的调查。2012 年 4月 17 日，撰写出调查简报初稿。后来几经修改与补充，于 2019 年 11 月正式出版（参见赵春青、张松林、顾万发、江旭撰写的《溱洧流域先秦聚落调查简报》）。

　　双洎河上游地区的聚落分布，曾引起美籍华人张光直先生的关注，我们在溱洧流域开展的聚落调查，对裴李岗文化、仰韶文化、龙山文化、新砦期和商代前期的 88 处聚落进行了认真调查，考察了新砦期出现夏启之居的历史背景，这些对于深入研究溱洧流域的先秦时期的聚落布局和演变意义深远。

　　6. 发掘新砦城址东城墙外的王咀西地

　　2013 年，开始发掘新砦遗址东边的王咀西地。在这里进行试掘的初衷是寻找新砦遗址的公共墓地。前几年，在王咀西地的庄稼地田埂和局部断崖上，我们新砦考古队的技师周明生，曾喜出望外地告诉我，他在此发现了长方形竖穴土坑墓，这些墓葬在多处断崖上都可以看得到。周师傅带着我到王咀村的断崖上巡视一番，果然当场就见到五六具人骨架，如果这里是新砦期的墓地，简直是"踏破铁鞋无觅处，得来全不费工夫"。于是，我们在王咀西地布方发掘，经钻探确为长方形竖穴土坑墓，但经发掘证实全为战国时期的墓葬。我们只好在东城壕以东发掘 300 平方米，其中，发掘出一处手工业作坊，内有陶窑等遗迹。

　　7. 发掘新砦遗址中心区

　　2014 年，发掘中心区北部边缘，具体位置在浅穴式大型建筑的东边和南边，2015 年暂停发掘，转入室内整理。2016 年，与南京大学合作，较大规模地发掘中心区。紧接着，在 2018、2019、2020 连续三年，通过与南京大学、郑州大学和河南大学等高等院校的考古专业师生合作，持续发掘中心区，取得不少重要收获。如肯定新砦遗址第一期即龙山文化晚期这里已经筑有城墙和大型建筑；新砦遗址第二期的城墙更为宏大，护城河更为宽深；新砦遗址第三期时，仍有大型建筑。还出土了可能为权杖头的陶鸟、中柱盂、带錾手的陶斝等器物，进一步深化和丰富了对

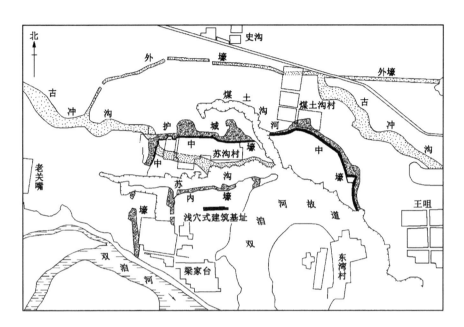

新密新砦遗址平面示意图

（许宏：《先秦城邑考古》，西苑出版社，2017年版，第115页。本图依下引文附图改。
中国社会科学院考古研究所河南新砦队、郑州市文物考古研究院：《河南新密市新砦遗址东城
墙发掘简报》图一，《河南新密市新砦遗址浅穴式大型建筑基址的发掘》图一、图三，《考古》
2009年第2期。）

新砦陶器群的认识。

2021年6月开始，系统钻探新砦城墙内外两侧，以期对新砦城址的
公共墓地有所了解。除了上述田野工作，在新砦遗址还先后开展多学科
研究工作，如铜器、石器、陶器、植物学、古土壤微结构等诸多方面均
取得一系列进展。

五、请您谈一谈新砦遗址在夏文化探索中的地位。

关于二里头文化是夏代的文化，目前，已经被国内外研究夏代历史

的学者们所公认。至于极少数学者，因为二里头遗址至今未发现甲骨文那样的文字，就否认二里头为夏代都城的做法实在太过于钻牛角尖了。目前，绝大多数学者承认登封王城岗遗址为禹都阳城所在地，但启都在哪里？有人认为是禹州瓦店遗址，我则认为就是在新砦，不过新砦遗址分三期，其中，一期是王湾三期文化，绝对年代是公元前 2000 年至公元前 1950 年，那时已经修建了城墙，初步估算龙山文化城址的面积已达 70 万平方米，应该比河南登封王城岗大城还要大一倍，如果说王城岗有可能是大禹时期的禹都阳城，那就完全有理由把新砦遗址第一期的城址推定为夏启之居。

新砦遗址第二期是所谓"新砦期"阶段，我认为是太康失国、后羿代夏阶段的遗存。不仅在陶器群中见到了诸如子母口瓮、平底盆、子母口鼎等东方因素的遗物，而且新砦遗址第二期的城墙建筑方法不同于古城寨等城址采用的平夯，而是斜夯，这种筑墙方法与东方地区龙山时代的城址城墙一致。

新砦遗址第三期，是比二里头文化第一期略早的阶段。以前，认为到了新砦遗址第三期，文化整体呈萎缩之势，经过近几年的发掘，表明该时期虽然没有了城墙，但仍在建造大型建筑，其文化的重要性不容小觑。

六、您是如何使用"新砦期""新砦文化"这两个概念的？

"新砦期"是指新砦遗址第二期文化遗存，不是新砦遗址的所有遗存，应当明白新砦遗址有龙山文化、新砦期和二里头文化三大时期，而新砦期只是新砦遗址的第二期。

"新砦文化"是指与新砦期同时的、分布在嵩山东南麓的遗存。目前，还有人提出"新砦现象""新砦类遗存"之类的名词，原因是新砦遗址第二期的遗存，有些怪怪的。通常，我们遇到一个新的考古学文化时，按首次发现的小地名取作考古学文化的名称（虽然一开始总会有部分学者因个人的原因，对同一支考古学文化叫出不同的名字）。但是，新砦遗址第二期遗存却不是那样简单，它的西边不远处，如颍河流域就几乎看不到新砦期的器物群，它的东边却可以达到豫东，如王油坊类型的后续者，向北可以在河北任丘哑叭庄见到此类遗存，至今很难画一幅令大家都容易接受的分布地域图。

我个人认为，新砦期遗存就在东方的夷人向西推进的最前沿，再往西已经是中原人的地盘，而新砦期夷人尚未到达。这样的考古学遗存，显然与我们习惯的考古学文化不尽相同，唤作"新砦文化"容易引起人们的歧义，于是，新提出"新砦现象"或"新砦类遗存"的叫法。

七、现在您对夏文化是如何认识的呢？请回顾一下这些认识是如何形成的。

什么是夏文化？我同意夏文化是介于龙山文化与商文化之间的考古学文化，是中国历史上夏时期的夏民族的文化。

从时间范围看，我同意夏文化是指公元前 2070—公元前 1600 年的考古学文化，这是"夏商周断代工程"给出的答案。夏文化有一个起源、发展、消失的过程，我认为夏文化的上限进入到龙山文化的范围。李伯谦先生强调登封王城岗是禹都阳城，我认为新砦遗址第一期就是夏启之居，这不仅早有丁山先生考订，而且近年来发现新砦遗址第一期就建起城墙，新砦遗址从龙山时代起就不是一个普通的村落，而是带有城墙的城市，是启都。

二里头遗址所代表的二里头文化，是夏代晚期的遗存，或许也可以早到夏文化的中期，这要看如何对待碳十四测年了。我们知道，对于碳十四测年不能绝对信从，这是多方面原因造成的，如测年样本是不是一定符合测年单位最合适的年代范围。目前，想得出准确年代的办法是所谓系列测年，据测年专家讲，这样的年代误差只有正负 5 年。但愿，这种设想能够符合考古学遗迹的多样性。

八、您在新砦遗址的田野工作中使用了聚落考古的方法，请问聚落考古的开展对夏文化研究有何促进作用？

一是采用聚落考古的方法，对新砦遗址内部进行详细踏查，将新砦遗址划分为四大区，确定今梁家台自然村东的高台地是内城，在内城里已经发掘出新砦期的大型浅穴式建筑（埠）、龙山文化晚期即夏启时期的大型建筑、后羿代夏时期的大型建筑等。

二是采用聚落考古的田野调查方法，密集调查了溱洧流域的 88 处商代以前的遗址，其中，新砦期的聚落分布最为密集。

九、听说您曾师从李仰松先生学习民族考古学，请问您的这一段学习经历对您的考古研究有何影响？请您谈谈在田野考古中应当如何使用民族考古学的方法。

我 1989 年到北京大学念硕士研究生班，本来是跟着严文明先生攻读新石器时代考古的，但是听了李仰松先生教授的民族考古学之后，主动提出要跟从李仰松先生攻读民族考古学。因为，民族考古学有一套自己的理论方法，比如比较的方法、民族学自身的理论方法，如什么是家庭、什么是家族、什么是氏族和胞族等等。尤其是到了少数民族地区就会有置身于远古时代的感觉。1999 年春节过后不久，我和导师一起坐 30 多个小时的火车，从北京来到广州，再乘船到海口，又从海口出发，深入到海南岛腹心地带的黎村苗寨，观察黎族和苗族的村落布局、住房结构、生产生活、宗教活动、婚丧嫁娶等各类活动，以期对观察古代社会有所启发。

在我上硕士的 1989 年至 1992 年，陕西临潼姜寨遗址发掘报告刚刚出版，其中，姜寨一期村落保存比较完整，发掘相当完备，是仰韶文化早期相当典型的聚落形态。姜寨一期的聚落被复原成为五六百人居住的村落。但到了少数民族地区就会发现大小不同的各类房子的使用期限大不相同，小房子只能使用十来年，而大型房屋则可以使用上百年。因此，如果仅以房屋为基础计算人口是不对的，必须考虑房屋的使用周期。此外，房子有不同用途，有的用于居住，有的只用于男女青年交友，有的则是公共集会时才使用的大型房屋。不同用途的房屋结构是不一样的。一句话，不到这样的少数民族地区村寨走一趟，简直不可能对原始村落布局和各类房屋的用途等有清晰的了解。

我认为田野考古调查、发掘和整理都离不开民族考古学方法，民族考古学方法重视比较的原则，比较的原则有若干，如拿同一社会性质的民族学材料，拿比较近的民族学材料，采用先国内后国外的材料，进行对比，才更符合历史的实际。

十、除了新砦遗址的田野工作及相关研究，你还对哪些学术问题进行过研究？

除了新砦遗址，我对史前考古、民族考古、聚落考古、古史传说和文学等都有兴趣。先说史前考古，我发掘过郑州西山城址（仰韶文化晚期）、郑州站马屯西遗址（仰韶文化中晚期），调查过自裴李岗文化经仰韶文化到龙山文化时期各时段的遗址，也写过发掘简报。特别是我写的论文，讨论王湾三期文化，可以嵩山为界，细分为南北两个类型。不知道的人还以为那篇是我的硕士论文，其实，我的硕士论文是讨论姜寨一期聚落布局的。文章中既有考古类型学的内容，又有民族考古学方法，把姜寨遗址一期聚落复原为只有120人左右的氏族村落，后来文章刊登在《考古》和《考古与文物》上，是我研究仰韶文化的起点。至于研究裴李岗文化，起源于在北京大学跟着严文明先生读博士期间，他让我对裴李岗文化专门写一个全面总结性的文章，后来，做博士论文时我继续这方面的研究。此外，我还专门研究了中国新石器时代早期，分成几大块和前后两期。这样，我对新石器时代的分期就有了比较全面的认识。

除了文化分期，我还对史前考古中的墓葬制度、用玉习俗、古史传说、史前艺术等都下过工夫，这些研究为我从事中国史前时代研究打下基础。这些文章，集中收录在我个人考古论文集——《史前考古文集》中。此外，我还专门写了十几万字的民族考古调查报告，载于《考古学研究（十）》。

聚落考古是我个人偏重的一个学术领域，这是严文明先生指导我们几个博士从事的研究方向。我的国内聚落考古的专著——《郑洛地区新石器时代聚落的演变》于2001年出版，还参与了北京大学城市与环境学系莫多闻教授主持的聚落与环境课题，我个人又在河南大学讲"聚落考古学"，创办了由中国社会科学院考古研究所聚落考古中心与郑州市文物考古研究院合办的《聚落考古通讯》。可以说，聚落考古已成为我特别关注的学术重点了。

我个人从念博士时就打算自己写一本《中国史前史》，那时我30岁才出头，课后，严文明先生问我："你现在才30多岁，我问你，你50多岁时写什么？70岁时写什么？还有要不要考虑80岁？"我一时语塞，面红耳赤，不过，我先后编辑了《中国史前考古学论著目（1920～2010）》，出版了《中华文明传真》第一册，还参与了由中国社会科学院历史研究所主编的《中国通史》第一册即从中华先祖到春秋战国卷的撰写。但我心中依然萦绕重写《中国史前史》的梦想，挥之不去。

我还是一名文学爱好者，从小就对父亲到河南日报社修改文章的事情羡慕不已。父亲出身贫寒，只上过两年半学，后来通过自己的努力，居然在《河南日报》头版头条发表文章。我上了大学，后来又上了硕士，念了博士后，不写出个脍炙人口的文学作品，怎么与自己的学习生涯相匹配？目前，我已出版了《黑山的诗》和《考古半生缘》两本文学著作，自己在北京大学读书期间，也曾是北京大学颇有名气的校园诗人，我对文学的设想最重要的是想把考古学材料糅进去，写出重要时期的历史小说，或历史剧，那才算完成我的文学梦。

十一、在新砦遗址工作 20 年之后，您认为目前最需要解决的是哪些问题？对未来几年的工作有何展望？

目前，最重要的是找到新砦遗址第一期和第二期的公共墓地，未来几年还有报告要撰写。

河南发现的龙山文化的完整墓地材料甚少，新砦遗址规模宏大，出土的遗物有高规格的陶礼器，整个遗址当属于都城级别，而且从地层堆积和遗物形制差异来看，不会是短时期形成的，最少也有 200 年的时间跨度，在这样的时间段内应该有超过数代人的墓葬，这些墓葬不会是随便埋葬的，应该有专门的墓地。那么，新砦遗址的公共墓地究竟在哪里呢？这是下一步田野工作的重点，必须花一定的精力寻找新砦遗址的公共墓地。

新砦遗址如果从 1979 年试掘算起，至今已经 40 多年，即使从 1999 年再度发掘算起也不知不觉地过去了 20 多年。虽然已经出版了 1999—2000 年的发掘报告，但 2002 年以来，只发表了一些简报，编写新砦遗址发掘报告的任务越来越紧迫了。

新砦遗址的多学科研究，亟待进一步开展，与附近地区的考古学文化做对比分析也势在必行；还有，新砦遗址的保护工作更有待深入。

本访谈的提问由赵汉年初拟，张立东审订，2021 年 1 月 17 日，赵汉年向赵春青先生邀约笔谈。答问由赵春青先生自撰，并于 2021 年 6 月 15 日成稿。随后，赵汉年进行文字查验、图片添加等工作。2021 年 8 月 19 日，赵春青先生审定完毕。

主要著述

1.《郑洛地区新石器时代聚落的演变》，北京大学出版社，2001 年版。

2.《中华文明传真·原始社会》，上海辞书出版社、商务印书馆（香港），2001 年版。

3.《中原龙山文化王湾类型再分析》，《夏文化论集》，文物出版社，2002 年版。

4.《新密新砦城址与夏启之居》，《中原文物》2004 年第 3 期。

5.《夏代农业管窥——从新砦和皂角树遗址的发现谈起》，《农业考古》2005 年第 1 期。

6.《河南新密市新砦城址中心区发现大型浅穴式建筑》，《考古》2006 年第 1 期（合作）。

7.《〈禹贡〉五服的考古学观察》，《中原文物》2006 年第 5 期。

8.《关于"新砦期"与二里头文化一期的若干问题》，《二里头遗址与二里头文化研究——中国·二里头遗址与二里头文化国际学术研讨会论文集》，科学出版社，2006 年版。

9.《新密新砦：1999—2000 年田野考古发掘报告》，文物出版社，2008 年版（主编）。

10.《新砦聚落考古的实践与方法》，《考古》2009 年第 2 期。

11.《新砦聚落考古的回顾与展望——纪念新砦遗址发掘 30 周年》，《中原文物》2010 年第 2 期（合作）。

12.《新砦陶器精华》，科学出版社，2013 年版（合编）。

13.《考古半生缘》，上海古籍出版社，2016 年版。

14.《新砦遗址与新砦文化研究》，科学出版社，2016 年版（合编）。

15.《史前考古文集》，科学出版社，2017 年版。

16.《河南新密市新砦遗址王咀西地发掘简报》，《考古》2018 年第 3 期（参与执笔）。

后记

经过数个寒暑的努力，《手铲释天书——与夏文化探索者的对话 Ⅱ 》终于要与读者见面了。这本访谈录的出版，有着特殊的机缘。

《手铲释天书——与夏文化探索者的对话》（下文简称为《手铲释天书》）的内容和形式都比较新颖，出版之后口碑不错，良好的口碑促使我们考虑再续辉煌。最开始周雁想接着做一本商文化的、做一本周文化的，我也很想做，但是很惭愧，一直未能真正做起来。在哈佛大学和芝加哥大学访问学习期间，我虽然一直密切关注夏商文化研究的进展，但主要精力是放到考古学理论与方法、美术史、古代文献、思想史等方面。2014 年来到河南大学历史文化学院任教之后，才重新回归夏商文化研究领域。这时，《手铲释天书》已经很难买到，于是有的师友建议重印或者再版。例如苗书梅院长就曾建议在河南大学出版社再出一次。不过我更有兴趣的是再编一本。当年所收学者的年龄下限是 50 岁，20 多年过后，与我年龄差不多的学者都已超过 50 岁，他们也是时候对自己的学说进行总结了。只是觉得这一本由我这个同龄人出面组稿有点不合适，于是游说同屋办公的侯卫东老师出面组织，他也欣然同意，我们也就这个事情商谈过数次，尤其是所收学者的名单。可是他刚回母校工作，非常忙，因此一直也没有找到机会真正地开始。

这个项目的真正启动，是在有志于夏文化探索的学生加入之后。大约从2010年以来，获益于网络博客、微刊、大学通识课等面向社会的公共考古活动，知识界对夏文化的兴趣大增，各种奇谈怪论迭出。在这种形势下，2018年夏天，我在河南大学领衔主办了首届夏文化暑期研讨班。此举在学术界、知识界和高校学生中引起了一定的反响，吸引了一些同学致力于夏文化探索。2019年春，2018级考古专业本科生王仲奇等选我做他们的导师，并积极主动地要求参与一些学术工作，于是我就打算让他们帮忙做这件事。

大象出版社张前进副总编的策划最终促成本书的出版。2019年夏天，河南的新闻工作者就夏文化问题采访了一些相关的考古学家，并希望得到高层领导的重视。稍后习近平总书记专门就夏文化问题做出批示，从而形成了全社会探索夏文化的新浪潮。在这种形势下，大象出版社的张前进副总编主动打来电话，对《手铲释天书》表示赞赏，并希望能提供夏文化研究方面的书稿。于是我就介绍了正在做的第二本。很快他就决定将《手铲释天书》修订再版，跟现在的第二本做成一套。随着合同的签署，2020年暑假期间正式的采访工作就如火如荼地开展起来。

经与侯卫东、王仲奇等人多次交流，并得到张前进副总编的首肯，最后确定了采访对象。值得一提的主要有以下几点：第一，采访对象的年龄大于本人。最初策划本书时，由于自己不再编该系列图书的第三本，于是决定只采访比我大的学者，将对比我年轻的学者的采访任务留给将来第三本的编者。第一本的国内受访学者中年龄最小的是1940年出生的郑光先生，因此本书采访的学者基本上都是1940至1964年这24年出生的学者。第二，《手铲释天书》中的被访者仅保留李伯谦先生一人。因为这些受访学者有的已经过世，有的因年事已高而较少参与学术活动，唯有李伯谦先生不仅十分活跃，而且是进入 21 世纪以来夏文化探索的旗手。他所归纳出的以王城岗大城为代表的河南龙山文化晚期、新砦期、二里头文化是夏文化的三个发展阶段的说法是当前夏文化探索中的主流观点。说得热闹一点，进入 21 世纪后的夏文化探索，差不多就是李伯谦老先生领着一帮更年轻的先生在做。本书对李伯谦先生进行采访，并按年龄把他放在首位，是再合适不过的。第三，因为种种原因，本书没有采访国外的学者。第四，延续本套书的思路，本书重视考古工作和学术活动，因此很看重受访者的田野考古和行政工作经历。当然，本书只选择了一些具有代表性的学者，而没有很好地照顾到全局。好在目前正在筹划第三本的采编，那将是一次不再有年龄界限的采访，将全方位面对所有对夏文化研究有突出贡献的学界精英。另外，本系列图书已经计划对以往的夏文化研究进行全面系统的梳理，到时一定会照顾到所有研究夏文化的学者。

在访谈进行时，王仲奇等同学曾建议对我进行采访。可是我是编者，哪好意思自己采访自己，只能一笑了之。稍后，考虑到本书的读者、河南大学选修我的课程的同学、参加夏文化暑期研讨班的同学可能希望了解我对夏文化的研究，而我短期内可能没有其他机会进行弥补，再加之张前进副总编也希望我在后记里谈谈，推测可能是站在出版家的角度，希望增强读者对本书的信任，所以决定在后记里做个简短的自述。

最早接触夏文化问题是在大学第三个学期先师邹衡先生的"商周考古"课上。就在这个课上，我立志从事夏商周考古的研究。其中印象最深的是先师讲解郑亳说的情景。左手持香烟，右手拿粉笔，口若悬河，神情激动。到第六个学期，又选修了李伯谦、刘绪老师合开的"夏商文化研究"选修课。当时是在北京大学三教五楼南向的一个教室与即将毕业的 1982 级的同学一起上的。李老师讲夏文化部分,刘老师讲商文化部分。这个课上有好几件事对我来说影响深远。一是在课堂讨论时,班长樊力嗓门很大地提出一个问题:古代文献记载的夏都有很多,而二里头遗址却延续时间较长,二者显然存在矛盾。这个问题一直萦绕在脑海之中,直到 1994 年悟出夏代存在别都之后,才算有了一个说法。二是杨哲峰也想学习夏商周考古,于是把课程论文拿给邹先生看,先生对其中关于二里头一号宫殿与相关灰坑关系的认识颇为赞赏,觉得他钻进去了。后来先生经常用杨哲峰作为我的学习榜样,敲打了不知多少年。我的自尊心受到了严重的打击,其中的苦与恨似乎今天还可以回味到。三是我课程论文的题目是《二里头文化渊源探析》,在李伯谦老师"后羿代夏"说的基础上,提出羿的部族由潍坊一带沿泰沂山脉的北麓向西,最后在夏人核心地区代夏政的假说。后来发表在北京大学文物爱好者协会主办的内部刊物《青年考古学家》上。此文搜罗了很多资料,也手绘编排了几张图。当时已是研究生的张弛看了以后,还调侃着赞了一句:"从哪儿找的那么多图啊!"

因为已经被推荐为邹衡先生的研究生,所以在准备最后一个学期的毕业实习时,自然地选择了夏商周时期的考古队。当时有湖北荆州和河北保定两个地方可选,最后选择参加研究生沈勇在保定以北地区与先商文化有关的考古工作。沈勇是 1979 级的,毕业两年之后回来跟 1981 级的何驽一起挂在邹先生名下,由李伯谦老师具体指导攻读硕士学位。李老师安排他研究保北地区先商时期的文化,并以其为核心组建了保北考古队,队长是河北省文物研究所的吴东风,队员有保定地区文保所的李文龙、徐水县文管所的杨永贺、涞水县文管所的朱学武等。1986 年秋学期他们在京广线以东的安新、容城等县进行调查和试掘;到了 1987 年的春学期，将重心转移到京广线以西。在短短的两个多月时间内，我参加了涞水北封、渐村和定兴辛木三个遗址的试掘，以及很多遗址的调查，包括离北封很近、早年出过"邶"国青铜器的张家洼。北封主要是晚商时期的张家园文化（学术界大多称之为围坊三期文化），辛木主要是先商文化，而邻近北京市房山区的渐村则主要是大坨头文化（过去称作夏家店下层文化）和张家园文化。发掘结束后，先后在定兴、涞水县城对三个遗址的出土资料进行了整理。根据这批不太丰富的资料，沈勇写成硕士论文《论保北地区的先商文化》，其中主要的观点稍后以《保北地区夏时代两种青铜文化之探讨》为题，发表在《华夏考古》1991 年第 3 期。在保北考古队一个学期的毕业实习，不仅首次真正接触到先商文化问题，还对夏商周时期的北方青铜文化有了一定的感性认识。我的毕业报告（为了尽量不影响考研，系里首次安排毕业班在最后一个学期进行毕业实习，并且规定可以用发掘报告代替论文）是材料比较多的渐村遗址的发掘报告。后来上李伯谦老师的"商周边境地区青铜文化"研究生课时，对张家园文化进行了全面的研究，最后以《试论张家园文化》为题，在 1995 年北京市举办的北京建城 3040 年暨燕文明国际学术研讨会上宣读，并发表在会议论文集上。算是对这段实习做了一个了结。

我在大学三、四年级之交被推荐为研究生之后，邹衡、李伯谦两位老师希望我毕业以后回山东工作。时任山东省文物考古研究所所长的张学海先生是李老师的同班同学，以曲阜鲁国故城的勘察报告和鲁城甲、乙两组墓的研究而知名，个人研究比较偏重商周考古，非常希望增加商周考古的力量。故此在大四、硕一的上学期，我一直搜集山东地区夏商周时期的考古资料，包括系资料室保存的历届在山东的实习资料，并特别关注了岳石文化及其遗续。可是计划赶不上变化，硕一下学期刚开始不久，师兄王瑞阳因故退学，无法主持早已安排好的淇县宋窑遗址的工作，于是邹先生就安排我接手淇县的工作，以致那个学期的课都是草草写个论文了事，没有好好地学习，也没有好好地写作，至今想起仍有些遗憾。跟着邹先生到工地后，见到刘绪老师和同学们原来布设的探方集中在遗址中心的高亢之处，先生就让我另外找个地方开方。先生带着我在遗址上踏查时，发现一块翻过但尚未播种的地方颜色发灰，于是让我在那个地方开设探方T301。因为时间有限，先生让我先沿着西、南两壁挖一个曲尺形的坑，不必完全揭露。春季的发掘结束以后，我跟黎毓馨、李民举、冯秋生三位1984级同学进入室内整理阶段，为了能够全面铺开，淇县文保所为我们找到了县体委的一个大房子。进入暑假以后，邹先生和刘绪老师过来带着我整理。其间李老师指导的同级的张渭莲也来干了一段时间，主要是为了熟悉与先商文化相关的材料〔张渭莲：《淇县考古二三事》，《古代文明》（十），上海古籍出版社，2016年〕。李伯谦老师、徐天进老师也来看过。在整理过程中，诸位老师都觉得两个地点的陶器有明显的差别，其中最突出的是绳纹的粗细。正因为绳纹粗细差别较大，很难用过去习惯的线、粗、中、细四级进行区分，邹先生决定给绳纹编号，当时编了线纹及一至八号绳纹总共九级。整理室所在地势低洼，比东侧县医院的地面低很多。据说抗战时期县医院所在是日军司令部，我们住的地方是鬼子杀人后的乱葬坑。傍晚到屋后小树上抓爬叉（蝉猴）时，曾打死过一条带红花的蛇，好像还是有毒的，也多少验证了乱葬坑的说法。将来这个地方也是可以进行考古发掘的。

为了解决两类文化遗存的关系，邹先生让我秋季再挖一次。于是我一个人重返遗址，发掘了T302。该方的下面是一个大坑，但是直到打掉东隔梁才确定，所以在室内整理时仍按地层处理。这个大坑的出土物与春季发掘的T301的第三层比较接近，而大坑上面文化层的出土物则比较接近春季发掘的东边的诸探方。暑假期间诸位老师纠结的两类遗存的关系问题得到了初步解决。秋季发掘结束后，无法继续使用体委的大房子，于是转移到隔壁的县文化馆、文保所（文保所是从文化馆分出来的）院里二楼的三个房间整理。因为春季集中发掘的几个探方出土陶片特多，所以整理持续时间很长，直到1991年夏初才算真正地完成。1989年春学期，1985级的马俊才、黄卫东同学参加了整理。暑假期间，博士生董琦、硕士生牛世山都来过大约一个月。其中花时间最多的是陶片的统计、对合、粘结和器物绘图。因为绳纹从细到粗分为九个等级，所以统计起来比较烦琐。除了对传统的陶质、陶色、纹饰进行常规统计，还对有可能反映前后变化的很多特征进行了统计，我称之为"特殊统计"。其中关于口沿、罐底、甗之箅隔宽度的统计用在了毕业论文之中。淇县宋窑遗址的发掘、整理与研究供我先后完成了硕士论文和博士论文。我将宋窑遗址分为两期三段五组，现在看来还是经得住验证的。我将先师说的先商文化辉卫类型立为一支独立的考古学文化，并推测其为韦族的文化。这一说法越来越得到学界的认可。当时为了推定辉卫文化的性质和年代，对二里头文化、郑州二里冈文化颇下了一番功夫，将当时已经发表的所有二里头文化（包括被归入二里头文化的东下冯类型）、郑州二里冈的发掘报告都做了器物卡片，并对二里头文化和郑州二里冈文化进行了分期研究，分别将其划分为两期四段九组、两期四段八组。在博士论文中关于辉卫文化年代的章节里，加入了自己对二里头文化和郑州二里冈文化的分期，并通过对照两个文化的分期来推定夏商文化的年代分界。当然，这两个分期在论文中显得有点别扭。论文答辩时，主席张忠培先生笑言我很聪明，本来论文字数很少，加上这两个分期，就不算太少了。后来论文在《考古学集刊》第10集发表时，就把这两个分期去掉，本想稍后好好修改一下另行发表，结果一直到2017年才以《论夏商文化的年代分界》为题发表在《三代考古》（七）上。当时在分析辉卫文化的性质时，也与同时代的二里头文化、漳河型文化、东下冯文化和岳石文化一一进行了对比，并绘制了"辉卫文化与同时期其他文化分布示意图"。这张图后来被很多人引用或改制，例如宫本一夫先生的《从神话到历史：神话时代 夏王朝》，广西师范大学出版社，2014 年，第 322 页图 136。近年我经常以此为例，督促学生好好作图，因为一张好图可以很好地扩大影响。现在看来，研究生阶段虽然专攻辉卫文化，但对与之关系密切的先商文化、夏文化和早商文化也进行了一定的研究。

　　1994 年 1 月拿到博士学位之后，我就按照郑振香先生与邹衡先生的安排进入中国社会科学院考古研究所工作。从 1994 年 4 月 11 日正式报到，至 1999 年 9 月 2 日去哈佛大学访问，在这五年多的时间里，一直都是围绕夏文化这个中心目标，从事夏文化、先商文化和早商文化的研究。刚到考古研究所时，二里头工作队的队长郑光先生和中美豫东考古队的中方队长张长寿先生都诚邀我参加他们的工作。经过认真思考之后，我决定加入二里头工作队。之所以做这样的决定，一是因为当时特别想研究夏文化，二是受邹衡先生的影响，认为豫东地区没有先商和早商文化的遗址，不太可能达成张光直先生的预期。到二里头工作队之后，参加了 1994 年秋、1995 年春和 1995 年秋在二里头遗址 IX 区的发掘。1995 年春季为了准备中国商文化国际学术讨论会，杜金鹏先生将很多精力用于整修院落等杂务时，我因此受命主持工地的发掘。1995 年秋季的发掘刚开始不久，我就被所里调到偃师商城队主持工作。就在 1996 年的农历大年初二，提出"夏商周断代工程"的国家科委主任宋健与工程的首席科学家李学勤、仇士华、李伯谦及所内的专家组成员张长寿、殷玮璋和所长任式楠等先生到二里头遗址和偃师商城考察。我作为偃师商城队的负责人，参加了接待工作并做了关于偃师商城的报告。从此与"夏商周断代工程"结缘。1996 年春季，我逐渐淡出偃师商城队的工作，回归二里头工作队。当时做出这个很多师友不能理解的决定，主要是因为内心对夏文化研究的执念。不过，偃师商城是商人灭夏之后，在夏人故都附近新建的一座别都，对于研究夏文化的年代下限具有特别重要的意义。当年 5 月"夏商周断代工程"正式启动，已回归二里头工作队的我与郑光先生共同承担其中的"二里头文化分期与夏商分界"专题，并被担任"夏代年代学研究"课题组组长的邹衡先生任命为秘书，承担课题的开题论证、中期检查、结题报告等文字性、事务性工作。回到二里头工作队以后，1997 年春天我主持了"夏商周断代工程"在二里头 V 区以采样为中心的发掘。之后我将主要精力用于《中国考古学·夏商卷》和"夏商周断代工程"的研究和写作。

《中国考古学·夏商卷》的主编是杨锡璋、高炜两位先生，但当时杨先生已经退休，正替队长唐际根师兄坐镇安阳工作站，因此主要做组织、协调工作的是高先生。主要执笔者是杜金鹏、唐际根和我三个人，杜金鹏先生负责夏，我负责先商、早商，唐际根师兄负责晚商，至于周边地区则根据各人的学术背景分配任务，分在我头上的是东方、西北和西南三个方向。我们几个学术背景不同，也都有自己的学术观点，因此为了统一思想，在二里头、偃师商城和殷墟开了很多次会，而且大多是边看器物边讨论。可喜的是最后的结果，即郑州商城和偃师商城的始建大体代表商代的开始，二里头第四期至少其晚段已经进入商代的观点（高炜、杨锡璋、王巍、杜金鹏：《偃师商城与夏商文化分界》，《考古》1998年第 10 期），现在已经成为学术界的主流观点。现在回想当时观察器物、乘车转场、热烈讨论的场景，还是颇有感慨的。转眼二十多年过去，杨先生已经作古，高先生年事已高，基本上已经退隐江湖，唐师兄跳槽到南方科大，另辟战场。坚守考古研究所的只有杜金鹏先生，但他的主要精力似乎转移到宫殿遗址等方面，已较少涉及夏商文化研究。

　　在"夏商周断代工程"的进行过程中，项目办公室的主任朱学文老师一直想让我过去做秘书，但所、室领导觉得我在《中国考古学·夏商卷》里写作任务太重，不宜天天去院部的历史研究所办公，但是同意有事需要帮忙了可以随时过去，所以后来承担了很多会务工作，尤其是考古方面的会议纪要，因此后来项目办公室的几位都认为我是兼职秘书。相对于商周两代而言，夏文化的研究问题很多，分歧很大，圈外人很容易无所适从。朱学文老师曾经让我写一篇文章，把有关情况简明扼要地说一下，我很快就遵嘱写成了《夏文化的上限与夏商文化的分界——趋同与分歧》。在工程的结题阶段，先师命我执笔夏代课题的结题报告，并以两人联名的方式提交"夏商周断代工程"办公室。工程还为了夏代课题的结题在礼士宾馆举办了专门的研讨会，而由我这个报告执笔做主题发言。当时我驾车从通县（今北京市通州区）家里开过来，刚进宾馆就发现有一个轮胎漏气了，于是趁着气还没跑完赶快出去找地方修补，结果让与会的老少学者干等了半个多小时。这个"社死"（当时还没有这个词）场面，现在想来，还觉得十分尴尬。在结题报告中，专设一个小节"最早阶段的二里头文化"，指出："关于二里头文化的最早阶段，过去多认为是二里头遗址一期。20 世纪 80 年代初，有的学者根据密县（今新密市）新砦、临汝（今汝州市）煤山等遗址的材料，提出'新砦期二里头文化'。我们虽对个别单位能否归入新砦期提出过不同意见，但认为该期是可以成立的，应为最早阶段的二里头文化。"此说得到不少与会学者的关注，朱学文老师更是特别兴奋。自从工程开始以来，在各种会议上说到夏文化的上限时，几乎没有人提到新砦期的问题。工程首席科学家李伯谦先生主张早期夏文化应在河南龙山文化中去寻找，而夏代课题的组长邹衡先生则主张二里头文化第一期是最早的夏文化。现在重提新砦期问题，而且是以我们两个人的名义，似乎找到了解决这个问题的钥匙。李伯谦先生对此也特别重视，而且很快就安排以"夏商周断代工程"名义招收的博士后赵春青发掘新砦遗址，后来赵春青到考古研究所工作后，也把新砦的工作带了过去，考古研究所领导对此也十分重视。后来在考古研究所碰到赵春青，他要请我在东四饭店吃午饭，我马上开玩笑说："这顿饭确实该请，你在考古研究所这碗饭，跟我有很大的关系。"每次看到有关新砦的考古工作，都有点小兴奋，也有点成就感！我这个小小蝴蝶扇动了夏文化考古这驾马车，为夏文化研究做出了一点小贡献。

后来又参加"夏商周断代工程"总报告（简本）的撰写。当时专家组成员彭林先生是组长，领着江林昌、徐凤先和我进行写作，江、徐两位都是李学勤先生的博士后，而且都在工程办公室担任秘书工作。第一步是根据各自的特长写出初稿，分给我的是考古与碳十四。第二步是各自负责某个时段，分给我的是夏代和商前期。虽然有各个专题、课题的结题报告作基础，但在整合过程中经常遇到"不合"的情况，因此不得不进行重新研究。于我而言最大的难题是商代总积年的问题，已知的年数都与考古和碳十四不合，只得另辟蹊径，沿着陈梦家先生的思路，钻研出 553 年的比较合理的说法，并被"夏商周断代工程"采纳。"夏商周断代工程"的那几年，我经常参加各种学术会议，结识了很多考古、文献、古文字、天文和碳十四的顶级学者，自觉在考古方面学术水平有所提高，对其他学科的了解使我学术眼界大大拓展，从而学术境界也得到很大的提升，开始思考如何冲出"考古"，寻求与其他学科的结合。

在哈佛大学访问的两年，我主要了解了考古学理论与方法，兼及其他地区的古代文明，同时努力学习英语，也写了一些有关夏商文化的东西。一是《二十世纪的夏文化探索》，是李伯谦先生主编的《中国考古学权威回顾·夏商周卷》的约稿。后来因为没有及时与李老师联系，他又约了别人，所以稿子一直没有发表。二是《夏都斟鄩与汤都亳合考》，是为了祝贺先师 75 岁寿辰而作，实际上是把稍早的两篇稿子糅在一起，并没有什么新见。斟鄩部分主要是转抄《夏商周断代工程·夏代年代学课题结题报告》的一部分，汤亳部分主要是转抄以笔名朱召晶发表的《论"郑亳"之失名与"西亳"之得名》（发表于《中国文物报》1999 年 9 月 5 日）。三是《郑州商城与战国陶文"亳"、"十一年□□□"》，发表在《考古与文物》2002 年增刊先秦考古专号。当年住在通州天河湾小区为"夏商周断代工程"写稿子时，突然悟到郑州战国陶文的"十一年"可能与《左传》中的"襄公十一年同盟于亳城北"有关，但当时没有时间深入研究，直到在哈佛的第二年才有时间写成文章。

在芝加哥大学的岁月里，我主要学习美术史、古代文献、思想史等，但始终没有完全放下夏商文化研究，每当接触新的史料或研究，往往非常自然地与过去的夏商文化研究结合起来。其中比较典型的是《偃师商城名"汤"说补考》。在一次小型工作会议上，听到李峰先生讲西周时期的"办公室"。据他统计，西周金文中至少有 45 个不同的宫名。其中西周早期者，例如麦宫、漧宫、庚嬴宫等，均以个人私名命名。这些宫都属于这些个人，是他们办公、居住、行礼以及祭祀的主要场所。之前我已认定偃师商城之名应是"汤"，这时更是觉得找到了后世的旁证，于是增加其他一些文献后，写成该文的第三部分。为"夏商周断代工程"撰写总报告时，沿着陈梦家先生的思路，提出商代总积年 553 年的说法，并写了一篇 4000 多字的稿子交到工程办公室。2001 年秋到芝加哥大学后，选修了夏含夷先生的《汲冢竹书》课，对《竹书纪年》的认识大大提高，于是对这篇文章进行了大幅的增补，最后写成《关于商代积年的初步研究》，先在一个小型工作会议上宣读，后来发表在李伯谦先生主编的《古代文明》第二卷（文物出版社，2003 年）。清华简出现之后，读到刘国忠、姜广辉、李锐等先生对《保训》篇首的"唯王五十年"的讨论，很快写成《〈保训〉的周文王纪年与夏商周年代学研究》，发表在简帛网（2009 年 5 月 12 日）。为"汉学"课写论文时，我选择的是徐旭生先生，认真搜集了关于徐先生的史料，得知他也是中国考古学的创始人之一，是真正的考古学家。为"日本历史"课写论文时，我写的是《后汉书·东夷传》关于倭人的部分，从文献和考古两方面进行研究，并将邪马台与夏代的历史与文化进行了一些比较。读上博简《诗论》时，对"雅""夏"的关系，大夏（雅）与小夏（雅）的关系颇有感悟，写成《说大夏小夏》。我关于郑州战国陶文中的"十一年"的思考一直没有停止，时常为发表时题目中的三个空框耿耿于怀。后来听了巫鸿先生的"纪念碑性"课，又请教到访的台湾大学的周凤五先生和故宫博物院的刘雨先生，尤其是帮夏含夷先生处理关于上博简周易的一篇稿子时，看到了其中的诸多"来"字，最终写成《郑州战国陶文"亳"、"十一年以来"再考》，先是在清华大学举办的一次学术会议上宣读，后来请来国龙先生转给葛英会老师，收入北京大学考古文博学院编的《考古学研究（六）——庆祝高明先生八十寿辰暨从事考古研究五十年论文集》（科学出版社，2006 年）。《李济与西阴村和夏文化》是在这段时间修订并发表的，但却是我在 1998 年于北京东城区演乐胡同的出租平房内写成的。《钺在祭几之上："商"字新释》是我在学习中国美术史、思考如何寻找夏商周时期图像的过程中形成的，是利用考古材料、美术史方法来探讨古文字本义的一种尝试。虽然工作对象是晚商文字，但我心中所想的是其本义，是商人先公昭明迁商以后，创造的用来专门称呼商地之字，是先商时期的历史与文化。

2014 年来到河南大学之后，逐渐把重心回归到夏商文化研究。先是把过去写的一些文章修改发表。最先发出的就是上面提到的关于"商"字的新释。《东周货币地名与夏商文化研究》已写了很多年，但一直没有完成，于是借纪念先师逝世 10 周年之机完成修订，发表在《古代文明》

第 10 卷（上海古籍出版社，2016 年）。《论夏商文化的年代分界》[《三代考古》（七），科学出版社，2017 年] 完全是整理旧稿，主体部分是原来博士论文里关于二里头文化和郑州二里冈文化的分期以及对夏商分界的讨论，只是前面加上了关于方法论的讨论。这段关于方法论的讨论，原来是"夏商周断代工程"夏代年代学研究课题开题报告中的一段，后来又写入结题报告，这是比较早的关于夏商分界研究的方法论分析，后来不少人做类似的讨论，但有的明显把经念歪了，以致李伯谦先生对我戏谑道："都是你惹的祸，说什么都城分析法、文化分析法、年代分析法，以致有人以文化分析法自居，而与都城分析法分庭抗礼。"不过一想到自己能够领风气之先，也有点小得意。当年以秘书长的身份随北京大学学生社团文化学会的会长方江山去季羡林先生家里时，季先生特别强调北京大学经常领风气之先，鼓励我们大胆地向前冲。能够在夏商考古方面稍微体会一下领风气之先，也不枉在北京大学攻读了 11 年差 3 个月。《"金声玉振"之考古学探索》（《大众考古》2017 年第 12 期）自以为是比较成功之作。"金声玉振"被用来形容孔子之集大成的形象，但从汉代以来对其本义一直没有很好的解释。我用二里头文化的玉舌铜铃来解释"金声玉振"一词，不仅解决了这个问题，也很好地贯通了一条从来没有得到说明的夏文化对后世中国文明的影响。上博简《容城氏》是一篇通史性质的著作，其中关于夏代及其前后历史的叙述，对研究夏文化具有十分重要的意义，特别是对商灭夏之役三个阶段的说法，比已知的所有记载都要系统，史料价值极高。《〈容城氏〉夏都"中庭"释论》（《华夏考古》2017 年第 1 期）释读出一直没有说清楚的"庭"字，并且将文中的"中庭"与二里头 1 号宫殿的中庭进行对照，从而重建了商灭夏之后在夏都举行的开国大典。关于汉代郑州的薄亭、亳聚和薄中三个地名的研究，进一步完善了郑亳说的文献依据。《寻找禹迹：夏文化

研究中对文献应采用"无罪推定"》(《黄河文明与可持续发展》第 19
辑)借用刑事诉讼程序中的定罪原则,对夏文化研究中对文献材料的态
度进行了分析,主张应该采用"无罪推定"原则。《二里头夏都遗址断想》
(《党的生活》2022 年 3 月上)用比较通俗的语言介绍了二里头遗址的
学术价值。在历年的夏文化暑期研讨班上,分别讲了《郑州商城与偃师
商城的年代与性质》(第一、二届)、《夏史夏文化的年代》(第三届)、
《夏文化探索的理论与方法》(第四届)和《夏代文字的考古学观察》(第
五届),其中关于郑偃双城和夏文化探索理论与方法的两篇已收在即将
面世的《夏文化探索十二讲》里。这些年在学术会议上做了不少关于夏
文化的发言,包括《夏商成之战补说》(2014 年濮阳)、《试论二里头
镶嵌绿松石牌饰的功用》(2016 年郑州)、《关于"早期夏文化"的几
个问题》(2016 年郑州)、《试论新砦夏城的总体规划》(2017 郑州)、《夏
代兵器与中原地区的文明化进程》(2018 年郑州)、《夏商都城功能区
划中的宇宙图式》(2018 年安阳)、《夏代文明的新证据》(2018 年郑
州)、《夏商都城规划中的水体》(2019 年武汉)、《有夏之居的二里
头遗址》(2019 年洛阳)、《试论二里头 87 Ⅴ M1 的年代与性质》(2020
年洛阳)、《禹都阳城的布局规划及其历史地位》(2022 年禹州)、《夏
史文献及其研究》(2022 年郑州)、《"夷夏之辨"的考古学研究》(2022
年郑州)等,只是大都尚未正式发表。

　　到河南大学之后,我最初只讲"中国古代青铜器"一门课,2017 年
春开始给新设立的考古学专业本科生讲授"夏商考古"。这段时间,学
术界和社会各界对夏文化的讨论十分热烈,我也逐渐重新将夏文化研究
作为重心。为此制订了一揽子大计划,大致包括"昨天""今天""明天"
三个方面:"昨天"是对已往研究的全面总结;"今天"是在现有资料
基础上的深入研究;"明天"则是培养未来的夏文化研究者。因为身处

大学校园，又是个普通教员，所以最先实现的是关于"明天"的举措。为了更好地培养未来的夏文化研究者，从 2018 年暑假开始在河南大学举办夏文化暑期研讨班，已经连续办了五届。每届都有几十名同学从全国各地前来参加学习，也有个别是从国外来的。这项活动虽然花费了我一些时间，而且开始纯粹是义务劳动，但我的内心却是十分高兴的，也算是为夏文化的研究做出了力所能及的贡献。这也是一篇文章，而且是比学术论文更大的、关系到以后几十年学术发展的大文章。

在《手铲释天书——与夏文化探索者的对话Ⅱ》的编辑过程中，我与王仲奇对各篇访谈都认真看了若干遍。本着尊重作者、文责自负、保存史料的原则，我们对各篇的文字仅做不影响内容的技术处理。即便受张松林先生委托对其访谈进行了大幅删减，也坚持了不影响内容的原则。

现在书稿初成，很自然地想起了为本书做出贡献的各位同道。首先感谢接受采访的各位学者，他们都是现在夏文化研究的中坚力量，学术与社会责任繁重，但都设法在百忙中抽出时间接受采访。在本书漫长的策划、采编过程中，侯卫东、刘中伟等同事给予了热情的鼓励和宝贵的意见。具体采编过程中，王仲奇同学承担了很多具体的组织与编辑工作。参加采访工作的还有本科生李松翰、赵汉年、阚露和硕士研究生江诺雅。对刘绪老师的访谈是请他的高足中国社会科学院考古研究所的常怀颖先生做的。对张松林先生访谈时曾得到郑州大学张莉教授的帮助。对孙华先生的访谈是由北京大学考古文博学院博士生邓阿莲现场进行的。刘绪老师逝世之初，《江汉考古》编辑部听说了这个访谈，于是希望在《江汉考古》先行发表，以追悼敬爱的刘绪老师。面对这个请求，张前进副总编非常大度地同意了，只是要求在文末交代清楚：这个访谈是为《手铲释天书——与夏文化探索者的对话Ⅱ》而作。不知哪个环节出了问题，后来在《江汉考古》的文末后记中没有看到相关的说明。现在特此说明，以免将来发生不应该发生的版权纠纷。

非常感谢唐际根师兄为本书作序！与俞伟超先生一样，唐师兄虽然没有专攻夏文化，但立足于自己专攻的商代中晚期文化，也对夏文化具有自己的见解，而且是颇具高度、十分精辟的见解。

最后特别感谢极力促成本书出版的大象出版社的张前进副总编和责编张琰女士！没有他们的倾力支持，本书很可能永远只是一个良好的愿望！

2023 年 5 月 8 日